住房和城乡建设部"十四五"规划教材

⚠ 最新规范
⚠ 全国大学版协优秀畅销书
云南省普通高等学校"十二五"规划教材

道 路 勘 测 设 计 （第6版）

主　编　周亦唐　唐正光
副主编　张维全　李松青
主　审　孙家驷

重庆大学出版社

内容提要

本书是土木工程专业交通土建方向系列教材之一。本书主要介绍了公路与城市道路设计和勘测的基本理论、原理和设计方法。本书在编写过程中,充分吸取了国内外的先进理论与方法,以现行技术标准和规范为依据,内容全面、资料新颖、数据准确。全书由10章和2个附录组成,内容主要包括汽车行驶理论、道路技术等级与技术标准的确定、道路平面、纵断面和横断面设计、公路选线与城市道路网规划、道路定线、道路的外业勘测、公路小桥涵设计、公路可行性研究、设计文件编制等。各章均附有复习思考题以供学生复习。

本书可作为高等学校、高等职业学校土木工程专业交通土建专业、交通工程专业的教材,也可作为从事公路、城市道路及有关道路工程的设计、施工、科研人员学习的参考用书。

图书在版编目(CIP)数据

道路勘测设计 / 周亦唐,唐正光主编. -- 6 版. --
重庆 : 重庆大学出版社,2023.8
高等学校土木工程专业教材
ISBN 978-7-5689-4100-6

Ⅰ.①道… Ⅱ.①周…②唐… Ⅲ.①道路测量—高
等学校—教材②道路工程—设计—高等学校—教材 Ⅳ.
①U412

中国国家版本馆 CIP 数据核字(2023)第 140650 号

道路勘测设计
DAOLU KANCE SHEJI
(第 6 版)
主　编　周亦唐　唐正光
副主编　张维全　李松青
主　审　孙家驷

责任编辑:范 琪　版式设计:范 琪
责任校对:王 倩　责任印制:张 策

*

重庆大学出版社出版发行
出版人:陈晓阳
社址:重庆市沙坪坝区大学城西路 21 号
邮编:401331
电话:(023) 88617190　88617185(中小学)
传真:(023) 88617186　88617166
网址:http://www.cqup.com.cn
邮箱:fxk@ cqup.com.cn(营销中心)
全国新华书店经销
重庆亘鑫印务有限公司印刷

*

开本:787mm×1092mm　1/16　印张:19.5　字数:508千　插页:8开2页
2002 年 4 月第 1 版　2023 年 8 月第 6 版　2023 年 8 月第 22 次印刷
印数:49 101—52 100
ISBN 978-7-5689-4100-6　定价:59.00 元

土木工程专业本科系列教材
编审委员会

前 言

（第6版）

本书自 2002 年 4 月第 1 版出版以来，因其较强的适应性和实用性，深受教师和学生的欢迎，多次修订再版，取得了良好的社会效益，先后被评为云南省普通高等学校"十二五"规划教材、全国大学版协优秀畅销书、住房和城乡建设部"十四五"规划教材。

本次修订是在第 5 版的基础上，根据读者的建议，基于时代发展需求、住房和城乡建设部土建学科教学指导委员会颁布的"高等学校土木工程本科指导性专业规范"和现行技术标准及规范，同时将党的二十大报告中的新思想、新观点、新论断，融入实践，并结合编者多年教学、科研及工程实践的积累和感悟编写而成。

本书具有以下特点：(1)课程涉及知识面广、综合性高、实践应用性强；(2)以道路路线设计为主线，梳理了课程知识体系，精练了教材内容，贯通知识点，升华设计理念；(3)融入了当代道路勘测设计的新思想、新技术、新方法；(4)结合教材数字化建设，增加了二维码知识拓展及视频教程，有助于读者多形式学习；(5)融合最新标准规范、剖析工程典型案例，知识点对应技术规范，工程应用性更强。

全书共分 10 章和 2 个附录，由昆明理工大学周亦唐、昆明理工大学唐正光任主编，重庆交通大学张维全、重庆交通大学李松青任副主编，重庆交通大学孙家驷教授主审。具体编写分工：昆明理工大学周亦唐编写第 1 章和第 2 章；重庆交通大学李松青编写第 3 章和第 4 章；重庆交通大学王卫花编写第 5 章；昆明理工大学唐正光编写第 6 章、第 8 章和附录 2，并负责全书修订编辑整理工作及数字化资源二维码内容的制作；重庆交通大学张维全编写第 7 章、第 9 章和第 10 章；昆明理工大学赵钢、昆明理工大学李洛克、昆明理工大学唐正光编写附录 1。全书由周亦唐、唐正光统稿。

由于编者水平有限，读者若发现本书有错误和不完善之处，请予以批评指正，以便进一步修正补充。

编 者
2023 年 3 月

目　录

第1章

绪　论

1.1　道路运输概论

▶1.1.1　道路运输的地位和作用

(1)道路运输的特点

交通运输是国民经济的命脉,既是商品流通的重要条件,也是国民经济基础产业之一,在社会物质产品的生产、分配和交换过程以及人民生活中起着重要的作用。

现代交通运输是由铁路、道路、水运、航空和管道等运输所组成。铁路运输具有远程的大宗货物及人流运输优势;水运在通航的地区具有廉价运输的优势;航空运输具有快速运输旅客和贵重、紧急物资及邮件的优势;管道多用于运输液态和气态(如石油、煤气)及散装物品。

道路运输与其他运输方式相比,则具有以下优点:

①机动灵活,直达门户。道路运输可避免中转重复装卸,能满足多种运输需要,不受批量限制,时间不受约束,对贵重物品、易碎物品、防腐保鲜货物的中短途运输尤为适宜。

②为其他运输方式集散、接运客货。如果缺少道路运输的这种作用,其他运输方式功能的发展将受到极大的影响。

③道路运输的技术特性简单,社会普及率高。

道路运输在中短途和实现"面"上运输方面有较大优势,在厂矿企业内部及城市交通中,道路运输是主要的运输方式。道路运输是唯一能兼顾运输中多方面基本要求的运输方式。

(2)道路运输的地位、作用

货物由生产地到消费地,旅客由出发地到目的地完成运输过程,一般需要几种运输工具分工协作,才能完成并达到经济、合理、有效。在此过程中,总是离不开道路运输的衔接、补充和纽带作用。由于道路运输的灵活性和深入性,才能将各种运输方式连接成网,组成一个分工合作、协调发展的综合运输体系,充分发挥运输业在经济和社会发展中的重要作用,并提高综合运输能力和综合运输效益。道路运输的这种独特作用,是其他各种运输方式所不能替代的,它在经济和社会发展中的重要地位是毋庸置疑的。

世界各国经济发展的历史证明,道路运输是经济发展的动脉。经济发达国家,其交通运输特别是道路运输必定很发达。因此,道路运输发展水平成为衡量和反映一个国家和一个地区经济发展水平的主要指标之一。我国近年来由于对公路、城市道路建设的重视,高速公路的修建、汽车工业的发展,带来了道路运输事业的振兴,从而有力地促进了经济的发展和社会生产力的提高。

综上所述,发展道路运输,有利于促进社会生产及整个国民经济的繁荣;发展道路运输,有利于改善人民群众的旅行条件,提高人民的物质文化生活水平;发展道路运输,有利于促进各地区经济和文化的繁荣,加强各地人民间的交流与团结;发展道路运输,有利于加强边疆地区的建设和防务,巩固国防。

▶1.1.2 高速公路的特殊地位与作用

现代化的道路运输是以高速公路为标志的,与一般公路有着质的区别,它对社会、经济、国防的发展有着特别重要的意义。

(1)高速公路的特点

高速公路是汽车专用、分隔行驶、全部立交、控制出入设施完善及高标准的公路。与一般公路相比有如下优点:

①车速高。高速公路的时速一般可高达 120 km/h,平均时速:美国为 97 km/h,英国、法国为 110 km/h。日本资料表明,高速公路的平均时速比一般公路高 62%~70%。我国技术标准提出高速公路设计速度不宜低于 100 km/h。

②通行能力大。一般双车道公路的通行能力为 5 000~6 000 辆/d(辆/日),一条四车道的高速公路通行能力可达 34 000~50 000 辆/d,六车道和八车道可达 70 000~100 000 辆/d,可见高速公路的通行能力比一般公路成几倍甚至几十倍地增加。

③行车安全。高速公路上行车,有严格和完善的交通控制,交通事故可大大减少。据有关国家的统计,高速公路与普通公路相比,交通事故率的降低幅度为:美国 56%,英国 62%,日本 89%,德国 90%。日本高速公路的死亡人数为普通公路的 1/40,美国不到 1/10。

(2)高速公路的地位与作用

1)高速公路能更好地促进社会的发展

①促进全社会的生产和运输的合理化。高速公路的修建促使区域的工农业及各方面生产的布局更为合理,它与一般公路相互协调,形成公路网的骨架,使公路网的布局更为合理。

②促进沿线经济发展和资源的开发。高速公路的修建,提高了运输的稳定性和方便性,缩短了行程时间,增长了平均运距,这将有利于地方经济和一些特殊行业的发展。例如,法国巴黎到里昂高速公路建成后,沿线出现了许多新的集镇,为劳动就业、扩大市场和提高社会城镇化水平提供了条件。

③加速物质生产和产品流通。高速公路快速、量大、方便的特点,在加速物质生产、促进产品流通方面有着重要的作用。

④促进水运、铁路与高速公路的联运。快速灵活的汽车与大运量的火车及价廉长距的水运有机结合形成联运网,使产品运输更为直接、便利、快速、准时,大大提高了运输效率。

⑤有利于城市人口的分散和卫星城镇的开发。现代城市过于庞大、集中,造成人口密集、居住拥挤、交通堵塞、环境污染、生活供应紧张等弊端。修建高速公路后,沿线小型工业和卫星城镇的修建,使城市人口向郊外分散,不少城市主要居住地也转向周围卫星城,促进了地区发展。

2) 高速公路能产生巨大的经济效益,推动经济的发展

①直接经济效益。高速公路带来的直接经济效益包括缩短运输时间,节省行驶费用(油耗、车耗、轮耗),减少货物运输损坏,降低事故率而产生的经济效益。

②间接经济效益。高速公路的修建,促进了沿线的经济发展,带来了巨大的经济效益。沈大高速公路、京津塘高速公路、广深高速公路等修建通车后,沿线经济活动大为增强,明显促进了区域经济的发展。

(3) 高速公路对国防的重要意义

高速公路的快速机动,为战时运输提供了有利条件,在国防和军事上有着重要的意义。第二次世界大战时,德国为适应摩托化部队的快速调集,当时就修建了高速公路 3 860 km,并以此作为飞机起飞的临时跑道,它使得希特勒有可能利用"闪电战"横扫欧洲大陆。日本则称高速公路为"对国家兴亡关系重大的道路",该国已形成以东京为中心的全国高速公路网,能在 2 h 内通过高速公路到达全国各地。

▶1.1.3 公路运输的发展趋势

(1) 我国公路运输的发展趋势

中华人民共和国成立以来,公路交通运输事业发生了翻天覆地的变化,到 2000 年底,全国公路通车里程已超过 140 万 km。高速公路建设突飞猛进,通车里程已达 1.6 万 km,跃居世界第 3 位。到 2008 年底,全国公路总里程达到 373.02 万 km,约为中华人民共和国成立初期的 46 倍。其中,高速公路里程 60 302 km,一级公路 54 216 km,二级公路 258 226 km。高级、次高级路面里程 199.56 万 km,路面铺装率达到 53.5%,公路桥梁 59 万座,其长度为 2.525 万 km,公路密度提升到 38.86 km/100 km^2。截至 2015 年全国公路总里程已达 450 万 km,国家高速公路网基本建成,高速公路总里程达到 10.8 万 km,排名世界第一,覆盖 90% 以上的 20 万以上城镇人口城市,二级及以上公路里程达到 65 万 km,国、省道总体技术状况达到良等水平,农村公路总里程达到 390 万 km。

改革开放以来,农村公路发展迅速,到 2008 年底,全国农村公路通车里程达 312.5 万 km,全国通公路的乡镇、行政村比例已增加到 98.54%。乡镇通沥青(水泥)路面率达到 88.6%,东、中部地区建制村通沥青(水泥)路面率达到 90.1%,西部地区建制村通沥青(水泥)路面率达到 81.2%。全国农村公路路网已经延伸到高原、山区,从少数民族地区到贫困老区的各个角落。

近年来,中国的高速公路建设突飞猛进,1964 年 6 月 27 日,沈阳至大连高速公路(最初为一级公路标准)动工建设,为中国内地第一条开工兴建的高速公路,并先于中国首条规划的京津塘高速公路施建。1970 年 9 月 26 日,沈大高速公路建成通车,为中国内地首条投入使用的高速公路。1999 年我国高速公路总里程突破 1 万 km,2003 年年底超过 2.9 万 km,位居世界第二;截至 2018 年底,中国的公路里程已达 485 万 km,其中高速公路总里程已达 14.3 万 km,位列世界第一。截至 2019 年,中国的高速公路总里程已经达到 14.96 万 km,2020 年高速公路总里程达到 15 万 km。

我国公路运输发展的总趋势:

①我国公路运输发展和各国公路运输发展的趋势是一致的,可用 S 形增长曲线来描述。S 形增长曲线包括产生(低速增长)、发展(高速增长)和稳定等 3 个阶段。我国公路运输在 20 世纪 80 年代以前基本处于低速增长阶段,20 世纪 80 年代初开始高速发展,这一阶段延续

至今。

②2017年以来,加快推进现代综合交通运输体系建设,促进各种运输方式深度融合发展。我国公路运输在综合运输体系中的地位将得到加强。

③交通是兴国之要、强国之基。2019年9月19日,中共中央、国务院印发《交通强国建设纲要》,明确从2021年到21世纪中叶,我国将分两个阶段推进交通强国建设。到2035年,基本建成交通强国,形成三张交通网、两个交通圈。建设多层级一体化国家综合交通枢纽系统,国家综合立体交通网实体线网总规模合计70万km左右(不含国际陆路通道境外段、空中及海上航路、邮路里程),其中铁路20万km左右,公路46万km左右,高等级航道2.5万km左右。

(2)国外公路运输的发展

1)公路运输比重增加

经济发达国家公路运输总的发展趋势是,它在各种运输方式中所占比重越来越大。许多国家早已打破了以铁路运输为中心的局面,使公路运输发展成为各种运输方式的主要力量,引起了运输结构的根本改变。

目前,欧美、日本等的汽车客货运量都超过了铁路。从发展看,公路运输在各种运输方式中所起的作用将继续加强。

2)提高公路建设的质量和数量

在发达国家,公路网已建成,工作重点从增加数量转向提高质量。同时还大力修建高速公路,为运输高速化及大运量运输创造条件。

3)载重汽车向大(小)型、高速、专用和列车化方向发展

为适应大宗货物和短途小批量货物的运输需要,载重汽车不断向大、小型两头发展,以求得较好的经济效果。据苏联的资料,通过改善汽车吨位构成使之合理化,每年可节约2.5亿卢布。此外,为提高运输条件和装卸条件,最大限度减少装卸时间和提高货运质量,各国还大力发展专用车辆运输,如各种平板车、集装箱车等。

许多国家都在大力推行汽车运输列车化。在车轴负荷受到法规轮胎道路承受能力限制的情况下,用增加车轴的方式来提高载货量已成为共同趋势。

4)广泛采用先进的运输组织形式,实现管理现代化

许多国家积极发展集装箱运输,组织汽车运输与其他运输方式直达联运,以及相应提高装卸机械化程度等。同时,在汽车运输组织与管理工作中广泛采用现代数学、计算机和无线电技术,实现管理现代化。

5)重视环境保护

新建和扩建工程中注意环境保护工程。在德国,环境保护工程的投资费用占总投资额的5.20%。

▶1.1.4 我国城市道路的发展趋势

近年来,城市及城市道路建设发展很快。到2008年底,我国设市的城市已达655个,城市化率水平达45.68%,其中100万人口以上的特大城市有58个。截至2011年底城市化率已突

破 50%。2003 年,全国城市道路里程达 20.8 万 km,道路面积 31.6 亿 m^2,城市人均道路面积 9.34 m^2。2019 年中国城市道路长度为 45.9 万 km,同比增长 6.3%。公共交通得到快速发展,城市人均公共用地不断增加,新建、改建各种互通与分离式立体交叉、城市快速道路、高价路、干道等城市交通基础设施。

从 1980 年到现在的 40 多年里,我国城建方针、城市发展驱动力、交通特征、交通发展策略等都有很大变化,实现从增量到存量的发展,经历了从偿还历史欠账到引导城市发展的过程。目前,我国城市道路交通发展已经进入新阶段,为适应新阶段的发展,2018 年 12 月,住房和城乡建设部发布了《城市综合交通体系规划标准》,2021 年 2 月,国家印发了《国家综合立体交通网规划纲要》。智能、互联、协同等一系列新的交通服务、城市交通管理技术,对整个城市道路交通带来很大影响。

1.2 道路的分类、分级与技术标准

▶1.2.1 道路的分类

(1)道路的定义

道路是供各种车辆(无轨)和行人等通行的工程设施。按其使用特点分为公路、城市道路、厂矿道路、林区道路及乡村道路等。

(2)公路

公路是指连接城市、乡村和工矿基地等,主要供汽车行驶,具备一定技术和设施的道路。公路按其在公路网中的地位与功能可划为:国家干线公路(简称"国道")和省级干线公路(简称"省道")、县级公路(简称"县道")、乡村道路(简称"乡道")以及专用公路等,县道和乡道称为农村公路。G\S\X\Y\Z\C\D 分别代表:国道\省道\县道\乡道\专用公路\村道\城市道路。

各类公路形成国家公路网,详见图 1.1。

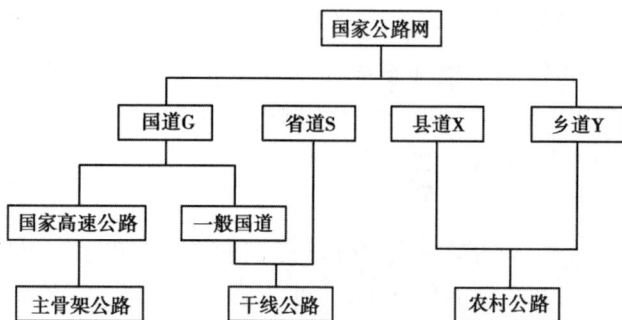

图 1.1 国家公路网组成

国道是指在国家干线网中,具有全国性的政治、经济和国防意义,由国家统一规划,并经确定为国家级干线的公路。

省道是指在省公路网中,具有全省性的政治、经济和国防意义,并经确定为省级干线的公

路,由省负责建设、养护、改造。

县道是具有全县性的政治、经济意义,并经确定为县级的公路。

专用公路是由工矿、农林等部门投资修建,主要供部门使用的公路。

在城市、厂矿、林区、港口等内部的道路,都不属于公路范畴,但穿过小城镇的路段仍属公路。

路网中的公路均有编号,公路编号1开头表示的是呈放射状的道路,编号2开头表示的是南北走向的道路,编号3开头表示的是东西走向的道路,高速公路有自己的编号。

(3)城市道路

城市道路是指在城市范围内,供车辆及行人通行的,具备一定技术条件和设施的道路。城市道路是城市组织生产、安排生活、搞活经济、物质流通所必需的交通设施,也是城市市政设施的重要组成部分。

(4)厂矿道路

厂矿道路指主要供工厂、矿山运输车辆通行的道路,通常分为厂内道路、厂外道路和露天矿山道路。厂外道路为厂矿企业与国家公路、城市道路、车站、港口相衔接的道路或是连接厂矿企业分散的车间、居住区之间的道路。厂矿道路按1987年国家计划委员会颁布由交通运输部修订的《厂矿道路设计规范》(GBJ 22—1987)规定设计。

(5)林区道路

林区道路指修建在林区的主要供各种林业运输工具通行的道路。由于林区道路的位置、交通性质及功能不同,林区道路的技术要求应按专门制定的林区道路工程技术标准执行。

(6)乡村道路

乡村道路是指修建在乡村、农场,主要供行人及各种农业运输工具通行的道路,由县统一规划。由于乡村道路主要为农业生产服务,一般不列入国家公路等级标准。

各类道路由于其位置、交通性质及功能均不相同,在设计时其依据、标准及具体要求也不相同,要特别注意。

▶1.2.2 公路的分级与技术标准

(1)公路等级的划分

公路按中华人民共和国交通运输部颁布的《公路工程技术标准》(JTG B01—2014),以下简称《标准》。根据公路使用功能、任务和适应的交通量,考虑汽车行驶质量、出入控制、车道数与车道内是否专供汽车行驶等条件,分为高速公路、一级公路、二级公路、三级公路、四级公路5个等级。

①高速公路为专供汽车分方向、分车道行驶,全部控制出入的多车道公路。高速公路的年平均日设计交通量宜在15 000辆小客车以上。高速公路单向最少设置两个车道,对允许进入的车辆进行限制,设置中央分隔带分隔对向交通,采用立交接入等措施全部控制出入,排除纵横向干扰,为通行效率最高的公路。

②一级公路为供汽车分方向、分车道行驶,可根据需要控制出入的多车道公路。一级公路的年平均日设计交通量宜在15 000辆小客车以上。一级公路单向至少设置两个车道,根据功能需要采取不同程度的控制出入。具备干线功能的一级公路,为保证其快速、大容量、安全的

服务能力,通常采用部分控制出入的措施,只对所选定的相交公路或其他道路提供平面出入连接,而在同其他公路、城市道路、铁路、管线、渠道等相交处设置立体交叉,并设置隔离措施以防止行人、低速车辆、非机动车以及牲畜等进入;而当一级公路用作集散公路时,纵横向干扰都较大,通常采取接入管理措施,合理控制公路和周围土地接口的位置、数量、形式,提高安全保障和服务水平。

③二级公路为供汽车行驶的双车道公路。二级公路的年平均日设计交通量宜在 5 000~15 000 辆小客车。二级公路是在行车道内供汽车行驶的双车道公路。当慢行车辆交通量较大,街道化程度严重时,可采取加宽硬路肩的方式增设慢行车道,减少纵、横向干扰,保证行车安全。

④三级公路为供汽车、非汽车交通混合行驶的双车道公路。三级公路的年平均日设计交通量宜为 2 000~6 000 辆小客车。

⑤四级公路为供汽车、非汽车交通混合行驶的双车道或单车道公路。双车道四级公路年平均日设计交通量宜在 2 000 辆小客车以下;单车道四级公路年平均日设计交通量宜在 400 辆小客车以下。

三、四级公路为供汽车、非汽车交通混合行驶的双车道公路(四级公路在交通量较小时采用单车道),允许拖拉机等慢行车辆和非机动车使用行车道,其混合交通特征明显,抑制干扰能力最弱。

(2)公路等级的选用

公路等级及技术标准在公路工程可行性研究阶段确定。

公路等级的选定应遵循的原则为:公路技术等级选用应根据路网规划、公路功能,并结合交通量论证确定。

公路功能是公路在路网中为车辆出行提供畅通直达、汇集疏散和出入通达的交通服务能力。根据公路网规划、地区特点、公路的交通特性等因素确定公路功能,主要干线公路和次要干线公路具有畅通直达的功能,主要集散公路和次要集散公路具有汇集疏散的功能,支线公路具有出入通达的功能。

主要干线公路应选用高速公路;次要干线公路应选用二级及二级以上公路;主要集散公路宜选用一、二级公路;次要集散公路宜选用二、三级公路;支线公路宜选用三、四级公路。

1)公路类别

公路按照交通功能分为干线公路、集散公路和支线公路 3 类。

①主要干线公路。连接 20 万人口以上的大中城市、交通枢纽、重要对外口岸和军事战略要地。提供省际及大中城市间长距离、大容量、高速度的交通服务。

②次要干线公路。连接 10 万人口以上的城市和区域性经济中心。提供区域内或省域内中长距离、较高容量和较高速度的交通服务。

③主要集散公路。连接 5 万人口以上的县(市)、主要工农业生产基地、重要经济开发区、旅游名胜区和商品集散地。提供中等距离、中等容量及中等速度的交通服务。与干线公路衔接,使所有的县(市)都在干线公路的合适距离之内。

④次要集散公路。连接 1 万人口以上的县(市)、大的乡镇和其他交通发生地。提供较短距

离、较小容量、较低速度的交通服务,衔接干线公路、主要集散公路与支线公路,疏散干线公路交通、汇集支线公路交通。

⑤支线公路。以服务功能为主,直接与用路者的出行源点相衔接;衔接集散公路,为地区出行提供接入与通达服务。

2)公路功能类别确定步骤

①依照行政属性、用地性质、交通需求等实施区域划分,并将区域抽象为交通节点。

②确定节点重要度。节点重要度是定量描述区域内节点间相对重要程度的指标,主要以总人口、工业总产值、人均收入等指标作为定量分析各节点重要度的指标。节点的层次结构见表1.1。当一条公路的主要控制点为 A 层节点时,该公路为主要干线公路;当主要控制点为 B 层节点时,该公路为次要干线公路;当主要控制点为 C 层节点时,该公路为主要集散公路;当主要控制点为 D 层节点时,该公路为次要集散公路;当主要控制点为 E 层节点时,该公路为支线公路。

表 1.1　交通节点的层次结构

节点层次	中心节点	主要节点
A	北京	各省会、自治区首府、直辖市、特区
B	省会或自治区首府	各地市政府所在地
C	地市政府所在地	各县(市)政府所在地
D	县市政府所在地	各乡、镇政府所在地
E	乡镇府所在地	各行政村

③当同一区域内存在主要控制点相近的两条或两条以上公路时,应通过路网服务指数确定其功能类别。路网服务指数为公路车公里比率与公路里程比率之比。路网服务指数越大,则公路功能类别越高。其计算方法为:规划区域内有 n 条公路,则第 $i(i=1,\cdots,n)$ 条公路的车公里比率 R_{VMT_i}、里程比率 R_{K_i} 及路网服务指数 R_i 按下列公式计算。

车公里比率

$$R_{VMT_i} = \frac{VKT_i}{\sum VKT_i} \times 100\% \tag{1.1}$$

里程比率

$$R_{K_i} = \frac{K_i}{\sum K_i} \times 100\% \tag{1.2}$$

路网服务指数

$$R_i = \frac{R_{VMT_i}}{R_{K_i}} \tag{1.3}$$

式中 VKT_i——路网中第 i 条公路的车公里,pcu·km,即该公路上通过的车辆数与平均行驶
距离的乘积;

$\sum VKT_i$——规划区域内路网中所有公路的车公里之和,pcu·km;

K_i——第 i 条公路的里程,km;

$\sum K_i$——规划区域内路网中所有公路的总里程,km。

公路功能分类指标包括区域层次、路网连续性、交通流特性和公路自身特性等定性和定量
指标。不同地区经济发展水平与地形、地貌差异直接影响到分类指标的选取。各地区可根据
规划区的实际情况自行确定。推荐的公路功能分类分量化指标规定列入表 1.2。

表 1.2 公路功能分类指标

分类指标	功能分类				
	主要干线公路	次要干线公路	主要集散公路	次要集散公路	支线公路
适应地域与路网连续性	20 万人口以上的大中城市	10 万人口以上重要市县	5 万人口以上的县城或连接干线公路	连接干线公路与支线公路	直接对应于交通发生源
路网服务指数	≥15	10~15	5~10	1~5	<1
期望速度	80 km 以上	60 km 以上	40 km 以上	30 km 以上	不要求
出入控制	全部控制出入	部分控制出入或接入管理	接入管理	视需要控制横向干扰	不控制

(3)公路工程技术标准

公路技术标准、规范是对路线和各项工程的技术要求。它反映了我国公路建设的技术水
平及经济状况,公路设计时必须遵守。各级公路的主要技术指标汇总见表 1.3。

技术标准规范执行严格程度的用词说明:

①表示很严格,非这样做不可的用词,正面词采用"必须",反面词采用"严禁"。

②表示严格,在正常情况下均应这样做的用词,正面词采用"应",反面词采用"不应"或
"不得"。

③表示允许稍有选择,在条件许可时首先应这样做的用词,正面词采用"宜",反面词采用
"不宜"。

④表示有选择,在一定条件下可以这样做的用词,采用"可"。

表 1.3　各级公路主要技术指标汇总简表

公路等级	高速公路			一级(干线功能)公路		一级(集散功能)公路		二级公路		三级公路		四级公路	
设计速度/(km·h^{-1})	120	100	80	100	80	80	60	80	60	40	30	30	20
车道数	8	6	4	4	4	4	4	2	2	2	2	2	2 或 1
车道宽度/m	3.75	3.75	3.75	3.75	3.75	3.75	3.50	3.75	3.50	3.50	3.25	3.25	3.00
行车道宽度/m	2×15.0	2×11.25	2×7.5	2×7.5	2×7.5	2×7.5	2×7.0	9.0	7.0	7.0	6.5	6.50	6.00 或 3.00
路肩宽度/m 硬路肩一般值	3.00(2.50)	3.00(2.50)	3.00(2.50)	3.00(2.50)	3.00(2.50)	1.50	0.75	1.50	0.75	—	—	—	—
硬路肩最小值	1.50	1.50	1.50	1.50	1.50	0.75	0.25	0.75	0.25	—	—	—	—
土路肩一般值	0.75	0.75	0.75	0.75	0.75	0.75	0.25	0.75	0.25	0.75	0.50	0.50	0.25(双车道) 0.50(单车道)
土路肩最小值	0.75	0.75	0.75	0.75	0.75	0.50	0.50	0.50	0.50	0.75	0.50	0.50	0.25(双车道) 0.50(单车道)
圆曲线最小半径/m	570(设超高10%)	360(设超高10%)	220(设超高10%)	360(设超高10%)	220(设超高10%)	220(设超高10%)	115(设超高10%)	220(设超高10%)	115(设超高10%)	60(设超高8%)	30(设超高8%)	30(设超高8%)	15(设超高8%)
停车视距/m	210	160	110	160	110	110	75	110	75	40	30	30	20
最大纵坡/%	3	4	5	4	5	5	6	5	6	7	8	8	9
汽车荷载	公路—Ⅰ级			公路—Ⅰ级		公路—Ⅰ级		公路—Ⅰ级		公路—Ⅱ级		公路—Ⅱ级	

注:本表仅为简单汇总,所列各项指标应按有关条文规定选用。

▶ 1.2.3 城市道路分类与技术分级

城市道路按交通功能可分为:干线交通道路、集散交通道路及沿线服务交通道路。

城市道路按其在城市道路网中的地位、交通功能以及对沿线的服务功能的不同,我国《城市道路工程设计规范(2016 年版)》(CJJ 37—2012)将城市道路分为快速路、主干路、次干路和支路 4 个等级,并应符合下列规定:

(1)快速路

快速路应中央分隔、全部控制出入、控制出入口间距及形式,应实现交通连续通行,单向设置不少于两条车道,并应设有配套的交通安全与管理设施。

快速路两侧不应设置吸引大量交通车流、人流的公共建筑物的出入口。

快速路为城市中大量、长距离、快速交通服务的重要道路。有自行车通行时,加设两侧带辅道;与高速公路、快速路、主干路相交采取立体交叉,在过路行人集中地方设置人行天桥或地下通道。

(2)主干路

主干路应连接城市各主要分区,应以交通功能为主。主干路两侧不宜设置吸引大量车流、人流的公共建筑物的出入口。主干路是城市道路网的骨架。自行车交通量大时,宜采用机动车与非机动车分隔形式,如三幅或四幅路。

(3)次干路

次干路应与主干路结合组成干路网,应以集散交通的功能为主,兼有服务功能。次干路与主干路结合组成城市道路网。

(4)支路

支路宜与次干路和居住区、工业区、交通设施等内部道路相连接,应以解决局部地区交通,以服务功能为主。对向车道设置分隔带,进出口应采用全控制或部分控制。

各级道路的设计速度应符合表 1.4 的规定。

表 1.4 各级道路的设计速度

道路等级	快速路			主干路			次干路			支路		
设计速度 /(km·h⁻¹)	100	80	60	60	50	40	50	40	30	40	30	20

快速路和主干路的辅路设计速度宜为主路的 0.4~0.6 倍;互通立交匝道及集散车道设计速度宜为主路的 0.4~0.7 倍;平面交叉口内的设计速度宜为路段的 0.5~0.7 倍。

1.3　道路设计主要控制因素

▶**1.3.1　设计车辆**

公路几何设计所采用的代表车型,一种假设车辆,其外廓尺寸、载质量、动力性能是确定道路、交叉布置和几何参数的主要依据。调研显示,当前运营车辆的外廓尺寸有较多车辆超过16 m,出现了18 m、20 m甚至26 m的超长车辆。从公路投资与车辆行驶安全考虑,根据我国《汽车、挂车及汽车列车外廓尺寸、轴荷及质量限值》(GB 1589—2016)的规定,考虑满足标准运营车辆100%的需求条件,《标准》增加了大型客车和铰接客车两种车型,并确定鞍式列车尺寸为长18.1 m、宽2.55 m的铰接列车。在实际使用中要根据公路功能、设施类型及交通组成情况综合确定设计车型。各代表车型的外廓尺寸如图1.2所示。

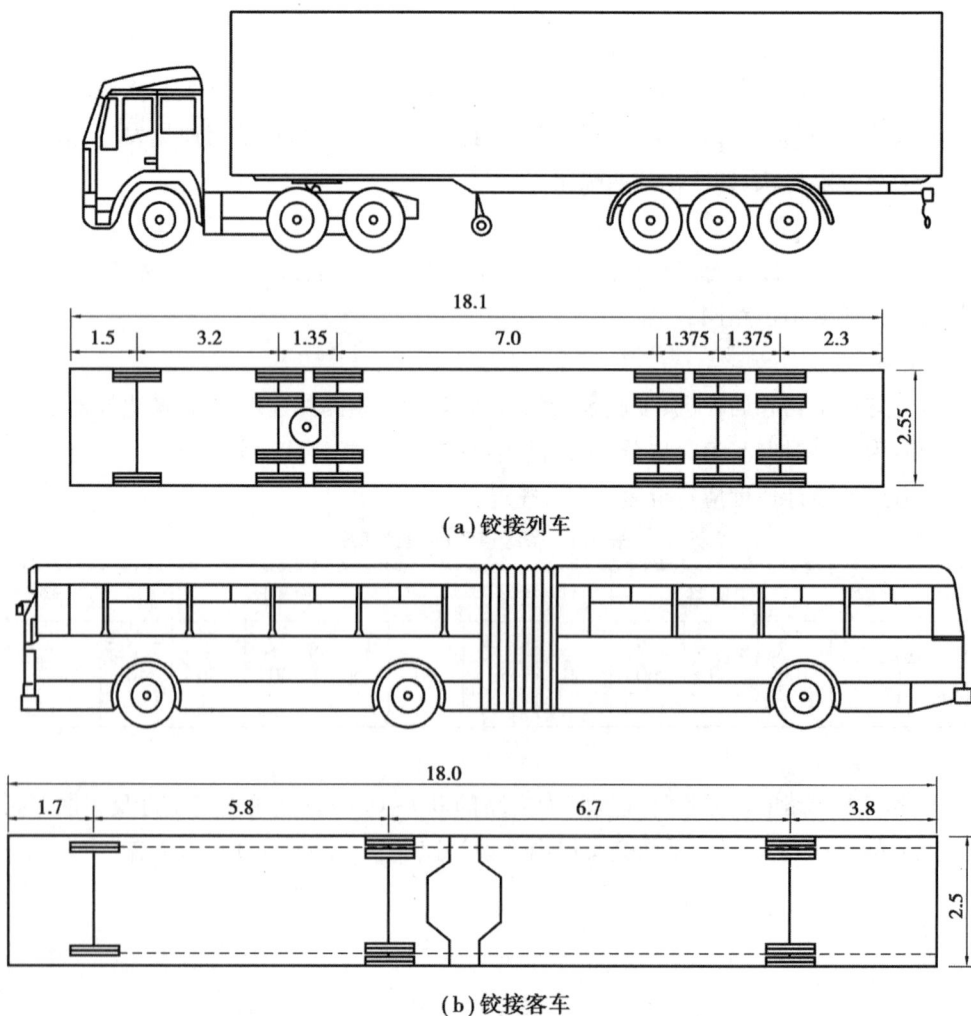

(a)铰接列车

(b)铰接客车

图1.2　代表车型的外廓尺寸(尺寸单位:m)

公路和城市道路设计所采用的设计车辆外廓尺寸规定见表1.5。

表1.5 车辆外廓尺寸

车辆类型	总长/m	总宽/m	总高/m	前悬/m	轴距/m	后悬/m
小客车(小客车)	6	1.8	2	0.8	3.8	1.4
大型客车	13.7	2.55	4	2.6	6.5+1.5	3.1
铰接客车(铰接车)	18	2.5	4	1.7	5.8+6.7	3.8
载重汽车(大型车)	12	2.5	4	1.5	6.5	4
铰接列车	18.1	2.55	4	1.5	3.3+1.1	2.3

注:铰接列车的轴距(3.3+11) m;3.3 m 为第一轴至铰接点的距离,11 m 为铰接点至最后轴的距离。带括弧的车辆为城市道路设计车辆。

▶1.3.2 设计速度

道路几何设计(包括平曲线半径、纵坡、视距等)所采用的行车速度是设计各等级公路、城市道路受限制部分(最小平曲线半径、最大纵坡等)的主要依据。通常可以认为"在天气良好、交通密度小的情况下,一般驾驶员能够保持安全而舒适行驶的最大速度"。设计速度影响公路外观形状并决定公路几何线形要素。同时,它又与公路的重要性和经济性有关。各等级公路计算行车速度的确定与汽车的最高时速、经济时速有关。

最高时速是汽车按其机械性能和动力性能可能达到的最高速度,如东风 EQ-140 型载重车为 90 km/h,奥迪 A4L 2016 款 45TFSI quattro 个性运动型小客车为 250 km/h。

经济时速是汽车在一段公路上行驶的最经济(耗油、磨耗最小)的时速,如解放牌 CA-10B 型载重车为 35~45 km/h。

平均技术速度是指汽车在公路上实际行驶的平均速度。在一条公路上路段的技术条件各不相同,如在最小平曲线段、最大纵坡段等路段上,以及交通量较大的会车路段上,都有不同的行车速度限制,这些速度称为技术车速。各路段技术车速的平均值,表示该公路实际汽车可能行驶的最大车速。

为充分发挥汽车的技术性能,平原和微丘区二、三级公路的平均技术车速采用经济时速的中间值,四级公路采用经济时速的最低值。

各级公路的计算行车速度,应按表1.3的规定采用,城市道路按表1.4的规定采用。

高速公路设计速度不宜低于 100 km/h,受地形、地质等条件限制时,可以选用 80 km/h。作为干线的一级公路,设计速度宜采用 100 km/h;受地形、地质等条件限制时,可以选用80 km/h。作为集散的一级公路,设计速度宜采用 80 km/h;受地形、地质等条件限制,可采用 60 km/h。高速公路和作为干线的一级公路的特殊困难局部路段,且因新建工程可能诱发工程地质灾害时,经论证,该局部路段的设计速度可采用 60 km/h,但长度不宜大于 15 km,或仅限于相邻两互通式立体交叉之间的路段。作为干线的二级公路,设计速度宜采用 80 km/h;受地形、地质等条件限制,可采用 60 km/h;作为集散的二级公路,设计速度宜采用 60 km/h;受地形、地质等条件限制,可采用 60 km/h。三级公路设计速度宜采用 40 km/h;受地形、地质等条件限制,可采用 30 km/h。四级公路设计速度宜采用 30 km/h;受地形、地质等条件限制,可采用 20 km/h。

▶1.3.3 运行速度

运行速度是指特定设计车型在路面平整、潮湿、自由流状态下,汽车行驶速度累计分布曲线上对应于85%分位值的行驶速度,也称V85。运行速度整体反映了道路几何线形、驾乘环境以及驾驶人员特性等多种因素对车辆行驶速度的综合影响,是动态变化的。

根据道路运行速度设计方法,采用设计速度概念对公路平面线形和纵断面进行初步设计的基础上,根据"路段划分原则"将设计路线划分成若干路段,通过"运行车速测算模型"推算各路段运行车速,以"相邻路段运行车速差控制标准"检验和修正公路的平、纵面线形设计,并通过运行速度对设计要素及交通安全及沿线设施等设计要素进行安全评价,在施工图设计阶段通过优化调整,最终确定半径、超高、加宽等设计指标。

▶1.3.4 交通量

交通量是指在单位时间内通过道路上某一断面处来往的实际汽车数。单位时间一般用一小时或一日,分别称为小时交通量和日交通量。交通量既有按车道计算的,也有将车道合计一起计算的;既有只考虑单方向的,也有将两个方向合计一起考虑的。交通量随季节、气候和时间而变化。常用到的交通量有:

①年平均昼夜(双向)交通量 N,即一年365天交通量观测结果的平均值,作为决定路线等级及拟订道路修建次序的主要依据。

②最大日(双向)交通量 N_1,即一年365天中交通量中的最大值,用以研究公路交通的不均衡情况。

③最大高峰小时(双向)交通量 N_2,即以一小时为单位所观测结果中最大的交通量。用以确定道路几何线形标准的参考。

新建和改扩建公路项目的设计交通量预测应符合下列规定:

①高速公路和一级公路设计交通量预测年限为20年;二、三级公路设计交通量预测年限为15年;四级公路可根据实际情况确定。

②设计交通量预测年限的起算年为该项目可行性研究报告中的计划通车年。

交通量换算采用小客车为标准车型。各汽车代表车型及车辆折算系数规定见表1.6。拖拉机和非机动车等交通量换算应符合下列规定:

表1.6 各汽车代表车型及车辆折算系数

汽车代表车型	车辆折算系数	说　明
小客车	1.0	座位≤19座的客车和载质量≤2 t的货车
中型车	1.5	座位>19座的客车和2 t<载质量≤7 t的货车
大型车	2.5	7 t<载质量≤20 t的货车
汽车列车	4.0	载质量>20 t的货车

①畜力车、人力车、自行车等非机动车按路侧干扰因素计。

②公路上行驶的拖拉机每辆折算为4辆小客车。

③公路通行能力分析所要求的车辆折算系数应针对路段、交叉口等形式,按不同的地形条件和交通需求,采用相应的折算系数。

公路设计小时交通量宜采用年第30位小时交通量,也可根据项目特点与需求,在当年第20~40小时交通量之间取值。

▶ **1.3.5 通行能力与行车密度**

道路的通行能力是在一定的道路和交通条件下,单位时间内道路上某一路段通过某一断面的最大交通流率,又称道路交通容量,是指车辆在正常可以接受的运行速度,并保证行车舒适、车流无阻碍的条件下,单位时间内通过道路上某一断面处的最大车辆数,以辆/h或辆/昼夜计。道路通行能力是道路与交通工程中一个十分重要的指标,是道路与交通规划设计及交通管理的基本依据之一,也是评价各种道路与交通设施及管理设施的交通效果的基本依据之一。

当道路上的交通量等于该道路的通行能力时,就会出现运行拥挤现象。这时,所有车辆就会以大致相同的速度跟随行驶,超车无法实现,一旦发生干扰就会造成交通阻塞或断续运行。当道路上的交通量小于该道路的通行能力时,就为驾驶员创造一定自由权,会有超车的可能。因此,道路的通行能力是正常条件下道路交通量的极限数值。

影响通行能力的主要因素有道路条件、交通条件、汽车性能、气候和环境等。在设计道路时,必须使道路具有足够的通行能力来满足在该路上远景行车密度的要求。

交通量和交通密度,前者是固定地点,在一定时间内通过的车辆数,而后者则是固定时间(一般以平均昼夜计算),在一定长度路段(例如10 km)上的车辆数量,它反映了道路上车辆的密集程度。如设交通量为Q(辆/h)、交通密度为K(辆/h)、路段平均车速为v(km/h),则它们之间有如下关系

$$Q = Kv \tag{1.4}$$

我国《城市道路工程设计规范(2016年版)》(CJJ 37—2012)规定城市道路快速路、其他等级道路路基本路段一条车道的基本通行能力和设计通行能力应符合表1.7和表1.8。

表1.7 快速路基本路段一条车道的通行能力

设计速度/(km·h⁻¹)	100	80	60
基本通行能力/(pcu·h⁻¹)	2 200	2 100	1 800
设计通行能力/(pcu·h⁻¹)	2 000	1 750	1 400

表1.8 其他等级道路路段一条车道的通行能力

设计速度/(km·h⁻¹)	60	50	40	30	20
基本通行能力/[pcu·(km·ln)⁻¹]	1 800	1 700	1 650	1 600	1 400
设计通行能力/[pcu·(km·ln)⁻¹]	1 400	1 350	1 300	1 300	1 100

▶1.3.6 道路服务水平与分级

（1）服务水平

道路服务水平是衡量交通流运行条件及驾驶人和乘客所感受的服务质量的一项指标,通常根据交通量、速度、行驶时间、行驶(步行)自由度、交通中断、舒适和方便等指标确定。

道路饱和度是研究和分析道路交通服务水平的主要指标。常用 V/C 来计算,V 为最大交通量,C 为最大通行能力,指的是在现实的道路和通行条件下,一条车道或一条道路某一路段的最大通行能力,饱和度值越高,服务水平越低。公路和城市道路,其计算方法并不一致,应根据不同的情况采用不同的方法进行计算。

对服务水平的影响因素很多,如车辆行驶速度、运行时间、通畅性、行驶受阻、行驶受干扰程度和气候。

（2）公路服务水平分级与确定

公路的服务水平主要采用 V/C 值来衡量拥挤程度,作为评价服务水平的主要指标,同时采用小客车实际行驶速度与自由流速度之差作为次要评价指标,将服务水平分为六级,分别代表一定运行条件下驾驶员的感受。具体的服务水平划分见表1.9—表1.11。

表1.9 高速公路路段服务水平分级

服务水平等级	V/C 值	设计速度/$(km \cdot h^{-1})$		
		120	100	80
		最大服务交通量 /$[pcu \cdot (h \cdot ln)^{-1}]$	最大服务交通量 /$[pcu \cdot (h \cdot ln)^{-1}]$	最大服务交通量 /$[pcu \cdot (h \cdot ln)^{-1}]$
一	$V/C \leqslant 0.35$	750	730	700
二	$0.35 < V/C \leqslant 0.55$	1 200	1 150	1 100
三	$0.55 < V/C \leqslant 0.75$	1 650	1 600	1 500
四	$0.75 < V/C \leqslant 0.90$	1 980	1 850	1 800
五	$0.90 < V/C \leqslant 1.00$	2 200	2 100	2 000
六	$V/C > 1.00$	0~2 200	0~2 100	0~2 000

表1.10 一级公路路段服务水平分级

服务水平等级	V/C 值	设计速度/$(km \cdot h^{-1})$		
		100	80	60
		最大服务交通量 /$[pcu \cdot (h \cdot ln)^{-1}]$	最大服务交通量 /$[pcu \cdot (h \cdot ln)^{-1}]$	最大服务交通量 /$[pcu \cdot (h \cdot ln)^{-1}]$
一	$V/C \leqslant 0.3$	600	550	480
二	$0.3 < V/C \leqslant 0.5$	1 000	900	800

续表

服务水平 等级	V/C 值	设计速度/(km·h⁻¹)		
		100	80	60
		最大服务交通量 /[pcu·(h·ln)⁻¹]	最大服务交通量 /[pcu·(h·ln)⁻¹]	最大服务交通量 /[pcu·(h·ln)⁻¹]
三	$0.5 < V/C \leqslant 0.7$	1 400	1 250	1 100
四	$0.7 < V/C \leqslant 0.9$	1 800	1 600	1 450
五	$0.9 < V/C \leqslant 1.0$	2 000	1 800	1 600
六	$V/C > 1.0$	0~2 000	0~1 800	0~1 600

注:V/C 是在基准条件下,最大服务交通量与基准通行能力之比。基准通行能力是五级服务水平条件下对应的最大
小时交通量。

根据交通流状态,各级服务水平分定性描述如下:

①一级服务水平,交通流处于完全自由流状态。交通量小,速度高,行车密度小,驾驶员能自由地按照自己的意愿选择所需速度,行驶车辆不受或基本不受交通流中其他车辆的影响。在交通流内驾驶的自由度很大,为驾驶员、乘客或行人提供的舒适度和方便性非常优越。较小的交通事故或行车障碍的影响容易消除。在事故路段不会产生停止排队现象,很快就能够恢复到一级的服务水平。

②二级服务水平,交通流状态处于相对自由流的状态,驾驶员基本上可按照自己的意愿选择行驶速度,但是开始要注意到交通流内有其他使用者,驾驶人员身心舒适水平很高。较小交通事故或行车障碍的影响容易消除,在事故路段的运行服务情况比一级差些。

③三级服务水平,交通流状态处于稳定流的上半段,车辆间的相互影响变大,选择速度受到其他车辆的影响,变车道时驾驶员要格外小心,较小交通事故仍能消除,但事故发生路段的服务质量大大降低,严重的阻塞使后面形成排队车车流,驾驶员心情紧张。

④四级服务水平,交通流处于稳定流范围下限,但是车辆运行明显地受到交通流内其他车辆的相互影响,速度和驾驶的自由度受到明显限制。交通量稍有增加就会导致服务水平的显著降低,驾驶人员身心舒适水平降低,即使较小的交通事故也难以消除,会形成很长的排队车流。

⑤五级服务水平,为交通流拥堵流的上半段,其下是达到最大通行能力的运行状态。对于交通流的任何干扰,例如车流从匝道驶入或车辆变换车道,都会在交通流中产生一个干扰波,交通流不能消除它,任何交通事故都会形成长长的排队车流,车流行驶灵活性极端受限,驾驶员身心舒适水平很差。

⑥六级服务水平,是拥堵流的下半段,是通常意义上的强制流或阻塞流。这一服务水平下,交通设施的交通需求超过其允许的通过量,车流排队驾驶,队列中的车辆出现停停走走现象,运行状态极不稳定,可能在不同交通流状态发生突变。

表 1.11　二、三、四级公路路段服务水平分级

服务水平	延误率/%	设计速度/(km·h⁻¹)										
		80				60				≤40		
		速度/(km·h⁻¹)	V/C 禁止超车区/%			速度/(km·h⁻¹)	V/C 禁止超车区/%			V/C 禁止超车区/%		
			<30	30~70	≥70		<30	30~70	≥70	<30	30~70	≥70
一	≤35	≥76	0.15	0.13	0.12	≥58	0.15	0.13	0.11	0.14	0.12	0.10
二	≤50	≥72	0.27	0.24	0.22	≥56	0.26	0.22	0.20	0.25	0.19	0.15
三	≤65	≥67	0.40	0.34	0.31	≥54	0.38	0.32	0.28	0.37	0.25	0.20
四	≤80	≥58	0.64	0.60	0.57	≥48	0.58	0.48	0.43	0.54	0.42	0.35
五	≤90	≥48	1.00	1.00	1.00	≥40	1.00	1.00	1.00	1.00	1.00	1.00
六	>90	<48	—	—	—	<40	—	—	—	—	—	—

注：①设计速度为 80 km/h,60 km/h,40 km/h 时,路面宽度为 9 m 的双车道公路,其基准通行能力分别为:2 800 pcu/h,2 500 pcu/h 和 2 400 pcu/h。

②V/C 是在基准条件下,最大服务交通量与基准通行能力与值比。基准通行能力是五级服务水平条件下对应的最大小时交通量。

③延误率为车头时距小于或等于 5 s 的车辆数占交通量的百分比。

各级公路设计服务水平应不低于表 1.12 规定,并应符合一级公路用作集散公路时,设计服务水平可降低一级;长隧道及特长隧道路段、非机动车及行人密集路段、互通式立体交叉的分合流区段以及交织区段,设计服务水平可降低一级规定。

表 1.12　各级公路设计服务水平

公路等级	高速公路	一级公路	二级公路	三级公路	四级公路
服务水平	三级	三级	四级	四级	—

（3）城市道路服务水平

由于道路条件、交通条件、控制条件和交通环境等都会影响道路通行能力和服务水平。因此,需要对条件不同的道路设施及其各组成部分分别进行通行能力和服务水平的分析。城市快速路服务水平分为四级:一级服务水平时,交通处于自由流状态;二级服务水平时,交通处于稳定流中间范围;三级服务水平时,交通处于稳定流下限;四级服务水平时,交通处于不稳定流状态。其他等级道路通行能力和服务水平的分析、评价,由于目前国内尚未有成熟的研究成果,《城市道路工程设计规范（2016 年版）》（CJJ 37—2012）只提出了设计要求,未给出具体的分析方法和内容。

快速路基本路段服务水平分级指标应符合表 1.13 的规定,新建道路应按三级服务水平设计。

表 1.13　快速路基本路段服务水平分级

设计速度 /(km·h^{-1})	服务水平等级		密度/[pcu·(km·ln)$^{-1}$]	平均速度 /(km·h^{-1})	饱和度 /(V·C^{-1})	最大服务交通量 /[pcu·(km·ln)$^{-1}$]
100	一级（自由流）		≤10	≥88	0.40	880
	二级（稳定流上段）		≤20	≥76	0.69	1 520
	三级（稳定流）		≤32	≥62	0.91	2 000
	四级	（饱和流）	≤42	≥53	≈1.00	2 200
		（强制流）	>42	<53	>1.00	—
80	一级（自由流）		≤10	≥72	0.34	720
	二级（稳定流上段）		≤20	≥64	0.61	1 280
	三级（稳定流）		≤32	≥55	0.83	1 750
	四级	（饱和流）	≥50	≥40	≈1.00	2 100
		（强制流）	<50	<40	>1.00	—
60	一级（自由流）		≤10	≥55	0.30	590
	二级（稳定流上段）		≤20	≥50	0.55	990
	三级（稳定流）		≤32	≥44	0.77	1 400
	四级	（饱和流）	≤57	≥30	≈1.00	1 800
		（强制流）	>57	<30	>1.00	—

1.4 道路的基本组成

▶1.4.1 公路的基本组成

公路是布置在大地表面供各种车辆行驶的一种线性带状结构物。因此公路设计就有线形设计和结构设计两大部分。

（1）线形组成

公路受到自然条件的制约，在平面上有转折、纵面上有起伏。在转折点和起伏变化点处为满足车辆行驶的顺适、安全和行驶速度的要求，公路就需要进行线形组合设计。

公路路线是公路的中线，平面有曲线、纵面有起伏的立体空间线形。其线形组成是平面由直线、曲线（圆曲线、缓和曲线）组成；纵面由坡道线及竖曲线组成。

作为立体空间线形的图形显示由平面图、纵断面图及横断面图表示。

（2）结构组成

公路是交通运输的建筑结构物，它不仅承受荷载的作用，而且受着自然条件的影响，其结构组成主要包括：路基路面工程、排水工程（桥涵、渗水路堤、过水路面等）、防护工程（挡土墙、护坡、护栏等）、特殊构造物以及交通服务设施。

①路基。路面的基础，是行车部分的基础，设计时必须保证其稳定性、坚实并符合规定的尺寸，以承受汽车和自然因素的作用。断面形状一般有路堤、路堑、半填半挖 3 种路基形式，如图 1.3 所示。

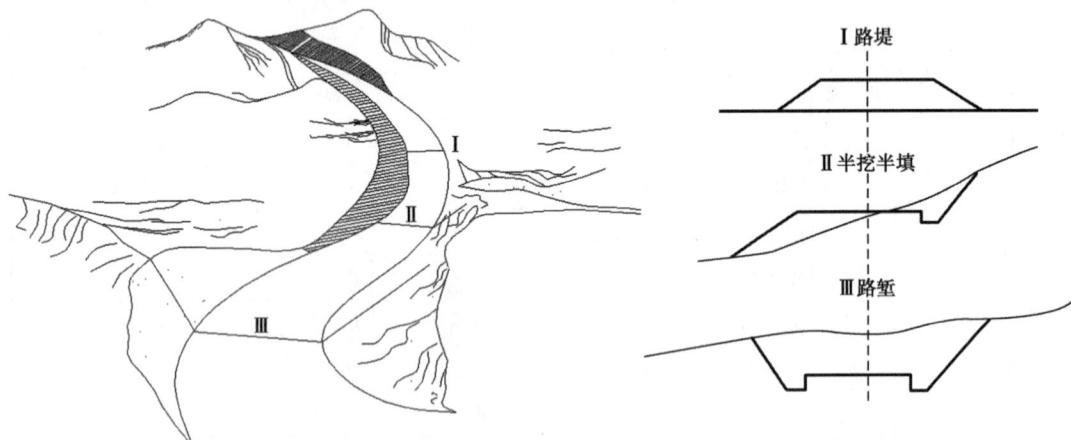

图 1.3　路基横断面形式

②路面。用各种坚硬材料铺筑于路基顶面的单层或多层供汽车直接行驶的结构层。通常路面由基层及面层两部分组成，如图 1.4 所示。如沪嘉高速公路某段路面结构厚为 69 cm，面层由 5 cm 中粒式沥青混凝土（防滑面）、6 cm 粗粒式沥青混凝土组成；基层由 8 cm 贯入式碎石、35 cm 粉煤式三渣、15 cm 砾石砂组成。

路面按其使用品质、材料组成和结构强度可有高级、次高级、中级、低级之分。按其力学性质可分为柔性路面和刚性路面两大类。常用材料有沥青、水泥、碎（砾）石、砂、黏土等。

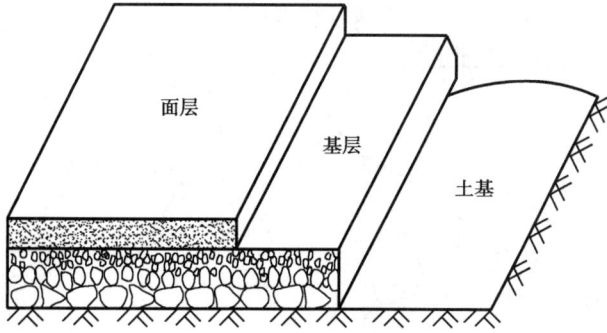

图 1.4　路面结构

③排水构造物。主要为桥涵和涵洞。山区及宽浅水流处有时修筑渗水路堤及过水路面。

④桥涵。跨越水流供汽车行驶的构造物,如图 1.5 所示为小桥及涵洞。

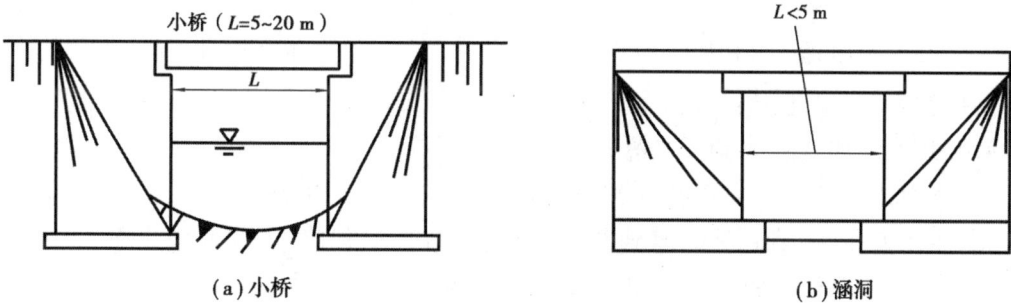

（a）小桥　　　　　　　　　　　　　（b）涵洞

图 1.5　小桥和涵洞

⑤渗水路堤。用石块堆砌成的路堤,是以通过流量不大的季节性水流,如图 1.6 所示。

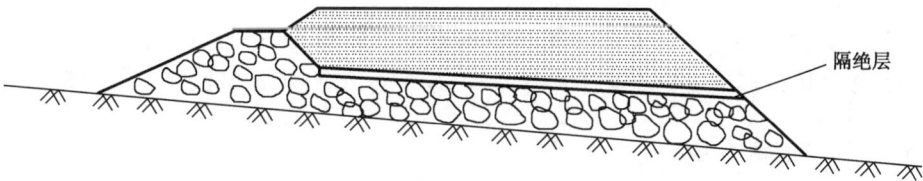

图 1.6　渗水路堤

⑥过水路面。是容许周期性水流从路表面通过的行车部分,如图 1.7 所示。

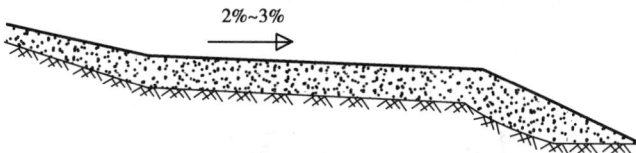

图 1.7　过水路面

⑦防护工程。为保证路基稳定或行车安全所修筑的工程设施,如挡土墙、护坡、护栏等,如图 1.8 所示。

⑧特殊构造物。例如,隧道是穿越山岭为改善线形、缩短路线长度所修筑的山洞。半山桥

(洞)是山区路基悬出一半所修筑的桥梁或所开挖的部分路宽的山洞,如图1.9所示。路台是在悬崖峭壁上所修筑的悬臂式构造物。

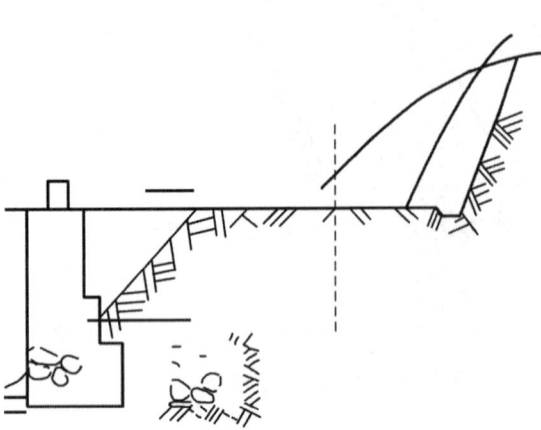

图1.8 挡土墙

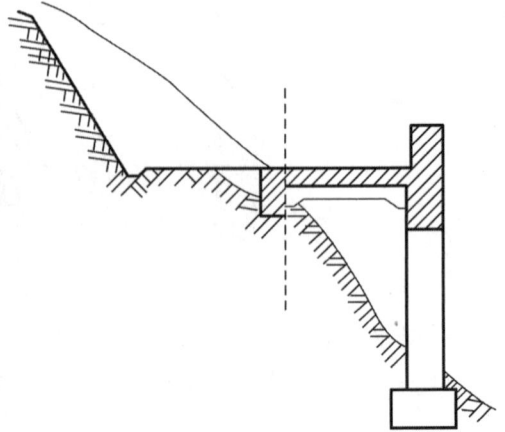

图1.9 半山桥

⑨交通服务设施,包括:

A.照明设施:如灯柱、弯道反光镜等。

B.交通标志:使驾驶员知道前面路段的情况和特点,有下列4类。

a.警告标志:指明前面有行车障碍物和行车危险的地点,促使驾驶员集中注意力。

b.禁令标志:指明各种必要遵守的交通限制,如车速限制、不准停车等。

c.指示标志:指示驾驶员行驶的方向、里程等。

d.指路标志:表示行政区划分界、地名、预告出入口等。

C.服务设施:如加油站、汽车站、养路站、食宿站等。

D.植树绿化与美化工程:是美化公路环境的必要组成部分,它为道路使用者提供一个安全、舒适的行车环境。环境绿化有利于净化空气、令人心情舒畅,且可提高行车的安全性。

▶1.4.2 城市道路的组成

城市道路的组成,包括供城市中各类车辆行使的机动车道、非机动车道和人行道、绿化带;沿街沟、进水口、地下管道、窨井、雨水管、排污管、构筑物;沿街地面设施,如照明灯柱、电杆、给水栓等;地下各种管线,如电缆、煤气管;交通安全设施;交叉口、停车场、公共汽车站台等。

1.5 公路建设基本程序

根据我国《公路建设监督管理办法》,公路建设程序见表1.14。

表 1.14 公路建设程序

政府投资公路建设项目	企业投资公路建设项目
(一)根据规划,编制项目建议书; (二)根据批准的项目建议书,进行工程可行性研究,编制可行性研究报告; (三)根据批准的可行性研究报告,编制初步设计文件; (四)根据批准的初步设计文件,编制施工图设计文件; (五)根据批准的施工图设计文件,组织项目招标; (六)根据国家有关规定,进行征地拆迁等施工前准备工作,并向交通主管部门申报施工许可; (七)根据批准的项目施工许可,组织项目实施; (八)项目完工后,编制竣工图表、工程决算和竣工财务决算,办理项目交、竣工验收和财产移交手续; (九)竣工验收合格后,组织项目后评价。 国务院对政府投资公路建设项目建设程序另有简化规定的,依照其规定执行。	(一)根据规划,编制工程可行性研究报告; (二)组织投资人招标工作,依法确定投资人; (三)投资人编制项目申请报告,按规定报项目审批部门核准; (四)根据核准的项目申请报告,编制初步设计文件,其中涉及公共利益、公众安全、工程建设强制性标准的内容应当按项目隶属关系报交通主管部门审查; (五)根据初步设计文件编制施工图设计文件; (六)根据批准的施工图设计文件组织项目招标; (七)根据国家有关规定,进行征地拆迁等施工前准备工作,并向交通主管部门申报施工许可; (八)根据批准的项目施工许可,组织项目实施; (九)项目完工后,编制竣工图表、工程决算和竣工财务决算,办理项目交、竣工验收; (十)竣工验收合格后,组织项目后评价。

▶ **1.5.1 项目可行性研究**

项目可行性研究是对项目建设的必要性、技术可行性、经济合理性和实施可能性进行综合性研究论证的工作,是公路建设项目前期工作的重要组成部分,是建设项目决策的主要依据,是基本建设前期工作的一项重要内容。

项目可行性研究,按其工作阶段分为预可行性研究和工程可行性研究。编制预可行性研究报告,应以项目所在地区域经济社会发展规划、交通发展规划和其他相关规划为依据;编制工程可行性研究报告,原则上以批准的项目建议书为依据。

《公路建设项目可行性研究报告编制办法》(〔2010〕178号)的规定:

项目预可行性研究,要求通过实地踏勘和调查,重点研究项目建设的必要性和建设时机,初步确定建设项目的通道或走廊带,并对项目的建设规模、技术标准、建设资金、经济效益等进行必要的分析论证,编制研究报告,作为项目建议书的依据,公路建设项目工程可行性研究,要求进行充分的调查研究,通过必要的测量和地质勘察,对可能的建设方案从技术、经济、安全、环境等方面进行综合比选论证,研究确定项目起、终点,提出推荐方案,明确建设规模,确定技术标准,估算项目投资,分析投资效益,编制研究报告。工程可行性研究报告一经批准,应为初步设计应遵循的依据。

项目可行性研究报告的主要内容应包括项目影响区域经济社会及交通运输的现状与发展、交通量预测、建设的必要性、技术标准、建设条件、建设方案及规模、投资估算及资金筹措、经济评价、实施安排、土地利用评价、工程环境影响分析、节能评价、社会评价等,特殊复杂的重大项目,还应进行风险分析。

▶1.5.2 公路勘测设计阶段的划分

公路勘测设计根据路线的设计和要求,可分为一阶段测设、两阶段测设和三阶段测设。

①一阶段测设:适用于技术简单、方案明确的小型公路工程。即根据批准的设计任务书,进行一次详细定测,编制施工设计(图纸代号"S")和工程预算。

②两阶段测设:为公路测设的主要程序,即通常一般公路所采用的测设程序。其步骤为:先进行初测、编制初步设计(图纸代号"C")和工程概算;经上级批准初步设计后,再进行定测、编制施工图和工程预算。也可直接进行定测、编制初步设计(图纸代号"C");然后根据批准的初步设计,通过补充测量编制施工图(图纸代号"S")。

③三阶段测设:对于技术上复杂而又缺乏经验的建设项目或建设项目中的个别路段、特殊大桥、互通式立体交叉、隧道等,必要时应采用三阶段设计。即分初步设计(图纸代号"C")、技术设计(图纸代号"J")和施工图设计(图纸代号"S")3个阶段。技术设计阶段主要是对重大、复杂的技术问题、落实技术方案,计算工程数量,提出修正的施工方案,修正设计概算。其深度和要求介于初步设计和施工图设计之间。

不论采用哪种划分阶段设计,在勘测前都要进行实地调查(或称踏勘)它是勘测前不可缺少的一个步骤,也可与可行性研究结合在一起,但不作为一个阶段。

▶1.5.3 设计文件编制

设计文件是公路勘测设计的最后成果,经审查批准后是公路建设、施工的依据。其组成、内容和要求随设计阶段不同而异,详见附录2。

公路设计图幅通常采用A3,便于装订成册,个别图纸也可采用A3加长或加大。每张图均有对应图号,即图纸的编号(图纸代号-篇号-图类号-页码),如图号S3-1-1,表示施工图设计阶段的第3篇中的平面图的第1张。

1.6　本课程的性质

▶1.6.1 本课程的性质和学习本课程的基本要求

道路勘测设计是一门土木工程专业交通土建方向的主要专业课。它主要介绍道路勘测设计的基本理论、原则和方法,是实践性很强、与理论紧密结合的课程。因此,学习本课程,必须贯彻理论与实践相结合的原则,通过学习,应能掌握道路线形的基本设计方法。课程除课堂教学外,还结合多媒体进行教学,并要求完成路线课程设计,在条件允许的情况下,进行一些专门性问题的参观或调查,生产实践方面的内容将在毕业实习中得到锻炼与掌握。

▶1.6.2 本课程的特点

道路是一条带状的空间三维结构物,它涉及人、车、路和环境等诸多因素的影响和约束。

道路交通特性、驾驶者的心理状态与公路几何设计都有着密切的关系,为了能综合满足行车安全、快速、经济、舒适和路容美观等要求,这就要求在设计时要深入调查、综合研究各方面产生的作用,从而设计出技术先进、方案合理、坚固耐用、经济节约的道路。

本课程与各基础、专业课程有着密切的联系,涉及较多的如工程制图、工程测量、工程地质、桥涵水文、桥梁工程、路基路面、道路建筑材料、道路工程经济与管理……本课程与这些课程有紧密结合和综合运用。

▶1.6.3 本课程的学习方法

基本概念要牢记;标准规范是依据;
三四五章是核心;作业当中找问题;
多问几个为什么;相关期刊常翻阅。

▶1.6.4 本课程的目标

应知:理解道路勘测设计的基本理论;
应会:掌握道路路线设计的基本方法。

▶1.6.5 本课程与其他课程的关系

如何进行合理的道路线形几何规划设计和野外勘测是本课程研究的重点。有关道路结构的内容将在路基路面、桥梁工程、隧道工程、桥涵水文等专业课中学习。

复习思考题

1.1 交通运输方式有哪些? 道路运输的特点是什么?

1.2 高速公路与一般公路相比有哪些特点? 它在公路运输中的地位和作用是什么?

1.3 什么是道路? 它包括哪些主要种类?

1.4 公路和城市道路的等级是怎样划分的? 各级公路与城市道路的主要技术指标有哪些?

1.5 公路功能指的是什么? 各等级公路对公路功能的要求是什么?

1.6 道路的服务水平与哪些因素有关? 怎样评价道路的服务水平?

1.7 设计车辆包括哪些参数? 设计车辆有哪几种类型?

1.8 公路勘测设计为什么要分阶段进行设计? 针对不同情况如何选用设计阶段?

1.9 设计文件由哪几部分内容组成?

1.10 名词解释:路线,设计车速,经济速度,平均技术速度,道路饱和度,设计交通量,通行能力。

1.11 公路等级选用时应考虑哪些主要因素?

第2章

汽车行驶理论

2.1 概　述

　　道路设计是以满足汽车行驶的要求为前提。因此,在道路线形设计时,须认识汽车行驶对道路的要求,掌握汽车在公路上是怎样行驶的,这就是汽车行驶理论所需要研究的问题。

　　公路是一种线状的交通运输工程结构物,主要供汽车行驶。因此,必须了解汽车的性能及其行驶对公路的要求。

　　汽车行驶理论是一门在分析汽车行驶基本规律的基础上,研究汽车行驶原理和行驶性能的学科。通过上述研究,进一步分析影响汽车使用和行驶性能的各种因素,汽车在道路上行驶的稳定性要求、行驶轨迹,使道路设计更趋于满足汽车行驶的特性和要求,最大限度发挥汽车的使用效益和社会运输效益。

　　汽车行驶总的要求是安全、迅速、经济与舒适。须从驾驶员、汽车、道路和交通管理等方面来保证,就道路线形设计方面讲,主要从以下几方面来保证。

　　①保证汽车在路上行驶的稳定性,即保证安全行车,不发生翻车、倒溜或侧滑。因此,需要在研究汽车行驶过程中的力系的平衡条件、分布情况和行车稳定性等的基础上,合理设置纵、横坡度和弯道以及提高车轮与路面间附着力,提高路线的均衡性,保证道路运行速度的连续性,提高道路的安全性。

　　②尽可能提高车速。评价运输效率的指标是汽车运输生产率和运输成本,平均技术速度是主要影响因素之一。为了提高车速,就需要充分发挥汽车行驶的动力性能,在道路设计时必须严格控制曲线半径、最大纵坡及坡长,合理设置超高和缓和曲线,并尽可能地采取大半径曲线及平缓的纵坡。

　　③保证道路上的行车畅通。为保证道路上行车不受阻碍或减少阻碍,道路线形设计需要保证平面上有足够的视距,纵断面上应正确设计竖曲线,横断面上应有足够的通行宽度。此外,还应尽可能地减少平面交叉以及增加交通安全和防止公害等措施。

表2.1 主要国产汽车技术特性数据表

汽车型号	奥迪A4L 35 TFSI	上汽通用 别克君越	红旗 H7	凯迪拉克 XTS	长安 CS35	东风本田 XR-V	北京奔驰 GLC级	解放 CA-141	解放 CA-10B	东风 EQ-140	黄河 JN-162	交通 SH-161	长征 CZ-160	重汽 豪瀚 J5G
汽车类别	中型轿车	中型轿车	大型轿车	大型轿车	轻型越野车	越野车	中型越野	中型载重汽车	中型载重汽车	中型载重汽车	重型货车	重型货车	重型货车	牵引车
座位数或装载质量/kN	5	5	5	5	5	5	5	5000	4000	5000	10000	15000	12000	294000
整车质量/kN	16 000	17 700	18 000	18 400	12 700	11 970	18 000	4 100	3 800	4 080	7 000	11 000	9 000	62 000
外廓尺寸/mm 长	4 716	5 005	5 095	5 131	4 160	4 270	4 661	7 205	6 660	6 910	7 920	8 300	8 600	6 175
外廓尺寸/mm 宽	1 826	1 858	1 875	1 852	1 810	1 772	1 898	2 476	2 460	2 470	2 500	2 660	2 450	2 496
外廓尺寸/mm 高	1 439	1 500	1 485	1 501	1 670	1 605	1 664	2 395	2 200	2 455	2 890	2 820	2 500	3 200
轴距/mm	2 869	2 837	2 970	2 837	2 560	2 610	2 873	4 050	4 000	3 950	4 300	4 500	4 260(前中) 1 320(中后)	3 600
轮距/mm 前轮	1 564	1 580	1 610	1 580	1 560	1 540	1 617	1 800	1 700	1 810	1 972	2 026	1 930	2 022
轮距/mm 后轮	1 550	1 576	1 608	1 591	1 560	1 530	1 613	1 740	1 740	1 800	1 824	1 902(中、后)	1 764	1 830
最小离地间隙/mm	118	115	142	127	180	135	180	247	238	265	265	290	290	270
最高车速/(km·h⁻¹)	230	235	200	218	180	195	210	90	75	90	80	65	71	102
最大爬坡	—	—	—	—	—	—	—	不小于28%	20%	不小于28%	25%	33%	23%	—
平均燃料消耗/(L·100km⁻¹)	6.2	6.8	9.8	9	6.8	6.1	7.2	26.5	29.0	28	26.5	45	30	35
最小转弯半径/m	5.85	5.5	5.5	—	—	—	—	8	9.2	8	8.8	10	9.25	—
最大功率/kW	132	187	137	198	92	96	135	99	99.9	99.26	154.41	161.76	132.25	228
最大功率转速/(r·min⁻¹)	4 000~6 000	5 300	5 500	5 500	6 000	6 600	5 500	3 000	3 000	3 000	2 100	2 200	2 000	2 300
最大扭矩/(N·m⁻¹)	320	350	260	400	160	155	300	372	303.8	360	800	800	720	1 230
最大扭矩转速/(r·min⁻¹)	1 500~3 900	2 000~5 000	2 000~4 500	2 400~4 400	4 000~5 000	4 600	1 200~4 000	1 200~1 400	1 200~1 400	1 200~1 400	1 200~1 400	1 200~1 400	1 200~1 400	1 200~1 800

④尽量满足行车舒适。线形设计时,需要合理地组合平面线形和纵面线形,以增进驾驶员和乘客在视觉上和心理上的舒适感,采用符合视角顺适要求的曲线半径,注意线形与景观的协调、沿线的植树绿化等。

如上所述,道路的线形设计与汽车行驶时各主要性能是密切相关的,故汽车行驶理论是道路线形设计的理论基础,制定道路线形几何标准(如平曲线半径、纵坡坡度等)的理论依据。掌握应用汽车行驶理论对于指导公路或对道路线形设计、研究和制定道路技术标准有着重要意义。

各种车型汽车的技术性能可在有关资料中查阅,表 2.1 介绍了几种国产汽车的主要技术性能,我国公路设计采用的车辆外廓尺寸见表 1.5。本章主要论述汽车行驶的动力性能、稳定性能、制动性能及行驶轨迹等使用性能。

2.2　汽车的牵引力、行驶阻力与受力分析

▶2.2.1　牵引力的产生及传递

汽车的行驶需要克服各种行驶阻力,必须具备足够的动力——牵引力,汽车行驶时牵引力来自内燃发动机。燃料在发动机内燃烧,将热能转变为机械能。因此,牵引力取决于发动机的性能。

(1)表征汽车发动机特性的基本指标

1)有效功率 N_e

有效功率指汽车在单位时间内所具有的做功的能力,单位为千瓦(kW)。不同的汽车,发动机性能不同,所发出的有效功率也不同。如在发动机转速为 3 000 r/min 时,不同汽车发动机所发出的最大功率分别为:解放 CA-141,N_{max} = 99 kW(135 马力);黄河 JN-150,N_{max} = 117.6 kW/1 800 r;红旗小轿车 CA-772,N_{max} = 161.8 kW/4 000 r。

2)转速 n_e

转速是指发动机曲轴单位时间内的旋转次数,单位为每分钟转数(r/min)。转速的大小影响汽车行驶的快慢。

3)扭矩 M_e

扭矩是指汽车发动机产生于曲轴上的转动力矩,单位为牛·米(N·m)。汽车发动机扭矩的大小,决定了汽车产生牵引力的大小。

4)转动角速度 ω

指单位时间内发动机曲轴转动的角度,单位为弧度/秒(rad/s)。

(2)发动机有效功率 N_e 和曲轴扭矩 M_e 的关系

发动机内燃料燃烧产生的热能,通过活塞、曲轴转化为机械能,产生有效功率 N_e,驱使曲轴以 n_e 的转速旋转,产生扭矩 M_e,再经过一系列的变速、传动,在驱动轮上产生扭矩 M_k 推动汽车前进。其基本公式为

$$N_e = \frac{M_e \overline{\omega}}{1\ 000(\text{kW})\ \overline{\omega}} = \frac{2\pi n_e}{60}(\text{rad/s})$$

即

$$N_e = \frac{2\pi M_e n_e}{1\ 000 \times 60} = \frac{M_e n_e}{9\ 549}$$

或

$$M_e = 9\ 549 \times \frac{N_e}{n_e} \tag{2.1}$$

如将发动机所发出的功率 N_e、扭矩 M_e 以及单位燃料消耗量 g_e 与发动机曲轴的转速 n_e 之间的函数关系以曲线表示,则此曲线称为发动机转速特性曲线,或发动机特性曲线。如果此曲线是当节气阀全开(或最大供油量)时所得,则称为发动机外特性曲线。而在节气阀部分开启(或部分供油量)时所得的曲线,则称为发动机的部分负荷特性曲线或发动机的节流特性曲线。

当研究汽车牵引性能时,在发动机特性图上可省去单位燃料消耗量。如图 2.1 所示为某一汽油发动机的外特性曲线。图中 $n_{\min}$ 为发动机的最小稳定工作转速,随着转速的提高,发动机所发出的扭矩和功率都在增加。当曲轴转速为 n_M 时,发动机扭矩达到最大值 $M_{\max}$,如进一步提高曲轴转速,则发动机扭矩将下降,但发动机功率仍将继续增加,直至其最大值 $N_{\max}$。如再继续提高曲轴转速,则发动机所发出的功率由于气缸充气恶化,机械损失等原因将逐渐降低。此时发动机的磨损甚为剧烈,故一般发动机的设计均使其最大转速不大于最大功率时转速的10%~25%。

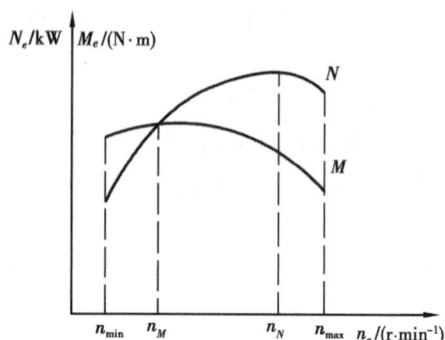

图 2.1 某汽车发动机的外特征曲线示意图

(3)驱动轮扭矩 M_k 及牵引力 P_t

汽车的动力传递为:动力扭矩(发动机)→离合器→变速器→传动轴(万向节头轴)→主传动器及车轴→驱动轮,即发动机曲轴扭矩 M_e 通过离合器、变速器,随所用排挡的变速比 i_k 和机械效率 η_k,传至万向节头轴上的扭矩为 M_n。此时,$M_n = M_e i_k \eta_k$。万向节头轴上的扭矩 M_n 再传至主传动器,并随主传动器的减速比率 i_0 及机械效率 η_0,经车轴传到驱动轮上的扭矩为 M_k。这样,$M_k = M_n i_0 \eta_0 = M_e i_k i_0 \eta_k \eta_0$,取 $\eta_M = \eta_k \eta_0$,有 $M_k = M_e i_k i_0 \eta_M$。

汽车行驶时,共受以下几个力(图2.2),作用于汽车驱动轮上的扭矩 M_k,汽车重力 G 及与之相平衡的反力 G',行驶阻力 T,路面水平反力 F。驱动轮上的扭矩 M_k,可用一对力偶 P_t 和 P 代替,P 作用在轮缘上与路面水平反力 F 平衡,P_t 作用在轮轴上推动汽车前进,与汽车的行驶阻力抗衡。

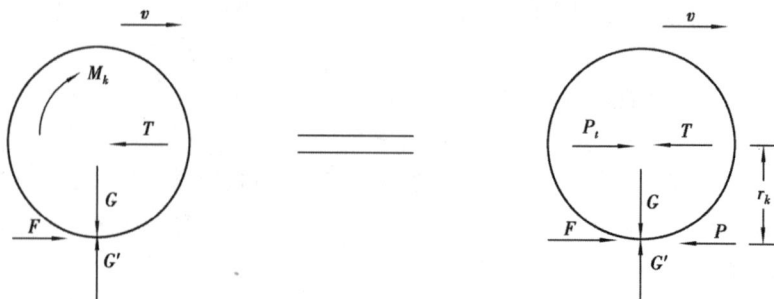

图 2.2 驱动轮的受力分析

所以

$$P_t = \frac{M_k}{r_k} = \frac{M_e i_k i_0 \eta_M}{r_k}$$

又

$$v = 2\pi r_k \frac{n_e}{i_k i_0} \frac{60}{1\ 000} = 0.377 \frac{n_e r_k}{i_k i_0}$$

所以有牵引力

$$P_t = 0.377 \frac{n_e}{v} M_e \eta_M = 3\ 600 \frac{N_e \eta_M}{v} \tag{2.2}$$

　　如果要求汽车具有较大的牵引力,则必须采用较大的速比 i_k, i_0,但随着 i_k, i_0 的增大,车速 v 会降低。因此,汽车设有几个排挡,各挡具有固定的速比或最大速度值。采用低速挡,能获得较大的牵引力和较低车速,采用高速挡,能获得较高的车速和较小的牵引力。

　　图 2.3 是由发动机特性曲线转换得到的汽车牵引特性曲线。图中 P_{t1}, P_{t2}, P_{t3} 和 P_{t4} 分别表示一、二、三挡及直接挡时汽车牵引力与汽车行驶速度的关系曲线。汽车的牵引特性对研究汽

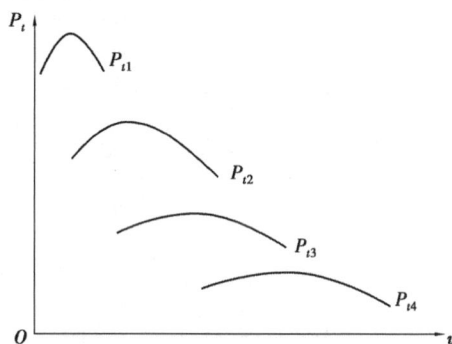

图 2.3　汽车的牵引特性图

车的牵引性能至关重要,如汽车的牵引力与行驶速度的关系,不同挡位汽车牵引力的变化,汽车的最大行驶速度、最大加速度、最大爬坡度等都必须借助牵引特性加以分析研究。

▶2.2.2　汽车的行驶阻力

　　汽车运动时需要不断克服运动中所遇到的各种阻力。这些阻力或来自汽车赖以行驶的路面,或来自汽车周围的介质——空气,通常前者称为滚动阻力(P_f),而后者称为空气阻力(P_w)。此外,汽车上坡行驶时,所需克服的汽车重力在平行于路面方向的分力称为坡度阻力(P_i);汽车加速行驶时,所需克服惯性的阻力,称为惯性阻力(P_j)。

　　上述这些阻力中,滚动阻力和空气阻力存在于任何条件下,因而在汽车运动时,为克服这些阻力经常需要消耗发动机一定的功率。坡度阻力和惯性阻力则存在于某种行驶条件下。例如,汽车在水平路上作等速行驶时,坡度阻力和惯性阻力均不存在;若在有纵坡的道路上做变速行驶,就有坡度阻力和惯性阻力。用于克服上坡时的坡度阻力和加速时的惯性阻力就要消耗一定的功率。在下坡和滑行时尚能部分利用,此时阻力 P_i 和 P_j 将是负值,也就成了汽车的驱动力。

　　(1)滚动阻力(P_f)

　　滚动阻力(P_f)是车轮在路面上滚动时,因路面与轮胎变形而引起的阻力。它与路面种类、状态、车速、轮胎结构及充气压力有关。滚动阻力 P_f 与轮胎负荷 G 成正比,即 $P_f = fG$。全部车轮上的滚动阻力为

$$P_f = fG_a \tag{2.3}$$

式中　G——车轮负荷,N;

　　　G_a——汽车总重量,N;

　　　f——滚动阻力系数。与路面状况、行驶速度、轮胎的性质等多种因数有关。

滚动阻力系数 f 是车轮在一定条件下滚动时所需的推力与车轮总重之比,即单位车重所需的推力。滚动阻力系数 f 是一个综合性的阻力系数,其影响因数较多。它与轮胎的变形、轮胎与路面间的摩擦、路面的平整度、路面的干燥与潮湿程度、路面的清洁及油污程度、汽车的行驶速度以及汽车的构造、量测滚动阻力系数 f 值的方法等都有关系。滚动阻力系数 f 的数值由实验确定,在实际应用中可近似地按路面类型选用(表2.2)。

表 2.2　滚动阻力系数 f

路面类型	滚动阻力系数 f
水泥混凝土及沥青混凝土路面	0.01~0.02
表面平整的黑色碎石路面	0.02~0.025
碎石路面	0.03~0.05
干燥平整的土路	0.04~0.05
潮湿不平整的土路	0.07~0.15

(2)空气阻力

汽车在空气中运动,空气本身也有运动,两者综合形成的相对运动,造成对汽车行驶的阻力。汽车在行驶中迎风面受空气阻碍所引起的阻力与汽车迎风面的压力、形状、面积大小,汽车后面因空气稀薄产生的吸力及汽车表面与空气的摩阻等有关。为了简化计算,采用集中作用的空气阻力 P_w 来等效各个影响因素的阻力作用,同时称空气阻力 P_w 的作用点为汽车的风帆中心。

由空气动力学的研究和实验得知,汽车在空气介质中运动时的阻力可用下式确定

$$P_w = \frac{KFv^2}{13} \tag{2.4}$$

式中　v——汽车车速,km/h;

　　　K——空气阻力系数,单位是 N/m³,其值可由道路实验、风洞实验等方法测得;

　　　F——迎风面积,m²,系汽车在其纵轴的垂直平面上的投影面积,可直接在投影面上测得。KF 称为汽车流线型系数,可用于评定汽车的整体流线型程度。国产及部分国外车型的 KF 实验值可参见表2.3。

表 2.3　国产及部分国外车型的 KF 实验值

车 型	$KF/(N \cdot m^{-1})$	车 型	$KF/(N \cdot m^{-1})$
北京 BJ-130	1.58	红星-621	1.05
长春 CC-130	1.60	格斯-69	1.70
上海 SH-130	1.52	格斯-63	2.40

续表

车　型	$KF/(\mathrm{N} \cdot \mathrm{m}^{-1})$	车　型	$KF/(\mathrm{N} \cdot \mathrm{m}^{-1})$
解放 CA-10B	2.90	吉斯-150	3.00
黄河 JN-1150	3.10	吉斯-130	2.40~2.80
天津 TJ-620	0.91	格斯-51	2.20~2.40
红旗 CA-770A	0.84	吉斯-110	1.00
红旗 CA-774	0.56	伏尔加 M-21	0.60

（3）坡度阻力

在具有纵向坡度的道路上,当汽车上坡时,重力在平行路面方向的分力与汽车行进的方向相反,阻碍汽车行驶,对此称为坡度阻力或上坡阻力;下坡时,其重力在平行路面方向的分力与汽车行进的方向相同,形成了坡度助力。坡度阻力与车重力和道路的坡度角有关。

道路纵向斜坡的陡缓程度通常用坡度来表示,坡度是纵坡的垂直高度与其水平长度之比的百分率。若以 i 代表坡道的坡度(%), α 代表坡道的倾角(°),则 $i = h/s = \tan \alpha$。如图 2.4 所示,汽车在坡上行驶时,坡度阻力为

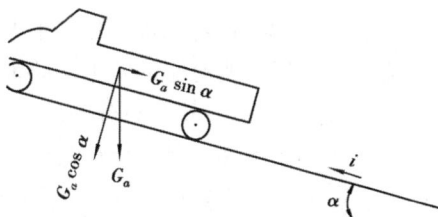

图 2.4　坡度阻力

$\qquad P_i = \pm G_a \sin \alpha$（上坡为正,下坡为负）

因为道路纵坡坡度不会大于 $10°$,可用 $\tan \alpha$ 代替 $\sin \alpha$, $\tan \alpha \approx \sin \alpha \approx i$,即有

$$P_i = \pm G_a \tan \alpha = \pm G_a i \qquad (2.5)$$

（4）惯性阻力

汽车变速行驶时,需要克服变速运动所产生的惯性阻力和惯性力矩,这就是惯性阻力 P_j。

惯性阻力由两部分组成:①汽车加速或减速前进产生的惯性力 $\dfrac{G_a}{g} \dfrac{\mathrm{d}v}{\mathrm{d}t}$;②汽车上机械转动部分(飞轮、离合器、车轮等),因加速或减速旋转产生的回转惯性力矩,即

$$P_j = \delta \frac{G_a}{g} \frac{\mathrm{d}v}{\mathrm{d}t} = (1 + \delta_1 + \delta_2 i_k^2) \frac{G_a}{g} \frac{\mathrm{d}v}{\mathrm{d}t} \qquad (2.6)$$

式中　δ——汽车回转质量换算系数,与车速、变速比有关;

$\qquad \delta_1$——汽车车轮惯性影响系数;

$\qquad \delta_2$——发动机飞轮惯性影响系数。

上述 4 种阻力,空气阻力和滚动阻力永为正,汽车行驶的任何情况下都存在;坡度阻力汽车上坡为正,平坡为零,下坡为负;而惯性阻力则是加速为正,减速为负,等速为零。

▶2.2.3　牵引平衡和汽车行驶的必要条件

（1）牵引平衡

为使汽车运动,汽车的牵引力必须与运动时所遇到的各项阻力之和平衡,即

$$P_t = P_f \pm P_i + P_w \pm P_j \tag{2.7}$$

或

$$\frac{M_e i_k i_0 \eta_M}{r_k} = G_a f \pm G_a i + \frac{KFV^2}{13} \pm \delta \frac{G_a}{g} \frac{\mathrm{d}v}{\mathrm{d}t} \tag{2.8}$$

式中,P_i 前之"+"表示上坡,"-"表示下坡;P_j 前之"+"表示加速,"-"表示减速,P_f 与 P_w 恒为正值。

式(2.7)称为汽车的牵引平衡方程,即汽车的牵引力必须等于各项阻力之和。这是汽车行驶的必要条件,也称驱动条件,但必须明确,这不是汽车行驶的充分条件。

(2)汽车行驶的两个条件

由上面分析可知,汽车行驶的第一个必要条件是:汽车的牵引力必须大于等于汽车的行驶阻力。但牵引力的产生还必须靠路面对轮胎提供足够的切向反力才能起作用。若轮胎与路面间摩擦力很小,不能提供足够的附着力,则轮胎将在路面上打滑,甚至空转,汽车仍不能前进。所以,汽车牵引力的发挥必须受到驱动轮与路面的附着力限制,由此可得汽车行驶的第二个必要条件是:牵引力必须小于或等于轮胎与路面间的最大摩擦力(即附着力),即

$$P_t \leqslant G_d \varphi \tag{2.9}$$

式中　φ——附着系数,随路面类别、潮湿程度等因数而异;

　　　G_d——作用在所有驱动轮上的路面法向反作用力。

式(2.9)称为汽车行驶的充分条件——附着条件。式(2.7)和式(2.9)结合起来即为汽车行驶的充分和必要条件,也称为汽车运动的驱动与附着条件。

附着程度的好坏主要取决于轮胎与地面在接触处变形后相互摩擦的情况。附着系数 φ 主要与下述因数有关:①路面的粗糙程度和潮湿泥泞程度;②轮胎花纹和轮胎气压;③车速;④荷载。车速越高,路表面光滑而潮湿,则附着系数 φ 越低。在计算时可以采用表2.4的附着系数在各种类型的路面上的平均值。

表 2.4　附着系数

路面类型	路面状况			
	干燥	潮湿	泥泞	冰滑
水泥混凝土路面	0.7	0.5	—	—
沥青混凝土路面	0.6	0.4	—	—
沥青表面处治路	0.4	0.2	—	—
中级及低级路面	0.5	0.3	0.2	0.1

▶2.2.4　汽车行驶中的受力分析

汽车在道路路面上行驶时,汽车牵引力将克服行驶阻力,并受到弯道、超高、加减速、制动、路面凹凸不平等因素的影响。汽车运动时所受的力可分为:①路面摩擦力,由汽车轮胎与路面接触而产生。驾驶员可通过加速、制动而改变作用力,以控制汽车的运行。②因路面凹凸不平而产生的力,包括垂直方向及前后、左右的力,它恶化了汽车的耐久性和平顺性,影响了行驶的稳定性。③由于路面结构而产生的力,包括路拱(超高)侧向力、路面形状而产生的力、弯道引起的力。汽车行驶中受力情况与汽车的运动状态有密切关系。汽车的运动状态可分为直线行

驶和曲线行驶。下面分别对两种状态下汽车行驶中受力情况进行简单分析。

（1）汽车直线行驶

如图 2.5 所示，为后轴驱动的双轴汽车，在直线坡道上做上坡加速行驶的受力情况。汽车加速上坡行驶时之惯性力 $\frac{G_a}{g}\frac{dv}{dt}$ 及重力平行于路面的分力 $G_a\sin\alpha$（升坡度阻力）作用在汽车的重心 C_g 上，作用方向与汽车行驶方向相反。空气阻力 P_w 可视为作用在汽车正面风压中心的集中力。此外，在汽车上尚有汽车重力垂直于路面之分力 $G_a\cos\alpha$。作用在汽车上的力除上述的外，还有路面对汽车的反作用力；汽车车轮上的法向反作用力 Z_1 及 Z_2，它与接触面垂直，并通过车轮中心；滚动阻力矩 M_{f1} 及 M_{f2}，其作用方向与车轮回转方向相反，由前所述得知滚动阻力矩值为

$$M_{f1} = Z_1 \cdot f \cdot r_k, M_{f2} = Z_2 f \cdot r_k$$

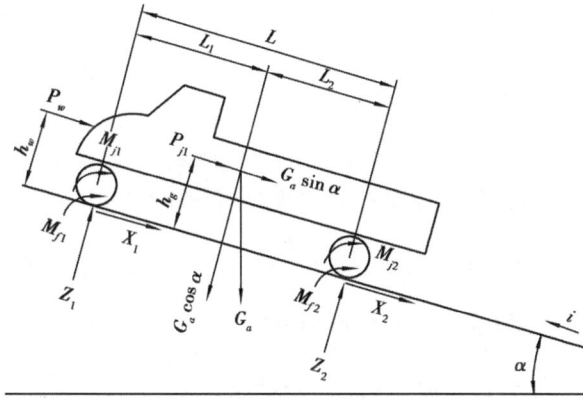

图 2.5　汽车直线上坡行驶的受力示意图

汽车车轮上的切向反作用力 X_1 及 X_2 作用在车轮与路面的接触面上，并与车轮接触面的切线方向一致，从动轮的切向反作用力 X_1，作用方向与汽车行驶方向相反，而驱动轮的切线反作用力的作用方向则与汽车行驶方向相同，惯性力矩 M_{j1} 及 M_{j2} 的作用方向与车轮的回转方向相反。

如果将汽车的诸作用力分别对前轮接地点及后轮接地点取矩，并考虑到

$$Z_1 + Z_2 = G_a\cos\alpha \cdot P_f = G_k \cdot f = G_a \cdot \cos\alpha \cdot f$$
$$M_{f1} + M_{f2} = (Z_1 + Z_2)fr_k = G_a \cdot fr_k\cos\alpha = P_f r_k$$

则

$$Z_1 = \frac{G_a\cos\alpha \cdot (L_2 - fr_k) - G_a \cdot h_g \cdot \sin\alpha - P_{j1}h_g - M_{j1} - M_{j2} - P_w h_w}{L} \tag{2.10}$$

$$Z_2 = \frac{G_a\cos\alpha(L_1 + fr_k) + G_a h_g\sin\alpha + P_{j1}h_g + M_{j1} + M_{j2} + P_w h_w}{L} \tag{2.11}$$

由式（2.10）、式（2.11）可知，当汽车行驶时，作用在汽车前后轮上的法向反作用力不仅与汽车结构参数（如 G_a, L_1, L_2, h_g, h_w 等）有关，而且随汽车运动情况而变化。汽车在上坡行驶时，反作用力 Z_1 减小，而 Z_2 增大；下坡行驶时，则相反。空气阻力使反作用力 Z_1 减小，而 Z_2 增大，其差别随风压中心高度的增高而加大。

作用在汽车前轮（从动轮）的切向反作用力 X_1 为

$$X_1 = Z_1 f + \frac{M_{j1}}{r_k} \tag{2.12}$$

而作用在汽车后轮(驱动轮)的切向反作用力 X_2 为

$$X_2 = \frac{M_e - M_{j2}}{r_k} - Z_2 f \tag{2.13}$$

(2)汽车的曲线行驶

图 2.6 为汽车在有横坡的道路上做曲线行驶的受力情况。图中汽车的重力 G_a 和惯性力 P_{jy} 作用在汽车的重心 C_g 上。由于横坡的存在,此时作用在汽车上的侧向力除力 $p_{jy}\cos\beta$ 外,尚有汽车重力平行于路面的分力 $G_a\sin\beta$。

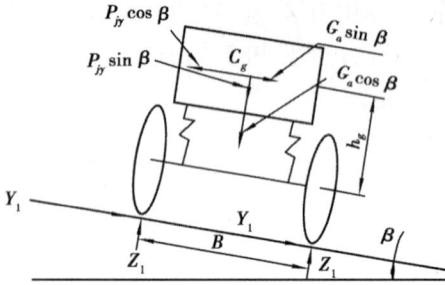

图 2.6 汽车在横坡道上曲线行驶的受力图　　图 2.7 汽车曲线行驶的侧向力和反作用力

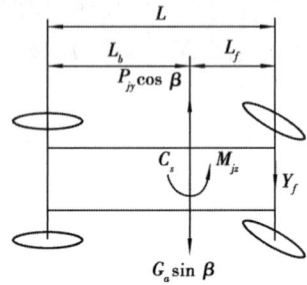

如对汽车左边车轮与道路接触面中点的连线取矩,则可得

$$G_a \cdot \frac{B}{2}\cos\beta + G_a h_g \sin\beta + P_{jy} \cdot \frac{B}{2}\sin\beta - P_{jy} h_g \cos\beta - Z_r \cdot B = 0$$

解上式可得汽车右轮上所受的法向反作用力

$$Z_r = \frac{G_a \cdot \dfrac{B}{2}\cos\beta + G_a h_g \sin\beta + P_{jy} \cdot \dfrac{B}{2}\sin\beta - P_{jy} \cdot h_g}{B} \tag{2.14}$$

同理可得汽车左轮上所受的法向反力

$$Z_r = \frac{G_a \cdot \dfrac{B}{2}\cos\beta - G_a h_g \sin\beta + P_{jy} \cdot \dfrac{B}{2}\sin\beta + P_{jy} \cdot h_g \cos\beta}{B} \tag{2.15}$$

图 2.7 所示为汽车在有横坡的道路上做曲线行驶时的受力情况(俯视图),图中除侧向力及惯性矩 M_{jz} 外,其他作用力及反作用力均未绘出。

如对汽车后轴中心取矩,则按平衡条件可得

$$Y_f \cdot L + G_a L_b \sin\beta - P_{jy} L_b \cos\beta - M_{jz} = 0$$

解上式可得作用在汽车前轴车轮的侧向反作用力

$$Y_f = \frac{P_{jy} L_b \cos\beta - G_a L_b \sin\beta + M_{jz}}{L} \tag{2.16}$$

同理可得作用在汽车后轴车轮的侧向反作用力为

$$Y_b = \frac{P_{jy} L_y \cos\beta - G_a L_f \sin\beta - M_{jz}}{L} \tag{2.17}$$

式中　M_{jz}——汽车在曲线上行驶时之惯性力矩。

2.3 汽车行驶性能

汽车的行驶性能随汽车类型而不同,主要包括动力性能、通过性能、制动性能、机动性能以及环境性能等,与公路设计关系密切的主要有:

(1)动力性能

汽车的动力性能是指汽车所具有的加速、上坡、最大速度等性能。改善汽车的动力性能,可以提高运输生产率和降低运输成本,这是汽车设计的任务;对于道路设计者来讲,其任务是了解在道路上行驶的主要车型的动力性能,使所设计的道路能很好发挥汽车的动力性能。

将牵引平衡方程中的 P_w 移至等号前面,则

$$P_t - P_w = G_a(f \pm i) \pm G_a \frac{\delta}{g} \frac{\mathrm{d}v}{\mathrm{d}t} \tag{2.18}$$

等号左边的 P_t-P_w 称为汽车的有效牵引力(或后备牵引力),其值与汽车的构造和行驶速度有关;等号右边各项阻力与道路状况及行驶方式有关,一般不受行驶速度的影响。对式(2.18)两侧除以汽车总重 G_a,就得到汽车单位重量的无量纲牵引平衡方程,消去了汽车构造系数的影响,即

$$D = \frac{P_t - P_w}{G_a} = f \pm i \pm \frac{\delta}{g} \frac{\mathrm{d}v}{\mathrm{d}t} \tag{2.19}$$

式中,左边 $\frac{P_t-P_w}{G_a}$ 代表汽车单位重量的有效牵引力;右边为汽车的动力性能,这个数值称为动力因素,用 D 表示,表征汽车克服道路阻力和惯性阻力的能力,随车速而变化。其含义是:某型汽车在海平面高度上,满载情况下,单位车重所具有的后备牵引力(又称单位车重所具有的牵引潜力)。当汽车作等速行驶,$\mathrm{d}v/\mathrm{d}t=0$,则

$$D = f + i = \psi$$

式中 $\psi=f+i$,仅与道路状况和坡度有关,称为道路阻力系数。

由 $D = \frac{P_t - P_w}{G_a}$,$P_t = 3\,600 \frac{N_k}{v}$,$N_k = N_e \eta_M$,$P_w = 3\,600 \frac{N_w}{v}$

可得

$$D = 3\,600 \frac{N_e \eta_M - N_w}{G_a v} \tag{2.20}$$

式中 $N_e = \frac{M_e n_e}{9\,549}$,$N_w = \frac{P_w v}{3\,600} = \frac{KFv^3}{3\,600 \times 13}$

当汽车外特性 $N_e \sim n_e$ 曲线已知,由 $v = 0.377 \frac{r_k n_e}{i_k i_0}$ 可算出某一排挡不同曲轴转数时的车速,即 $v=f(i_k, n_e)$,进而可绘制动力特性图,$D=f(i_k, n_e)=f(i_k, v)$。利用动力特性图,可求出汽车在某一行驶条件 ψ 下所能保持的速度 v,并可决定汽车克服此行驶阻力所采用的排挡,同时还可近似地决定所能发出的加速度,以及求得任一排挡时汽车所能克服的坡度。可以推求道路线形设计所需要的车速、行程时间的变化及坡度性能等数据(详细分析可参阅相关文章,这里从略)。

对不同海拔、荷载下的动力因素应进行修正,其修正系数称为海拔荷载系数 λ,有

$$\lambda = \xi \cdot \frac{G_a}{G_T} \qquad (2.21)$$

式中　λ——海拔荷载系数;

　　　ξ——海拔系数;

　　　G_a——满载时汽车重力,N;

　　　G_T——实际装载时汽车重力,N。

考虑海拔荷载系数后,式 $\dfrac{P_t-P_w}{G_a}=f \pm i \pm \dfrac{\delta}{g} \cdot \dfrac{\mathrm{d}v}{\mathrm{d}t}$

应该写为

$$\lambda D = f \pm \frac{\delta}{g} \cdot \frac{\mathrm{d}v}{\mathrm{d}t} = \psi \pm \frac{\delta}{g} \cdot \frac{\mathrm{d}v}{\mathrm{d}t}$$

或

$$D = \frac{1}{\lambda}\left(\psi \pm \frac{\delta}{g} \cdot \frac{\mathrm{d}v}{\mathrm{d}t}\right)$$

在实际应用时,动力因数值须乘以 λ 后再按计算式计算。如图 2.8 所示为海拔系数图。

汽车动力性能包括:最高车速、加速度或加速时间、最大爬坡能力等。

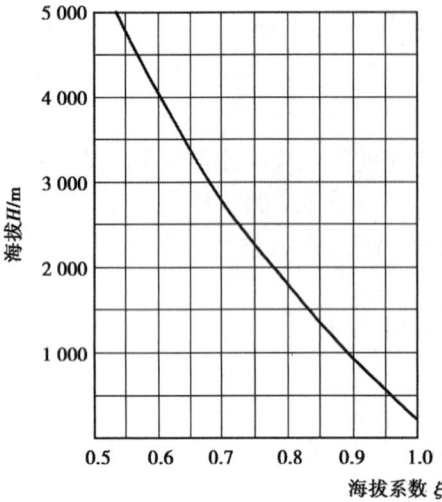

图 2.8　海拔系数图

①最高车速(V_{max})。指在良好的水平路段上,汽车所能达到的最高行驶车速(km/h)。

②加速时间(t)。分为原地起步加速时间和超车加速时间。原地起步加速时间是指汽车由第 1 挡起步,以最大的加速度逐步换至高挡后达到某一预定的距离或车速所需要的时间。超车加速时间大多是用高挡或次高挡车辆由 30 km/h 或 40 km/h,全力加速至某一高速度所需的时间来表示。

③爬坡能力。用汽车满载时 1 挡在良好的路面上的最大爬坡度 i_{max}(%)表示。从最大爬坡能力看,东风汽车可以爬上 27% 的坡度,但显然这样的坡度是不安全和不经济的。

(2)通过性能

通过性能又称越野性能,指汽车在各种道路和无路地带行驶的能力。汽车通过性能越好,汽车使用的范围就越广。

车辆通过性分为轮廓通过性和支承通过性。

①通常把机动车的最小离地间隙、接近角和离去角、纵向和横向通过半径、最大横坡作为车辆的轮廓通过性的评价指标,如图 2.9 所示。

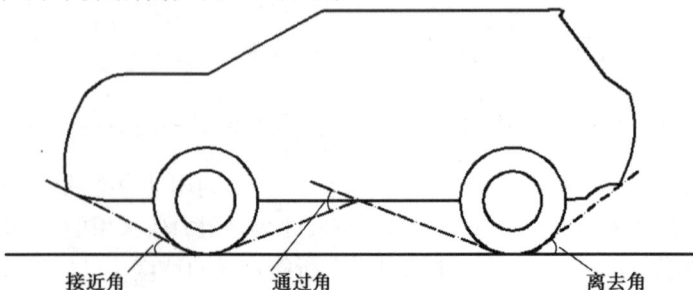

图 2.9　汽车轮廓通过指标

②通常把附着质量、附着质量系数、车轮接地比压(车轮对地面的单位压力)作为机动车支承通过性的评价指标。

(3)制动性能

汽车的制动性能是指汽车在行驶中强制降低车速以至停车,或在下坡时保持一定速度行驶的能力。

汽车制动性能的好坏,直接关系到汽车行驶的安全,只有当汽车具有良好的制动性能时,才能保证行车安全,提高汽车的行驶速度,充分发挥汽车的其他使用性能,以提高其平均行驶速度,从而获得较高的运输生产率。

1)汽车的制动过程分析

汽车的制动过程就是人为地增加汽车的行驶阻力使汽车的动能或位能(当汽车下坡行驶时)转化为其他形式的能(一般为热能)。车轮制动是利用制动器内的摩擦阻力矩来形成与汽车运动方向相反的路面对车轮的切向摩擦阻力,简称为车轮制动力。

车轮制动力随制动摩擦阻力矩的增加而增加(这时车轮仍然处于滚动状态),它等于车轮对地面的垂直载力 G 与轮胎和地面的摩擦系数 φ 的乘积。可见,车辆在制动过程中,地面与轮胎之间的摩擦力不断在增长。

大量试验证明,一个弹性轮胎在路面上滚动过程中制动时,其摩擦系数不是理论上的纯滚动状态下达到最大值,而是在部分滑动时才达到最大值。若用滑移率 ε $\left(\varepsilon = \left(\dfrac{v - r_k w}{v}\right) \times 100\%\right.$,

式中 v, w, r_k 分别为车轮平移的线速度、车轮角速度、工作半径$\bigg)$来代表滑移与滚动的百分比,则弹性轮胎能传递的最大切向力发生在滑移率为20%左右。滑移率20%是个极值点,在这个点上摩擦系数达到最大值。再继续滑移,将形成一种不稳定状态,摩擦系数将迅速下降到全滑移时的摩擦系数。为了说明弹性轮胎的这种特性,把橡胶轮胎的摩擦系数确切地称为道路附着系数。

汽车在制动过程中,随车轮制动力的不断增长,轮胎的滚动也不断增加滑移量。这种滑移现象,在坚硬的路面上则逐渐出现有清晰的轮胎花纹印痕(通常称为"压印")。从轮胎局部滑移到全滑移的过程中,轮胎花纹的黑印长度逐渐增加达到连成一片(通常称为"拖印")。这时,车轮已被制动器抱死。

当车轮制动力已达到附着力的极限时(抱死),滚动阻力消失,制动器已不能吸收能量,汽车原有的能量均消耗于轮胎与路面之间的摩擦而转化为热能,使轮胎剧烈发热而降低了胎面的强度,造成附着系数的降低和胎面剧烈的磨损。除此之外,车轮抱死滑移时还将失去承受侧向力的能力,使汽车行驶稳定性受到破坏。汽车驾驶实践经验表明,经验丰富的驾驶员在滑路上往往是采用连续点式制动的方法获得最大的制动效果,而不致使汽车滑溜以确保制动的安全。

汽车在下坡时,制动器就要较长时间地、连续地做强度较大的制动,制动器温度常在300 ℃以上,有时高达600~700 ℃。制动器温度上升后,其摩擦力矩将显著下降。当温度超过450 ℃时,制动力矩仅为通常温度时的25%~30%。因此,在道路设计时,坡度不宜过长,在连续下坡的山区公路,须设置缓和坡段。另外,为了避免制动器长时间工作而过热,或在滑溜的路上,避免制动力过大而引起车轮侧滑,通常使变速器挂入低速挡,利用发动机起一部分制动作用。

2)制动时汽车的运动方程

汽车的制动是由于车轮制动的作用,车轮上的最大制动力,取决于轮胎与路面的附着力。因此,作用在汽车上的最大制动力可按下式计算

$$P_{T(\max)} = G\varphi \tag{2.22}$$

式中　G——传到制动轮上的车重力,当前后轮都制动时,$G = G_a$;

　　　φ——轮胎与地面之间的附着系数,可按路面状况为一般潮湿状态采用。

汽车制动减速行驶时,作用于车轮上的力矩方向与行驶方向相反。其余各项运动阻力与牵引行驶时一样存在。因此,这时汽车的运动力平衡方程可写为

$$-P_T = P_f \pm P_i + P_w + P_j \tag{2.23}$$

由于制动初速度不高及速度下降迅速,故空气阻力可略去不计,即 $P_w \approx 0$,式(2.40)可简化为

$$0 = P_T + P_f \pm P_i + P_j \psi = f \pm i$$

即

$$-\frac{\delta G_a}{g} \cdot \frac{\mathrm{d}v}{\mathrm{d}t} = G_a\varphi + G_a\psi \tag{2.24}$$

3)汽车制动性能的评价指标

汽车制动性能的评价指标是制动减速度、制动时间及制动距离。

①制动减速度 j_s。

从式(2.24)中可知,制动减速度 j_s 为

$$j_s = \frac{\mathrm{d}v}{\mathrm{d}t} = -\frac{g}{\delta}(\varphi + \psi) \tag{2.25}$$

取路面状况为干燥状态的 φ 值,制动减速度 j_s 值可达 $7.0 \sim 9.0 \ \mathrm{m/s^2}$。实际使用中,为防止轮胎损耗、减少燃料消耗及为了乘客舒适,一般情况下 $j_s \leqslant 1.5 \sim 2.5 \ \mathrm{m/s^2}$,只有在紧急情况下才有 $j_s > 4.0 \ \mathrm{m/s^2}$。

②制动时间 t_s。

汽车制动时,如果地面制动力达到了附着极限而保持不变,则可以认为这时汽车是做等减速行驶。这样,理论上开始制动到车辆停止的制动时间可按下式计算

$$t_s = \int_0^t \mathrm{d}t = -\frac{\delta}{g(\varphi + \psi)} \int_{v_B}^0 \frac{\mathrm{d}v}{3.6} = \frac{\delta v_B}{3.6g(\varphi + \psi)} \tag{2.26}$$

式中　v_B——汽车在开始制动时的速度,km/h。

实际制动时间因驾驶员反应及制动生效延迟,要比式(2.26)所确定的大。因为从驾驶员开始得到制动信号起,到制动器完全发生作用为止,需要经过一段时间。这段时间取决于驾驶员的反应时间(即驾驶员从看到障碍物的时间起,到踩下制动蹬时为止的时间,其值变化于 $0.5 \sim 0.7 \ \mathrm{s}$)和制动生效时间(由开始踏制动蹬到制动器生效,并使制动减速度增至最大值时所需的时间。对液压式制动可采用 $0.4 \ \mathrm{s}$,对气压式制动可用 $0.6 \sim 1.0 \ \mathrm{s}$)。在公路设计中,通常这两部分时间之和为 $1.2 \ \mathrm{s}$。

③制动距离 L_s。

由式(2.42)可知

$$L_s = \int_0^s \mathrm{d}s = - \frac{\delta}{g(\varphi + \psi)} \int_{v_1}^{v_2} \frac{v\mathrm{d}v}{13} = \frac{v_1^2 - v_2^2}{254(\varphi + \psi)}$$

式中　v_1, v_2——制动时的初速及制动后的终速。

若制动完全停止，$v_2 = 0$，则

$$L_s = \frac{v_1^2}{254(\varphi + \psi)}$$

考虑到驾驶员的反应时间和制动有效时间，以及实际使用中有时制动不充分而采用一个使用系数（或称制动系数），汽车制动减速行驶的全部制动距离应为

$$L_s = \frac{v_1}{3.6}t_s + \frac{K(v_1^2 - v_2^2)}{254(\varphi + \psi)} \tag{2.27}$$

式中　K——制动实际使用系数（或称制动系数），其值在 1.0～1.4。公路设计中一般可取为
　　　　1.2。

（4）机动性能

机动性能是指车辆在最小面积内转向和转弯的能力。

汽车前轮处于最大转角状态行驶时，汽车前轴离转向中心最远车轮胎面中心在地面上形成的轨迹圆直径。对于一般的轿车来说，它们的转弯直径在 10～12 m。转弯直径与汽车的轴距、轮距及转向轮的极限转角直接有关。轴距、轮距越大，转弯直径也越大；转向轮的极限转角越大，转弯直径就越小。

（5）行驶稳定性

行驶稳定性是指汽车在行驶过程中，在外部因素作用下，汽车保持稳定行驶的能力。汽车行驶稳定性直接关系到行车的安全。

2.4　汽车在道路上行驶的稳定性

汽车行驶稳定性是指汽车在行驶过程中，受外部因素作用下，尚能够保持或很快恢复原行驶状态和方向，不至于失去控制而发生侧滑、倾覆等现象的能力。

汽车行驶的稳定性从不同方向来看，有纵向稳定性和横向稳定性两种。从丧失稳定的方式来看，有滑动稳定性和倾覆稳定性两种。分析和确保汽车行驶的稳定性对于合理设计汽车结构尺寸、正确设计道路、保证行车安全、提高运输生产率、减轻驾驶员的疲劳强度，有着十分重要的意义。

影响汽车行驶稳定性主要有以下 3 方面的因素：

①汽车本身的结构参数。如汽车的整体布置、几何参数、质量参数、轮胎特性、前后悬架的形式等，对汽车行驶的稳定性都有着决定性的影响。

②驾驶员的因素。如驾驶员开车时的思想集中状况、反应快慢、技术熟练程度、动作灵敏程度等因素对于驾驶员能否作出准确判断、及时采取措施使汽车趋于稳定、确保行车稳定有着直接关系。

③作用于汽车的外部因素。主要是汽车和路面间的相互作用因素（如道路的纵向、横向坡度，路面附着情况等）以及汽车作不等速行驶和曲线行驶时惯性力的作用。

▶2.4.1 汽车行驶的纵向稳定性

汽车在行驶过程中,随着运动状态的改变,作用在前后车轮上的法向反作用力也有相应的变化。若汽车在某一运动状态下,前轮的法向反作用力为零时,则汽车将发生前轴车轮离地而导致纵向倾覆。当后轮的法向反作用力为零时,根据附着条件,其牵引力将不复存在,汽车丧失行驶能力。此两种情况均为汽车的纵向失稳,导致汽车纵向倾覆或倒溜。

(1)汽车在直坡道上的受力分析

图 2.10 为后轴驱动的双轴汽车在直坡道上低等速行驶,忽略滚动阻力、空气阻力影响时的受力情况。

对汽车后轮着地点 B 取矩,则可求得前轮垂直反力

$$Z_1 L = G_a \cos \alpha \, L_2 - G_a \sin \alpha \, h_g Z_1$$

$$= \frac{G_a \cos \alpha \, L_2 - G_a \sin \alpha \, h_g}{L} \quad (2.28)$$

对前轮着地点 A 取矩,则可得后轮垂直反力

$$Z_2 L = G_a \cos \alpha \, L_1 - G_a \sin \alpha \, h_g Z_2$$

$$= \frac{G_a \cos \alpha \, L_1 - G_a \sin \alpha \, h_g}{L} \quad (2.29)$$

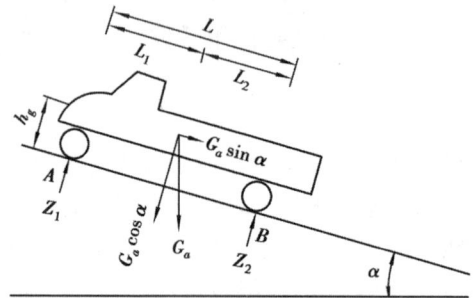

图 2.10　汽车行驶的纵向稳定

G_a—汽车总重,N;h_g—汽车重心高度,m;
α—道路坡度角,(°);Z_1,Z_2—作用于前后轮上
的法向反力,N;L—汽车轴距,m;
L_1,L_2—汽车重心至前后轮间距离,m

(2)纵向倾覆

当汽车前轮离地即法向作用力为零时,将导致汽车绕后轮纵向倾覆,此时,$Z_1 = 0$。由于汽车低等速上陡坡行驶,可以忽略次要因素,由式(2.28),令 $Z_1 = 0$,即得纵向倾覆稳定条件

$$G_a \cos \alpha_0 L_2 - G_a \sin \alpha_0 h_g = 0$$

由此得到

$$\tan \alpha_0 = \frac{L_2}{h_g}$$

式中　α_0——汽车产生纵向倾覆时,道路纵向极限坡度角。

由上式可知,当道路的坡度角 $\alpha \geqslant \alpha_0$ 时,汽车将失去控制,可能绕后轴产生纵向倾覆。纵向倾覆稳定性仅与汽车结构参数 L_2 和 h_g 有关,L_2 越大,则 α_0 越大,纵向倾覆稳定性好;汽车重心位置越高,则 α_0 越小,纵向稳定性越差。一般 L_2,h_g 的数值在汽车设计中考虑,其比值 $L_2/h_g \geqslant 1$,因此,一般来说纵向倾覆稳定条件容易满足。

(3)纵向倒溜

从驱动轮的附着条件可知,当汽车上坡时产生倒溜极限状态时,下滑力与最大附着力平衡,略去次要因数,则下滑力=$G_a \sin \alpha_\varphi$,附着力=$Z_2 \varphi$,将式(2.29)代入得

$$G_a \sin \alpha_\varphi = \frac{G_a \cos \alpha_\varphi L_1 + G_a \sin \alpha_\varphi h_g}{L} \varphi \quad \tan \alpha_\varphi = \frac{L_1 + h_g \tan \alpha_\varphi}{L} \varphi \quad (2.30)$$

因 $h, \tan \alpha_\varphi$ 较小,可略去不计,并且 $\dfrac{L_1}{L} \approx \dfrac{G_d}{G_a}$,所以

$$\tan \alpha_\varphi \approx \frac{L_1}{L}\varphi \approx \frac{G_d}{G_a}\varphi$$

式中　α_φ——汽车发生倒溜时,道路极限坡度角,(°);

　　　G_d——驱动轮的轴重,N;

　　　G_a——汽车总重,N。

由以上分析可知,当道路坡度角 $\alpha \geq \alpha_\varphi$ 时,由于驱动轮附着条件的限制,所能产生的牵引力不足以克服 α_φ 的坡度,汽车将发生滑转而倒溜。

(4)纵向稳定性的保证

如果 $\alpha_0 > \alpha_\varphi$,则汽车在坡道上行驶时发生倒溜的现象在倾覆前出现,这样避免了汽车的纵向倾覆。因此,汽车的设计应满足 $\tan \alpha_\varphi < \tan \alpha_0$ 的条件,即 $\frac{L_1 \varphi}{L - h_g \varphi} < \frac{L_2}{h_g}$,近似处理得

$$\varphi < \frac{L_2}{h_g} \tag{2.31}$$

从汽车设计的角度来说,式(2.31)即为后轮驱动汽车保证纵向稳定的条件。一般汽车的构造都可以满足上述条件并有富余,但在运输中,装载高度应有所限制,以免重心过高(h_g 大)而破坏稳定条件。

对于道路设计的角度来说,不仅要保证坡道上行驶的汽车不会纵向倾覆,还应保证不产生倒溜现象。这就要求道路纵坡满足

$$\tan \alpha < \tan \alpha_\varphi < \tan \alpha_0$$

即

$$\tan \alpha < \frac{G_d}{G_a}\varphi < \frac{L_2}{h_g} \tag{2.32}$$

例如,一般载重车满载时,$G_d/G_a = 0.66 \sim 0.76$,附着系数 φ 见表2.3,泥泞时可为0.2,冰滑时为0.1,代入式(2.32),则

泥泞时:$\tan \alpha < 0.132 \sim 0.152$

冰滑时:$\tan \alpha < 0.060 \sim 0.076$

这就是确定最大纵坡 $i_{max} = 9\%$(四级公路山岭重丘区),规定超高横坡 i_B 和合成坡度 i_h 等指标的依据之一。

▶2.4.2　汽车行驶的横向稳定性

汽车行驶时,常受侧向力的作用及影响,如重力、惯性力等的侧向分力。汽车在侧向力的作用下,当车轮的侧向反作用力达到附着力时,汽车将沿着侧向力的作用方向滑移。侧向力同时将引起左右车轮法向反作用力的改变,当一侧车轮上的法向反作用力变为零时,汽车将发生侧向翻车。因而,汽车行驶时,在侧向力作用下有可能产生横向滑移或横向倾覆。为保证行车的安全稳定,必须分析研究行驶的横向稳定性。

(1)汽车在曲线上行驶所产生的横向作用力

如图2.11所示,横向力 Y 为

$$Y = C \cos \alpha \pm G_a \sin \alpha \tag{2.33}$$

因为

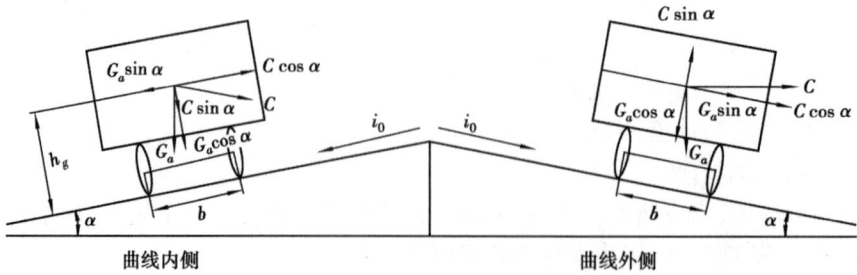

图 2.11　汽车在曲线上行驶的横向力

$$\cos \alpha \approx 1, \sin \alpha = \tan \alpha = i_0$$

所以

$$Y \approx C \pm G_a i_0 \qquad (2.34)$$

式中　"+"表示路拱双坡外侧，"−"表示路拱双坡内侧；

　　　　α——路面横坡坡角，一般很小；

　　　　i_0——路面横坡坡度；

　　　　C——离心力，$C = \dfrac{G_a}{g} \cdot \dfrac{v^2}{R}$。

得到

$$Y = \frac{G_a v^2}{gR} \pm G_a i_0 \qquad (2.35)$$

所以

$$\begin{cases} R = \dfrac{v^2}{g\left(\dfrac{Y}{G_a} \mu i_0\right)} \\[4mm] v = \sqrt{gR\left(\dfrac{Y}{G_a} \mu i_0\right)} \end{cases} \qquad (2.36)$$

由式（2.36）可知，R、v 值不取决于 Y 的绝对值，而取决于 Y/G_a，即取决于汽车单位重量的相对横向力值。取 $\mu = Y/G_a$ 称为横向力系数，代入式（2.36），则

$$\begin{cases} R = \dfrac{v^2}{g(\mu \pm i_0)} \\[4mm] v = \sqrt{gR(\mu \pm i_0)} \end{cases} \qquad (2.37)$$

（2）汽车在平曲线上行驶时车轮的反作用力

研究汽车在曲线行驶时驱动轮上的作用力可知，除去切向力 P_t 外，还有侧向力 Y'，此时，车轮与路面间产生一种反作用力 P'（图 2.12），按附着力 P_φ 的物理意义，总反作用力 P' 的极限值应等于附着力 P_φ 值，即

$$P' = P_\varphi = G_d \cdot \varphi \qquad (2.38)$$

同理，切向牵引力 P_t 的极限值应等于附着力在切向的分力，侧向的横向反力 Y' 的极限值应等于附着力在侧向的分力，即

$$P_t = G_d \varphi_纵 \quad Y' = G_d \varphi_横 \qquad (2.39)$$

因为

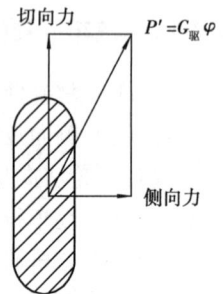

图 2.12　曲线行驶驱动轮
上的作用力

$$P'^2 = P_t^2 + Y'^2$$

所以

$$\varphi^2 = \varphi_纵^2 + \varphi_横^2$$

式中 φ——附着系数；

$\varphi_纵$——纵向附着系数；

$\varphi_横$——横向附着系数。

轮胎接触面在切向和侧向所产生的附着力是大不相同的,根据实验与经验的总结,一般可采用 $\varphi_纵 = (0.7\sim0.8)\varphi$,$\varphi_横 = (0.6\sim0.7)\varphi$。

（3）横向倾覆

汽车在倾斜的横坡面上做曲线运动时,由于横向力的作用,可能产生横向倾覆。产生横向倾覆的极限条件是:横向力 Y 引起的倾覆力矩等于车重所产生的稳定力矩。由图 2.12 可知:

倾覆力矩: $Yh_g = (C\cos\alpha \pm G_a\sin\alpha)h_g$

稳定力矩: $(G_a\cos\alpha \pm C\sin\alpha)\dfrac{b}{2}$

由极限平衡条件,则

$$Yh_g = (G_a\cos\alpha \pm C\sin\alpha)\frac{b}{2} \approx (G_a \pm Ci_0)\frac{b}{2} \tag{2.40}$$

式中 b——汽车轮距;

Ci_0 与 G_a 相比甚小,可忽略不计,则

$$Yh_g \approx G_a\frac{b}{2}$$

所以

$$\frac{Y}{G_a} = \frac{b}{2h_g} = \mu \tag{2.41}$$

由式（2.41）即可得到汽车不产生倾覆的稳定条件为

$$\mu \leqslant \frac{b}{2h_g} \tag{2.42}$$

而在倾覆极限状态时,$\mu = \dfrac{b}{2h_g}$ 代入式（2.37）即得到汽车在曲线上行驶时不发生倾覆的最大车速 v_{max} 和最小平曲线半径 R_{min},即

$$\begin{cases} v_{max} = \sqrt{gR\left(\dfrac{b}{2h_g} \pm i_0\right)} \\ R_{min} = \dfrac{v^2}{g\left(\dfrac{b}{2h_g} \pm i_0\right)} \end{cases} \tag{2.43}$$

显然,若汽车的行驶速度 $v>v_{max}$ 或平曲线半径 $R<R_{min}$,则汽车都将发生横向倾覆。

（4）横向滑移

汽车在平曲线上行驶时,既存在着使汽车向外侧滑移的横向力 Y,也存在着阻止汽车向外侧滑移的横向反力 Y'。横向反力受附着条件的限制,即 $Y'_{max} = G_a\varphi_横$,称为横向附着力。当横

向力大于横向附着力时,汽车将发生横向滑移,平衡时有

$$Y = Y'_{max}, Y = G_a \varphi_横$$

所以

$$\varphi_横 = \frac{Y}{G_a} = \mu$$

此时

$$\begin{cases} v_{max} = \sqrt{gR(\mu \pm i_0)} \\ R_{min} = \dfrac{v^2}{g(\mu \pm i_0)} \end{cases} \qquad (2.44)$$

显然,若汽车的行驶速度 $v>v_{max}$ 或平曲线半径 $R<R_{min}$,则汽车将发生横向滑移。

(5)横向稳定性的保证

比较式(2.42)及式(2.44),倾覆与滑移现象何者先出现,取决于 $\dfrac{b}{2h_g}$ 与 $\varphi_横$ 的数值。若 $\dfrac{b}{2h_g}>$ $\varphi_横$,滑移先于倾覆;若 $\dfrac{b}{2h_g}<\varphi_横$,倾覆先于滑移。现代汽车由于轮距宽,重心低,一般 $\dfrac{b}{2h_g}$ 之值均大于 $\varphi_横$(通常 $\dfrac{b}{2h_g} \approx 1$,而 $\varphi_横 < 0.5$),所以滑移发生先于倾覆。道路设计如能保证汽车不滑移($\mu < \varphi_横$)则也能保证汽车不倾覆。但必须注意,若汽车装货过高,使重心提高,则也有可能出现倾覆现象,故一般对装载高度应有所限制。

2.5　汽车在道路上的行驶轨迹

一辆正常行驶的汽车,无论直行还是转弯,留下的轨迹都是相当顺滑悦目的,形成一条曲折有致的优美线形。对行驶轨迹的进一步研究和分析,可帮助人们深入了解路线要素的几何构成,为新建道路的设计和旧路的改善提供良好的参考。

最理想的路线平面是行车道的边缘能与汽车的前外轮和后内轮迹线完全符合或相平行,研究表明,行驶中的汽车重心的轨迹在几何上有以下特征:

①这个轨迹不仅是连续的,而且是圆滑的。

②这个轨迹的曲率是连续的,即轨迹上任意一点不出现两个曲率值。

③这个轨迹的曲率变化是连续的,即轨迹上任意一点不出现两个曲率变化率值。

汽车在弯道上行驶时,由于受横向力的影响,为保证行车的安全,必须尽可能使道路线形设计满足汽车行驶轨迹的几何要求,相应地进行与直线不同的线形设计。这其中包括行驶轨迹上需设置缓和曲线,并在该路段上进行超高、加宽等设计。因此,研究汽车在弯道上实际的行驶轨迹将为进一步改善路线线形设计提供科学的依据。

▶2.5.1　汽车在弯道上行驶的力

汽车在弯道上行驶除牵引力及路面附着力外,由于曲线的存在还有离心力及4个轮上的向心力,即转向侧向力如图2.13所示。

为取得横向稳定,力的平衡为

$$\frac{G_a}{g} \cdot \frac{v^2}{R} = C_1 + C_2 + C_3 + C_4$$

同时,绕纵轴的力矩平衡为

$$I_z \bar{\omega} = a(C_1 + C_2) - b(C_3 + C_4)$$

式中　a, b——前后轴到重心的距离,m;

　　　I_z——汽车重心惯性矩,m^4;

　　　$\bar{\omega}$——绕重心的回转角加速度,m/s^2;

　　　v——汽车车速,m/s。

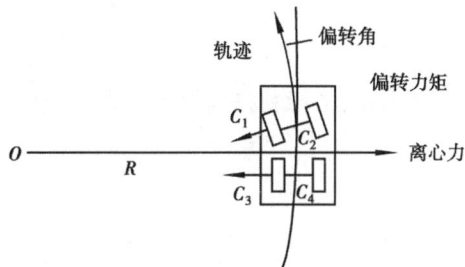

图 2.13　汽车在弯道上行驶的力

▶2.5.2　汽车在弯道上行驶的轨迹

设汽车转向盘转动角为 φ,前轮转向角为 ϕ,两者的关系为

$$\phi = K\varphi(K \leqslant 1)$$

即

$$\varphi = \frac{1}{K}\phi$$

设汽车旋转半径为 ρ,汽车轴距为 L_0,得

$$\rho = \frac{L_0}{\sin \phi} \approx \frac{L_0}{\phi} = \frac{L_0}{K\varphi} \tag{2.45}$$

如图 2.14 所示,设行驶距离为 s,旋转切线角为 β,转向盘转动角速度为 $\omega[(°)/s]$,汽车加速度为 $a(m/s^2)$,汽车速度为 $v(m/s)$,则有如下关系式

$$\rho = \frac{ds}{d\beta} \quad v = \frac{ds}{dt} \quad a = \frac{dv}{dt} = \frac{ds^2}{dt^2} \quad \omega = \frac{d\varphi}{dt} = \frac{1}{K}\frac{d\phi}{dt}$$

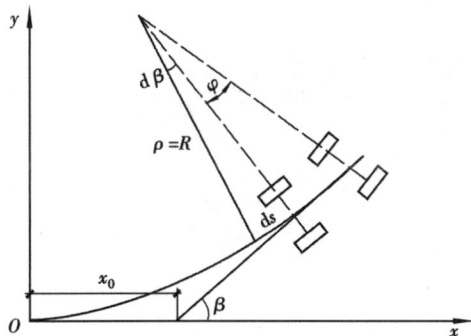

图 2.14　汽车在弯道行驶上的轨迹

车体的转动角速度 $(d\beta/dt)$ 及角加速度 $(d\beta^2/dt^2)$ 为

$$\frac{d\beta}{dt} = \frac{d\beta}{ds} \cdot \frac{ds}{dt} = \frac{1}{\rho}v = \frac{K\varphi v}{L_0}$$

$$\frac{d^2\beta}{dt^2} = \frac{K}{L_0}\left(v\frac{d\varphi}{dt} + \varphi\frac{dv}{dt}\right) = \frac{Kv\varphi}{L_0}(v\omega + a\varphi)$$

行驶路线轨迹的转动角 β 可从上式求得

$$\beta = \frac{K}{L_0}\int v\varphi \mathrm{d}t \tag{2.46}$$

由 $s = \int v\mathrm{d}t$，则行驶路线轨迹的直角坐标表达式为

$$\begin{cases} x = \int \cos \beta \mathrm{d}s = \int v \cos \beta \mathrm{d}t \\ y = \int \sin \beta \mathrm{d}s = \int v \sin \beta \mathrm{d}t \end{cases} \tag{2.47}$$

当以不同的角速度 φ 操作转向盘行驶时，可求出汽车相应的行驶轨迹分别为圆弧、回旋线等。

（1）圆弧

设汽车等速行驶 $v = v_0$，转向盘转动角度，$\varphi = \varphi_0$ 不变时，$\omega = 0$，则 $\rho = \frac{L_0}{K\varphi_0} = R$，从式（2.46）得 $\beta = \frac{Kv_0\varphi_0}{L_0}t$，代入式（2.47）得到行驶轨迹为

$$\begin{cases} x = \frac{L_0}{K\varphi_0}\sin\left(\frac{Kv_0\varphi_0}{L_0}t\right) \\ y = \frac{L_0}{K\varphi_0}\left\{1 - \cos\left(\frac{Kv_0\varphi_0}{L_0}t\right)\right\} \end{cases} \tag{2.48}$$

显然，此时的汽车行驶轨迹为圆弧。

（2）回旋线

转向盘的转动角速度为定速时，即

$$\frac{\mathrm{d}\varphi}{\mathrm{d}t} = \overline{\omega}_0$$

所以

$$\varphi = \overline{\omega}_0 t \quad \rho = \frac{L_0}{K\overline{\omega}_0 t}$$

设初期转角 $\beta_0 = 0$，则

$$\beta = \frac{Kv_0\overline{\omega}_0}{2L_0}t^2$$

代入式（2.47）得

$$\begin{cases} x = v_0\int \cos\left(\frac{Kv_0\overline{\omega}_0}{2L}t^2\right)\mathrm{d}t \\ y = v_0\int \sin\left(\frac{Kv_0\overline{\omega}_0}{2L}t^2\right)\mathrm{d}t \end{cases} \tag{2.49}$$

设行驶距离 $s = v_0 t = v\left(\frac{L_0}{K\overline{\omega}_0} \cdot \frac{1}{\rho}\right)$，令 $v\frac{L_0}{K\overline{\omega}_0} = C = $ 常数，则 $\rho = \frac{C}{s}$，即随着行驶距离的增加，曲线半径逐渐减小，此种曲线即为回旋线。

复习思考题

2.1　汽车的行使性能有哪些？

2.2　为什么汽车的行驶速度越高,作用在汽车上的牵引力反而越小?

2.3　汽车在弯道上行驶会出现横向失稳?行驶在弯道内侧要比在外侧显得稳定?

2.4　什么是汽车动力因素?它与海拔的关系是什么?

2.5　假设车轮距为 1.7 m,装载重心高度 $h_g = 1.8$ m,曲线半径 $R = 50$ m,路拱横坡 $i_o = \pm 0.03$,求倾覆的临界速度?

2.6　在冰雪覆盖的光滑路面上,以保持转弯时 μ 不超过 0.07,求在半径为 50 m,超高率 0.06 的弯道上,行车时度不超过多少 km?

2.7　汽车在行驶过程中,受到哪些阻力?影响阻力大小的因素有哪些?

2.8　汽车行驶的两个条件是什么?

2.9　试论述汽车的制动过程。

2.10　分析汽车的行驶轨迹有何意义?

第3章

道路平面设计

3.1 路线平面线形组成

▶3.1.1 路线

道路是一个带状构造物,它的中线是一条空间曲线。一般所说的路线,是指道路中线,而道路中线的空间形状称为路线线形。道路中线在水平面上的投影称为路线的平面。沿着中线竖直剖切,再行展开就称为纵断面。中线各点的法向切面是横断面。道路的平面、纵断面构成了道路的线形组成。路线设计是指确定路线空间位置和各部分几何尺寸的工作,为研究和使用的方便,把它分解为路线平面设计、路线纵断面设计。二者是相互关联的,既分别进行,又综合考虑。线形是道路的骨架,它不仅对行车的速度、安全、舒适、经济及道路的通行能力起决定性的影响,而且直接影响道路构造物设计、排水设计、土石方数量、路面工程及其他构造物,同时对沿线的经济发展、土地利用、工农业生产、居民生活以及自然景观、环境协调也有很大影响。

道路路线位置受社会经济、自然地理和技术条件等因素的制约。设计者的任务就是在调查研究以及掌握沿线地形、地质、水文、环境等资料的基础上,设计出满足一定技术标准、满足行车要求、工程经济且与环境相协调的路线来。在设计的顺序上,一般是在顾及纵断面、横断面的前提下先定平面,沿这个平面线形进行高程测量和横断面测量,取得地面线和地质、水文及其他必要的资料后,再设计纵断面和横断面。为求得线形的均衡、土石方数量的减少以及构造物的节省,必要时再修改平面,这样经过几次反复,可望得到一个满意的结果。路线设计的范围,仅限于路线的几何性质,不涉及结构。结构设计在路基路面和桥梁工程等课程中讲述。

▶3.1.2 平面线形组成

行驶中的汽车其导向轮旋转面与车身纵轴之间有 3 种关系,即角度为零、角度为常数、角度为变数。与上述状态对应的行驶轨迹为:曲率为零的线元——直线;曲率为常数的线元——圆曲线;曲率为变数的线元——缓和曲线。道路平面线形正是由上述 3 种线元,即直线、圆曲线和缓和曲线构成,称为"平面线形三要素",如图 3.1 所示。当道路的平面线形受地形、地物等障碍的影响而发生转折时,在转折处就需要设置曲线或组合曲线,曲线一般为圆曲线,为保证行车的舒适、安全与驾驶员操作方便,对于设计车速低的道路,为简化设计,也可以只使用直线和圆曲线两种要素。近代一些高速公路也有只用曲线而不用直线的。由此可见,三要素是基本组成,但各要素所占比例及使用频率并无规定。各要素使用合理、配置得当,均可满足汽车行驶要求。至于它们的参数则要视地形情况和人的视觉、心理、道路技术等级等条件来确定。

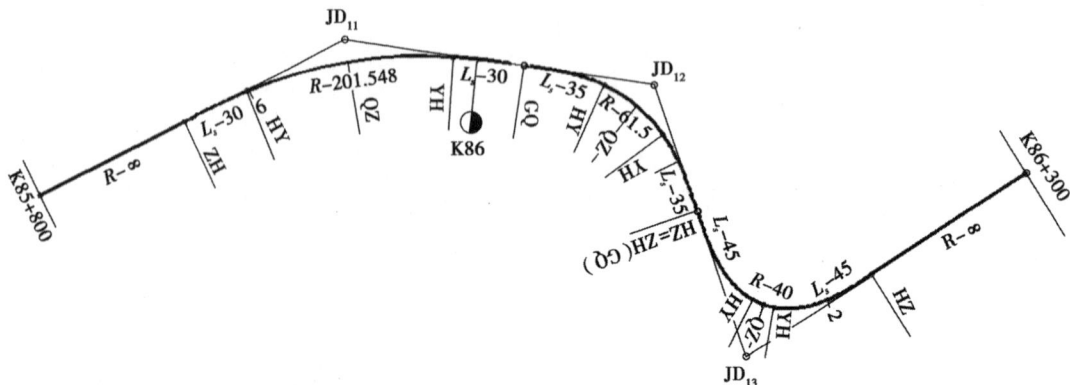

道路中线及
平面线形组成

图 3.1　道路平面线形组成

3.2　直　线

▶ **3.2.1　概述**

在设计中,应根据路线所处地段的地形、地物、驾驶人员的视觉、心理状态以及保证行车安全等因素合理布设直线。直线长度是指前一曲线的终点(缓直 HZ 或圆直 YZ)至后一曲线的起点(直缓 ZH 或直圆 ZY)之间的长度。直线的最大和最小长度应有所限制。

(1)直线最大长度

由于长直线的安全性差,一些国家对直线的最大长度作了规定,德国规定不超过 $20v$(v 是设计车速,用 km/h 表示,$20v$ 相当于 72 s 的行程),苏联规定为 8 km,美国为 4.83 km。《公路路线设计规范》(JTG D20—2017)规定:对于设计速度大于或等于 60 km/h 的公路最大直线长度为以汽车按设计速度行驶 70 s 左右的距离控制;一般直线路段的最大长度(以 m 计)应控制在设计速度(以 km/h 计)的 20 倍为宜。在运用直线线形并确定其长度时,必须持谨慎态度。总的原则是:公路线形应与地形相适应,与景观相协调,直线的最大长度应有所限制,当采用长的直线线形时,为弥补景观单调的缺陷,应结合具体情况采取相应的技术措施。

但是,过长的直线并不好。从行车的安全和线形美观来看,过长的直线,线形呆板,行车单调,易使驾驶员产生疲劳,也容易发生超车和超速行驶,行车时驾驶员难以估计车间距离,在直线上夜间对向行车容易产生眩光等。因而长直线行车的安全性较差,往往是发生车祸较多的路段。直线虽然路线方向明确,但只能满足两个控制点的要求,难与地形及周围环境相协调。

特别是在山区、丘陵区,采用过长的直线会破坏自然景观,并易造成大挖大填,工程的经济性也较差。

(2)直线的最小长度

①同向曲线间的直线最小长度。同向曲线是指两个转向相同的相邻曲线间连以直线所形成的平面线形。当此直线长度较短时,在视觉上容易形成直线与两端的曲线构成反弯的错觉,当直线过短时甚至会把两曲线看成是一个曲线,这种线形(图3.2)破坏了线形的连续性,且容易造成驾驶员操作失误,设计中应尽量避免。大量的观测资料证明,行车速度越高,驾驶员越是注意远处的目标,这个距离在数值上大约是行车速度v(以 km/h 计)的6倍(以 m 计)。因此《公路路线设计规范》(JTG D20—2017)规定,当设计速度不低于60 km/h时,同向曲线间直线最小长度(以 m 计)以不小于设计速度(以 km/h 计)的6倍为宜;《公路路线设计细则》(JTG/T D20—2014)规定,条件受限制时,同向曲线间的最小直线长度(m)不应小于设计速度(以 km/h 计)的3倍(以 m 计)。当设计速度不高于40 km/h时,可参照上述规定执行。

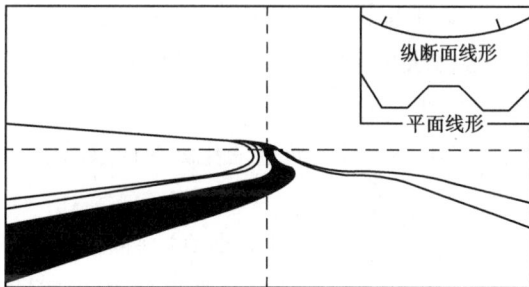

图3.2 同向曲线间插入短直线

②反向曲线间的直线最小长度。两反向曲线间夹有直线段时,由于两弯道转弯方向相反,考虑其超高和加宽缓和的需要以及驾驶员的操作方便,其间的直线最小长度应予以限制。《公路路线设计规范》(JTG D20—2017)规定,当设计速度不低于 60 km/h 时,同向曲线间直线最小长度(以 m 计)以不小于设计速度(以 km/h 计)的2倍为宜;《公路路线设计细则》(JTG/T D20—2014)规定,条件受限制时,反向曲线间的最小直线长度(m)不应小于按设计速度(以 m/s 计)的3 s 的行程长度;当设计速度不高于 40 km/h 时,可参照上述规定执行。设计速度等于或低于 40 km/h 的双车道公路,应避免连续急弯的线形,两相邻反向圆曲线无超高时,可径向衔接,无超高有加宽时,应设置不小于 10 m 的加宽过渡段,设超高时,地形条件特殊困难路段的直线长度不小于 15 m。

立体交叉、大型桥梁、隧道前后的平面线形宜选用较高的技术指标。

《城市道路路线设计规范》(CJJ 193—2012)规定,两相邻平曲线间的最小直线段长度应大于或等于最小缓和曲线长度;两圆曲线间以直线径向连接时,直线的长度宜符合下列规定:①当设计速度大于或等于 60 km/h 时,同向圆曲线间最小直线长度(以 m 计)不宜小于设计速度(以 km/h 计)的6倍;反向圆曲线间最小直线长度(以 m 计)不宜小于设计速度(以 km/h 计)的2倍;②当设计速度小于 60 km/h 时,可不受上述限制。

▶3.2.2 **直线设计**

(1)直线的优点

①两点之间距离最短,具有短捷、直达的印象。

②行驶受力简单,方向明确,驾驶操作简易。

③在直线上设构造物更具经济性。

(2)直线的缺点

①直线单一无变化,与地形及线形自身难以协调。

②过长的直线在交通量不大且景观缺乏变化时,易使驾驶员感到单调、疲倦。

③在直线纵坡路段,易错误估计车间距离、行车速度及上坡坡度。

④易对长直线估计得过短或产生急躁情绪,导致超速行驶。

(3)直线的应用

运用直线线形除考虑上述关于直线长度规定外,还应注意以下几点:

①选用直线线形应综合考虑地形、地貌、地物的几何形态,同时充分考虑驾驶员的视觉、心理感受。

②应尽量避免采用长直线,不得已时应通过变化纵断面、改变路侧环境等技术手段,尽量避免驾驶员疲劳。

③长直线尽头不应布设小半径(低于一般最小值)平曲线。受条件限制,相接半径较小时,应采用运行速度理论进行验算,检查视距、超高、路面抗滑性能是否满足要求。

④应将直线作为与圆曲线、缓和曲线同等的线元之一,不应刻意追求零比例直线的线形。

⑤对于高速公路,如果直线长度较长,宜有意设置曲线代替;而对于双车道公路,如无其他需求,可维持直线设计。

3.3 圆曲线

▶3.3.1 **概述**

各级道路不论转角大小均应设置圆曲线,圆曲线是平曲线的主要组成部分。圆曲线能较好地适应地形变化,易与地形、地物、景观等配合协调,其主要线形特征是:

①曲线上任意一点的曲率半径 $R=$ 常数,故测设比缓和曲线简便。

②圆曲线上的每一点都在不断地改变方向,因而汽车在圆曲线上的行驶要受到离心力,当速度一定时,其离心力为一常量。同时,汽车在平曲线上行驶时要多占用路面宽度。

③视距条件差。汽车在圆曲线内侧行驶时,视线受到路堑边坡或其他障碍物的影响,视距条件差,容易发生交通事故。

④较大半径的长缓圆曲线具有线形美观、顺适、行车舒适等特点,是道路上常采用的线形。

▶3.3.2　设计标准

(1)圆曲线半径

半径是圆曲线的重要几何元素,半径一旦确定,则圆的大小和曲率也就完全确定了。

由横向力系数 μ 的定义式

$$\mu = \frac{Y}{G} = \frac{v^2}{gR} \pm i_h = \frac{v^2}{127R} \pm i_h$$

可得平曲线半径计算公式为

$$R = \frac{v^2}{127(\mu \pm i_h)} \tag{3.1}$$

式中　i_h——路面横坡,无超高时为路拱横坡,有超高时为超高横坡;

　　　μ——横向力系数,其值受汽车行驶的稳定性、乘客的舒适性和运营的经济性等因素的影响。据汽车行驶稳定性分析和调查资料研究,μ 值与行车稳定性、乘客舒适性和运营经济性的关系如下:

汽车行驶稳定性:

　　　$\mu = 0.15 \sim 0.16$　干燥与潮湿路面均可以较高的速度行驶;

　　　$\mu = 0.07$　路面结冰也能安全行驶。

乘客舒适性:

　　　$\mu < 0.10$　不感到曲线存在,很平稳;

　　　$\mu = 0.15$　略感曲线存在,尚平稳;

　　　$\mu = 0.20$　已感到曲线存在,稍感到不平稳;

　　　$\mu = 0.35$　感到有曲线存在,已感到不平稳;

　　　$\mu < 0.40$　转弯时已非常不稳定,站立不住有倾倒的危险。

运营经济性:

　　　$\mu \leqslant 0.10 \sim 0.15$　轮胎磨耗及燃料消耗增加较小。(μ 与燃料消耗和轮胎磨耗变化关系见表3.1)。

表 3.1　μ 与燃料消耗和轮胎磨耗变化关系

μ 值	0	0.05	0.10	0.15	0.20
燃料消耗/%	100	105	110	115	120
轮胎消耗/%	100	160	220	300	390

《公路工程技术标准》(JTG B01—2014)规定,在计算最小圆曲线半径时采用表3.2所列横向力系数及超高值。

表 3.2　圆曲线最小半径的横向力系数及超高值

设计速度/(km·h⁻¹)	120	100	80	60	40	30	20
横向力系数	0.10	0.12	0.13	0.15	0.15	0.16	0.17
超高值/%	6	6	6	6	6	6	6
	8	8	8	8	8	8	8
	10	10	10	10	10	10	10

1)圆曲线最小半径

圆曲线最小半径包括极限最小半径、一般最小半径、不设超高的最小半径。公路《标准》的规定值见表 3.3。《城市道路工程设计规范(2016 年版)》(CJJ 37—2012)的规定值见表 3.4。

表 3.3　公路圆曲线最小半径极限值

设计速度/(km·h⁻¹)		120	100	80	60	40	30	20
一般值/m		1 000	700	400	200	100	65	30
极限值/m	$i=10\%$	570	360	220	115	50	30	15
	$i=8\%$	650	400	250	125	55	30	15
	$i=6\%$	710	440	270	135	60	35	15
不设超高的最小半径/m	路拱≤2.0%	5 500	4 000	2 500	1 500	600	350	150
	路拱>2.0%	7 500	5 250	3 350	1 900	800	450	200

表 3.4　城市道路圆曲线最小半径表

设计速度/(km·h⁻¹)	80	60	50	40	30	20
不设超高的最小半径/m	1 000	600	400	300	150	70
设超高的推荐半径/m	400	300	200	150	85	40
设超高的最小半径/m	250	150	100	70	40	20

极限最小半径是指按设计速度行驶的车辆,能保证其安全行驶的最小半径。它是设计采用的极限值。当 μ 和 i_h 都用到最大值,按式(3.1)即可计算出极限最小半径。公路曲线半径为极限最小半径时,设置最大超高。

一般最小半径指按设计速度行驶的车辆能保证其安全性和舒适性的最小半径,它是通常情况下推荐采用的最小半径值。它介于极限最小半径与不设超高的最小半径之间,其超高值随半径增大而减小。

不设超高最小半径是指曲线半径较大,离心力较小,靠轮胎与路面间的摩阻力就足以保证汽车安全稳定行驶所采用的最小半径。这时路面就可以不设超高。此时对于行驶在曲线外侧车道上的车辆,其 i_h 为负值,大小等于路拱横坡。从舒适角度考虑,此时 μ 的取值比极限最小

半径所用的 μ 要小得多。不设超高的圆曲线最小半径确定，《标准》将 μ 按0.035~0.050取用，并规定当路拱横坡为1.5%时，μ 采用0.035，当路拱横坡为2%时，μ 采用0.040。同时还考虑到现实的路拱横坡在高速路和一、二、三级公路上还有大于2%的情况，如仅采用原来的一组不设超高最小半径值，会得出按公式推算的 μ 过大。公路《标准》将原先所列 $\mu = 0.035$，$i = -0.015$ 代入式(3.1)进行计算整理得出的一组不设超高最小半径值作为路拱小于2%的情况使用。这样当路拱横坡为2.5%时，μ 采用0.040；当路拱横坡为3.0%时，μ 采用0.045；当路拱横坡为3.5%时，μ 采用0.050。结合我国城市道路大型客、货车较多的特点，城市道路不设超高圆曲线最小半径按 $\mu = 0.067$ 和 $i = -2\%$ 计算得出。设超高圆曲线最小半径一般值按 $\mu = 0.067$ 和 $i = 2\% \sim 6\%$ 计算得出。城市道路由于非机动车的干扰，交叉口较多，一般车速偏低，因此 μ 值可加大些。在《城市道路路线设计规范》(CJJ 193—2012)中，超高圆曲线最小半径极限值按不同的设计速度，$\mu = 0.14 \sim 0.16$，$i = 2\% \sim 6\%$ 计算得出。

2)圆曲线最大半径

选用圆曲线半径时，在地形等条件允许的前提下，应尽量采用大半径曲线，使行车舒适。但半径过大，使圆曲线太长，对测设和施工都不利。且过大的半径，其几何性质与直线无多大差异。因此，《公路路线设计规范》(JTG D20—2017)规定，圆曲线最大半径以不超过10 000 m为宜。

(2)平曲线长度

1)平曲线最小长度规定

从驾驶员操纵方便、行车舒适性以及视觉要求来看，应对平曲线长度加以限制。《公路路线设计规范》(JTG D20—2017)按6 s行程长度制定了平曲线最小长度指标，见表3.5。《城市道路工程设计规范(2016年版)》(CJJ 37—2012)按上述原理对城市道路平曲线最小长度也作了相应的规定，见表3.6。

表3.5　各级公路平曲线最小长度

公路等级	高速公路			一级公路			二级公路		三级公路		四级公路
设计速度/(km·h⁻¹)	120	100	80	100	80	60	80	60	40	30	20
平曲线最小长度/m	200	170	140	170	140	100	140	100	70	50	40

表3.6　城市道路平曲线与圆曲线最小长度

设计速度/(km·h⁻¹)		100	80	60	50	40	30	20
平曲线最小长度/m	一般值	260	210	150	130	110	80	60
	极限值	170	140	100	85	70	50	40
圆曲线最小长度/m		85	70	50	40	35	25	20

各级公路的平曲线，一般情况下应能够设置两段缓和曲线及一段圆曲线，平曲线一般最小长度按9 s行程长度控制，即缓和曲线与圆曲线长度均保证3 s的行程，缓和曲线:圆曲线:缓和曲线≈1:1:1，才能使其线形美观、顺畅。

2)平曲线最小大长度

《公路路线设计规范》(JTG D20—2017)规定,平曲线长度应能够为驾驶员的心理所承受,不致引起驾驶疲劳。对设计速度大于80 km/h的高速公路平曲线最大长度按汽车在曲线上行驶的时间进行控制,"一般值"按90 s控制,"最大值"按150 s控制,见表3.7。

表3.7　平曲线最大长度建议值

设计速度/(km·h⁻¹)		120	100	80
平曲线最大长度/m	一般值	3 000	2 400	2 000
	最大值	5 000	4 000	3 300

道路线形各线元在满足各线元基本要求的基础上,应以线形均衡作为协调各线元长度(包含圆曲线长度)的依据。平曲线长度也不宜太大,如果过大,则不利于空间线形的美观、均衡。

3)小转角时的平曲线长度

当公路转角小于或等于7°时,曲线长度往往看上去较实际长度为短。因为在曲线两端附近的曲线部分被误认为是直线,只有在交点附近的部分才能看出是曲线,这就会给驾驶员造成急转弯的错觉。为避免造成视觉错误、保证行车安全,在进行平曲线设计时应避免设置小于7°的转角。当条件受到限制时,在转角等于或小于7°处应设置较长的平曲线,其长度应大于表3.8所列数值。

表3.8　公路转角等于或小于7°时的平曲线长度

公路等级		高速公路			一级公路			二级公路		三级公路		四级公路
设计速度/(km·h⁻¹)		120	100	80	100	80	60	80	60	40	30	20
平曲线长度/m	一般值	1 400 /α	1 200 /α	1 000 /α	1200 /α	1 000 /α	700 /α	1 000 /α	700 /α	500 /α	350 /α	280 /α
	低限值	200	170	140	170	140	100	140	100	70	50	40

注:表中的 α 为路线转角值,(°),当 α<2°时,按 α=2°计算平曲线最小长度。

《城市道路工程设计规范(2016 年版)》(CJJ 37—2012)对城市道路小转角的平曲线最小长度的规定。道路中心线转角 α 小于或等于7°时,设计速度大于或等于 60 km/h 的平曲线最小长度还应符合表3.9 的规定。

表3.9　城市道路小转角平曲线最小长度

设计速度/(km·h⁻¹)	100	80	60
平曲线最小长度/m	1 200/α	1 000/α	700/α

▶3.3.3　圆曲线半径的确定

圆曲线能较好地适应地形变化,并可获得圆滑的线形,使用范围较广且灵活。圆曲线在适应地形的情况下,应尽量选用较大的半径。在确定半径时,应注意以下几点:

①一般情况下宜采用极限最小半径的 4~8 倍或超高为 2%~4% 的圆曲线半径。

②地形条件受限制时,应采用大于或接近于一般最小半径的圆曲线半径。

③地形条件特别困难不得已时,方可采用极限最小半径。

④应同前后线形要素相协调,使之构成连续、均衡的曲线线形。

⑤应同纵面线形相配合,应避免小半径曲线与陡坡相重叠。

⑥每个弯道半径值的确定,应根据实地的地形、地物、地质、人工构造物及其他条件的要求,用外距、切线长、曲线长、曲线上任意点线位、合成纵坡等控制条件反算,并结合标准综合确定。

▶3.3.4 圆曲线的计算

对于未设置缓和曲线的单圆曲线,其曲线几何要素为(图 3.3):

$$T = R \cdot \tan \frac{\alpha}{2} \qquad (3.2)$$

$$L = \frac{\pi}{180} \cdot \alpha \cdot R \qquad (3.3)$$

$$E = R\left(\sec \frac{\alpha}{2} - 1\right) \qquad (3.4)$$

$$J = 2T - L \qquad (3.5)$$

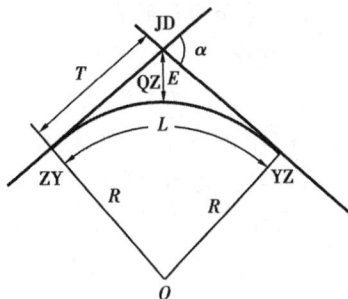

图 3.3 圆曲线要素计算

式中 T——切线长,m;

　　　L——曲线长,m;

　　　E——外距,m;

　　　J——校正值,m;

　　　R——曲线半径,m;

　　　α——转角,(°)。

道路里程桩号,是从道路路线起点(K0+000)计算的中线累计水平长度。某 JD 里程是该平曲线起点(ZH 或 ZY)里程沿切线长到 JD 的累加长度。

曲线主点桩号计算如下:

$$ZY(桩号) = JD(桩号) - T$$
$$YZ(桩号) = ZY(桩号) + L$$
$$QZ(桩号) = YZ(桩号) - L/2$$
$$JD(桩号) = QZ(桩号) + J/2$$

3.4 缓和曲线

▶3.4.1 概述

(1)缓和曲线的线形特征

缓和曲线是指在直线与圆曲线之间或者半径相差较大的两个转向相同圆曲线之间设置的

一种曲率连续变化的曲线。从满足行车要求来看,缓和曲线具有如下线形特征:

①缓和曲线曲率渐变,设于直线与圆曲线间,其线形符合汽车转弯时的行车轨迹,从而使线形缓和,消除了曲率突变点。

②由于曲率渐变,使道路线形顺适美观,有良好的视觉效果和心理作用感。

③在直线和圆曲线间加入缓和曲线后,使平面线形更为灵活,线形自由度提高,更能与地形、地物及环境相适应、协调、配合,使平面线形布置更加灵活、经济、合理。

④与圆曲线相比,缓和曲线计算及测设均较复杂。

(2)缓和曲线的作用

1)线形缓和

在直线上,曲率半径为无穷大,曲率为零,而在圆曲线上,曲率为$1/R$,曲率半径为常数R。若直线与圆曲线径连接,则在连接处形成曲率突变点。根据道路透视图的视觉分析和实际调查,这种组合线形视觉效果差,有折点和扭曲现象。如果加入缓和曲线,则曲率渐变,线形圆滑美观,有良好的视觉效果和心理作用感。

2)行车缓和

汽车由直线直接驶入圆曲线或由大半径圆曲线直接驶入小半径圆曲线,其离心力发生了突变,使行车舒适感和安全感受到影响。并且,从驾驶员转弯操纵来看,汽车前轮转向角逐渐变化,其中间需要插入一逐渐变化的缓和曲线,才能保持在车速一定的情况下使汽车前轮的转向角从0至θ逐渐转向,从而有利于驾驶员操纵转向盘。

3)超高和加宽缓和

为适应汽车转弯的特点,公路在圆曲线上设置有超高和加宽。设置超高和加宽也需要有一个缓和过渡段。

(3)缓和曲线的选择

由前面第2章分析,得出汽车由直线驶入圆曲线转弯时,其轨迹上的任一点的曲率半径ρ与其行程l(自转弯开始点算起)成反比,此轨迹方程为回旋曲线方程。因此我国《标准》规定缓和曲线采用回旋曲线。

缓和曲线的一般方程式

$$\rho l = C \tag{3.6}$$

式中　l——由缓和曲线起点(ZH 或 HZ)到任意点的弧长;

　　　C——参数。

为了设计方便,使量纲一致,故令$A^2 = C$,则

$$\rho l = A^2 \text{ 或 } \sqrt{\rho l} = A \tag{3.7}$$

式中　A——回旋曲线参数,m;

　　　ρ——回旋曲线上任一点的曲率半径,m;

　　　l——回旋曲线上任一点到曲线起点(ZH 或 HZ)的曲线长度,m。

所有的回旋曲线在几何上都是相似的。参数A可认为是放大的倍数,R确定了圆的大小,A则确定了回旋曲线曲率变化的缓急。

1)其他形式的缓和曲线

①三次抛物线。

三次抛物线的方程

$$r = \frac{C}{x}, \quad y = \frac{x^3}{6C}$$

式中　r——三次抛物线上某点 p 的半径,m;

　　　C——三次抛物线参数;

　　　x,y——点 p 的坐标值,m。

当 $\beta \geq 24°$ 曲率半径又增加,故 $\beta \leq 24°$ 可用于缓和曲线。

②双纽线。

双纽线方程

$$r = \frac{C}{a}$$

式中　r——双纽线上某点 p 的半径,m;

　　　a——双纽线上某点 p 的弦长,m;

　　　C——双纽线参数;

　　　x,y——坐标值,m。

极角为 45°时,曲线半径最小,此后半径增大至原点,全程转角达到 270°。

可以用双纽线做道路回头曲线。

2)3 种缓和曲线线形比较

如图 3.4 所示,3 种缓和曲线线形比较得:

①极角较小(5°~6°)时,几乎没有差别。

②随着极角的增加,三次抛物线的长度增加最快,双纽线次之,回旋线最慢。

因此,我国《标准》规定缓和曲线采用回旋曲线。

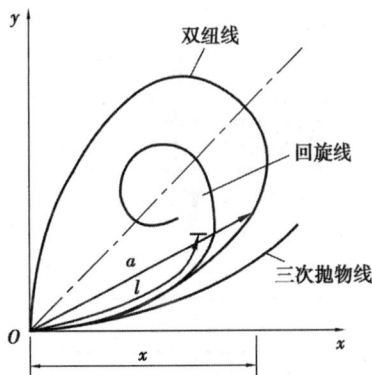

图 3.4　3 种缓和曲线比较

▶3.4.2　设计标准

(1)缓和曲线最小长度

缓和曲线必须有足够的长度,才不至于使离心加速度增长过快和驾驶员转动转向盘过急,从而保证行车安全、舒适,使线形圆滑顺适。

1)从控制方向操作的最短时间考虑

缓和曲线的长度太短,使驾驶员操作不便,所以应保证驾驶员在缓和曲线上操作有一定的行程时间。缓和曲线的最小长度为

$$L_{h\min} = vt = \frac{V}{3.6}t \tag{3.8}$$

式中　V——设计车速,km/h;

　　　v——设计车速,m/s;

　　　t——汽车在缓和曲线上最短行驶时间,s,一般取 $t = 3$ s。

2)离心加速度变化率应限制在一定范围内

汽车行驶在缓和曲线上,其离心加速度随缓和曲线曲率变化而变化,如变化过快将会使乘客感受到横向的冲击。

缓和曲线上离心加速度的变化率为

$$a_s = \frac{a}{t} = \frac{v^2}{Rt} = \frac{V^3}{47RL_h}$$

式中　V——汽车行驶速度,km/h;

　　　R——圆曲线半径,m;

　　　t——汽车在缓和曲线上的行驶时间,s。

由上述关系得出缓和曲线长度的计算公式为

$$L_h = \frac{V^3}{47Ra_s} \tag{3.9}$$

离心加速度变化率采用什么值,现在国内尚无资料。参照日本的经验,我国把离心加速度的变化率控制在 $0.5 \sim 0.6 \ \text{m/s}^2$ 较为适宜。

根据公路设计车速,按式(3.8)、式(3.9),即可计算出最小缓和曲线长度。《标准》规定见表3.10。城市道路 $V = 80 \sim 120 \ \text{km/h}$ 时,缓和曲线最小长度规定与公路相同,见表3.11。

表 3.10　各级公路缓和曲线最小长度

公路等级	高速公路			一级公路			二级公路		三级公路		四级公路
设计速度/(km·h⁻¹)	120	100	80	100	80	60	80	60	40	30	20
缓和曲线最小长度/m	100	85	70	85	70	50	70	50	35	25	20

注:四级公路为超高、加宽缓和段长度。

表 3.11　城市道路缓和曲线最小长度

设计速度/(km·h⁻¹)	100	80	60	50	40	30	20
缓和曲线最小长度/m	85	70	50	45	35	25	20

道路线形设计,在确定缓和曲线长度时,除了考虑保证规定的最小长度外,当圆曲线部分按规定需要设置超高时,还应考虑超高缓和段长度的要求,即还要满足 $L_h \geq L_c$;当圆曲线部分按规定需要设置加宽时,还应考虑加宽缓和段长度的要求,即还要满足 $L_h \geq L_j$。L_c,L_j 的计算详见 3.4 节。

(2)回旋曲线参数

在设计中 A 值是根据线形舒顺和美观要求,按圆曲线半径 R 值的大小来确定的。

从视觉要求出发,当缓和曲线很短,使缓和曲线角 $\beta < 3°$ 时,则缓和曲线极不明显,在视觉上容易被忽略。但是,如果缓和曲线过长,使 $\beta > 29°$ 时,圆曲线与缓和曲线不能很好协调。因此,从适宜的缓和曲线角值($3° \sim 29°$)范围可推导出适宜的 A 值。由缓和曲线角计算公式得

$$\beta_0 = \frac{90}{\pi} \cdot \frac{L_h}{R}$$

则

$$L_h = \frac{R\beta_0}{28.6479}$$

而

$$A = \sqrt{L_h \cdot R} = R\sqrt{\frac{\beta_0}{28.6479}}$$

将 $\beta = 3°$ 和 $\beta = 29°$ 代入上式得

$$\frac{R}{3} \leq A \leq R \tag{3.10}$$

式中　A——回旋曲线参数,m;

　　　R——与回旋曲线相连接的圆曲线的半径,m。

设计中,一般当 R 接近于 100 m 时,取 A 等于 R;当 R 小于 100 m 时,取 A 等于或大于 R。反之,当 R 较大或接近 3 000 m 时,取 A 等于 $R/3$,若 R 大于 3 000 m,则取 A 小于 $R/3$。

（3）缓和曲线的省略

在直线和圆曲线间设置缓和曲线后,圆曲线将产生一个内移值 $\Delta R = \dfrac{L_h^2}{24R}$,当此内移值 ΔR 与已考虑在车道中的富裕宽度相比很小时,则可将缓和曲线省略。

1）直线与圆曲线间缓和曲线的省略

《公路路线设计规范》(JTG D20—2017)规定,当圆曲线半径大于或等于表 3.3 中不设超高的圆曲线最小半径时可不设缓和曲线;四级公路可将直线与圆曲线径相连接,在圆曲线两端的直线上设置超高缓和段、加宽缓和段。

《规范》规定,当设计速度小于 40 km/h 时,可以省略缓和曲线;大于 40 km/h 时,如半径大于不设缓和曲线的最小圆曲线半径时,缓和曲线可以省略,见表 3.12。

表 3.12　城市道路不设缓和曲线的最小圆曲线半径

设计速度/(km·h^{-1})	80	60	50	40
不设缓和曲线的最小圆曲线半径/m	2 000	1 000	700	500

2）半径不同的圆曲线间缓和曲线的省略

①小圆半径大于不设超高的圆曲线最小半径时,可以省略缓和曲线。

②小圆半径大于表 3.13 中所列半径,且符合下列条件之一时,均可省略。

表 3.13　复曲线中小圆临界曲线半径

公路等级	高速公路			一级公路		二级公路		三级公路	
设计速度/(km·h^{-1})	120	100	80	100	80	60	80	60	40	30
临界曲线半径/m	2 100	1 500	900	1 500	900	500	900	500	250	130

a.小圆曲线按规定设置相当于最小回旋曲线长的回旋线时,其大圆与小圆的内移值之差不超过 0.10 m。

b.设计速度不低于 80 km/h 时,大圆半径与小圆半径之比小于 1.5。

c.设计速度低于 80 km/h 时,大圆半径与小圆半径之比小于 2。

▶3.4.3 缓和曲线的计算

(1)回旋曲线的几何要素

如图 3.5 所示,设点 P 的坐标为 (x,y),则

$$\mathrm{d}l = \rho \cdot \mathrm{d}\beta, \mathrm{d}x = \mathrm{d}l \cdot \cos\beta, \mathrm{d}y = \mathrm{d}l \cdot \sin\beta$$

因

$$\rho \cdot l = c$$

故

$$\mathrm{d}t = \frac{c}{l} \cdot \mathrm{d}\beta, l \cdot \mathrm{d}l = c \cdot \mathrm{d}\beta$$

上式两边积分,得

$$\frac{l^2}{2} = c \cdot \beta$$

因

$$\rho \cdot l = c = A^2$$

则任意点 P 处的曲率半径

$$\rho = \frac{A}{\sqrt{2\beta}} \tag{3.11}$$

点 P 的回旋线长

$$l = A\sqrt{2\beta} \tag{3.12}$$

上两式中的 β 是回旋线上任意一点 P 的切线方向与 x 轴的夹角,称作"缓和曲线角"

$$\beta = \frac{l^2}{2A^2} = \frac{l^2}{2\rho l} = \frac{l}{2\rho} \tag{3.13}$$

点 P 曲率圆的内移值

$$\Delta p = y + \rho \cos\beta - \rho \tag{3.14}$$

点 P 曲率圆圆心 M 点的坐标

$$x_m = x - \rho \sin\beta \tag{3.15}$$

$$y_m = \rho + \Delta p \tag{3.16}$$

长切线长

$$T_L = x - y\cos\beta \tag{3.17}$$

短切线长

$$T_K = \frac{y}{\sin\beta} \tag{3.18}$$

点 P 的弦长

$$a = \frac{y}{\sin\delta} \tag{3.19}$$

点 P 的弦偏角

$$\delta = \arctan\frac{y}{x} \approx \frac{\beta}{3} \tag{3.20}$$

(2)带缓和曲线的圆曲线的计算

如图 3.6 所示,在单圆曲线与直线连接的两端,分别加入一段缓和曲线,即构成带缓和曲线的圆曲线,这种组合形式叫基本型,其平面线形三要素的基本组成是:直线—回旋线—圆曲线—回旋线—直线。其曲线几何元素的计算公式如下:

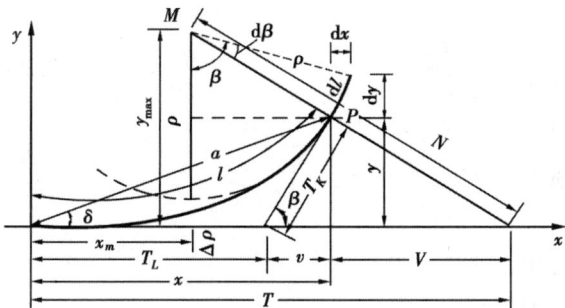

图 3.5 回旋线要素

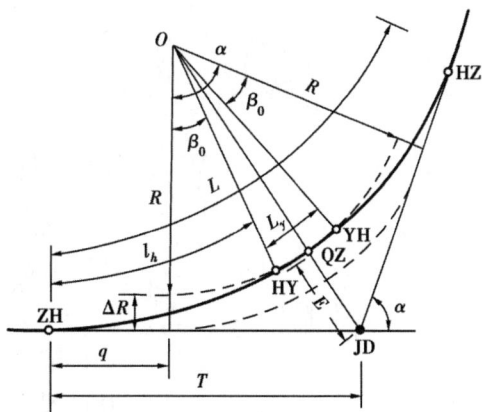

图 3.6 单交点基本型曲线

因

$$x = l - \frac{l^3}{40\rho^2} + \frac{l^5}{3\,456\rho^4}, \quad y = \frac{l^2}{6\rho} - \frac{l^4}{336\rho^3} + \frac{l^6}{42\,240\rho^5}$$

$$\cos\beta = 1 - \frac{\beta^2}{2!} + \frac{\beta^4}{4!} - \frac{\beta^6}{6!} + \cdots, \quad \sin\beta = \beta - \frac{\beta^3}{3!} + \frac{\beta^5}{5!} - \frac{\beta^7}{7!} + \cdots$$

故

$$q = x_m = x - R\sin\beta = l - \frac{l^3}{40\,R^2} - R\left(\beta - \frac{\beta^3}{6}\right)$$

$$= l - \frac{l^3}{40\,R^2} - \left(\frac{l}{2} - \frac{l^3}{48\,R^2}\right) = \frac{l}{2} - \frac{l^3}{240\,R^2},$$

$$\Delta R = \Delta p - y + R\cos\beta - R = \frac{l^2}{6R} - \frac{l^4}{336\,R^3} + R\left(1 - \frac{\beta^2}{2} + \frac{\beta^4}{24}\right) - R$$

$$= \frac{l^2}{24R} - \frac{l^4}{21\times16\,R^3} + \frac{l^4}{24\times16\,R^3} = \frac{l^2}{24R} - \frac{l^4}{2\,688\,R^3}$$

在 ZH 点, $l = L_h$, 故

$$q = \frac{L_h}{2} - \frac{L_h^3}{240R^2} \tag{3.21}$$

$$P = \Delta R = \frac{L_h^2}{24R} - \frac{L_h^4}{2\,688R^3} \tag{3.22}$$

$$\beta_0 = \frac{90°}{\pi} \cdot \frac{L_h}{R} \tag{3.23}$$

$$T = (R + \Delta R)\cdot\tan\frac{\alpha}{2} + q \tag{3.24}$$

$$L = \frac{\pi}{180}\cdot\alpha\cdot R + L_h = (\alpha - 2\beta_0)\cdot\frac{\pi}{180}\cdot R + 2L_h \tag{3.25}$$

$$L_Y = L - 2L_h \tag{3.26}$$

$$E = (R + \Delta R) \cdot \sec \frac{\alpha}{2} - R \tag{3.27}$$

$$J = 2T - L \tag{3.28}$$

$$x_0 = L_h - \frac{L_h^3}{40R^2} + \frac{L_h^5}{3\,456R^4} \tag{3.29}$$

$$y_0 = \frac{L_h^2}{6R} - \frac{L_h^4}{336R^3} + \frac{L_h^6}{42\,240R^5} \tag{3.30}$$

曲线主点桩号计算

$$ZH(桩号) = JD(桩号) - T$$
$$HY(桩号) = ZH(桩号) + L_h$$
$$YH(桩号) = HY(桩号) + L_y$$
$$HZ(桩号) = YH(桩号) + L_h$$
$$QZ(桩号) = HZ(桩号) - \frac{L}{2}$$
$$JD(桩号) = QZ(桩号) + \frac{J}{2}$$

回旋曲线上任意点的坐标公式

$$x = l - \frac{l^5}{40R^2L_h^2} + \frac{l^9}{3\,456R^4L_h^4} \tag{3.31}$$

$$y = \frac{l^3}{6RL_h} - \frac{l^7}{336 \cdot R^3L_h^3} + \frac{l^{11}}{42\,240R^5L_h^5} \tag{3.32}$$

在圆曲线上任意一点的坐标公式

$$\varphi_m = \alpha_m + \beta_0 = \frac{90}{\pi} \cdot \left(\frac{2L_m + L_h}{R} \right) \tag{3.33}$$

$$x = q + R \cdot \sin \varphi_m \tag{3.34}$$

$$y = p + R(1 - \cos \varphi_m) \tag{3.35}$$

式中　T——总切线长,m;

　　　L——总曲线长,m;

　　　L_y——圆曲线长,m;

　　　E——外距,m;

　　　J——校正值,m;

　　　R——主曲线半径,m;

　　　α——路线转角,(°);

　　　β_0——缓和曲线终点处(即 HY、YH)的缓和曲线角,(°);

　　　p——设缓和曲线后,主圆曲线的内移值,m;

　　　q——缓和曲线切线增长值,m;

　　　L_h——缓和曲线长度,m;

　　　L_m——圆曲线上任一点 m 至缓和曲线终点(即 HY、YH)的弧长,m;

α_m——L_m 弧所对应的圆心角,(°);

x_0 , y_0——缓和曲线终点处的切线支距坐标,m;

x , y——曲线上任意一点的切线支距坐标,m。

例 3.1 某三级公路,交点桩号为 K14+344.598。左转偏角 $\alpha = 18°9'5''$,设半径 $R = 300$ m,缓和曲线 $L_h = 45$ m。计算该平曲线主点桩号。

解 (1)求曲线要素。

$$q = \frac{L_h}{2} - \frac{L_h^3}{240 R^2} = 22.493 \text{ m}$$

$$P = \Delta R = \frac{L_h^2}{24 R} - \frac{L_h^4}{2\,688\,R^3} = 0.351 \text{ m}$$

$$\beta_0 = \frac{90}{\pi} \cdot \frac{L_h}{R} = 5.371°$$

$$T = (R + \Delta R) \cdot \tan \frac{\alpha}{2} + q = 60.887 \text{ m}$$

$$L = \frac{\pi}{180} \cdot \alpha \cdot R + L_h = (\alpha - 2\beta_0) \cdot R + \frac{\pi}{180} \cdot R + 2 L_h = 121.032 \text{ m}$$

$$L_y = L - 2 L_h = 31.030 \text{ m}$$

$$E = (R + \Delta R) \cdot \sec \frac{\alpha}{2} - R = 3.399 \text{ m}$$

$$J = 2T - L = 0.741 \text{ m}$$

(2)求主点桩号。

ZH(桩号)= JD(桩号)- T = K14+344.598 - 60.887 = K14+283.711

HY(桩号)= ZH(桩号)+ I_h = K14+283.771 + 45 = K14+328.711

YH(桩号)= HY(桩号)+ L_y = K14+328.711 + 31.030 = K14+359.743

HZ(桩号)= YH(桩号)+ L_h = K14+359.743 + 45 = K14+404.743

QZ(桩号)= HZ(桩号)- L/2 = K14+404.743 - 121.032/2 = K14+344.227

JD(桩号)= QZ(桩号)+ J/2 = K14+344.227 + 0.741/2 = K14+344.598(验算!)

其他计算示例详见右边的二维码。

道路曲线
计算示例

3.5 弯道的超高与加宽

▶3.5.1 超高

(1)定义

为抵消车辆在曲线路段上行驶时所产生的离心力,在该路段横断面上设置的外侧高于内侧的单向横坡,称为超高。当汽车行驶在设有超高的弯道上时,汽车自重分力将抵消一部分离心力,从而提高行车的安全性和舒适性。超高的布置如图 3.7 所示。

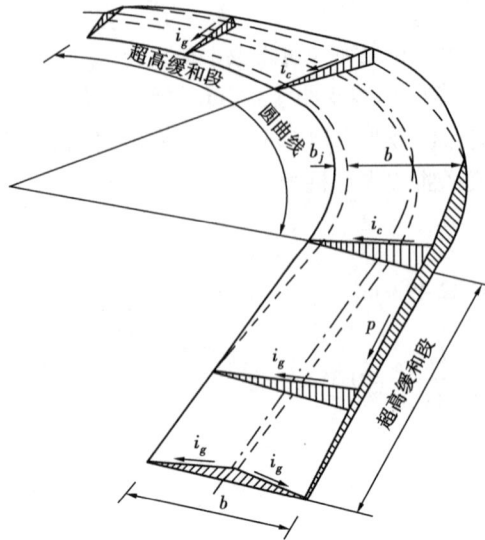

图 3.7　超高

(2)超高坡度

1)最大超高坡度

由前面平曲线半径计算式(3.1)可得超高坡度的计算公式

$$i_c = \frac{V^2}{127R} - \mu \tag{3.36}$$

当采用极限最小半径时即为计算最大超高坡度,其公式为

$$i_{c\max} = \frac{V^2}{127R_{\min}} - \mu \tag{3.37}$$

最大超高坡度的限值与气候条件、地形、地区、汽车以低速行驶的频率、路面施工的难易程度等因素有关。从保证汽车转弯时有较高速度和乘客舒适性来看,要求超高横坡应尽量大一点,但考虑到车辆组成不同,车速不一,特别是停在弯道上的汽车($V=0$),有可能向弯道内侧滑移的危险。另外,在冰雪状态下,过大的超高对车辆启动及刹车都不利。所以,由式(3.37),当 $V=0$ 时,产生滑移的极限状态 $\mu = \varphi_y$ 时,故受横向滑移限制

$$i_{c\max} \leqslant \varphi_y \tag{3.38}$$

式中　φ_y——横向附着系数。

道路圆曲线部分最大超高值规定见表 3.14 和表 3.15。

表 3.14　公路最大超高坡度

公路等级	高速公路	一	二	三	四
一般地区	10%	8%			
积雪、冰冻地区	6%				

表 3.15　城市道路最大超高坡度

设计速度 /(km·h⁻¹)	80	60	50	40	30	20
最大超高值横坡度 /%	6	4		2		

2)超高坡度的确定

超高坡度按设计速度、半径大小计算,并结合路面类型、当地自然条件等最后确定。当超高横坡度的计算值小于路拱坡度时,应设置等于路拱坡度的超高。设计时可参照表 3.16 采用。

表 3.16 圆曲线半径与超高坡度值

超高/% (半径/m)	高速公路 V=120 一般情况	V=120 积雪冰冻地区	V=100 一般情况	V=100 积雪冰冻地区	V=80 一般情况	V=80 积雪冰冻地区	一级公路 V=100 一般情况	V=100 积雪冰冻地区	V=80 一般情况	V=80 积雪冰冻地区	V=60 一般情况	V=60 积雪冰冻地区	二级公路 V=80 一般情况	V=80 积雪冰冻地区	V=60 一般情况	V=60 积雪冰冻地区	三级公路 V=40 一般情况	V=40 积雪冰冻地区	V=30 一般情况	V=30 积雪冰冻地区	四级公路 V=20 一般情况	V=20 积雪冰冻地区
2	<5 500 ~3 240	<5 500 ~1 940	<4 000 ~1 710	<4 000 ~1 550	<2 500 ~1 240	<2 500 ~1 130	<4 000 ~1 710	<4 000 ~1 550	<2 500 ~1 240	<2 500 ~1 130	<1 500 ~810	<1 500 ~720	<2 500 ~1 210	<2 500 ~1 130	<1 500 ~780	<1 500 ~720	<600 ~390	<600 ~390	<350 ~230	<350 ~210	<150 ~105	<150 ~95
3	<3 240 ~2 160	<1 940 ~1 290	<1 710 ~1 220	<1 550 ~1 050	<1 240 ~830	<1 130 ~750	<1 710 ~1 220	<1 550 ~1 050	<1 240 ~830	<1 130 ~750	<810 ~570	<720 ~460	<1 210 ~840	<1 130 ~750	<780 ~530	<720 ~460	<390 ~270	<390 ~230	<230 ~150	<210 ~130	<105 ~70	<95 ~60
4	<2 160 ~1 620	<1 290 ~970	<1 220 ~950	<1 050 ~760	<830 ~620	<750 ~520	<1 220 ~950	<1 050 ~760	<830 ~620	<750 ~520	<570 ~430	<460 ~300	<840 ~630	<750 ~520	<530 ~390	<460 ~300	<270 ~200	<230 ~150	<150 ~110	<130 ~80	<70 ~55	<60 ~40
5	<1 620 ~1 300	<970 ~780	<950 ~770	<760 ~550	<620 ~500	<520 ~360	<950 ~770	<760 ~550	<620 ~500	<520 ~360	<430 ~340	<300 ~190	<630 ~500	<520 ~360	<390 ~300	<300 ~190	<200 ~150	<150 ~90	<110 ~80	<80 ~50	<55 ~40	<40 ~25
6	<1 300 ~1 080	<780 ~650	<770 ~650	<550 ~400	<500 ~410	<360 ~250	<770 ~650	<550 ~400	<500 ~410	<360 ~250	<340 ~280	<190 ~125	<500 ~410	<360 ~250	<300 ~230	<190 ~120	<150 ~120	<90 ~60	<80 ~60	<50 ~30	<40 ~30	<25 ~15
7	<1 080 ~930		<650 ~560		<410 ~350		<650 ~560		<410 ~350		<280 ~230		<410 ~320		<230 ~170		<120 ~90		<60 ~50		<30 ~20	
8	<930 ~810		<560 ~500		<350 ~310		<560 ~500		<350 ~310		<230 ~200		<320 ~250		<170 ~125		<90 ~60		<50 ~30		<20 ~15	
9	<810 ~720		<500 ~440		<310 ~280		<500 ~440		<310 ~280		<200 ~160											
10	<720 ~650		<440 ~400		<280 ~250		<440 ~400		<280 ~250		<160 ~125											

（3）超高方式

1）公路

公路超高的过渡方式,根据超高旋转轴在公路横断面上的位置,分为下列几种:

①无中间带的公路。

a.超高横坡度等于路拱坡度时,外侧车道绕路中线旋转,直至超高横坡值,如图3.8所示。

b.超高横坡度大于路拱横坡度时,有以下3种过渡方式:

ⅰ.绕行车道内边缘旋转,简称边轴旋转,如图3.9所示。

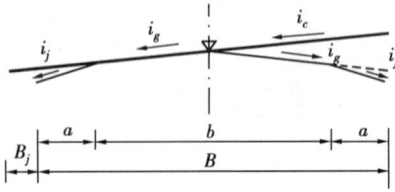

图3.8　超高横坡等于路拱坡度的旋转

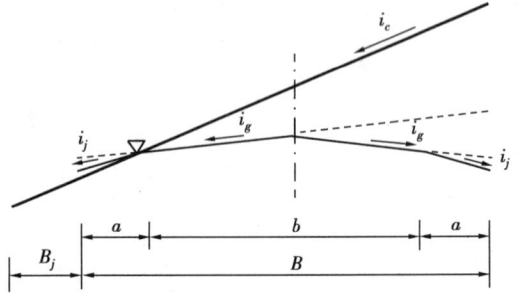

图3.9　绕内侧边缘旋转

在缓和段起点之前将路肩的横坡逐渐变为路拱横坡,再以路中线为旋转轴,逐渐抬高外侧路面与路肩,使之达到与路拱坡度一致的单向横坡后,整个断面再绕未加宽前的内侧车道边缘旋转,直至达到超高横坡度为止。一般新建公路多采用此种方式。

ⅱ.绕中线旋转,简称中轴旋转,如图3.10所示。

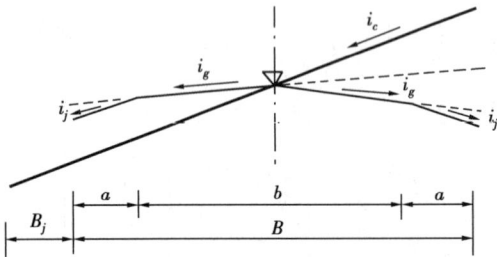

图3.10　绕中线旋转

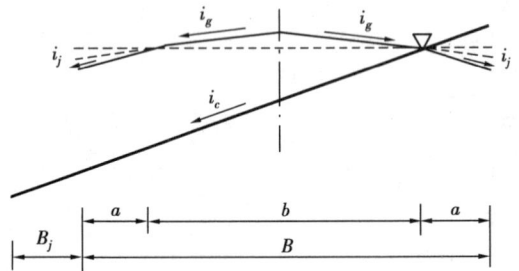

图3.11　绕外侧边缘旋转

在超高缓和段之前,先将路肩横坡逐渐变为路拱横坡,再以路中线为旋转轴,使外侧车道和内侧车道变为单向的横坡度后,整个断面一同绕中线旋转,使单坡横断面直至达到超高横坡度为止。一般改建公路常采用此种方式。

ⅲ.绕外边缘旋转,如图3.11所示。

先将外侧车道绕外边缘旋转,与此同时,内侧车道随中线的降低而相应降坡,待达到单向横坡后,整个断面仍绕外侧车道边缘旋转,直达到超高横坡度为止。此种方式仅在特殊设计时采用(如强调路容美观、外侧因受条件限制不能抬高等)。

②有中间带的公路。

a.绕中间带的中心线旋转。如图3.12(a)所示。

先将外侧行车道绕中间带的中心旋转,待达到与内侧行车道构成单向横坡后,整个断面一同绕中心线旋转,直至超高横坡值。此时,中央分隔带呈倾斜状。采用窄中间带的公路可选用此方式。

b.绕中央分隔带边缘旋转。如图 3.12(b)所示。

将两侧行车道分别绕中央分隔带边缘旋转,使之各自成为独立的单向超高断面,此时中央分隔带维持原水平状态。各种宽度不同的中间带均可选用此种方式。

c.绕各自行车道中线旋转。如图 3.12(c)所示。

将两侧行车道分别绕各自的中线旋转,使之各自成为独立的单向超高断面。此时中央分隔带边缘分别升高与降低而成为倾斜断面。单向车道数大于 4 条的公路可采用此种方式。

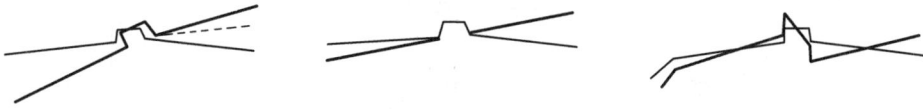

　　(a)绕中间带的中心线旋转　　(b)绕中央分隔带边缘旋转　　(c)绕各自行车道中线旋转

图 3.12　有中间带公路的超高过渡方式

③分离式公路。

分离式断面公路的超高过渡方式可视为两条无中间带的公路分别予以处理。

2)城市道路

城市道路超高方式应根据地形状况、车道数、超高横坡度值、横断面型式、便于排水、路容美观等因素决定。单幅路路面宽度及三幅路机动车道路面宽度宜绕中线旋转;双幅路路面宽度及四幅路机动车道路面宽度宜绕中间分隔带边缘旋转,使两侧车行道各自成为独立的超高横断面。

(4)超高缓和段

超高设于圆曲线之范围内,两端用过渡段与直线相连。从直线段的双向横坡渐变到圆曲线路段具有超高单向横坡的过渡段称为超高缓和段。

为了行车舒适性和排水,对超高缓和段长度必须加以规定。通常按控制设超高后行车道外边缘的渐变率来计算。

双车道公路的超高缓和段长度按下式计算

$$L_c = \frac{B' \cdot \Delta i}{p} \tag{3.39}$$

式中　L_c——超高缓和段长度,m;

　　　B'——旋转轴至行车道(设路缘带时为路缘带)外侧边缘的宽度,m;

　　　Δi——超高坡度与路拱坡度代数差,%;

　　　p——超高渐变率(又称附加纵坡),即旋转轴线与行车道(设路缘带时为路缘带)外侧边缘线之间相对升降的比率,其规定值见表 3.17 和表 3.18。

绕中轴旋转,式(3.39)表示为

$$L_c = \frac{\frac{b}{2} \cdot (i_c + i_g)}{p} \tag{3.40}$$

表 3.17   公路超高渐变率

设计速度 /(km·h⁻¹)	超高旋转轴位置	
	绕中轴旋转	绕边轴旋转
120	1/250	1/200
100	1/225	1/175
80	1/200	1/150
60	1/175	1/125
40	1/150	1/100
30	1/125	1/75
20	1/100	1/50

表 3.18   城市道路最大超高渐变率

设计速度/(km·h⁻¹)		100	80	60	50	40	30	20
超高渐变率 e	绕中线旋转	1/225	1/200	1/175	1/160	1/150	1/125	1/100
	绕边线旋转	1/175	1/150	1/125	1/115	1/100	1/75	1/50

绕边轴旋转,式(3.39)表示为

$$L_c = \frac{b \cdot i_c}{p} \tag{3.41}$$

式中 b——路面宽度,m;

i_c——最大超高横坡;

p——超高渐变率。

在确定超高缓和段长度时,应注意:

①超高缓和段长度一般应采用 5 的倍数,并不小于 10 m。

②当线形设计须采用较长的回旋曲线时,横坡度由 2%(或 1.5%)过渡到 0%路段的超高渐变率不得小于 1/330。

③超高的过渡应在回旋线全长范围内进行,但当超高渐变率过小时(为保证排水),而只设在该回旋线的某一区段范围之内。四级公路超高的过渡应在超高缓和段的全长范围内进行。

(5)超高值的计算

超高缓和段上各断面处的路基外缘和内缘与路基设计标高之高差 hc 称为超高值。计算超高值后即可根据路基设计标高计算路基内外边缘的设计标高。这些高程是弯道施工的依据。

超高计算见表 3.19 所列公式,超高过渡如图 3.13 和图 3.14 所示。

表 3.19　边、中轴旋转超高计算公式表

超高位置			计算公式		说　明
			$x \leqslant x_0$	$x \geqslant x_0$	
绕边轴旋转	圆曲线上	外缘 h_c		$ai_j + (a+b)i_c$	1.计算结果均为与设计标高（路基边缘）之高差
		中线 h_c'		$ai_j + \dfrac{b}{2}i_c$	2.临界段面距缓和段起点长度
		内缘 h_c''		$ai_j - (a+B_j)i_c$	$x_0 = \dfrac{i_g}{i_c}L_c$
	过渡段上	外缘 h_{cx}		$a(i_j-i_g) + [ai_g+(a+b)i_c]\dfrac{x}{L_c}$（或 $\approx \dfrac{x}{L_c}h_c$）	3.按直线比例加宽 $B_{jx} = \dfrac{x}{L_c}B_j$
		中线 h_{cx}'	$ai_j + \dfrac{b}{2}i_g$	$ai_j + \dfrac{b}{2}\cdot\dfrac{x}{L_c}i_c$ 或 $ai_j + \dfrac{b}{2}\left[i_g + \dfrac{i_c-i_g}{L_c-x_0}(x-x_0)\right]$	4.按高次抛物线加宽 $B_{jx} = (4K^3-3K^4)B_j$
		内缘 h_{cx}''	$ai_j - (a+B_{jx})i_g$	$ai_j - (a+B_{jx})\dfrac{x}{L_c}i_c$	$K = \dfrac{x}{L_c}$
绕中轴旋转	圆曲线上	外缘 h_c		$a(i_j-i_g) + \left(a+\dfrac{b}{2}\right)(i_g+i_c)$	1.计算结果均为与设计标高（路基边缘）的高差
		中线 h_c'		$ai_j + \dfrac{b}{2}i_g$	2.临界段面距缓和段起点长度
		内缘 h_c''		$ai_j + \dfrac{b}{2}i_g - \left(a+\dfrac{b}{2}+B_j\right)i_c$	$x_0 = \dfrac{2i_g}{i_g+i_c}L_c$
	过渡段上	外缘 h_{cx}		$a(i_j-i_g) + \left(a+\dfrac{b}{2}\right)(i_g+i_c)\dfrac{x}{L_c}$	3.按直线比例加宽 $B_{jx} = \dfrac{x}{L_c}B_j$
		中线 h_{cx}'		$ai_j + \dfrac{b}{2}i_g$（定值）	4.按高次抛物线加宽 $B_{jx} = (4K^3-3K^4)B_j$
		内缘 h_{cx}''	$ai_j - (a+B_{jx})i_g$	$ai_j + \dfrac{b}{2}i_g - \left(a+\dfrac{b}{2}+B_{jx}\right)\left[\dfrac{x}{L_c}(i_c+i_g)-i_g\right]$	$K = \dfrac{x}{L_c}$

式（图）中　b——路面宽度，m；

　　　　　a——路肩宽度，m；

　　　　　i_g——路拱横坡；

　　　　　i_j——路肩横坡；

　　　　　L_c——超高缓和段长度（或缓和曲线长度），m；

l_0——路肩横坡由 i_j 变为 i_g 所需距离,一般可取 1.0 m;

x_0——与路拱同坡度单向超高点至超高缓和段起点的距离,m;

x——超高缓和段上任一点至起点的距离,m;

h_c——路基外缘最大抬高值,m;

h'_c——路中线最大抬高值,m;

h''_c——路基内缘最大降低值,m;

h_{cx}——x 距离处路基外缘抬高值,m;

h'_{cx}——x 距离处路中线抬高值,m;

h''_{cx}——x 距离处路基内缘降低值,m;

B_j——路基加宽值,m;

B_{jx}——x 距离处路基加宽值,m。

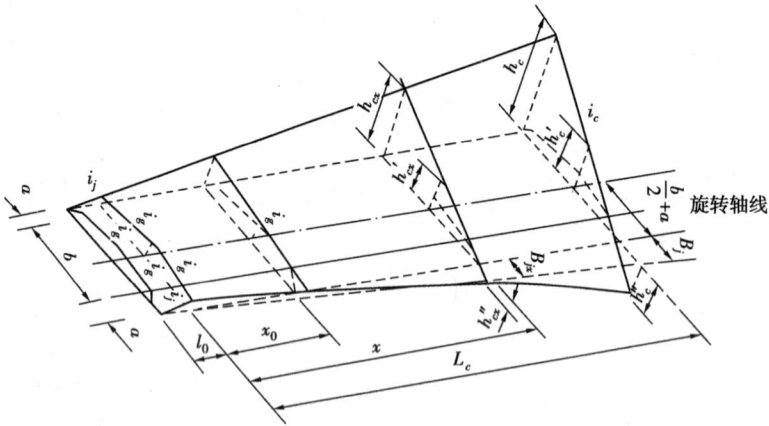

图 3.13 超高过渡(边轴旋转)

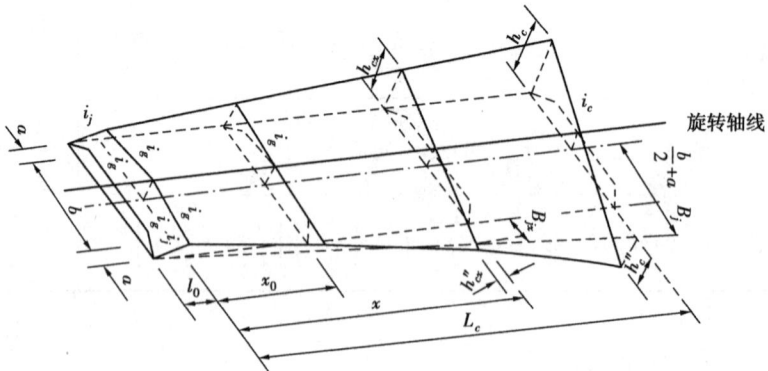

图 3.14 超高过渡(中轴旋转)

▶3.5.2　加宽

（1）定义

汽车在曲线路段上行驶时，靠近曲线内侧后轮行驶的曲线半径最小，靠曲线外侧的前轮行驶的曲线半径最大。为适应汽车在平曲线上行驶时，后轮轨迹偏向曲线内侧的需要，在平曲线内侧相应增加的路面、路基宽度称为曲线加宽（又称弯道加宽）。

（2）加宽值

圆曲线上加宽值与平曲线半径、设计车辆的轴距有关，同时还要考虑弯道上行驶车辆摆动及驾驶员的操作所需的附加宽度，因此，圆曲线上加宽值由几何需要的加宽和汽车转弯时摆动加宽两部分组成。

1）几何加宽值的计算

对于普通载重汽车，由图 3.15 可得一条车道的加宽值：

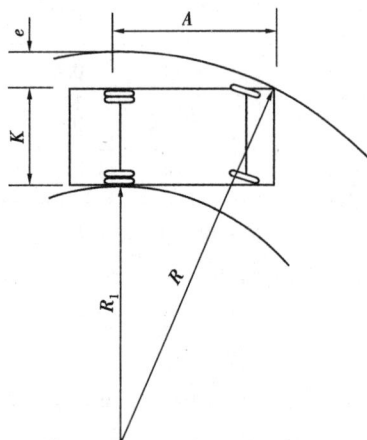

图 3.15　单车道加宽

而　$R_1 + K = \sqrt{R^2 - A^2}$　$e = R - (R_1 + K)$

代入上式，得

$$e = R - \sqrt{R^2 - A^2} = R - \left(R - \frac{A^2}{2R} - \frac{A^4}{8R^3} - A \right) = \frac{A^2}{2R} + \frac{A^4}{8R^3} + A$$

上式第二项以后的数值极小，可略去不计，故一条车道的加宽值为

$$e = \frac{A^2}{2R} \tag{3.42}$$

式中　e——一条车道加宽值，m；

　　　R——曲线半径，m；

　　　A——设计车长，m。普通载重汽车后轴至前保险杠的距离，对半挂车为当量车长，$A = \sqrt{A_1^2 + A_2^2}$；A_1 为牵引车保险杠至第二轴的距离，m，A_2 为第二轴至拖车最后轴的距离，m。

2）摆动加宽值

据实测汽车转弯摆动加宽与车速有关，一个车道摆动加宽值计算经验公式为

$$e = \frac{0.05V}{\sqrt{R}} \tag{3.43}$$

式中　V——汽车转弯时车速。

3）标准规定

《公路路线设计规范》（JTG D20—2017）规定，二、三、四级公路的圆曲线半径小于或等于 250 m 时，应设置加宽。双车道公路路面加宽值应符合表 3.20 的规定，路面加宽应设置在圆曲线的内测，各级公路的路面加宽后，路基也应相应加宽，但路肩宽度不变。

表 3.20　双车道公路路面加宽值

加宽类别	设计车辆	圆曲线半径/m								
		250~200	<200~150	<150~100	<100~150	<70~50	<50~30	<30~25	<25~20	<20~15
第1类	小客车	0.4	0.5	0.6	0.7	0.9	1.3	1.5	1.8	2.2
第2类	载重汽车	0.6	0.7	0.9	1.2	1.5	2.0	—	—	—
第3类	铰接列车	0.8	1.0	1.5	2.0	2.7	—	—	—	—

注:单车道公路路面加宽值为表列规定值的一半。

①作为干线的二级公路,应采用第3类加宽值。

②作为集散公路二级公路和三级公路,在考虑铰接列车通行时,应采用第3类加宽值;不考虑铰接列车通行时,应采用第2类加宽值。

③作为支线的三级公路和四级公路,可采用第1类加宽值。

④有特殊车辆通行的专用公路应根据特殊车辆验算确定其加宽值。

由3条以上车道组成的行车道,其路面的加宽值应另行计算。对于分道行驶的公路,若平曲线半径较小,其内侧车道的加宽应大于外侧车道的加宽值,设计时应通过计算分别确定。

《城市道路工程设计规范(2016年版)》(CJJ 37—2012)规定,圆曲线半径小于或等于250 m时,应在圆曲线内侧加宽,每条车道加宽值见表3.21。

表 3.21　城市道路圆曲线每条车道加宽值

加宽类型	汽车前悬加轴距/m	车型	圆曲线半径/m								
			200<R≤250	150<R≤200	100<R≤150	60<R≤100	50<R≤60	40<R≤50	30<R≤40	20<R≤30	15<R≤20
1	0.8+3.8	小客车	0.30	0.30	0.35	0.40	0.40	0.45	0.50	0.60	0.75
2	1.5+6.5	大型车	0.40	0.45	0.60	0.65	0.70	0.90	1.05	1.30	1.80
3	1.75+5.8+6.7	铰接车	0.45	0.60	0.75	0.90	0.95	1.25	1.50	1.90	2.75

(3)加宽缓和段

当平曲线半径≤250 m时,一般在弯道内侧圆曲线范围内设置全加宽,当其平曲线内无圆曲线(凸形)时,仅在平曲线中点处断面设置全加宽。为了使路面和路基均匀变化,设置一段从加宽值为零逐渐加宽到全加宽的过渡段,称为加宽缓和段。如图3.16和图3.17所示,加宽缓和段(或超高缓和段)范围内,如无缓和曲线和超高缓和段,则应另设加宽缓和段。

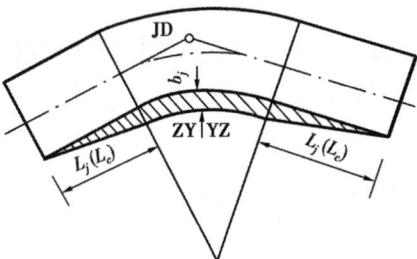

图 3.16　加宽过渡段（单圆曲线）　　　　图 3.17　加宽过渡段（基本形）

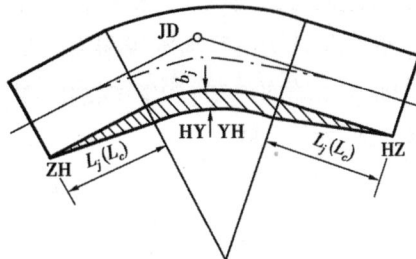

1）加宽缓和段的长度 L_j

在公路设计中,加宽缓和段长度取决于 3 方面的要求:

①加宽所需的最小长度。在不设缓和曲线或超高缓和段时,加宽缓和段长度应按渐变率 1:15 且不小于 10 m 的要求设置。

②超高缓和段长度 L_c。

③缓和曲线长度 L_h。

二、三、四级公路的加宽过渡应在加宽段全长范围内设置,设置缓和曲线或超高缓和段时,加宽缓和段长度采用与缓和曲线或超高缓和段长度相同的数值。

不设缓和曲线,加宽缓和段长度取超高缓和段长度,其渐变率不小于 1:15,且长度不小于 10 m。此时,超高、加宽缓和段一般设于紧接圆曲线起、终点的直线段上。在地形困难地段,允许将超高、加宽缓和段的一部分插入曲线,但插入曲线内的长度不得超过超高、加宽缓和段长度的一半。

2）缓和段 L_j 内加宽值的过渡方式

在加宽缓和段内,加宽是逐渐变化的,其过渡方式有以下几种:

①按直线比例变化。即加宽缓和段任一点的加宽值 b_{jx} 与该点到加宽缓和段起点的距离 L_x 同加宽缓和段全长 L_j 的比率成正比,如图 3.18 所示。

$$b_{jx} = \frac{L_x}{L_j} \times b_j \tag{3.44}$$

式中　b_{jx}——加宽缓和段上任一点的加宽值,m;

　　　b_j——行车道加宽值,m;

　　　L_x——加宽缓和段内任一点到缓和段起点的长度,m;

　　　L_j——加宽缓和段长度,m。

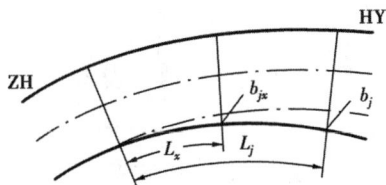

图 3.18　直线比例法　　　　　　　　　图 3.19　切线法

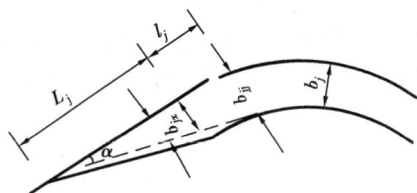

这种过渡方式处理简单粗糙,不圆滑美观,适用于一般二、三、四级公路。

②切线法。为消除加宽缓和段内侧边线与圆曲线起、终点的明显折点,采用路面加宽边缘线与圆曲线上路面加宽后边缘线圆弧相切的方法,如图 3.19 所示。

其近似计算公式为

$$\alpha = \frac{-L_j + \sqrt{L_j^2 + 2(R-b) \cdot b_j}}{R - b} \tag{3.45}$$

$$l_j = R \times \alpha \tag{3.46}$$

$$b_{jj} = L_j \times \tan \alpha \tag{3.47}$$

$$b_{jx} = L_x \times \tan \alpha \tag{3.48}$$

式中　α——路面加宽边缘线与未加宽边缘线的夹角,rad;

　　　L_j——原加宽缓和段长度,m;

　　　R——路中线的曲线半径,m;

　　　b_j——路面加宽值,m;

　　　b——未加宽前的路面宽度,m;

　　　l_j——切入圆曲线内的缓和段长度,m;

　　　b_{jj}——修正后,圆曲线起、终点处的路面加宽值,m;

　　　b_{jx}——加宽缓和段内任一点加宽值,m;

　　　L_x——加宽缓和段内任一点到缓和段起点的长度,m。

切线法一般适用于四级公路人工构造物路段。

③插入高次抛物线的方法。加宽缓和段内任一点的加宽值 b_{jx} 按下列公式计算

$$b_{jx} = (4K^3 - 3K^4) b_j \tag{3.49}$$

$$K = \frac{L_x}{L_j} \tag{3.50}$$

这种方法路面边缘线圆滑、顺适,适用于高速公路、一级公路以及对路容有较高要求的二级公路。此外,加宽值的过渡还可插入二次抛物线过渡、回旋线过渡等,这里不一一介绍。

例 3.2　例 3.1 中道路为某山岭区新建三级公路,路面宽 $b = 7$ m,路肩宽 $a = 0.75$ m,路拱横向坡度 $i_g = 1.5\%$,路肩横向坡度 $i_j = 2.5\%$,左转平曲线,半径 $R = 300$ m,缓和曲线长度 $L_s = 45$ m,采用第 2 类加宽,加宽按线性比例过渡,超高方式为边轴旋转,路基设计高为路基边缘。试完成表 3.21 关于该平曲线的超高与加宽计算。

解　查规范,取加宽值 $e = 0.6$ m,超高值 $i_c = 4\%$。

计算 $X_0 = i_g \times L_s / i_c = 16.875$ m,

临界断面桩号为 K14+300.586、K14+387.868,各桩号超高,加宽计算值见表 3.22。

表 3.22　路基超高加宽计算

里程桩号		路基宽度		路基左中右点之高差		
		左	右	左	中	右
K2	K14+280	4.25	4.25	0	0.071	0
ZH	+283.711	4.25	4.25	0.008	0.071	0.008
	+300	4.467	4.25	0.008	0.071	0.127
	+320	4.734	4.25	−0.021	0.132	0.273
HY	+328.711	4.85	4.25	−0.035	0.159	0.329
	+340	4.85	4.25	−0.035	0.159	0.329
QZ	+344.227	4.85	4.25	−0.035	0.159	0.329
	+350	4.85	4.25	−0.035	0.159	0.329
YH	+359.743	4.85	4.25	−0.035	0.159	0.329
	+380	4.579	4.25	−0.005	0.096	0.188
	+400	4.313	4.25	0.008	0.071	0.042
HZ	+404.743	4.25	4.25	0.008	0.071	0.008
	+420	4.25	4.25	0	0.071	0

3.6　行车视距

▶3.6.1　视距的意义及其种类

(1)定义

所谓视距,是指从车道中心线上 1.2 m 的高度,能看到该车道中心线上高为 0.1 m 的物体顶点的距离,是该车道中心线量得的长度,如图 3.20 所示。

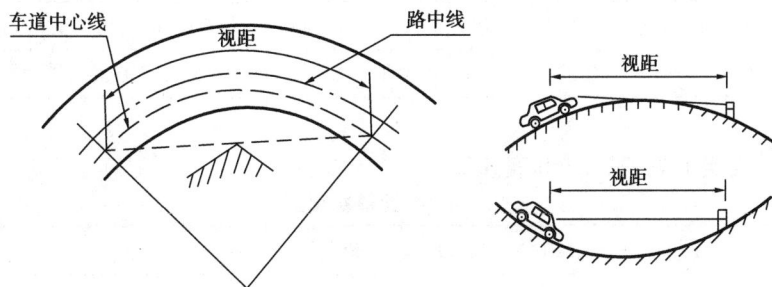

图 3.20　视距

规定视距标准是为了保证行车安全,使驾驶员能随时看到汽车前方一定距离的道路,以便发现前方障碍物或来车时,能及时采取措施。在平面上,弯道内侧有挖方边坡或障碍物、纵断面上的凸形竖曲线处以及路线交叉口附近,均有可能存在视距不良的问题。

在道路设计中保证足够的行车视距,是确保行车安全、快速、增加行车安全感、提高行车舒适性的重要措施。

(2)种类

行车视距按行车可能遇到的各种情况可有停车视距、会车视距、超车视距、错车视距、避让障碍物视距等5种。《标准》对前3种视距作了相应的规定。

▶3.6.2 视距标准及运用

(1)停车视距

汽车行驶时,自驾驶员看到前方障碍物起至到达障碍物前安全停车止所需要的最短行车距离称为停车视距,如图3.21所示。

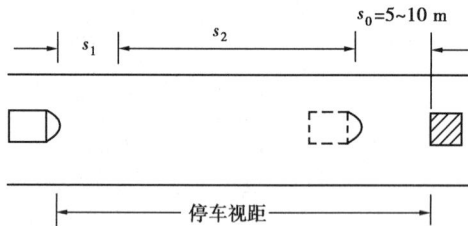

图3.21 停车视距

停车视距主要由两部分组成:①驾驶员反应时间内行的距离;②开始制动到汽车完全停止所行的距离——制动距离。通常按下式计算:

$$S_T = s_1 + s_2 = \frac{v_1}{3.6}t + \frac{(v_1/3.6)^2}{2g\varphi_Z} = \frac{v_1}{3.6}t + \frac{v_1^2}{254\varphi_Z} \tag{3.51}$$

式中 t——驾驶员反应时间,取2.5 s;

φ_Z——路面与轮胎之间的纵向摩阻系数,因轮胎、路面、制动等条件不同而异,计算停车视距一般按路面潮湿状态考虑,见表3.23。

v_1——行驶速度,当设计速度为(120~80)km/h时为其85%,设计速度为(60~40)km/h时为其90%,设计车速为(30~20)km/h时为其100%。

表3.23 不同设计速度下的 φ_Z 值

设计速度/(km·h⁻¹)	120	100	80	60	50	40	30	20
φ_Z 值	0.29	0.31	0.31	0.33	0.35	0.38	0.44	0.44

停车视距的规定值见表3.24和表3.25。

表3.24 公路停车视距

设计速度/(km·h⁻¹)	120	100	80	60	40	30	20
停车视距/m	210	160	110	75	40	30	20

表 3.25 城市道路停车视距

设计速度/(km·h⁻¹)	100	80	60	50	40	30	20
停车视距/m	160	110	70	60	40	30	20

（2）会车视距

两辆对向行驶的汽车在同一车道上相遇，及时制动并停车所必需的安全视距称为会车视距，如图 3.22 所示。

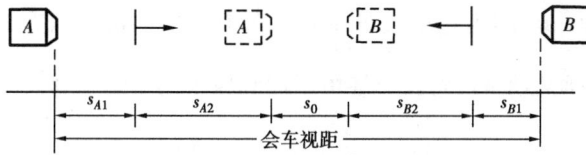

图 3.22 会车视距

会车视距由三部分组成：①双方驾驶员反应时间所行驶的距离；②双方汽车的制动距离；③安全距离。

会车视距的规定值是其长度不应小于停车视距的两倍。

（3）超车视距

在双车道道路上，后车超越前车，从开始驶离原车道之处起，至超车后安全驶回原车道并与对向来车保持所必要安全距离所需的最短距离为超车视距，如图 3.23 所示。

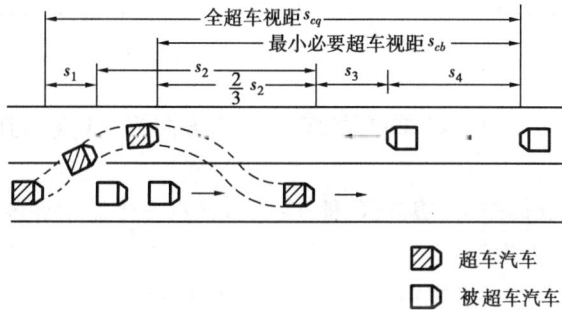

图 3.23 超车视距

$$S_{cq} = s_1 + s_2 + s_3 + s_4 \tag{3.52}$$

$$S_{cb} = \frac{2}{3}s_2 + s_3 + s_4 \tag{3.53}$$

式中 S_{cq}——全超车视距，m；

S_{cb}——必要超车视距，m；

s_1——汽车超车开始到进入对向车道的加速行驶距离，m，按下式计算：

$$s_1 = \frac{v_0}{3.6}t_1 + \frac{1}{2}at_1^2 \tag{3.54}$$

式中 v_0——被超汽车的行驶速度，km/h；

t_1——加速时间；

a——平均加速度,m/s^2。

s_2——超车汽车在对向车道上行驶的距离,按下式计算:

$$s_2 = \frac{v}{3.6}t_2 \qquad (3.55)$$

式中 v——超车汽车的速度,km/h;

t_2——在对向车道上行驶的时间,s;

s_3——超车完毕,超车汽车与对向来车之间的安全距离,一般取 15~60 m;

s_4——超车汽车从开始加速到超车完成的过程中,对向汽车的行驶距离。计算时一般取时间为 $\frac{2}{3}t_2$,因为超车汽车在对向车道上追上被超汽车后,一旦发现对向有来车而其距离不足时,驾驶员还可以回到原来的车道上,按下式计算:

$$s_4 = \frac{2}{3}s_2 = \frac{v}{3.6} \cdot \frac{2}{3}t_2 \qquad (3.56)$$

v 采用设计速度(km/h),设超车汽车和对向汽车都按设计速度行驶,而 v_0 为被超车的速度,较设计速度低 5~20 km/h。

我国公路《标准》规定值见表 3.26。

表 3.26　二、三、四级公路会车视距与超车视距的计算

设计速度/(km·h^{-1})	80	60	40	30	20
会车视距/m	220	150	80	60	40
超车视距/m	550	350	200	150	100

(4)识别视距

识别视距指驾驶员从发现并识别前方障碍物或需方向改变到避让障碍物或调整安全操作所需要的距离。

各级公路的互通式立体交叉、服务区、停车区、客运汽车停靠站等各类出口路段,应满足识别视距要求,并应符合下列规定:

①不同设计速度对应的识别视距宜符合表 3.27 的规定。

表 3.27　不同设计速度对应的识别视距

设计速度/(km·h^{-1})	120	100	80	60
识别视距/m	350(460)	290(380)	230(300)	170(240)

注:括号中为行车环境复杂、路侧出口提示信息较多时应采取的视距值。

②受地形、地质等条件限制路段,识别视距可采用 1.25 倍的停车视距,但应进行必要的限速控制和管理措施。

(5)视距标准的采用

停车、会车、超车视距,应根据道路的等级和具体条件采用,《标准》和《公路路线设计规范》(JTG D20—2017)规定:

①高速公路和一级公路应满足停车视距的要求。其原因是高速公路和一级公路均有中间

分隔带,无对向车,因此,不存在会车问题。并且高速公路和一级公路的车道数均在 4 条车道以上,快慢车用划线分隔行驶,各行其道,也不存在超车问题。

②二、三、四级公路,一般应满足会车视距的要求。在工程特别困难或受其他限制地段,可采用停车视距,但必须采取分道行驶的措施,如设分隔带、分道线、分隔桩,或设两条分离的单车道。

③对向行驶的双车道公路,应根据需要并结合地形在适当的距离内设置具有超车视距的路段,《公路路线设计规范》(JTG D20—2017)第 7.9.3 条规定,二级公路、三级公路、四级公路双车道公路,应间隔设置满足超车视距的路段。具备干线功能的二级公路宜在 3 min 的行驶时间内提供一次满足超车视距要求的超车路段。一般情况下,不小于路线总长度的 10%~30%。

④平面交叉路口、分流鼻端前等应进行识别视距的检验。

《城市道路工程设计规范(2016 年版)》(CJJ 37—2012)规定:

①道路平面、纵断面上的停车视距应大于或等于表 3.25 的规定。

②车道上对向行驶的车辆有会车可能,应采用会车视距,其值为表 3.25 中停车视距的两倍。

(6)公路视距的保证

1)横断面上视距保证

汽车在弯道上行驶时,弯道内侧行车视线可能被树木、建筑物、路堑边坡等障碍物所阻挡而使行车视距受到影响。因此,在路线设计时必须检查平曲线上的视距是否能得到保证,如有遮挡时,则必须清除视距区内侧横净距内的障碍物,如图 3.24 所示。

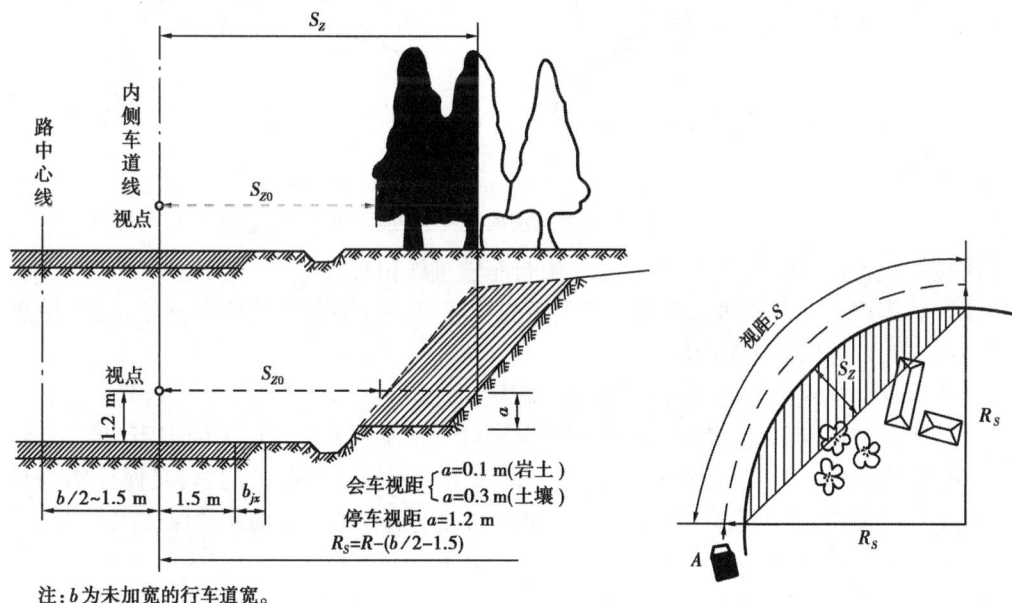

（a）横净距立面图　　　　　　　　　　（b）横净距平面图

图 3.24　视线障碍与视距

如图 3.24 所示,图中阴影部分是阻碍驾驶员视线的范围,范围以内的障碍物都应加以清除。S_z 为内侧车道上汽车应保证的横净距。所谓横净距,即公路曲线范围最内侧的车道中心线行车轨迹由安全视距两端点连线所构成的曲线内侧空间的界限线(即包络线)的距离。可根据各种情况按公式计算横净距 S_z,若横净距 S_z 小于行车轨迹至障碍物的距离(即 $S_z < S_{z0}$),则视距能够得到保证;反之,视距不能得到保证。

行车轨迹一般取弯道内侧车道路面内缘(不包括加宽)加 1.5 m,驾驶员视点离地面 1.20 m。

2)图解法确定视距切除范围

按公式计算的 S_z 值是弯道上须清除的最大横净距,它在曲线中点或中点附近。在曲线上任意位置的横净距是随行车位置的改变而变化的,如果曲线全长上按最大横净距值切除,则会造成工程上的浪费。对于需要清除的是重要建筑物或岩石边坡时,多用图解法来确定清除范围。如图 3.25 所示,其方法如下:

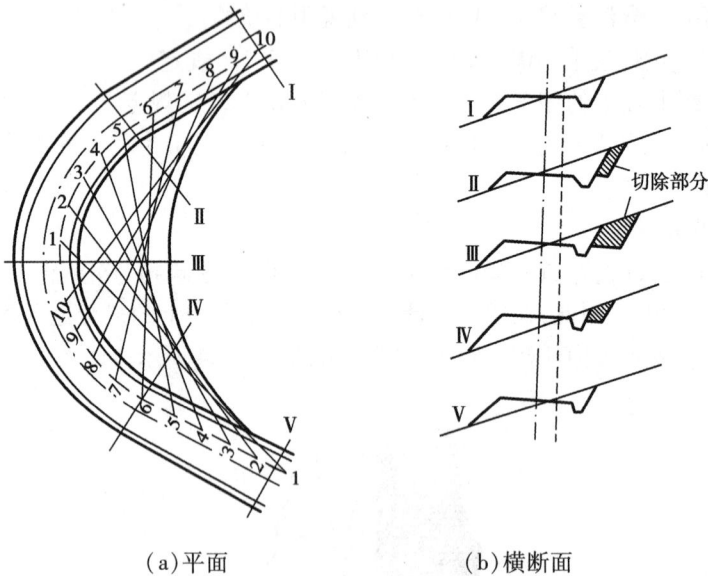

(a)平面　　　　　　　(b)横断面

图 3.25　图解法确定视距切除范围

①按一定比例绘制弯道平面图,并示出行车轨迹线位置。

②在轨迹线上从弯道两端相连直线上距曲线起点(或终点)S 的地方开始,按 S 距离定出多组视线 $1.1, 2.2, 3.3, \cdots, 10.10$ 等。

③绘出这些视线的包络线(内切曲线)即为视距曲线。

④量出相应断面位置的横净距,即可按上面的方法确定相应断面上的视距切除范围。

必须指出,除平曲线上考虑视距外,在竖曲线上也有保证视距的问题,其保证措施在选择竖曲线半径时考虑。《标准》对竖曲线最小半径的规定值也考虑了视距的保证因素。

3.7　平面线形的组合与衔接

▶3.7.1　直线与曲线的组合

路线的行车平顺性要求直线与曲线彼此协调而有比例地交替,路线直曲的变化应缓和匀顺。平面曲线的半径、长度与相邻的直线长度应相适应。过长的直线段会使驾驶员感到疲倦,同时也是肇事的原因之一,只有在公路所指方向地平线处有明显目标时才允许采用长直线段。

直线与曲线组合得当,能提高线形的行驶质量。直线与曲线配合不好的线形应予避免。例如,长直线末端应避免小半径平曲线,同向曲线间的短直线可用大半径的曲线来代替。

▶3.7.2　曲线与曲线的组合

曲线之间的组合应使线形连续均匀,没有急剧的突变。

(1)圆曲线的组合

圆曲线是曲线组成的基本要素,它的组合有同向曲线、反向曲线、复曲线。对于相邻两同向曲线或反向曲线,应注意它们的协调和中间直线长度应满足相关规定。对于复曲线应注意它的适用条件和要求。

(2)回头曲线

回头曲线指在山区公路为克服高差,在同一坡面上展线时所采用的,其圆心角一般接近或大于 180°的曲线,如图 3.26 所示。回头曲线转角大、半径小、线形差,一般较少采用,只有在三、四级公路中,当自然展线因地形、地质条件所限不能采取时,可采用回头曲线展线。相邻两回头曲线之间,应争取有较长的距离。由一回头曲线的终点至下一回头曲线起点的距离,设计速度为 40 km/h、30 km/h、20 km/h时,应分别不得小于 200 m、150 m、100 m。

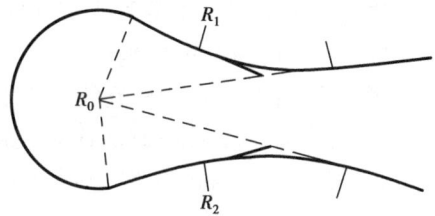

图 3.26　回头曲线

回头曲线的前后线形应有连续性,两头宜布设过渡性曲线为宜,此外还应设置限速标志,并采取保证通视良好的技术措施。回头曲线的主要技术指标见表 3.28。

表 3.28　回头曲线指标

主线设计速度/(km·h⁻¹)	40		30	20
回头曲线设计速度/(km·h⁻¹)	35	30	25	20
圆曲线最小半径/m	40	30	20	15
回旋线最小长度/m	35	30	25	20
超高横坡度/%	6	6	6	6
双车道路面加宽值/m	2.5	2.5	2.5	3.0
最大坡度/%	3.5	3.5	4.0	4.5

注:设计速度为 40 km/h 的公路根据地形条件可选用 35 km/h 或 30 km/h 的回头曲线设计速度。

▶3.7.3　平面组合线形

平面线形由直线、圆曲线、缓和曲线 3 个几何要素组成,3 个线形要素可以组合成不同的组合线形。

（1）简单型曲线

当一个弯道由直线与圆曲线组合时叫简单型曲线，即按直线—圆曲线—直线的顺序组合，如图3.27所示。

简单型组合曲线在 ZY 和 YZ 点处有曲率突变点，对行车不利。当半径较小时，该处线形也不顺适，一般限于四级公路采用。在其他等级公路中，当平曲线半径大于不设超高半径时，省略缓和曲线后也可以构成简单型。

（2）基本型曲线

按直线—回旋线—圆曲线—回旋线—直线的顺序组合的曲线称为基本型，如图3.28所示。

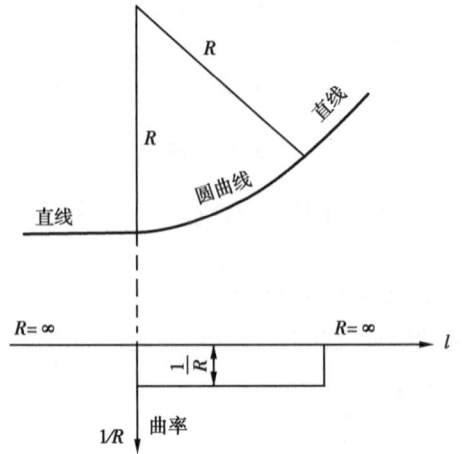

图3.27 简单型曲线

基本型可以设计成对称基本型和非对称基本型两种，当 $A_1 = A_2$ 时为对称基本型，这是经常采用的。非对称型是根据线形、地形变化的需要在圆曲线两侧采用 $A_1 \neq A_2$ 的回旋线。基本型两端的回旋线参数除应满足式（3.10）的要求外，为使线形连续协调，回旋线—圆曲线—回旋线的长度之比宜为 $1:1:1$ 左右，并注意满足设置基本型的几何条件：$2\beta_0 < \alpha$（α 为路线转角，β_0 为缓和曲线角）。

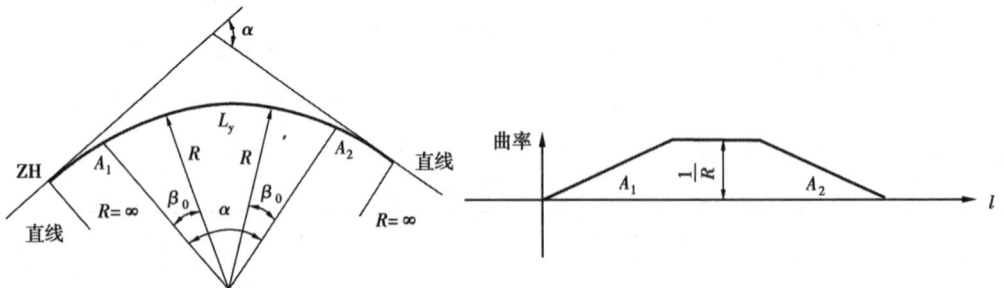

图3.28 基本型曲线

（3）凸型曲线

两同向回旋曲线间不插入圆曲线而径相连接的组合形式称为凸型曲线，如图3.29所示。

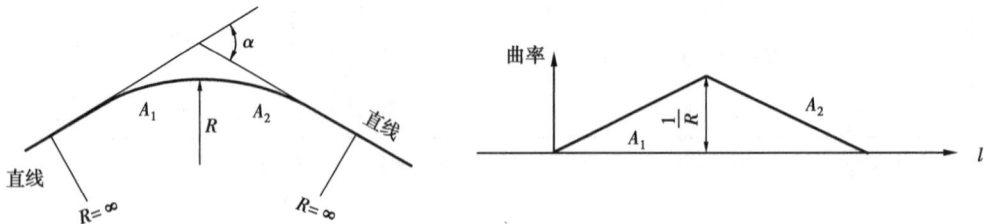

图3.29 凸型曲线

设置凸型曲线的几何条件是：

$$2\beta_0 = \alpha$$

凸型曲线之回旋曲线参数及其连接点的曲率半径，应分别符合容许最小回旋线参数和圆曲线一般最小半径的规定。凸型曲线在两回旋曲线衔接处，曲率发生突变，不仅行车操作不便,而且由于超高,路面边缘线纵断面也在该处形成转折,所以凸型曲线作为平面线形是不理想的。

适用:高速公路应避免采用凸型曲线。其余各级公路当地形、地物十分限制时采用。

(4)S型曲线

两个反向圆曲线间用两个反向回旋线连接的组合形式,称为S型曲线,如图3.30所示。

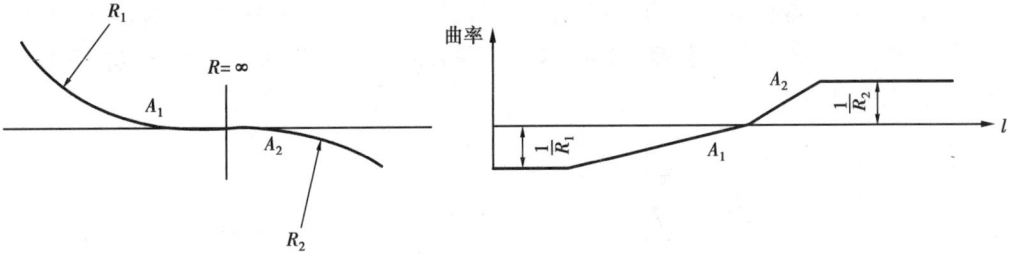

图3.30 S型曲线

从行驶力学和线形协调、超高缓和等考虑,S型相邻两个回旋线参数曲线 A_1 和 A_2 之比应小于2.0,有条件时以小于1.5为宜。两圆曲线半径之比不宜过大,以 $R_2/R_1 = 1 \sim 1/3$ 为宜。

(5)C型曲线

同向曲线的两回旋线在曲率为零处径相衔接的形式称为C型曲线,如图3.31所示。

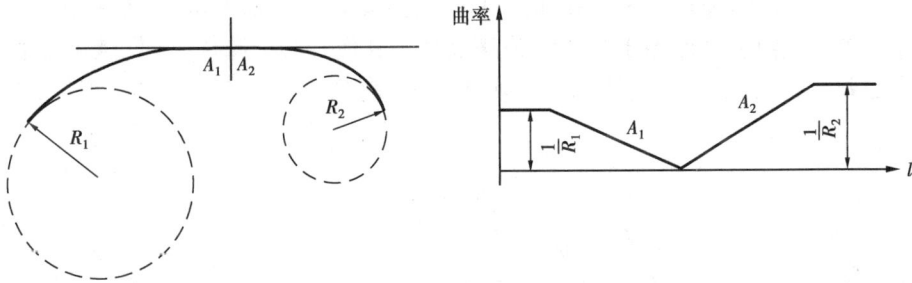

图3.31 C型曲线

适用:高速公路应避免采用C型曲线。其余各级公路当地形十分限制时采用。两个回旋线参数可相等,也可不相等。

(6)复合型曲线

两个及两个以上的同向回旋曲线,在曲率相等处径相衔接的组合形式称为复合型曲线,如图3.32所示。

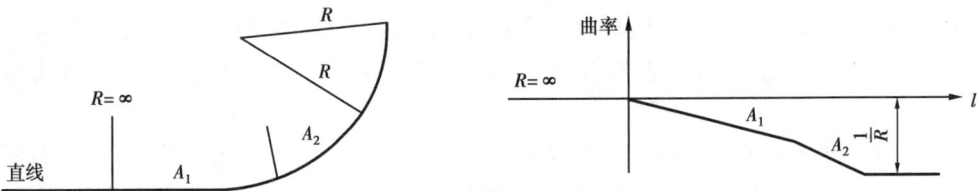

图3.32 复合型曲线

复合型的两个回旋线参数之比一般以小于1:1.5为宜。这种形式很少采用,仅在受地形或其他特殊原因限制时采用(互通式立交除外)。

（7）复曲线

复曲线是指两个或两个以上半径不同,转向相同的圆曲线径相连接($L_F=0$)或中间插入缓和曲线($L_F \neq 0$)的组合曲线,后者又称卵型曲线。根据其是否插入缓和曲线可有以下几种形式:

1）圆曲线直接相连的组合形式（$L_F=0, L_s=0$）

如图 3.33 所示,即按直线—圆曲线 R_1—圆曲线 R_2—直线的顺序组合构成。该组合线形用于四级公路中;或其他各级公路中同时满足 l_s 和 l_F 的省略条件时采用,即其大、小半径均应大于不设超高的最小半径。

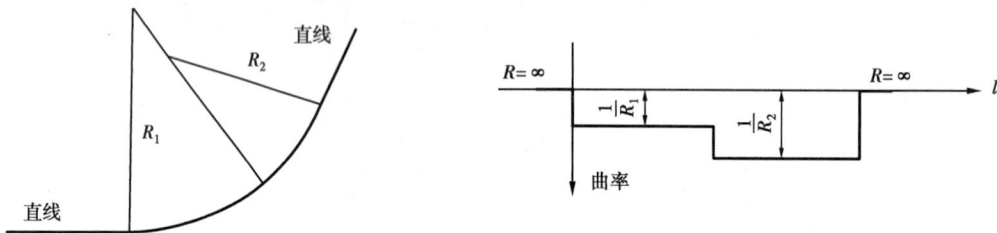

图 3.33　圆曲线直接相连接的复曲线

2）两端带缓和曲线的组合形式（$L_F=0, L_s \neq 0$）

如图 3.34 所示,即按直线—缓和曲线 A_1—圆曲线 R_1—圆曲线 R_2—缓和曲线 A_2—直线顺序组合构成。该组合线形用于除四级公路以外的其他各级公路中,当仅满足 L_F 的省略条件而不满足 L_s 的省略条件时采用,即大小两圆设置超高,但超高值为同一档级,中间缓和省略。

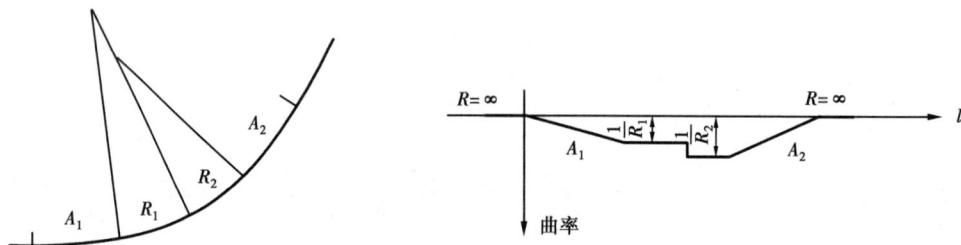

图 3.34　两端带缓和曲线的复曲线

3）卵型曲线（$L_F \neq 0, L_s \neq 0$）

如图 3.35 所示,即按直线—缓和曲线 A_1—圆曲线 R_1—缓和曲线—圆曲线 R_2—缓和曲线 A_2—直线顺序组合构成。该组合线形用于除四级公路以外的其他各级公路中,当 L_F 和 L_s 的省略条件均不满足时采用,即大小两圆设置超高,但超高值为不同档级的,中间缓和曲线不能省略。

卵型曲线要求大圆能完全包住小圆,如果大圆半径为无穷大,那么它就是直线,而回到基本型。所以卵型曲线可以认为是具有基本形式的一般线形。不过卵型的回旋曲线 L_F 不是从原点开始,而是使用曲率从 $\frac{1}{R_1}$ 到 $\frac{1}{R_2}$ 这一段。

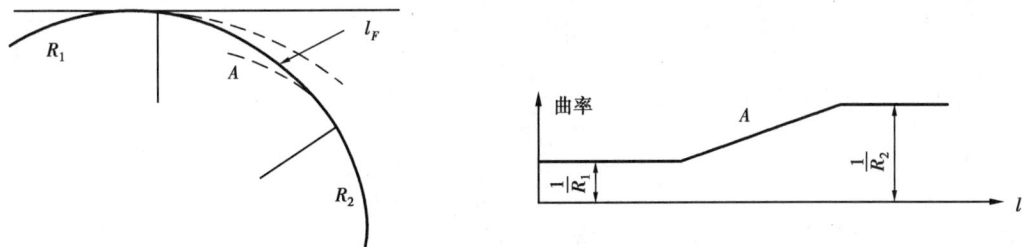

图 3.35　卵型曲线

卵型回旋曲线的参数最好在下列范围之内：$\dfrac{R_2}{2} \leq A \leq R_2$。

两圆曲线半径之比，以 $\dfrac{R_2}{R_1} = 0.2 \sim 0.8$ 为宜。

两圆曲线的间距，以 $\dfrac{D}{R_2} = 0.003 \sim 0.03$ 为宜（D 为两曲线间的最小间距）。

卵型曲线要求大圆能完全包住小圆，如果两圆曲线相交、相切或相离时，只用一条回旋线就不能将两个圆曲线连接起来，这时，需要用适当的辅助圆把两个回旋曲线连接成两个卵形，或用 C 型曲线。

3.8　道路中线逐桩坐标

道路逐桩坐标即每一个道路中桩位置在统一坐标系下的坐标，是确定路线位置的成果。目前，在高等级道路工程项目的设计文件中，要求编制道路中线逐桩坐标表作为道路定线的成果之一。

如图 3.36 所示，交点 JD 的坐标 X_{JD}、Y_{JD} 已经测定（如采用纸上定线，可在地形图上图解获取），路线导线的坐标方位角 A 和边长 S，可按坐标反算求得。在选定各圆曲线半径 R 和缓和曲线长度 L_s 后，根据各中桩的里程桩号，路线平面曲线部分，先计算局部坐标，再通过局部坐标系与统一测量坐标系的转换关系（坐标的旋转、平移），按下述方法即可算出各桩号的相应的统一测量坐标值 X、Y。

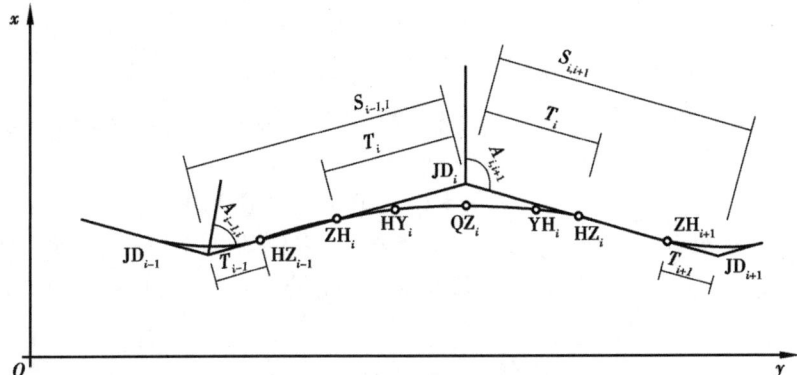

图 3.36　道路中桩坐标计算

▶3.8.1 路线起点、HZ 点至 ZH 点之间的中桩坐标计算

直线段桩号的坐标计算为:

$$\left.\begin{array}{l} X_i = X_{HZ_{i-1}} + D_i \cos A_{i-1,i} \\ Y_i = Y_{HZ_{i-1}} + D_i \sin A_{i-1,i} \end{array}\right\} \tag{3.57}$$

式中　$A_{i-1,i}$——路线导线 JD_{i-1} 至 JD_i 的坐标方位角;

D_i——桩点至 HZ_i 点的距离,即桩号里程与 HZ_{i-1} 点里程之差;

$X_{HZ_{i-1}}$, $Y_{HZ_{i-1}}$——HZ_{i-1} 点的坐标,由下式计算:

$$\left.\begin{array}{l} X_{HZ_{i-1}} = X_{JD_{i-1}} + T_{i-1} \cos A_{i-1,i} \\ Y_{HZ_{i-1}} = Y_{JD_{i-1}} + T_{i-1} \sin A_{i-1,i} \end{array}\right\} \tag{3.58}$$

式中　$X_{JD_{i-1}}$, $Y_{JD_{i-1}}$——交点 JD_{i-1} 的坐标;

T_{i-1}——切线长。

ZH 点为直线的终点,也可按下式计算:

$$\left.\begin{array}{l} X_{ZH_i} = X_{JD_{i-1}} + (S_{i-1,i} - T_i) \cos A_{i-1,i} \\ Y_{ZH_i} = Y_{JD_{i-1}} + (S_{i-1,i} - T_i) \sin A_{i-1,i} \end{array}\right\} \tag{3.59}$$

式中　$S_{i-1,i}$——导线 JD_{i-1} 至 JD_i 的边长。

▶3.8.2 ZH 点至 YH 点之间的中桩坐标计算

此段包括第一缓和曲线及圆曲线,可通过坐标变换将其转换为统一测量坐标 X、Y。坐标变换公式为:

$$\begin{pmatrix} X_i \\ Y_i \end{pmatrix} = \begin{pmatrix} X_{ZH_i} \\ Y_{ZH_i} \end{pmatrix} + \begin{pmatrix} \cos A_{i-1,i} & -\sin A_{i-1,i} \\ \sin A_{i-1,i} & +\cos A_{i-1,i} \end{pmatrix} \begin{pmatrix} x_i \\ y_i \end{pmatrix} \tag{3.60}$$

式中,x_i, y_i 为以 ZH_i 为坐标原点,切线方向为 x 轴建立的局部坐标系中的坐标;按式(3.31)—式(3.35)计算,当曲线为左转角,y_i 应以"$-y_i$"代入。

▶3.8.3 YH 点至 ZH 点之间的中桩坐标计算

此段为第二缓和曲线,可按下式转换坐标:

$$\begin{pmatrix} X_i \\ Y_i \end{pmatrix} = \begin{pmatrix} X_{HZ_i} \\ Y_{HZ_i} \end{pmatrix} - \begin{pmatrix} \cos A_{i-1,i} & -\sin A_{i-1,i} \\ \sin A_{i-1,i} & +\cos A_{i-1,i} \end{pmatrix} \begin{pmatrix} x_i \\ y_i \end{pmatrix} \tag{3.61}$$

式中,x_i, y_i 为以 HZ_i 为坐标原点,切线方向为 x 轴建立的局部坐标系中的坐标;按式(3.31)、式(3.32)计算,当曲线为右转角时,y_i 应以"$-y_i$"代入。

例 3.3　例 3.1 中,已知道路起点 K14 + 000.000(JD0)的坐标为 N:74 286.539,E:495 546.091,起点至 JD_1 的导线长 $D_{01} = 344.598$ m,方位角 $A_{0,1} = 182°39'4''$,JD_1 的偏角为 $\alpha = 18°9'5''$,左转,平曲线 $R = 240$ m,$L_s = 45$ m,JD_1 至止点的导线长 $D_{12} = 274.105$,计算道路的逐桩坐标。

解 道路的逐桩坐标见表 3.29。

表 3.29 道路的逐桩坐标

桩 号	坐标		桩 号	坐标	
	N	E		N	E
QDK14+000.000	74 286.539 0	495 546.091 0	HYK14+328.711	73 958.154 2	495 532.292 5
+020.000	74 266.560 4	495 545.165 9	+340.000	73 946.894 8	495 533.093 2
+040.000	74 246.581 8	495 544.240 8	QZK14+344.227	73 942.690 1	495 533.529 2
+060.000	74 226.603 2	495 543.315 8	YHK14+359.743	73 927.338 2	495 535.762 4
+080.000	74 206.624 6	495 542.390 7	+360.000	73 927.085 7	495 535.807 7
+100.000	74 186.646 0	495 541.465 6	+380.000	73 907.541 5	495 540.036 8
+120.000	74 166.667 4	495 540.540 5	+400.000	73 888.208 8	495 545.157 5
+140.000	74 146.688 8	495 539.615 4	HZK14+404.743	73 883.637 4	495 546.423 5
+160.000	74 126.710 2	495 538.690 3	+420.000	73 868.935 8	495 550.500 7
+180.000	74 106.731 7	495 537.765 3	+440.000	73 849.663 2	495 555.845 6
+200.000	74 086.753 1	495 536.840 2	+460.000	73 830.390 6	495 561.190 5
+220.000	74 066.774 5	495 535.915 1	+480.000	73 811.118 0	495 566.535 3
+240.000	74 046.795 9	495 534.990 0	+520.000	73 772.572 9	495 577.225 0
+260.000	74 026.817 3	495 534.064 9	+540.000	73 753.300 3	495 582.569 9
+280.000	74 006.838 7	495 533.139 8	+560.000	73 734.027 7	495 587.914 8
ZHK14+283.711	74 003.131 6	495 532.968 2	+580.000	73 714.755 1	495 593.259 6
+300.000	73 986.857 2	495 532.281 4	+600.000	73 695.482 5	495 598.604 5
+320.000	73 966.860 9	495 532.026 8	ZDK14+617.962	73 678.174 3	495 603.404 6

简述部分桩号逐桩坐标的计算过程如下:

该平曲线要素计算得,$T=60.887$ m,$L=121.032$ m,$E=3.398$ m

主点桩号:

ZH:K14+283.711;HY:K14+328.711;QZ:K14+344.227;YH:K14+359.743;HZ:K14+404.743

JD_1 的坐标计算

$$N_{JD_1} = N_{JD_0} + D_{01} \cdot \cos A_{01} = 73\ 942.309\ 8$$

$$E_{JD_1} = E_{JD_0} + D_{01} \cdot \sin A_{01} = 495\ 530.151\ 9$$

方位角 $A_{1,2} = A_{0,1} - \alpha = 182°39'4'' - 18°9'5'' = 164°28'59''$

HZ 点的坐标为

$$N_{HZ_1} = N_{JD_1} + T \cdot \cos A_{12} = 73\ 883.637\ 4$$

$$E_{HZ_1} = E_{JD_1} + T \cdot \sin A_{12} = 495\ 546.423\ 5$$

各桩号逐桩坐标计算如下:

K14+200、ZH(K14+274.136),位于起点与 ZH 点之间,坐标按式(3.57)—式(3.59)计算得

$$N_{K14+200} = N_{JD_0} + (K14+200 - K14+000) \cdot \cos A_{01} = 74\ 086.753\ 1$$

$$E_{K14+200} = E_{JD_0} + (K14+200 - K14+000) \cdot \sin A_{01} = 495\ 536.840\ 2$$

$$N_{ZH} = N_{JD_0} + (K14+283.711 - K14+000) \cdot \cos A_{01} = 74\ 003.131\ 6$$

$$E_{ZH} = E_{JD_0} + (K14+283.711 - K14+000) \cdot \sin A_{01} = 495\ 532.968\ 2$$

位于起点(上一个平曲线的 HZ)与 ZH 点之间其他桩号以此类推。

K14+300,位于 ZH 点与 YH 点之间。

首先计算以 ZH 点为坐标原点的切线支距坐标,按式(3.31)—式(3.35)计算得

$$x_{K14+300} = 16.288\ 6$$

$$y_{K14+300} = 0.066\ 7$$

则 K14+300 的逐桩坐标按式(3.60)计算得

$$N_{K14+300} = N_{ZH} + x_{K14+300} \cdot \cos A_{01} + y_{K14+300} \cdot \sin A_{01} = 73\ 986.857\ 2$$

$$E_{K14+300} = E_{ZH} + x_{K14+300} \cdot \sin A_{01} - y_{K14+300} \cdot \cos A_{01} = 495\ 532.281\ 4$$

位于 ZH 点与 YH 点之间的其他桩号以此类推。

K14+400 位于 YH 点与 HZ 点之间,坐标为:

首先计算以 HZ 点为坐标原点的切线支距坐标,按式(3.31)—式(3.35)计算得

$$x_{K14+400} = 4.743\ 4$$

$$y_{K14+400} = 0.001\ 6$$

则 K14+400 的逐桩坐标按式(3.61)计算得

$$N_{K14+400} = N_{HZ} + x_{K14+400} \cdot \cos A_{12} + y_{K14+400} \cdot \sin A_{12} = 73\ 888.208\ 8$$

$$E_{K14+400} = E_{HZ} + x_{K14+400} \cdot \sin A_{12} - y_{K14+400} \cdot \cos A_{12} = 495\ 545.157\ 5$$

位于 YH 点与 HZ 点之间的其他桩号以此类推。

3.9　路线平面图

路线平面图是指包括道路中线在内的有一定宽度的带状地形图,是路线平面图设计文件主要内容之一,也是平面设计的主要成果之一。它综合反映了路线平面位置、线形,还反映了沿线人工构造物和工程设施的布置以及道路与周围环境、地形、地物的关系。

▶3.9.1　公路路线平面图

若为供工程可行性研究、初步设计阶段的方案研究与比选,可采用1:50 000或1:10 000的比例尺测绘(或向国家测绘部门和其他工程单位搜集)。但作为初步设计、施工图设计的设计文件组成部分应采用更大的比例尺,一般常用的是1:2 000,在平原微丘区可用1:5 000。在地形特别复杂地段的路线初步设计、施工图设计可用1:1 000。若为纸上移线,则比例尺将更大。

路线带状地形图的测绘宽度,一般为中线两侧100~200 m。对1:5 000的地形图,测绘宽度每侧应不小于200 m。若有比较线,应将比较线包括进去。

路线平面图应示出地形、地物、路线位置及桩号、断链、平曲线主要桩位与其他主要交通路线的关系,以及县以上境界等,标注水准点、导线点及坐标网格或指北图式、示出特大桥、大桥、中桥、隧道、路线交叉(标明交叉方式和形式)位置等。图中还应列出平曲线要素表,如图3.37所示。

高速公路、一级公路应另增绘公路平面总体设计图,图中应示出地形、地物、导线点、坐标网格、路线位置(桩号、断链、路中心线、中央分隔带、路基边线、坡脚(或坡顶)线、示坡线、曲线主要桩位)与其他交通系统的关系、沿线排水系统、改移河道(沟渠)及道路、县以上境界、用地界等,标出桥梁、涵洞、隧道、路线交叉及防护工程的位置(桥梁按孔数及孔径、长度标绘,注明名称、长度、桩号;互通式立体交叉绘出平面布置形式,注明跨线桥名称、结构类型、孔数及孔径、交叉方式;平面交叉示出平面形式;涵洞与通道按孔数标绘,示出结构类型、孔数及孔径,通道还应注明类别;防护工程注明类型),标示出服务区、停车场、收费站。图中列出导线坐标表,比例尺用1:1 000或1:2 000,带状宽度为路中线两侧各100~200 m,如图3.38所示。道路平面设计的其他主要成果还包括直线、曲线及转角一览表,见表3.30。

▶3.9.2　城市道路平面图

城市道路相对于公路,长度较短而宽度较宽,在绘图比例尺的选用上一般比公路大。在作技术设计时,可采用1:500~1:1 000的比例尺绘制。绘图的范围,视道路等级而定,等级高的范围应大一些,等级低的可小些。通常在道路两侧红线以外各20~50 m,或中线两侧各50~150 m,特殊情况除外。

城市道路平面图应示出路中线两侧红线以外各20~50 m的地形、地物,应标明路中心线、远、近期的规划红线、车行道线、人行道线、停车场、绿带、交通岛、人行横道线、沿街建筑物主要出入口(接坡)、各种地上、地下管线的定向位置、雨水进水口、窨井等,注明交叉口及沿线里程桩。弯道及交叉口处应注明曲线要素、交叉口侧石的转弯半径等,如图3.39所示。

曲线元素表

交点号	交点坐标		转角值	曲线要素值/m						主点桩号				
	X（N）	Y（E）		半径	缓和曲线长度	切线长度	曲线长度	外距	校正值	直缓（ZH）	缓圆（HY）	曲中（QZ）	圆缓（YH）	缓直（HZ）
JD₂	3 010 831.986	526 068.965	20°58'45.2"（Y）	329.072	70	96.030	190.492	6.224	1.568	K0+592.247	K0+662.247	K0+687.492	K0+712.738	K0+782.738
JD₃	3 010 588.705	525 982.950	66°59'16.2"（Z）	175.049	90	162.010	294.660	37.162	29.359	K0+782.738	K0+872.738	K0+930.068	K0+987.398	K1+077.398
JD₄	3 010 285.507	526 314.020	61°44'19.8"（Y）	170	90	147.699	273.183	30.364	22.214	K1+216.618	K1+306.618	K1+353.209	K1+399.801	K1+489.801

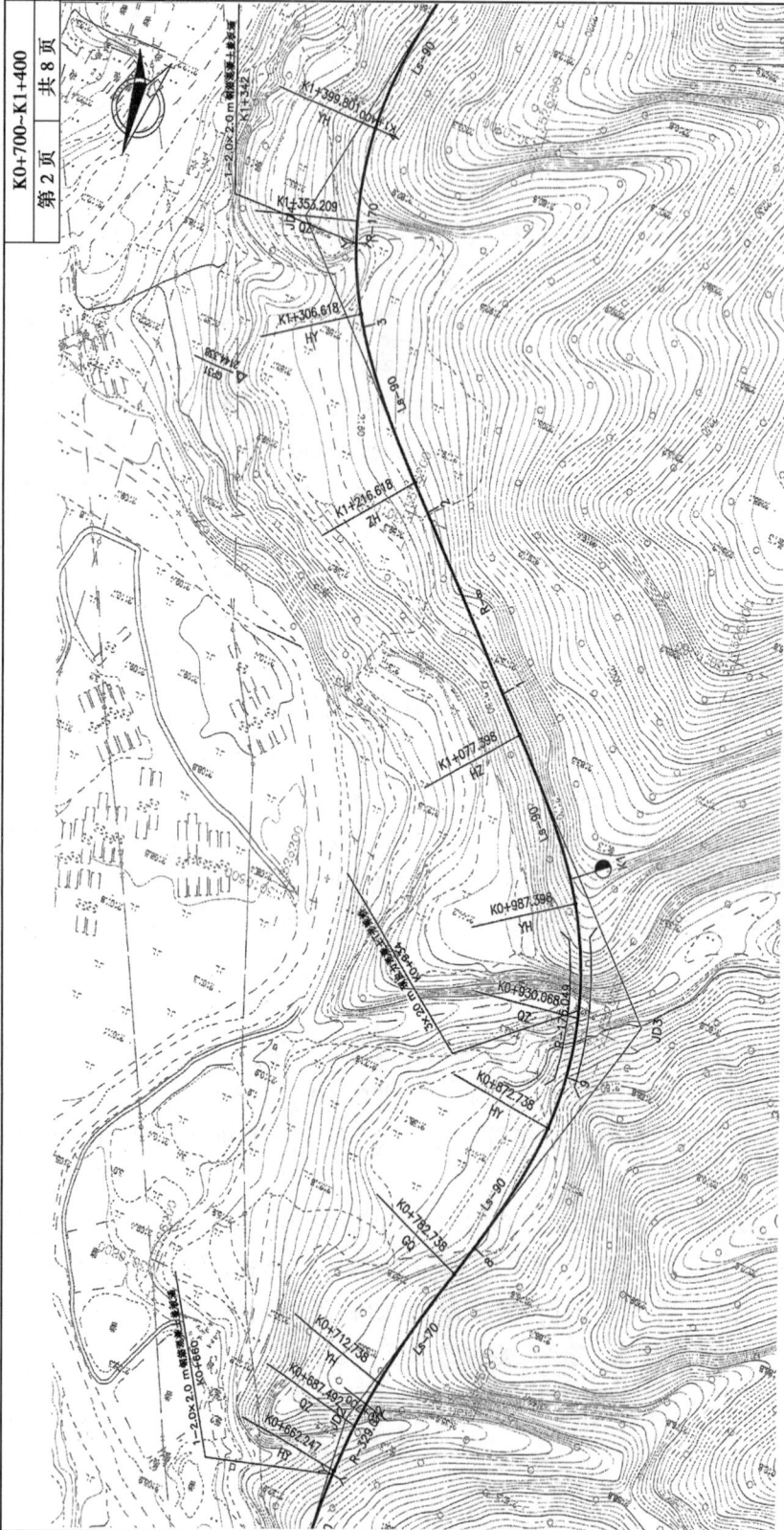

图3.37　路线平面设计图（公路）

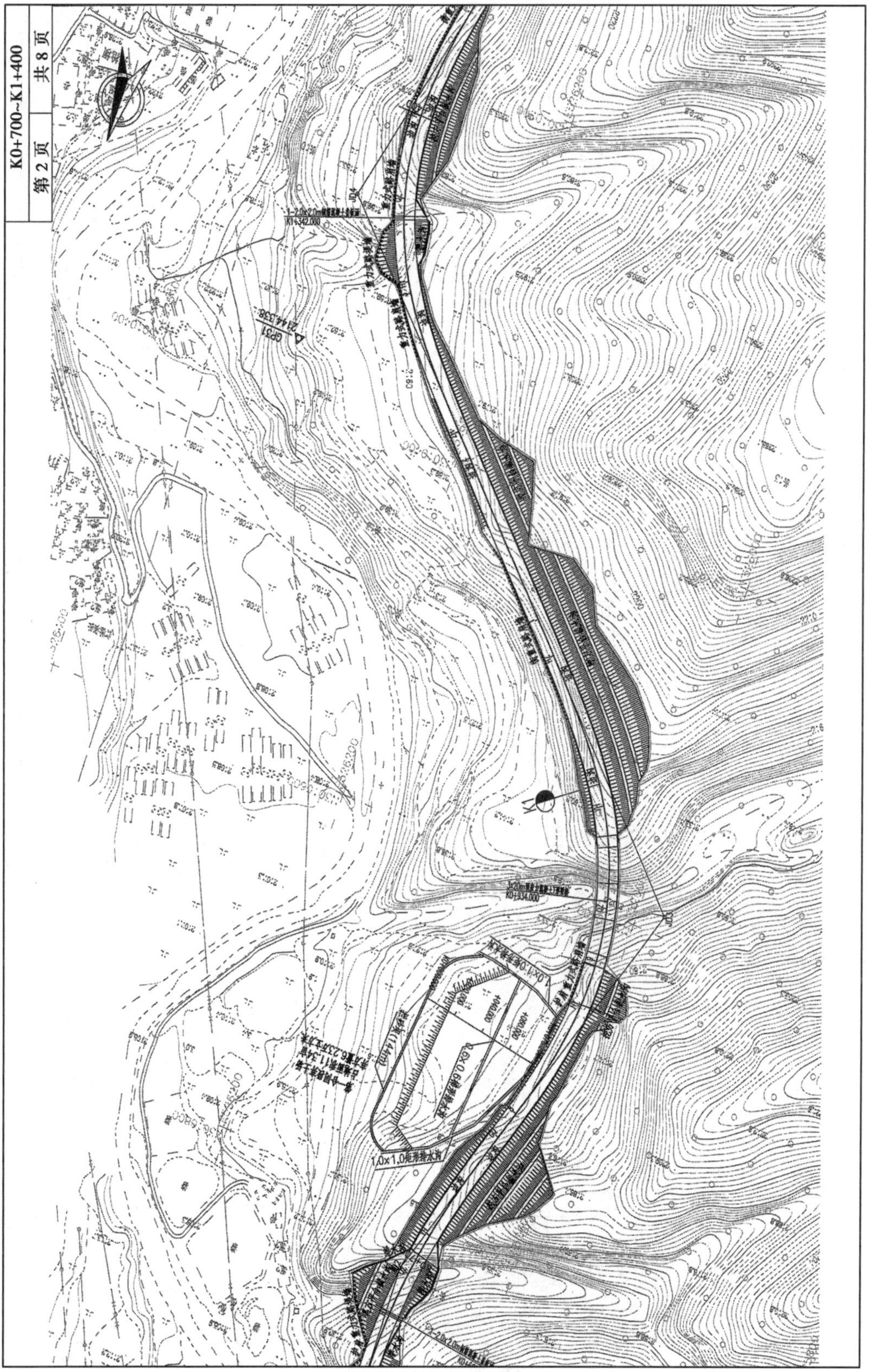

图3.38　路线平面总体设计图（公路）

表 3.30　直线、曲线及转角表

交点编号	交点位置		交点间距/m	计算方位角	曲线间直线长/m	转角 角	曲线要素/m 半径 R1 RY R2	曲线长度 Ls1 LY Ls2	回旋线参数 A1 A2	切线长 T1 T2	曲线总长 L	外距 E	曲线主点位置 第一回旋线起点 ZH	第一回旋线终点 HY 或圆曲线起点 ZY	圆曲线中点 QZ	第二回旋线终点 YH 或圆曲线终点 YZ	第二回旋线起点 HZ	备注
QD	桩	K1+000.00																
	N	5 230.47	373.38	79°23′	304.28													
	E	3 325.31																
1	桩	K1+373.38				左 28°58′	180.00	45.00 46.00 45.00	90.00 90.00	69.10 69.10	136.00	6.39	K1+304.28	K1+349.28	K1+372.28	K1+395.28	K1+440.28	
	N	5 299.26	242.76	50°25′	120.44													
	E	3 692.3																
2	桩	K1+613.94				右 11°39′	350.00	35.00 36.17 35.00	110.68 110.68	53.22 53.22	106.17	1.96	K1+560.72	K1+595.72	K1+613.81	K1+631.89	K1+666.89	
	N	5 453.95	265.12	62°04′	211.90													
	E	3 879.39																
ZD	桩	K1+878.79																
	N	5 578.14																	
	E	4 113.62																	

编制：　　　　　　　　　　　　　　审核：

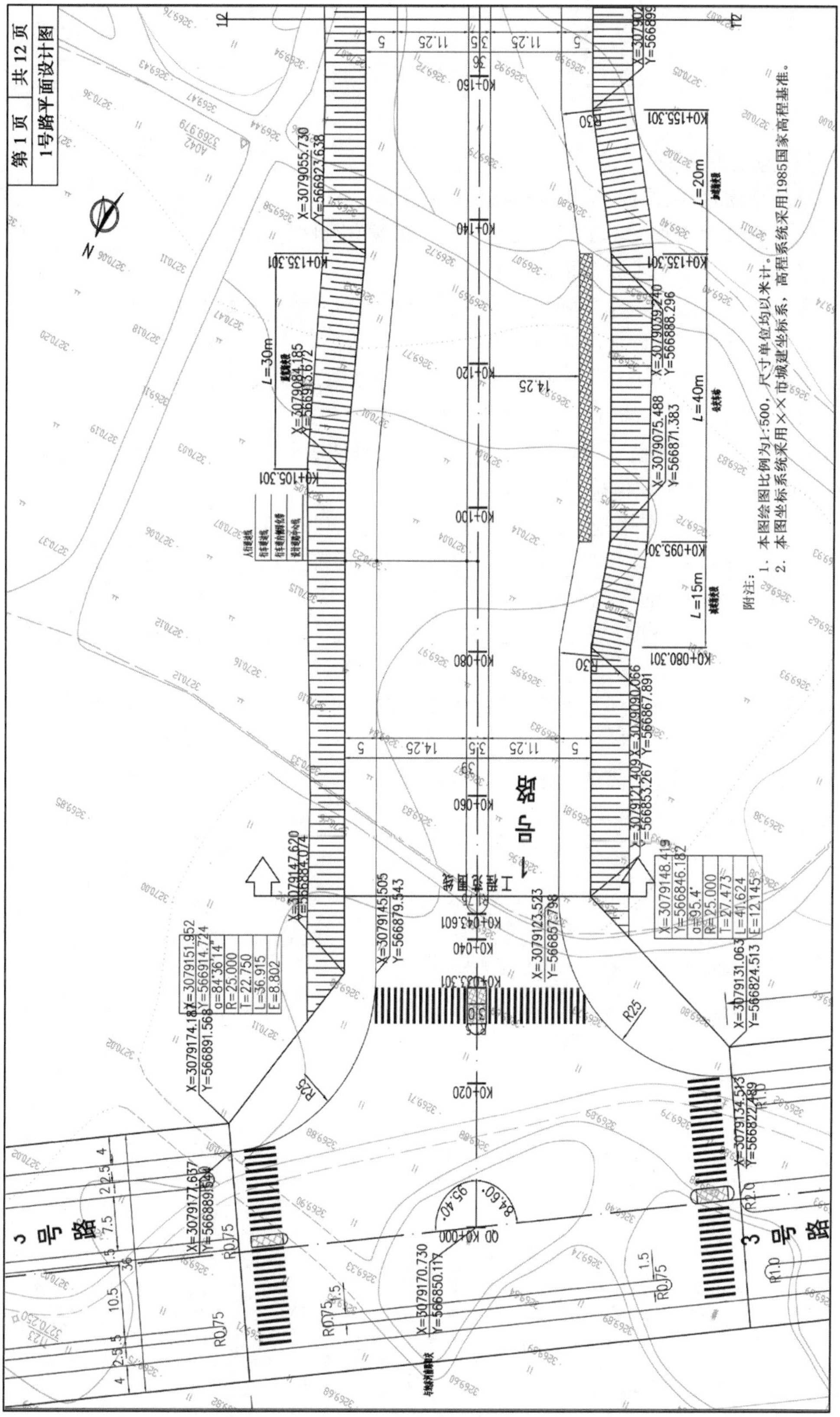

图3.39 路线平面设计图（城市道路）

复习思考题

3.1 何为路线的平面？

3.2 综述平面直线、圆曲线、缓和曲线的线性特征。

3.3 为什么过长的直线不是好的线形？平面直线有哪些标准？

3.4 平曲线半径规定了哪些指标？

3.5 横向力系数 μ 对汽车行驶的稳定性、经济性、舒适性有何影响？

3.6 何为小转角？为什么小转角要设置成大半径曲线？

3.7 何为缓和曲线？为什么缓和曲线采用回旋线？缓和曲线的作用是什么？

3.8 缓和曲线 L_h 与 L_F 的省略条件是什么？

3.9 视距的种类有哪些？设计时，如何采用 3 种视距标准？为什么？何为视距曲线、横净距？在平面和横断面上如何确定行车轨迹？

3.10 平面组合线形有哪些？其曲率图如何绘制？

3.11 何为超高、超高缓和段？设计时，超高坡度如何确定？

3.12 公路超高设置的方式有哪些？

3.13 何为加宽？《标准》规定加宽值考虑了哪些因素？设计时，如何确定加宽值和设置加宽？

3.14 何为加宽缓和段？加宽缓和段内加宽值的过渡方式有哪些？各适用的条件是什么？

3.15 名词解释：不设超高的最小半径，回旋曲线参数，停车视距，超车视距，基本型曲线，凸型平曲线，S 型曲线，C 型曲线。

第4章

纵断面设计

4.1 概 述

沿道路中线竖直剖切，展开成的平面称道路的纵断面。表达路线在纵断面上的形状、位置及尺寸的图形叫路线纵断面图，它反映路线所经地区中线之地面起伏情况与设计标高之间的关系，它与平面图、横断面图结合起来，就能够完整地表达道路的空间位置和立体线形。纵断面线形设计应根据道路的性质、任务、等级和地形、地质、水文等因素，考虑路基稳定、排水及工程量等的要求，对纵坡的大小、长短、前后纵坡情况、竖曲线半径大小以及与平面线形的组合关系等进行综合设计，从而设计出纵坡合理、线形平顺圆滑的理想线形，以达到行车安全、快速、舒适、工程费较省、运营费用较少的目的。

道路纵断面设计与选线有密切的关系，实际上在选线过程中已做了纵坡大小、坡长分配、纵面与平面配合等方面的考虑，纵断面设计是将选线的预想具体化，因此，可以认为纵断面设计是选线工作的继续和深化。当然，在纵断面设计过程中还将对选线的预想做些适当的修正，如果在选线过程中对纵坡值考虑不够，就可能改线。

对路基设计标高的规定。对于新建公路，高速公路和一级公路采用中央分隔带外侧边缘标高，二、三、四级公路采用路基边缘标高，在设置超高和加宽路段则是指在设置超高加宽之前该处标高；对于改建公路，一般按新建公路的规定办理，也可以采用中央分隔带中线或行车道中线标高。对城市道路而言，路基设计标高一般是指车行道中心。

如图4.1所示，道路中线两点间的路基设计高差 h 与路线长度 L 的比值（以%计）称为路线纵坡或坡度 i 。

$$i = \frac{h}{L}$$

其上坡为"+"，下坡为"−"。例如，某段路线长度为 80 m，高差为−2 m，则纵坡度为−2.5%。

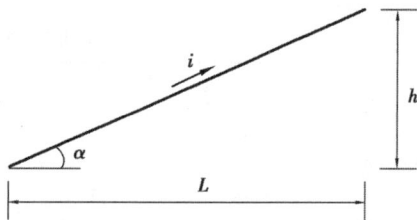

图 4.1 道路坡度

在路线的测设过程中，平面设计和纵断面设计是分开进行的，这样做固然有其方便之处。但是，必须注意平面设计和纵断面设计要互相配合，设计中要发挥设计人员对平、纵组合的空间想象力，否则，不可避免地会在技术经济上和美学上产生缺陷。纵断面设计是路基设计、桥涵设计及其他设计的基础,要与道路上行驶的汽车的技术性能相适应,满足汽车行驶力学要求、驾驶员视觉及心理要求和乘客的舒适性要求,主要解决道路线形在纵断面上的位置、形状和尺寸问题,在路线纵断面图上决定坡度坡长、竖曲线半径等数值以及做有关的计算工作。道路纵断面线形由直线和竖曲线组成,其设计内容包括纵坡设计和竖曲线设计两项。通过纵断面设计所完成的纵断面图是道路设计文件重要内容之一。

4.2 纵坡设计

▶4.2.1 纵坡度

(1)最大纵坡

最大纵坡是道路纵坡设计的上限值,是纵面线形设计的一项重要指标。最大纵坡的大小将直接影响路线的长短、使用质量、行车安全以及运营成本和工程的经济性。制订最大纵坡主要是依据汽车的动力特性、道路等级、自然条件、车辆行驶安全以及工程、运营经济等因素进行确定。汽车沿陡坡行驶时,因升坡阻力增加而需增大牵引力,从而降低车速,若长时间爬陡坡,不但会引起汽车散热器沸腾、气阻,使行驶无力以致发动机熄火,并使驾驶条件恶化,而且在爬坡时汽车的机件磨损也将增大。因此,应从汽车爬坡能力考虑对最大纵坡加以限制。汽车下坡时,制动次数增加,制动器易因发热而失效,驾驶员心里紧张,也容易发生车祸。根据行车事故调查分析,坡度大于8%、坡长为360 m或坡长很短但坡度很大(11%~12%)的路段下坡的终点是发生交通事故的主要地点;同时,调查资料表明,当纵坡大于8.5%时,刹车次数急增,所以,最大纵坡的制定从下坡安全来考虑,其最大值应控制在8%为宜。

根据上述因素,考虑到工程经济及我国车辆的具体情况,《标准》和《城市道路工程设计规范》(CJJ 37—2012)分别对我国公路和城市道路的最大纵坡做出了如下规定,见表4.1和表4.2。

表 4.1 各级公路最大纵坡

设计速度/(km·h⁻¹)	120	100	80	60	40	30	20
最大纵坡/%	3	4	5	6	7	8	9

注:①高速公路受地形条件或其他特殊情况限制时,经技术经济论证,最大纵坡可增加1%。
　　②公路改建中,设计速度为40 km/h、30 km/h、20 km/h的利用原有公路的路段,经技术经济论证,最大纵坡值可增加1%。

表 4.2 城市道路机动车道最大纵坡

设计速度/(km·h⁻¹)		100	80	60	50	40	30	20
最大纵坡	一般值/%	3	4	5	5.5	6	7	8
	极限值/%	4	5	6	6	7	7	8

注:①除快速路外的其他等级道路,受地形条件或其他特殊情况限制时,经技术经济论证后,最大纵坡极限值可增加1.0%。
　　②积雪或冰冻地区的快速路最大纵坡不应大于3.5%,其他等级道路最大纵坡不应大于6.0%。
　　③海拔3 000 m以上高原地区城市道路的最大纵坡一般值可减小1.0%,当最大纵坡折减后小于4.0%时,仍可采用4.0%。

在非汽车交通比例较大的路段,可根据具体情况将纵坡适当放缓:平原、微丘区一般为2%~3%;山岭、重丘区一般为4%~5%。

(2)最小纵坡

为了保证挖方地段、设置边沟的低填方地段和横向排水不畅地段的纵向排水,防止积水渗入路基而影响其稳定,规定各级公路的长路堑路段以及其他横向排水不畅的路段,均应采用不小于0.3%的纵坡。当必须设计水平坡(0%)或小于0.3%的纵坡时,边沟排水设计应与纵坡设计一起综合考虑,其边沟应作纵向排水设计,在城市道路中一般可采用设置锯齿形偏沟或采取其他排水措施来处理。在干旱地区及横向排水良好不产生路面积水的路段,设计时可不考虑最小纵坡的限制。

(3)平均纵坡

在道路设计中,平均纵坡是指一定路线长度范围内,路线两端点的高差与路线长度的比值。平均纵坡是衡量路线线形设计质量的重要指标之一。

根据对山区道路行车的实际调查发现,有时虽然道路纵坡设计完全符合最大纵坡、坡长限制及缓和坡长规定,但也不能保证行车顺利安全。如果在长距离内,平均纵坡较大,汽车上坡用二挡时间较长,发动机长时间发热,易导致汽车水箱沸腾、气阻;同样,汽车下坡时,频繁刹车,易引起制动器发热,甚至烧毁制动片,加之驾驶员心里过分紧张,极易发生事故。因此,从汽车行驶方便和安全出发,为了合理利用最大纵坡、坡长和缓和坡段的规定,还要控制平均纵坡。平均纵坡是在宏观上控制路线纵坡。

$$i_p = \frac{H}{l} \tag{4.1}$$

式中 i_p——平均纵坡;

l——路线长度,m;

H——路线长度 l 两端的高差,m。

《标准》规定,二、三、四级公路越岭路线的平均纵坡,不应大于5.5%(相对高差为200~500 m)和5%(相对高差大于500 m),并注意任何相连3 km路段的平均纵坡不应大于5.5%,见表4.3。

表4.3 公路平均纵坡

条　件	相对高差/m		任何相连3km
	200~500	>500	
平均纵坡	≤5.5%	≤5%	≤5%

《城市道路工程设计规范(2016年版)》(CJJ 37—2012)规定,山城道路应控制平均纵坡,越岭路段相对高差为200~500 m,平均纵坡宜采用4.5%;相对高差为大于500 m,宜采用4%,任意连续3 km的平均纵坡不宜大于4.5%。

▶4.2.2 坡长限制

坡长是指变坡点与变坡点之间的水平长度,坡长限制包括陡坡的最大坡长限制和最小坡长限制两个方面。

(1)最大坡长限制

坡长限制是根据汽车动力性能来决定的。长距离的陡坡对汽车行驶不利。连续上坡,发动机过热影响机械效率,从而使行驶条件恶化;下坡则因刹车频繁而危及行车安全,因此,应对陡坡的长度有所限制。《标准》和《城市道路工程设计规范(2016年版)》(CJJ 37—2012)对陡坡的最大坡长限制见表4.4和表4.5。对城市道路来讲,坡长限制还应考虑到非机动车的要求,《城市道路工程设计规范(2016年版)》(CJJ 37—2012)的规定见表4.6。

表4.4 公路纵坡长度限制

纵坡坡度/% \ 设计速度/(km·h⁻¹) 最大坡长/m	120	100	80	60	40	30	20
3	900	1 000	1 100	1 200	—	—	—
4	700	800	900	1 000	1 100	1 100	1 200
5	—	600	700	800	900	900	1 000
6	—	—	500	600	700	700	800
7	—	—	—	—	500	500	600
8	—	—	—	—	300	300	400
9	—	—	—	—	—	200	300
10	—	—	—	—	—	—	200

表4.5 机动车道最大坡长

设计速度/(km·h⁻¹)	100	80	60			50			40		
纵坡/%	4	5	6	6.5	7	6	6.5	7	6.5	7	8
最大坡长/m	700	600	400	350	300	350	300	250	300	250	200

表4.6 城市道路非机动车车行道纵坡限制坡长

坡度/% \ 车 种	自行车	三轮车、板车
3.5	150	—
3	200	100
2.5	300	150

具体应用时,高速公路和一级公路纵坡及坡长限制的选用应充分考虑车辆运行质量的要求。对高速公路来讲,即使是2%的纵坡,坡长也不宜过长。

为了改善汽车在较陡坡道上行驶的不利状况,避免长时间使用低挡爬坡,减轻汽车机件负荷和减少下坡汽车刹车次数,降低制动器过高的温度,使行车缓和,各级公路当连续纵坡较大时,应在不大于表4.4所规定的长度两端设缓和坡段。城市道路设计纵坡超过5%,坡长超过表4.5规定值时,也应设缓和坡段,缓和坡段的纵坡应不大于3%,其最小长度应符合最小坡长限制的规定。

（2）最小坡长限制

最小坡长是指相邻两个变坡点之间的最小长度。若其长度过短,就会使变坡点个数增加,行车时颠簸频繁,当坡度差较大时还容易造成视觉中断,视距不良,从而影响行车的平顺性和安全性。另外,从线形的几何构成来看,纵断面是由一系列的直坡段和竖曲线所构成,若坡长过短,则不能满足设置最短竖曲线这一几何条件的要求。为使纵断面线形不至因起伏频繁而呈锯齿形的状况,并便于平面线形的合理布设,故应对纵坡的最小长度作出限制。最小坡长通常以设计速度行驶 9~15 s 的行程作为规定值。一般在设计速度大于或等于60 km/h 时取 9 s,设计速度为 40 km/h 时取 11 s,设计速度为 20 km/h 时取 15 s。

《标准》和《城市道路工程设计规范(2016 年版)》(CJJ 37—2012)对各级公路和城市道路的最小坡长规定见表 4.7 和表 4.8。

表 4.7　公路最小坡长

设计速度/(km·h⁻¹)	120	100	80	60	40	30	20
最小坡长/m	300	250	200	150	120	100	60

表 4.8　机动车道最小坡长

设计速度/(km·h⁻¹)	100	80	60	50	40	30	20
坡段最小长度/m	250	200	150	130	110	85	60

（3）组合坡长

当连续陡坡是由几个不同受限坡度值的坡段组合而成时,应按不同坡度的坡长限制折算确定。如 $V=30$ km/h 的公路某段8%的纵坡,长为 120 m,该长度是相应限制坡长(300 m)的2/5,如相邻坡段的纵坡为 7%,则其坡长不应超过相应限制坡长 500 m 的(1−2/5),即 500×3/5 = 300 m,也就是说8%纵坡设计 120 m 后,还可以接着设计7%纵坡段 300 m 或6%纵坡段 420 m,其后再设置缓和坡段。

▶ 4.2.3　合成坡度

道路在平曲线路段,若纵向有纵坡且横向又有超高时,则最大坡度在纵坡和超高横坡所合成的方向上,这时的最大坡度称为合成坡度,如图4.2 所示。其值可按下式计算:

$$i_H = \sqrt{i_Z^2 + i_c^2} \qquad (4.2)$$

式中　i_H——合成坡度;

i_Z——路线纵坡;

i_c——超高横坡。

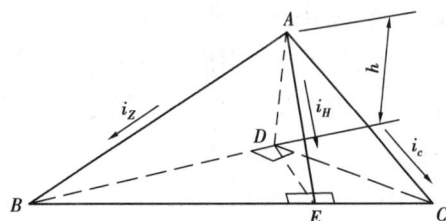

图 4.2　合成坡度

在陡坡急弯处,若合成坡度过大,将产生附加阻力、汽车重心偏移等不良现象,给行车安全带来影响,为防止汽车沿合成坡度方向滑移,应对由超高横坡和路线纵坡组成的合成坡度加以限制。

公路的最大合成坡度参见表 4.9,城市道路最大合成坡度的规定见表 4.10。

表 4.9　公路最大合成坡度

公路等级	高速公路			一级公路			二级公路		三级公路		四级公路
设计速度/(km·h⁻¹)	120	100	80	100	80	60	80	60	40	30	20
合成坡度/%	10.0	10.0	10.5	10.0	10.5	10.5	9.0	9.5	10.0	10.0	10.0

注:冬季路面有积雪或冰冻地区;自然横坡较陡峻的傍山路段;非汽车交通量较大的路段,合成坡度必须小于8.0%。

表 4.10　城市道路最大合成坡度

设计速度/(km·h⁻¹)	100,80	60,50	40,30	20
合成坡度/%	7.0	6.5	7.0	8.0

注:积雪或冰冻地区道路的合成坡度应小于或等于6.0%。

为了保证路面排水,合成坡度的最小值不宜小于0.5%。特别在超高过渡段,合成坡度不宜设计为0%,当合成坡度小于0.5%时,应采取综合排水措施,以保证排水通畅。

▶4.2.4　纵坡设计一般要求

(1)公路纵坡设计一般要求

①纵坡设计必须符合《标准》《公路路线设计规范》(JTG D20—2017)和《城市道路工程设计规范(2016年版)》(CJJ 37—2012)关于纵坡的有关规定。一般不轻易使用各级公路的最大纵坡值及陡坡限制坡长,而应当留有余地。只有在越岭线中为争取高度、缩短路线长度或避免工程艰巨地段等不得已时才采用最大值。

②平原、微丘地形的纵坡应均匀、平缓;丘陵地形的纵坡应避免过分迁就地形而起伏过大;山岭、重丘地形的沿河线,应尽量采用平缓的纵坡,坡度不宜大于6%;越岭线的纵坡应力求均匀,应尽量不采用极限或接近极限的坡度,更不宜连续采用极限长度的陡坡夹短距离缓坡的纵坡线形,越岭展线不应设置反坡。

③纵面线形应与地形相适应,设计成视觉连续、平顺而圆滑的线形,并重视平纵面线形的组合。短距离内要避免线形起伏过于频繁,由于纵面线形连续起伏,使视线中断,视觉不良;避免能看得见近处和远处而看不见中间的凹陷路段,由于线形发生凹陷,出现隐蔽路段,使驾驶员视觉不适,产生模糊感,影响行车速度和安全;在较长的连续陡坡路段,宜将最陡的纵坡放在底部,接近顶部的纵坡放缓些;应注意与平面线形的配合。

④纵坡设计应结合自然条件综合考虑。为利于路面和边沟排水,一般情况下最小纵坡以不小于0.5%为宜。在受洪水影响的沿河路段及平原区的低洼路段,应保证路线的最低标高,以免受洪水冲刷,确保路基稳定。

⑤纵坡设计为保证路基稳定,应尽量减少深路堑和高填方,在设计中应重视纵、横向填挖的调配利用,争取填挖平衡,尽量利用挖方作就近填方,以减少借方和废方,降低工程造价。

⑥纵坡设计应结合道路沿线的实际情况和具体条件进行设计,并适当照顾农业机械、农田

水利等方面的要求。

（2）城市道路纵坡设计一般要求

①纵断面设计应参照城市规划控制标高并适应临街建筑立面布置及沿路范围内地面水的排除。

②为保证行车安全、舒适，纵坡宜缓顺，起伏不宜频繁。

③山城道路及新辟道路的纵断面设计应综合考虑土石方平衡、汽车运营经济效益等因素，合理确定路面设计标高。

④机动车与非机动车混合行驶的车行道，宜按非机动车爬坡能力设计纵坡度。

⑤纵断面设计应对沿线地形、地下管线、地质、水文、气候和排水要求综合考虑。

4.3　竖曲线

纵断面上两相邻不同坡度线的交点称为变坡点。为保证行车安全、舒适以及视距的需要，在变坡处设置的纵向曲线即为竖曲线。相邻两坡度线的交角用坡度差"ω"表示，坡度角一般较小，可近似地用两坡段坡度的代数差表示，即 $\omega = i_2 - i_1$，式中 i_1，i_2 分别为两相邻坡段的坡度值，上坡为正，下坡为负。如图 4.3 所示。ω 为正，变坡点在曲线下方，竖曲线开口向上，称为凹形竖曲线；ω 为负，变坡点在曲线上方，竖曲线开口向下，称为凸形竖曲线。

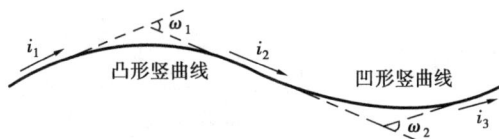

图 4.3　竖曲线示意图

各级道路在变坡点处均应设置竖曲线。竖曲线的线形采用二次抛物线。由于在其应用范围内，圆曲线与抛物线几乎没有差别，因此，竖曲线通常表示成圆曲线的形式，用圆曲线半径 R 来表示竖曲线的曲率半径。

▶4.3.1　竖曲线的计算

（1）用二次抛物线作为竖曲线的基本方程式

在图 4.4 所示坐标系下，二次抛物线一般方程为

$$y = \frac{1}{2k}x^2 + ix \qquad (4.3)$$

对竖曲线上任意点 P，其斜率为

$$i_P = \frac{\mathrm{d}y}{\mathrm{d}x} = \frac{x}{k} + i$$

当 $x = 0$ 时，$i = i_1$；$x = L$ 时，$i = \dfrac{L}{k} + i_1 = i_2$，则

$$k = \frac{L}{i_2 - i_1} = \frac{L}{\omega} \qquad (4.4)$$

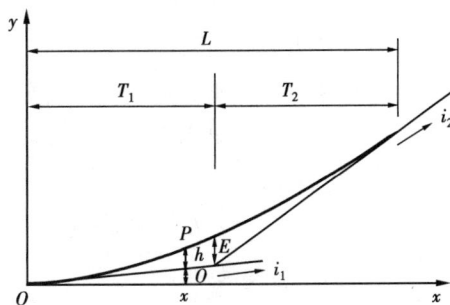

图 4.4　竖曲线要素示意图

抛物线上任一点的曲率半径为

$$R = \frac{\left[1 + \left(\dfrac{\mathrm{d}y}{\mathrm{d}x} \right)^2 \right]^{\frac{3}{2}}}{\dfrac{\mathrm{d}^2 y}{\mathrm{d}x^2}}$$

式中 $\dfrac{\mathrm{d}y}{\mathrm{d}x} = i, \dfrac{\mathrm{d}^2 y}{\mathrm{d}x^2} = \dfrac{1}{k}$，代入式(4.2)，得

$$R = k\left(1 + i^2 \right)^{\frac{3}{2}}$$

因为 i 介于 i_1 和 i_2 之间，且 i_1, i_2 均很小，故 i^2 可略去不计，则

$$R \approx k \tag{4.5}$$

将式(4.4)和式(4.5)代入式(4.3)，得二次抛物线竖曲线基本方程为

$$y = \frac{\omega}{2L}x^2 + i_1 x \qquad \text{或} \qquad y = \frac{1}{2R}x^2 + i_1 x \tag{4.6}$$

式中 ω——坡差，%，$\omega = i_2 - i_1$，计入代数差的绝对值；

　　　　L——竖曲线长度，m；

　　　　R——二次抛物线的参数，这里称为竖曲线半径，m。

（2）竖曲线几何要素计算

竖曲线的几何要素主要有竖曲线切线长 T、曲线长 L 和外距 E，如图 4.5 所示。

$$L = R \cdot \omega \tag{4.7}$$

$$T = \frac{L}{2} \tag{4.8}$$

$$E = \frac{T^2}{2R} \tag{4.9}$$

（3）竖曲线上任意点纵距 y 的计算

$$y = \frac{x^2}{2R} \tag{4.10}$$

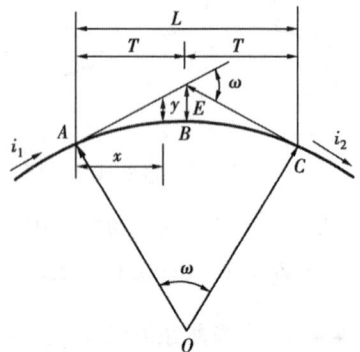

图 4.5　竖曲线几何元素

式中 y——计算点纵距（改正值）；

　　　　x——计算点桩号与竖曲线起点（或竖曲线终点）的桩号差，$0 \leqslant x \leqslant T$。

（4）竖曲线上任意点设计标高的计算

①计算切线高程。

$$H_1 = H_0 \pm (T - x) \cdot i \text{ 或 } H_1 = H_0 \pm s \cdot i \tag{4.11}$$

式中 H_0——变坡点标高，m；

　　　　H_1——计算点切线高程，m；

　　　　s——计算点与变坡点间的路线长度，即桩号差，m；

　　　　i——纵坡度；

　　　　$\pm$——当切线高于变坡点时取"+"，反之取"-"。

其余符号如图 4.5 所示。利用该式可以直接计算直坡段上任意点的设计标高。

②计算设计标高。

$$H = H_1 \pm y \tag{4.12}$$

式中 H——设计标高,m;

±——当为凹形竖曲线时取"+",当为凸形竖曲线时取"−"。

其余符号意义同前。

例 4.1 某三级公路路段桩号见表 4.11。现拟在 K2+560 处设置变坡点,高程为 2 015.625 m,前坡 $i_1 = 1.5\%$,后坡 $i_2 = 4.5\%$,竖曲线半径 $R = 3\,000$ m,计算下列各桩号的设计高程。

表 4.11 某三级公路路段桩号

桩 号	改正前的设计高/m	改正值/m	改正后的设计高/m
K2+500			
ZH K2+507.210			
K2+520			
HY K2+537.210			
QZ K2+561.020			
YH K2+584.830			
K2+600			
K2+610			
HZ K2+614.830			
K2+620			

解 坡差 $\omega = i_2 - i_1 = 4.5\% - 1.5\% = 3\%$,该竖曲线为凹形竖曲线。

$$L = R \cdot \omega = 90.000 \ (\text{m})$$

$$T = \frac{L}{2} = 45.000 \ (\text{m})$$

$$E = \frac{T^2}{2R} = 0.337 \ (\text{m})$$

竖曲线起点桩号为 K2+515,竖曲线止点桩号为 K2+605。

按式(4.11)计算各桩号切线高程,按式(4.10)计算竖曲线范围内各桩号的改正值,按式(4.12)计算各桩号的设计高程,结果见表 4.12。

表4.12　某三级公路路段桩号的设计高程计算结果

桩　号	改正前的设计高/m	改正值/m	改正后的设计高/m
K2+500	2 014.725	0.000	2 014.725
ZH　K2+507.210	2 014.833	0.000	2 014.833
K2+520	2 015.025	+0.004	2 015.029
HY　K2+537.210	2 015.283	+0.082	2 015.365
QZ　K2+561.020	2 015.671	+0.322	2 015.993
YH　K2+584.830	2 016.742	+0.068	2 016.81
K2+600	2 017.425	+0.278	2 017.703
K2+610	2 017.875	0.000	2 017.875
HZ　K2+614.830	2 018.092	0.000	2 018.092
K2+620	2 018.325	0.000	2 018.325

▶4.3.2　竖曲线设计标准

竖曲线的设计标准有竖曲线最小半径和竖曲线长度。由于在凸形竖曲线上和在凹形竖曲线上汽车行驶时的受力及视距等考虑因素的不同,凸形竖曲线和凹形竖曲线又有不同的设计标准。

(1)竖曲线最小半径

1)凹形竖曲线极限最小半径

凹形竖曲线极限最小半径主要从限制离心力、夜间行车前灯照射的影响以及在跨线桥下的视距3个方面计算分析确定。

①从限制离心力不致过大考虑。汽车行驶在竖曲线上,由于离心力的作用,要产生失重(凸形竖曲线)或增重(凹形竖曲线)。失重直接影响乘客的舒适感,增重则不仅影响乘客的舒适感,还对汽车的悬挂系统产生超载的影响。竖曲线半径的大小直接影响离心力的大小,因此,必须首先从控制离心力不致过大来限制竖曲线的极限最小半径。

汽车在竖曲线上产生的离心力为

$$F = \frac{G}{g} \cdot \frac{v^2}{R} = \frac{GV^2}{127R}$$

则
$$R = \frac{V^2}{127\left(\frac{F}{G}\right)}$$
(4.13)

式中　F——汽车转弯时受到的离心力,N;

　　　F/G——单位车重受到的离心力。

根据日本资料限制为 $F/G=0.028$,代入式(4.13)得

$$R = \frac{V^2}{3.6} \qquad (4.14)$$

②从汽车夜间行驶前灯照射距离考虑。如图 4.6 所示,若照射距离小于要求的视距长度,则无法保证行车安全。按此条件即可推导出此时凹形竖曲线的最小半径的计算公式。

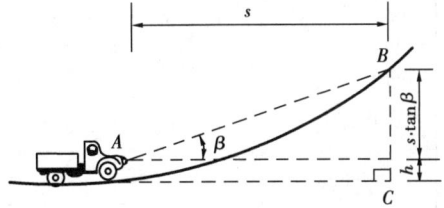

设汽车前灯高度为 h,向上的照射角为 β,由竖曲线计算公式得

图 4.6　夜间行车前灯照射距离

$$BC \approx \frac{s^2}{2R}$$

由图可知

$$BC = h + s \cdot \tan \beta$$

两式联解得

$$R = \frac{s^2}{2(h + s \cdot \tan \beta)} \qquad (4.15)$$

式中　s——前灯照射距离,m,按行车视距长度取值;

　　　h——前灯高度,m,取 $h=0.75$ m;

　　　β——前灯向上的照射角,取 $\beta=1°$。

将 s,h,β 取值代入式(4.15)得

$$R = \frac{s^2}{1.5 + 0.034\ 9s} \qquad (4.16)$$

③从保证跨线桥下的视距考虑。为保证汽车穿过跨线桥时有足够的视距,也应对凹形竖曲线最小半径加以限制。

综合分析以上 3 种情况后,技术标准以限制凹形竖曲线离心力条件为依据,即采用式 4.13 制订出凹形竖曲线极限最小半径的规定值,见表 4.13 和表 4.14。

表 4.13　公路竖曲线最小半径和最小长度

设计速度/(km·h⁻¹)		120	100	80	60	40	30	20
凸形竖曲线半径/m	一般值	17 000	10 000	4 500	2 000	700	400	200
	极限值	11 000	6 500	3 000	1 400	450	250	100
凹形竖曲线半径/m	一般值	6 000	4 500	3 000	1 500	700	400	200
	极限值	4 000	3 000	2 000	1 000	450	250	100
竖曲线最小长度/m		100	85	70	50	35	25	20

表 4.14　城市道路竖曲线最小半径和最小长度

设计速度/(km·h⁻¹)		100	80	60	50	40	30	20
凸形竖曲线 最小半径/m	一般值	10 000	4 500	1 800	1 350	600	400	150
	极限值	6 500	3 000	1 200	900	400	250	100
凹形竖曲线 最小半径/m	一般值	4 500	2 700	1 500	1 050	700	400	150
	极限值	3 000	1 800	1 000	700	450	250	100
竖曲线 最小长度/m	一般值	210	170	120	100	90	60	50
	极限值	85	70	50	40	35	25	20

2)凸形竖曲线极限最小半径

凸形竖曲线极限最小半径主要从限制失重不致过大和保证纵面行车视距两个方面计算分析确定。

①从失重不致过大考虑。

与凹形竖曲线的限制条件和计算公式相同,即

$$R = \frac{V^2}{127\left(\dfrac{F}{G}\right)} \tag{4.17}$$

式中各符号意义同前。

②从保证纵面行车视距考虑。

凸形竖曲线半径过小,路面上凸直接影响行车视距,按规定的视距控制即可推导出计算极限最小半径的公式。分两种情况:

a.$s \leq L$,如图 4.7 所示。

$$h_w = \frac{l_w^2}{2R}$$

$$h_m = \frac{l_m^2}{2R}$$

由几何条件

$$s = l_w + l_m$$

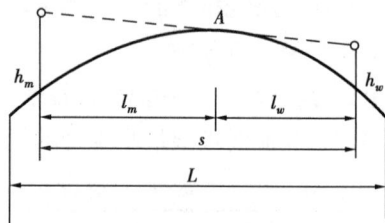

图 4.7　凸形竖曲线视距($s<L$)

将上述两式代入得

$$s = \sqrt{2R}\left(\sqrt{h_w} + \sqrt{h_m}\right) \tag{4.18}$$

式中　h_w——物高,m,取 $h_w = 0.10$ m;

　　　h_m——目高,m,取 $h_m = 1.20$ m;

　　　l_w——竖曲线顶点 A 距物点的距离,m;

　　　l_m——竖曲线顶点 A 距目点的距离,m;

　　　s——要求的行车视距,m,按停车视距考虑;

　　　L——竖曲线长度,m。

将 h_w,h_m 的值代入式(4.18)并整理得

$$R_{\min} = \frac{s^2}{3.98} \tag{4.19}$$

b.$s>L$,经推导

$$R_{\min} = \frac{2s}{\omega} - \frac{3.98}{\omega^2} \tag{4.20}$$

式中 s——要求的视距长度,m;

ω——纵断面变坡处的坡度角差,计算时取绝对值。

经比较,式(4.18)和式(4.20)的计算结果比式(4.19)为小,故采用式(4.19)作为标准的制定依据。

《标准》和《城市道路工程设计规范(2016 年版)》(CJJ 37—2012)规定的各级公路和城市道路的凸形竖曲线的极限最小半径见表 4.13 和表 4.14。

3)竖曲线一般最小半径

竖曲线极限最小半径是缓和行车冲击和保证行车视距所必需的竖曲线半径的最小值,该值只有在地形受限制迫不得已时才采用。通常为了使行车有较好的舒适条件,设计时多采用大于极限最小半径 1.5~2.0 倍的半径值,此值即为竖曲线一般最小半径。倍数 1.5~2.0,随设计车速减小而取用较大值。《标准》和《城市道路工程设计规范(2016 年版)》(CJJ 37—2012)规定的竖曲线一般最小半径见表 4.13 和表 4.14。

(2)竖曲线最小长度

与平曲线相似,当坡度角较小时,即使采用较大的竖曲线半径,竖曲线的长度也很短,这样容易使驾驶员产生急促的变坡感觉;同时,竖曲线长度过短,易对行车造成冲击。我国公路按照汽车在竖曲线上 3 s 的行程时间控制竖曲线的最小长度。《标准》和《城市道路工程设计规范(2016 年版)》(CJJ 37—2012)对竖曲线的最小长度的规定见表 4.13 和表 4.14。

▶4.3.3 竖曲线设计

(1)竖曲线设计的一般要求

竖曲线是否平顺,在视觉上是否良好,往往是构成纵面线形优劣的主要因素。竖曲线设计应满足以下要求:

①宜选用较大的竖曲线半径。在不过分增加工程量的情况下,宜选用较大的竖曲线半径。通常采用大于竖曲线一般最小半径的半径值,特别是当坡度差较小时,更应采用大半径,以利于视觉和路容美观。只有当地形限制或其他特殊困难不得已时才允许采用极限最小半径。在有条件的路段,为获得平顺而连续且视觉良好的纵面线形,可根据表 4.15 选择竖曲线半径。

表 4.15 从视觉观点所需的竖曲线最小半径

设计速度/(km·h⁻¹)	凸形竖曲线半径/m	凹形竖曲线半径/m
120	20 000	12 000
100	16 000	10 000
80	12 000	8 000
60	9 000	6 000

②同向竖曲线应避免"断背曲线"。同向竖曲线特别是同向凹形竖曲线间,如直坡段不长,应合并为单曲线或复曲线。

③反向曲线间,一般由直坡段连接,也可径相连接。反向竖曲线间最好设置一段直坡段,直坡段的长度应能保证汽车以设计车速行驶 3 s 的行程时间,以使汽车从失重(或增重)过渡到增重(或失重)有一个缓和段。如受条件限制也可互相连接或插入短的直坡段。

④竖曲线设置应满足排水需要。若相邻纵坡之代数差很小时,采用大半径竖曲线可能导致竖曲线上的纵坡小于 0.3%,不利于排水,应重新进行设计。

(2)半径的选择

选择竖曲线半径主要应考虑以下因素:

①选择半径应符合表 4.13 所规定的竖曲线的最小半径和最小长度的要求。

②在不过分增加土石方工程量的情况下,为使行车舒适,宜采用较大的竖曲线半径。

③结合纵断面起伏情况和标高控制要求,确定合适的外距值,按外距控制选择半径

$$R = \frac{8E}{\omega^2} \qquad (4.21)$$

④考虑相邻竖曲线的连接(即保证最小直坡段长度或不发生重叠)限制曲线长度,按切线长度选择半径

$$R = \frac{2T}{\omega} \qquad (4.22)$$

⑤过大的竖曲线半径将使竖曲线过长,从施工和排水来看都是不利的,选择半径时应注意。

⑥对夜间行车交通量较大的路段考虑灯光照射方向的改变,使前灯照射范围受到限制,选择半径时应适当加大,以使其有较长的照射距离。

4.4 平、纵面线形组合

道路的空间线形是指由道路的平面线形和纵面线形所组成的空间立体形状。行驶过程中,驾驶员所选择的实际行驶速度,是由他对立体线形的判断作出的,因此,设计中仅仅满足平面、纵面线形标准是不够的,还应考虑平、纵线形组合设计,道路的空间线形应能保持视觉的连续性,并有足够的舒适感和安全感。

设计速度不小于 60 km/h 的公路,应注重空间线形设计,不仅要满足汽车运动学和力学要求,而且应充分考虑驾驶者在视觉和心理上的要求,尽量做到线形连续、指标均衡、视觉良好、景观协调、安全舒适。设计车速越高,平纵组合设计所考虑的因素越应周全。当设计车速不大于 40 km/h,首先应在保证行驶安全的前提下,正确运用线形要素规定值,在条件允许的情况下力求做到各种线形要素的合理组合,并尽量避免和减少不利组合。

道路平面线形和纵面线形的组合设计,就是要得到一个既满足汽车行驶安全、舒适的要求,能使工程造价及运营费用经济,能在驾驶员视觉和心理状态方面引起良好反映,同时使道路与沿线周围环境和景观相协调的道路立体线形,从而达到安全、舒适、快速和经济的目的。

▶4.4.1　组合设计的原则

①应在视觉上能自然地诱导驾驶员的视线,并保持视觉的连续性。这样可以使驾驶员及时、准确地判断路线的变化情况,不致因错觉而发生事故。任何使驾驶员感到茫然、迷惑或判断失误的线形,都必须尽力避免。在视觉上能否自然地诱导驾驶员的视线,是衡量平、纵线形组合好否的基本条件。

②平、纵面线形的技术指标应大小均衡,使线形在视觉上、心理上保持协调。平曲线与竖曲线的大小如果不均衡,会给人以不愉快的感觉,失去了视觉上的均衡性。对于纵面线形反复起伏,而平面上却采用高标准的线形是无意义的,反之亦然。

③合成坡度应组合得当,以利于路面排水和行车安全。合成坡度过大,对行车不利,合成坡度过小则对排水不利也影响行车。在进行平纵组合设计时,如条件可能,一般最大合成坡度不宜大于 8%,最小合成坡度不宜小于 0.5%。

④注意与道路周围环境的配合。配合得好,它可以减轻驾驶员的疲劳和紧张程度,还可以起到引导视线的作用。

▶4.4.2　线形组合设计要点

(1)平曲线与竖曲线的组合

①平曲线与竖曲线应相互重合,且平曲线应稍长于竖曲线,如图 4.8 所示。

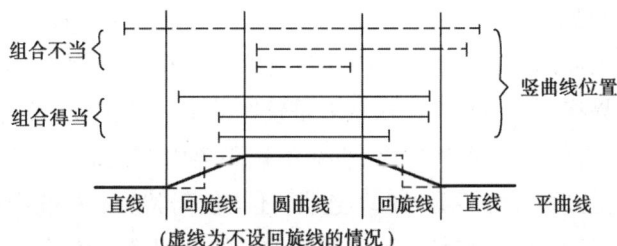

图 4.8　平曲线与竖曲线的组合

这种组合是使竖曲线和平曲线对应,最好使竖曲线的起、终点分别放在平曲线的两个缓和曲线内,即所谓的"平包竖"。对于等级较高的道路应尽量做到这种组合,并使平、竖线半径都大一些才显得协调,特别是凹形竖曲线处车速较高,二者半径更应该大一些。

②平曲线与竖曲线大小应保持均衡。

所谓均衡,是指平、竖曲线几何要素要大体平衡、匀称、协调,不要把过缓与过急、过长与过短的平曲线和竖曲线组合在一起。

根据德国计算统计,若平曲线半径小于 1 000 m,竖曲线半径大约为平曲线半径的 10~20 倍时,便可达到均衡的目的。德国的具体经验列于表 4.16,可作设计参考。

③暗、明弯与凸、凹竖曲线。

暗弯与凸形竖曲线及明弯与凹形竖曲线的组合是合理、悦目的。

对暗与凹、明与凸的组合,当坡差较大时,会给人留下舍坦坡、近路不走,而故意爬坡、绕弯的感觉。此种组合在山区难以避免,只要坡差不大,矛盾就不突出。

④平、竖曲线应避免的组合。

a.设计速度不小于 40 km/h 的公路,凸形竖曲线的顶部和凹形竖曲线的底部,不得插入小半径平曲线。

表 4.16   平、竖曲线半径的均衡

平曲线半径/m	竖曲线半径/m	平曲线半径/m	竖曲线半径/m
500	10 000	1 100	30 000
700	12 000	1 200	40 000
800	16 000	1 500	60 000
900	20 000	2 000	100 000
1 000	25 000		

b.凸形竖曲线的顶部或凹形竖曲线的底部,不得与反向平曲线的拐点重合。

c.小半径竖曲线不宜与缓和曲线相互重叠。

d.平面转角小于 7°的平曲线不宜与坡度角较大的凹形竖曲线组合在一起。

e.在完全通视的条件下,长上(下)坡路段的平面线形多次转向形成蛇形的组合线形,应极力避免。

(2)直线与纵断面的组合

平面的长直线与纵面的直坡线配合,对双车道公路超车方便,在平坦地区易与地形相适应,但行车单调乏味,易疲劳。直线上一次变坡是较好的平、纵组合,从美学观点讲以包括一个凸形竖曲线为好,而包括一个凹形线次之;直线中短距离内二次以上变坡会形成反复凸凹的"驼峰"和"凹陷",看上去线形既不美观也不连贯,还会使驾驶员的视线中断。因此,只要路线有起有伏,就不要采用长直线,最好使平面路线随纵坡的变化略加转折,并把平、竖曲线合理地组合。使用时,应避免:

①长直线配长坡。

②直线上短距离内多次变坡。

③直线段内不能插入短的竖曲线。

④在长直线上设置坡陡及曲线长度短、半径小的凹形竖曲线。

⑤直线上的纵断面线形应避免出现驼峰、暗凹、跳跃等使驾驶者视觉中断的线形。

(3)平、纵线形组合与景观的协调配合

道路作为一种线形构造物,应将其视为景观的对象来研究。修建道路会对自然景观产生影响,有时会产生一定破坏作用。而道路两侧的自然景观会影响道路上汽车的行驶,特别是对驾驶员的视觉、心理以及驾驶操作等都有很大影响。

平、纵线形组合必须是在充分与道路所经地区的景观相配合的基础上进行。否则,即使线形组合满足了有关规定,也不一定是良好设计。对于驾驶员来说,只有看上去具有连续而流畅

的线形和优美的景观,才能称为舒适和安全的道路。对计算行车速度高的道路,驾驶员的精力会高度集中,视角减少而视点增长,平、纵线形组合设计与周围景观配合尤为重要。

道路景观工程包括内部协调和外部协调两方面。其中内部协调主要指平、纵线形视觉的连续性和立体协调;而外部协调是指道路与其两侧坡面、路肩、中间带、沿线设施等的协调以及道路宏观位置。实践证明,线形与景观的配合应遵循以下原则。

①应在道路的规划、选线、设计、施工全过程中重视景观要求。尤其在规划和选线阶段,比如对风景旅游区、自然保护区、名胜古迹区、文物保护区等景点和其他特殊地区,一般以绕避为主。

②在选定路线时,应充分地利用自然风景如孤山、湖泊、大树等,或人工建筑物如水坝、桥梁、农舍等,尽量做到路线与大自然融为一体,不产生生硬感和隔断大自然。特别是在长直线路段上,应使驾驶者能看到前方显著的景物。必要时,路旁可设置一些设施,以消除单调感。

③对道路本身不能仅把它当作技术对象,还应把它作为景观来看待,为此道路修建时要少破坏沿线自然景观,纵面尽量避免高填深挖。

④横面设计要使边坡造型和绿化与现有景观相适应,弥补填挖对自然景观的破坏。有条件时,可适当放缓边坡或将边坡的变坡点修整圆滑,使边坡接近于自然地面的形式,增进路容美观。不得已时,可采用修整、植草皮、种树等措施加以补救。

⑤应进行综合绿化处理,避免形式和内容上的单一化,应将绿化作为诱导视线、点缀风景以及改造环境的一种措施而进行专门设计。中央分隔带的植树除符合防眩要求外,也应考虑景观要求,种植常青植物丛并注意形态的适当变化。

⑥应根据技术和景观要求合理选定构造物的造型、色彩,使道路构造物成为对自然景观的补充。如跨线桥、跨河桥、服务区、沿线设施等作为道路上的景点要讲究艺术造型,避免单一化。

4.5　纵断面设计方法与纵断面设计图

▶4.5.1　纵断面设计方法与步骤

(1)准备工作

纵坡设计前,应根据中桩和水准记录点绘出路线纵断面图的地面线,绘出平面直线、平曲线示意图,写出每个中桩的桩号和地面标高以及沿线土壤地质说明资料,并熟悉和掌握全线有关勘测设计资料,领会设计意图和要求。

(2)标注控制点

所谓控制点,就是指影响纵坡设计的高程控制点。"控制点"可分为两类,一类是属于控制性的"控制点",控制路线纵坡设计时必须通过它或限制从其上方或下方通过。这类控制点

（a）半填半挖

（b）多挖少填

（c）全挖路基

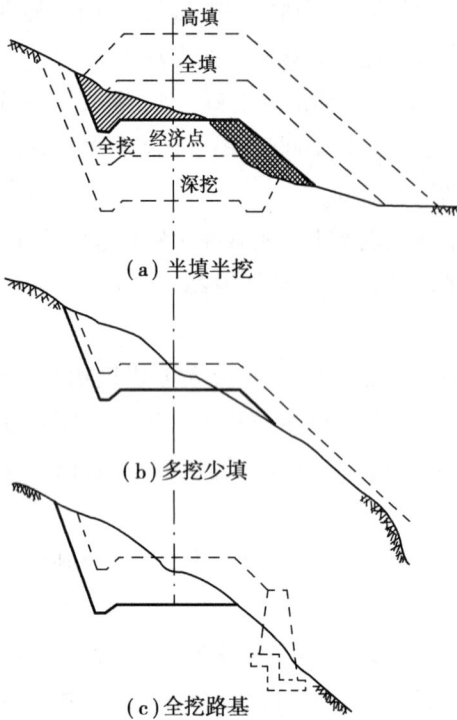

图 4.9　横断面上的经济点

主要有公路路线的起终点、垭口、重要桥梁及特殊涵洞、隧道的控制标高，重要城镇通过位置的标高以及受其他因素限制而使路线必须通过的控制点标高等；对于城市道路控制点是指城市桥梁桥面标高控制点、立交桥桥面标高控制点、铁路道口标高（按铁路轨顶标高计算）、平面交叉相交中心点控制标高、重要建筑物的地坪标高、满足重要管线最小覆土厚度的控制标高等。第二类是属于参考性的"控制点"，称为经济点。对于山岭重丘区的公路，除应标出控制性质的"控制点"以外，还应考虑各横断面上横向填挖基本平衡的经济点，以降低工程造价，如图 4.9 所示。横断面上的经济点有以下 3 种情况。

①当地面横坡不大时，可在中桩地面标高上下找到填方和挖方基本平衡的标高，纵坡通过此标高时，在该横断面上挖方数量基本等于填方数量。该标高为其经济点，如图 4.9(a) 所示。

②当地面横坡较陡时，填方往往不宜填稳，有时坡脚伸得较远，采用多挖少填甚至全部挖出路基的方法比砌石护坡经济，这时多挖少填或全挖路基的标高为经济点，如图 4.9(b) 所示。

③当地面横坡很陡，无法填方时，需砌筑挡土墙，此时宁愿全部挖出路基或深挖，该全部挖出或深挖路基的标高为其经济点，如图 4.9(c) 所示。

当地面横坡很陡，必须作挡土墙时，当采用某一设计标高使该断面按 1 m 长度计施工的土石方与挡土墙费用总和最省，该标高为其经济点。设计时"经济点"通常用"路基横断面透明模板"来确定，如图 4.10 所示。

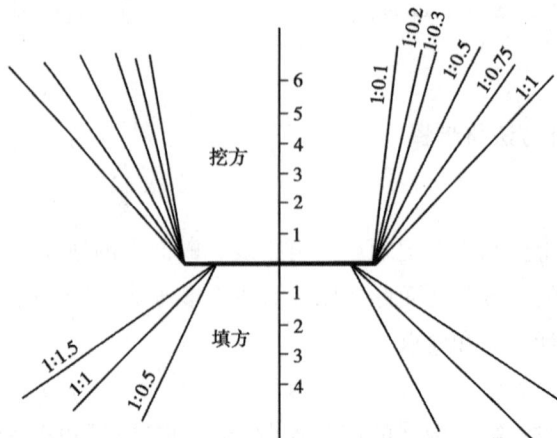

图 4.10　路基横断面透明模板

"路基横断面透明模板"可用透明描图纸或透明胶片制成,其上按横断面图的比例绘出路基宽度(挖方路段尚应包括两侧边沟的宽度)和各种不同坡度的边坡线(上为挖方,下为填方)。使用时将"路基横断面透明模板"扣在绘好地面线的横断面图上,使中线重合,根据地面横坡的大小,上下移动"模板",使填方和挖方面积大致相等或工程造价最经济,此时,"模板"上的路基顶面上与该中桩的地面高之间的高差就是经济填挖值,即为该中桩横断面的"经济点"。将此点按比例点绘到纵断面图的相应中桩位置,纵坡线通过的经济点越多,则工程量就越少,投资就越省。

横断面经济点

上述针对经济点的操作,主要是基于手工进行道路纵、横断面的设计方法,由于手工设计费工费时,不利于道路纵横断面设计多方案的优化设计比选,或即时修改因纵断面与横断面中的不协调的设计修改,故在设计纵断面时,通过经济点,尽量考虑到横断面设计的因素。随着计算机辅助设计系统的应用,利用计算机辅助设计系统快速计算及绘图的优点,更利于进行道路平、纵、横组合多方案设计比选,优化路线设计。故在利用道路计算机辅助设计系统进行道路纵断面设计时,无须进行前述经济点的工作,直接根据道路纵断面地面线,考虑道路纵向挖填平衡及道路纵坡相关技术要求,确定道路纵坡,并完成道路横断面设计,检查道路横断面设计状况,根据需要,再返回进行道路纵断面设计调整,甚至还可进行平面设计的调整,反复修改,重复以上过程,以达到最优的道路平、纵、横路线协调设计。

(3)试坡

试坡主要是在已标出"控制点"的纵断面图上,根据技术标准、选线意图,考虑各控制点和经济点的要求以及地形变化情况,初步定出纵坡设计线的工作。

试坡应以"控制点"为依据,照顾多数"经济点"。当个别"控制点"确实无法满足时,应对控制点重新研究,以便采取弥补措施。试坡的要点可以归纳为:"前后照顾,以点定线,反复比较,以线交点"。"前后照顾"就是要前后坡段通盘考虑,不能只局限在某一坡段上。"以点定线"就是按照纵面技术标准的要求,满足"控制点",参考"经济点",初步定出坡度线。"反复比较"就是用三角板推平行线的办法,移动坡度线,反复试坡,对各种可能的坡度线方案进行比较,最后确定既符合技术标准,又满足控制点要求而且土石方量最省的坡度线。"以线交点"就是将得到的坡度线延长,交出变坡点的初步位置。

(4)调坡

调坡主要从以下两方面进行:

①结合选线意图进行调坡。将试坡线与选线时所考虑的坡度进行比较,两者应基本相符。若有脱离实际情况或考虑不周的现象,则应全面分析,找出原因,权衡利弊,决定取舍。

②对照技术标准或规范进行调坡。详细检查设计最大纵坡、坡长限制、纵坡折减以及平纵线形组合是否符合技术标准或规范的要求。特别要注意陡坡与平曲线、竖曲线与平曲线、桥头接线、路线交叉、隧道及渡口码头等地方的坡度是否合理,发现问题要及时调整修正。

调整坡度线的方法有抬高、降低、延长、缩短纵坡线和加大、减小纵坡度等。调整时应以少脱离控制点、少变动填挖为原则,以便调整后的纵坡与试定纵坡基本相符。

（5）核对

核对主要在有控制意义的特殊横断面上进行。如选择高填深挖、挡土墙、重要桥涵及人工构造物以及其他重要控制点的断面等。其做法是：在纵断面图上直接由厘米格读出相应桩号的填挖高度，将此值用"路基横断面透明模板"套在相应横断面地面线上，检查若有填挖过大、坡脚落空、挡墙过高、桥涵填土不够以及其他边坡不稳现象，则需调整坡度线。核对是保证纵面设计质量的重要环节，对某些复杂地段，如山区横坡陡峻的傍山线，这一工作尤为重要。

（6）定坡

经调整核对合理后，即可确定坡度线。所谓定坡，就是把坡度值、变坡点位置（桩号）和高程确定下来。坡度值一般是用三角板推平行线的办法，直接读厘米格子得出，要求取值到千分之一，即0.1%。变坡点的位置直接从图上读出，一般要调整到整10 m桩位上。变坡点的高程是根据路线起点的设计标高由已定的坡度、坡长依次推算而来。由于现在业内设计都由道路CAD系统来完成，因此，坡段的坡度也可以由CAD系统确定的变坡点标高进行反算。

道路的纵坡设计是在全面掌握设计资料的基础上经过多次方案比较，精心设计才能完成。除以上提到的设计要求外，纵坡设计还要注意：

①与平面线形的合理组合，以得到较佳的空间组合线形。

②回头曲线路段纵坡的特殊要求。

③大中桥上不宜设置竖曲线，即不宜设变坡点。

④注意交叉口、城镇、大中桥、隧道等地段路线纵坡的特殊要求。

（7）设计竖曲线

根据道路等级和情况，确定竖曲线半径，并计算竖曲线要素。

（8）高程计算

根据已定的纵坡和变坡点的设计标高及竖曲线半径，即可计算出各桩号的设计标高。中桩设计标高与对应原地面标高之差即为路基施工高度，当两者之差为"+"，则是填方；两者之差为"-"，则是挖方。

▶4.5.2　纵断面设计图

（1）公路纵断面设计图

路线纵断面图是纵断面设计的最终成果，是道路设计文件的重要组成部分，如图4.11所示。在纵断面图上表示原地面的标高线称为地面线。地面线上各点的标高称为地面标高，沿道路中线所作的纵坡设计线称为纵断面设计线，在纵断面设计线上的各点标高称为设计标高（又称为路基设计标高）。任一桩号的设计标高与地面标高之差，称为该桩号的施工高度（即填挖值）。纵断面图反映路线所经地区中线之地面起伏情况与设计标高之间的关系。

纵断面
设计步骤

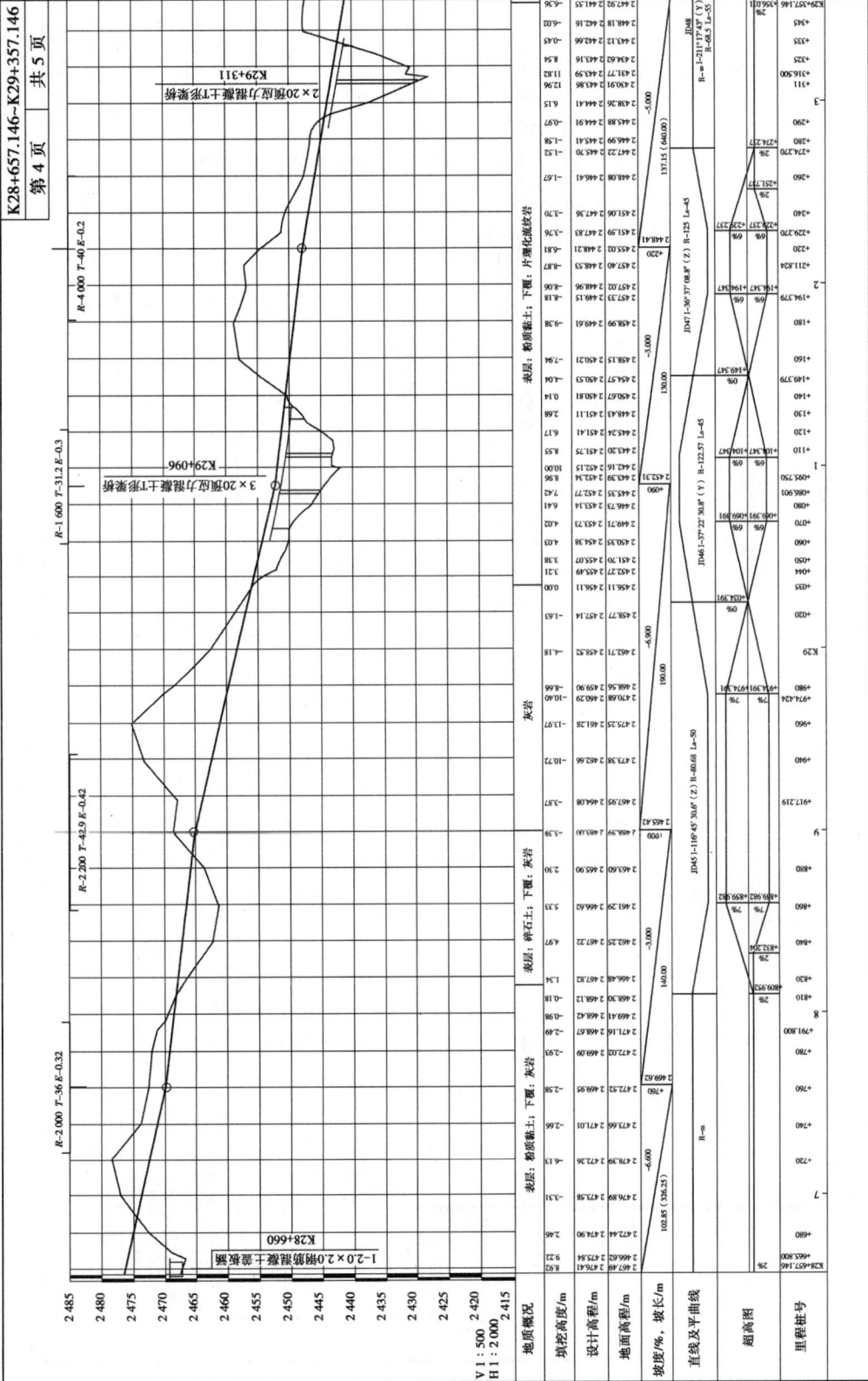

图 4.11　路线纵断面设计图（公路）

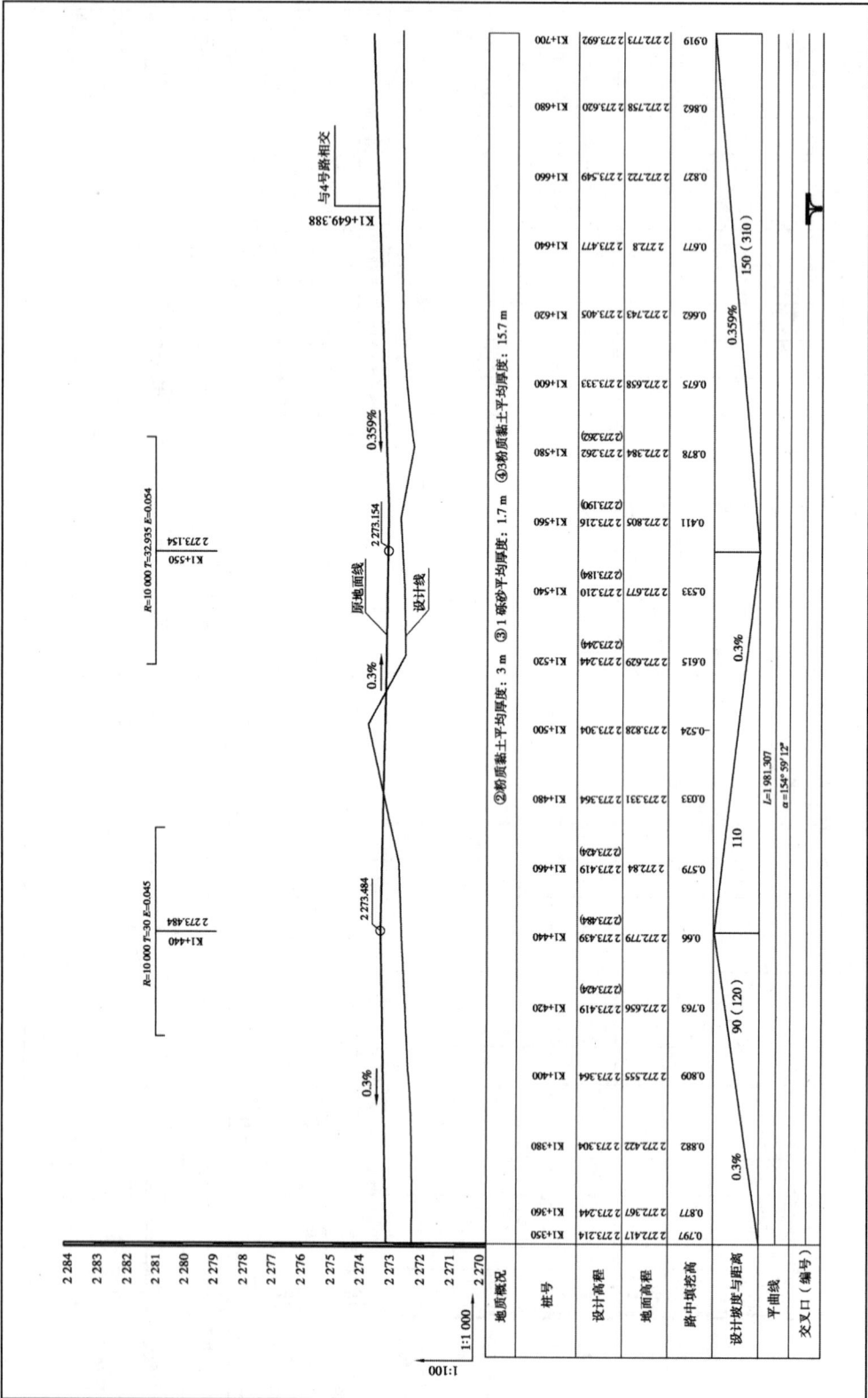

图4.12 路线纵断面设计图（城市道路）

　　道路纵断面设计图采用直角坐标,以横坐标(水平方向)表示里程及桩号,纵坐标(垂直方向)表示水准高程。为了突出地形起伏,纵横坐标通常采用不同的比例尺。横坐标比例尺一般与路线平面图一致,为 1∶2 000 或 1∶5 000,纵坐标的比例尺相应为 1∶200 或 1∶500。

　　在纵断面图中,图的上半部应包括如下主要内容:①高程、地面线、设计线、竖曲线及其要素。②桥涵(桥梁按桥型、孔数及孔径标绘,注明桥名、结构类型、中心桩号、设计水位;跨线桥示出交叉方式;涵洞与通道按桩号及底高绘出,注明结构类型、中心桩号、孔数及孔径)。③隧道(按长度、高度标绘,注明名称和起始点桩号)。④与道路、铁路交叉时的桩号及路名。⑤水准点的位置、编号及高程。⑥断链桩位置及长短链关系。⑦沿线跨越河流的现有水位和设计洪水位,影响路基稳定的地下水位等。

　　图的下部各栏应标示出土壤地质情况、施工高度、设计高程、地面高程、坡长及坡度、里程及桩号、直线及平曲线(包括缓和曲线)、超高、里程及桩号等。

　　(2)城市道路纵断面图

　　城市道路的纵断面图一般包括以下内容:道路中线的地面线,纵坡设计线,施工高度(填挖值),土壤地质剖面图,沿线桥涵位置,街沟类型和孔径,沿线交叉口位置和标高,沿线水准点位置、桩号和标高等,以及在图的下方附以简要的说明表格。在市区主干道的纵断面图上,尚应标注出相交道路的路名与交叉口的交点标高以及街坊与主要建筑物的出入口标高等,如图 4.12 所示。

　　当设计纵坡小于 0.3% 时,道路两侧街沟应作锯齿形街沟设计,以满足排水要求,并分别算出雨水进水口和分水点的设计标高,标注在相应的图栏内。

　　城市道路纵断面图的比例尺一般采用水平方向 1∶500~1∶1 000,垂直方向 1∶50~1∶100。

复习思考题

4.1　何为路线纵断面? 路基设计标高是如何规定的?

4.2　纵坡和竖曲线的标准各有哪些?

4.3　为什么《标准》要对最大纵坡加以限制? 规定最大纵坡主要考虑哪些因素?

4.4　何为平均纵坡、合成纵坡、最小坡长?

4.5　何为缓和坡段? 其设置的条件和设置的位置各是什么?

4.6　《标准》在制订竖曲线半径时,主要考虑了哪些因素?

4.7　简述设置爬坡车道的条件和如何设置爬坡车道。

4.8　简述各种线形组合要点和注意问题。

4.9　简述纵断面设计的一般步骤和方法。

第5章

横断面设计

5.1　道路用地范围与建筑限界

▶5.1.1　道路用地范围

（1）定义

道路用地是指为修建、养护道路及其沿线设施而依照国家规定所征用的地幅。

道路用地的征用必须遵守国家有关的土地法规,依据道路横断面设计的要求,在保证其修建、养护所必须用地的前提下,尽量节省每一寸土地。

（2）公路用地范围的划定

1）新建公路

填方地段为公路路堤两侧排水沟外边缘（无排水沟时为路堤或护坡道坡脚）以外挖方地段为路堑坡顶截水沟外边缘（无截水沟为坡顶）以外,不小于 1 m 的土地为公路用地范围。在有条件的地段,高速公路、一级公路不小于 3 m,二级公路不小于 2 m 的土地为公路用地范围。

高填深挖路段,可能会因取土、弃土以及在路基开挖填筑和养护过程中占用更多土地。为保证路基稳定,应根据计算确定用地范围。

2）改建公路

对现有的公路,保持其原有的用地范围不变,改建路段参照新建公路规定具体确定。

3）其他

桥梁、立体交叉、服务设施、安全设施、交通管理设施、停车设施及路用房屋、料场、苗圃等应在节约用地的原则下,根据实际需要确定用地范围。隧道路段,一般除洞口建筑设施按路基用地范围计外,其余均不计。

在风沙、雪害严重的地段设置的防护林、拦沙坝、防雪栅栏等防护设施,以及特殊地质地段的防护治理设施所需用地范围依据实际需要确定。

在公路用地范围之外是公路建筑控制区。

（3）城市道路用地范围

城市道路用地范围为城市道路红线宽度。城市道路红线指划分城市道路用地和城市建筑用地、生产用地及其他备用地的分界控制线。红线宽度为包括车行道、人行道、绿化带等在内的规划道路的总宽度,所以也称为规划路幅。城市道路的红线规划考虑道路的功能与性质、横断面型式及其各组成部分的合理宽度以及今后发展的需要,由城市规划部门确定。

▶5.1.2　建筑限界

(1)定义

道路建筑限界又称净空,是为保证车辆、行人的通行安全,对道路和桥面上以及隧道中规定的一定高度和宽度范围内不允许有任何障碍物侵入的空间界限。它由净高和净宽两部分组成。建筑限界的上缘边界线为水平线(超高路段与超高横坡平行),两侧边界线与水平线垂直(超高路段与路面垂直)。在道路横断面设计时,应充分研究各路幅组成要素与道路公共设施之间的关系,在有限的空间内合理安排、正确设计。道路标志、标牌、护栏、照明灯柱、电杆、行道树、桥墩、桥台等设施的任何部件不能侵入建筑限界之内。

(2)规定

我国《公路工程技术标准》(JTG B01—2014)规定各级公路建筑限界如图 5.1 所示。

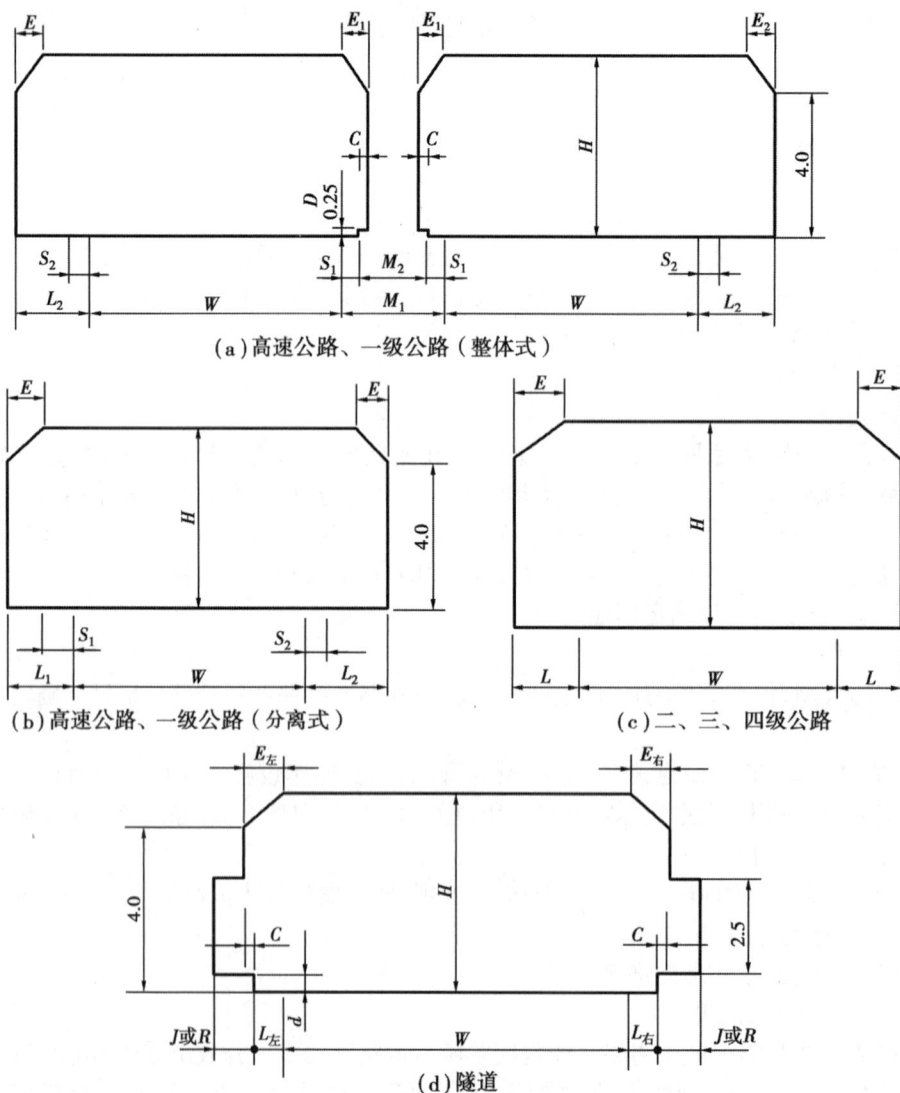

(a)高速公路、一级公路(整体式)

(b)高速公路、一级公路(分离式)　　　(c)二、三、四级公路

(d)隧道

图 5.1　建筑限界(尺寸单位:m)

图中：

W——行车道宽度；

L_1——左侧硬路肩宽度；

L_2——右侧硬路肩宽度；

S_1——左侧路缘带宽度；

S_2——右侧路缘带宽度；

L——侧向宽度。二级公路的侧向宽度为硬路肩宽度。三、四级公路的侧向宽度为路肩宽度减去 0.25 m，设置护栏时，应根据护栏需要的宽度加宽路基；

C——当设计速度大于 100 km/h 时为 0.5 m，等于或小于 100 km/h 时为 0.25 m；

D——路缘石高度，小于或等于 0.25 m。一般情况下，高速公路可不设路缘石；

M_1——中间带宽度；

M_2——中央分隔带宽度；

J——隧道内检修道宽度；

R——隧道内人行道宽度；

d——隧道内检修道或人行道高度；

E——建筑限界顶角宽度，当 $L \leqslant 1$ m 时，$E = L$；当 $L > 1$ m，$E = 1$ m；

E_1——建筑界限顶角宽度，当 $L_1 < 1$ m，$E_1 = L_1$，或 $S_1 + C < 1$ m，$E_1 = S_1 + C$；当 $L_1 \geqslant 1$ m 时，$E_1 = 1$ m；

E_2——建筑界限顶角宽度，$E_2 = 1$ m；

$E_{左}$——建筑界限左顶角宽度，当 $L_{左} \leqslant 1$ m 时，$E_{左} = L_{左}$；当 $L_{左} > 1$ m 时，$E_{左} = 1$ m；

$E_{右}$——建筑界限右顶角宽度，当 $L_{右} \leqslant 1$ m 时，$E_{右} = L_{右}$；当 $L_{右} > 1$ m 时，$E_{右} = 1$ m；

H——净空高度。

公路净高要求为：

高速公路、一级公路、二级公路：5.0 m；

三级公路、四级公路：4.5 m；

中级或低级路面可预留 20 m。

对城市道路而言，其建筑限界的划定原理与公路相同，最小净高见表 5.1。

表 5.1 最小净高

车行道种类	机动车道			非机动车道	
行驶车辆种类	各种汽车	无轨电车	有轨电车	自行车、行人	其他非机动车
最小净高/m	4.5	5.0	5.5	2.5	3.5

5.2 公路路基横断面组成及宽度

▶5.2.1 路基横断面组成

（1）一般组成

①行车道：供各种车辆行驶部分的总称。

②路肩：位于行车道外缘至路基边缘，具有一定宽度的带状构造物。

③中间带：高速公路及一级公路上用于分隔对向车辆的带状构造物。

④边坡：为保证路基稳定，在路基两侧具有一定坡度的坡面。

⑤边沟：为汇集和排除路面、路肩及边坡流水在挖方或低填方路基两侧设置的纵向排水沟。

高速公路与一级公路的横断面组成如图5.2所示。左侧路缘带宽度为0.75 m或0.5 m，右侧路缘带设置在硬路肩内侧，宽度为0.5 m，结构与行车道结构相同，用行车道外侧标线或不同的路面颜色来表示，其主要作用是诱导驾驶员视线及分担一部分侧向余宽、路面横向支撑。

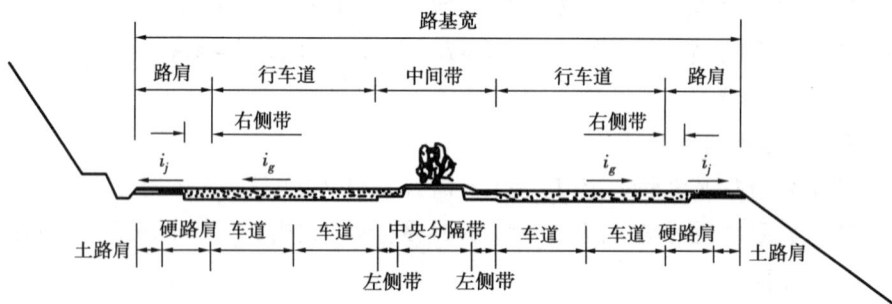

图 5.2 高速公路及一级公路横断面

二、三、四级公路横断面组成如图5.3所示。

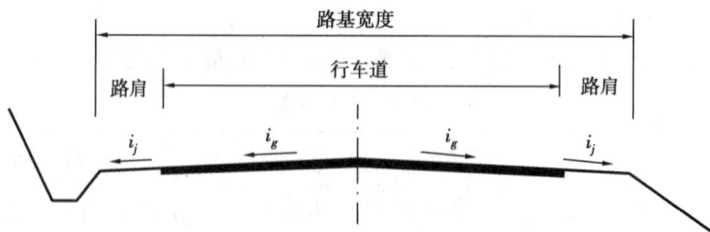

图 5.3 二、三、四级公路横断面

（2）特殊组成

①应急停车带：在高速公路和一级公路上设置的供临时发生故障或其他原因需紧急停车车辆使用的临时停车地带。当右侧硬路肩的宽度小时应设应急停车带，其设置间距不宜大于500 m，其宽度包括硬路肩在内3.50 m，有效长度不小于30 m。

②高速公路、一级公路以及二级公路的连续上坡段,当通行能力运行安全受到影响时,应设置爬坡车道。爬坡车道宽度不应小于 3.50 m。

③互通式立体交叉、服务区、停车区、公共汽车停靠站、管理设施等的出入口处,高速路、一级公路应设置加(减)速车道,二级公路应设置过渡段。

④四级公路采用单车道时,应设置错车道。设置错车道路段的路基宽度不应小于双车道路基宽,如图 5.4 所示。

⑤护坡道:当路堤较高时,为保证路基边坡稳定,在取土坑与坡脚之间,沿原地面纵向保留的有一定宽度的平台。

《标准》规定:

当路肩边缘与路侧取土坑底的高差小于或等于 2 m 时,取土坑内侧坡顶可与路堤坡脚径相衔接,并采用路堤边坡坡度;当高差大于 2 m 时,应设置宽 1 m 的护坡道;当高差大于 6 m 时,应设置宽 2 m 的护坡道。

⑥碎落台:在路堑边坡坡脚与边沟外侧边缘之间或边坡上,为防止碎落物落入边沟而设置的具有一定宽度的纵向平台。

⑦截水沟:在地面线较陡的挖方路段,为拦截山坡上流向路基的水,在路堑坡顶以外设置的水沟。

⑧避险车道:连续长陡下坡路段,危及运行安全处,应设置避险车道。

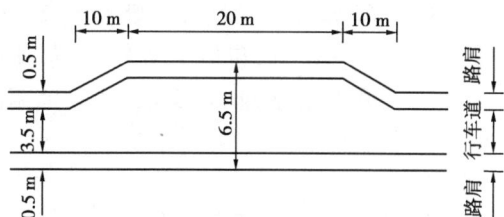

图 5.4　错车道布置

▶5.2.2　公路一般组成部分的宽度

影响车辆横向运动的主要因素有行驶速度、驾驶能力、在曲线段增加车道宽度的需求、曲线段车辆的动态横移、反光镜位置或超宽装载和横向风影响等。行驶速度与最小侧向余宽的关系见表 5.2。车道宽度、路肩宽度、中间带宽度是基于多因素的综合。

表 5.2　行驶速度与侧向余宽的关系

行车速度/(km · h⁻¹)	最小侧向余宽/m
>70	1.25
50~70	1.00
30~50	0.75
≤30	0.50

(1)行车道宽度

1)行车道宽度的计算原理

$$B = n \times b$$

$$n = \frac{N_s}{N} \quad b = a + C$$

式中　B——行车道宽度,m;

n——车道数,条;

b——一条车道的宽度,见表5.2;

N_s——设计交通量,辆/h;

N——一条车道的设计通行能力;与车速和车型有关,辆/h;

a——车辆的几何宽度,一般取 $a=2.5$ m;

C——侧向余宽,包括车与车(同向或对向)之间余宽和车与边(内侧边或外侧边)之间的余宽,m;据实测,侧向余宽值的大小与车速和交通组成有关,且与车速成正比。

2)规定

各级公路的行车道宽度见表5.3。

表5.3 车道宽度

设计速度/$(km \cdot h^{-1})$	120	100	80	60	40	30	20
车道宽度/m	3.75	3.75	3.75	3.50	3.50	3.25	3.00 (单车道时为3.50)

注:高速公路为八车道,当设置左侧硬路肩时,内侧车道宽度可采用3.50 m。

(2)路肩

1)组成及作用

路肩由土路肩和硬路肩组成,如图5.5所示。硬路肩又称加固路肩,为行车提供侧向余宽、路面横向支撑、临时停车等,高速公路和一级公路应在硬路肩内侧设置路缘带。二、三、四级公路可不设硬路肩,但在村镇附近及混合交通量大的路段应予加固。高速公路采用分离式断面时,行车道左侧应设硬路肩,其宽度一般为1.25 m(设计速度120 km/h)、1.00 m(设计速度100 km/h)或0.75 m(设计速度≤80 km/h)。

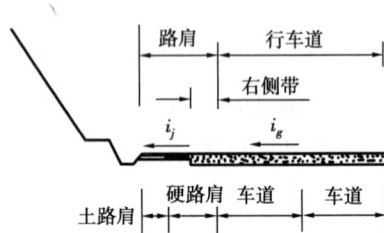

图5.5 路肩的组成

路肩的作用是:

①增加车道的侧向余宽,供临时停车、错车或堆放养路材料之用。

②具有保护路面及支撑路面结构的作用。

③显示行车道的边缘线,有利于视线诱导,增加行车的舒适感和安全感。

④为公路的其他设施(如护墙、护栏、绿化、电杆、地下管线等)提供设置的场地(土路肩外侧0.25 m),也可供养护人员养护操作、避车之用。

⑤精心养护的路肩,能增加公路的美感。

2)宽度

各级公路路肩的宽度见表5.4和表5.5。

表 5.4　路肩宽度

公路等级（功能）		高速公路			一级公路（干线功能）	
设计速度/(km·h⁻¹)		120	100	80	100	80
右侧硬路肩宽度/m	一般值	3.00 (2.50)	3.00 (2.50)	3.00 (2.50)	3.00 (2.50)	3.00 (2.50)
	最小值	1.50	1.50	1.50	1.50	1.50
土路肩宽度/m	一般值	0.75	0.75	0.75	0.75	0.75
	最小值	0.75	0.75	0.75	0.75	0.75

公路等级（功能）		一级公路（集散功能）和二级公路		三级公路、四级公路		
设计速度/(km·h⁻¹)		80	60	40	30	20
右侧硬路肩宽度/m	一般值	1.50	0.75	—	—	—
	最小值	0.75	0.25			
土路肩宽度/m	一般值	0.75	0.75	0.75	0.50	0.25 双车道
	最小值	0.50	0.50			0.50 单车道

注：①正常情况下，应采用一般值；在设爬坡车道、变速车道及超车道路段，受地形、地物限制路段及多车道特大桥，可论证采用最小值。

②高速公路和作为干线的一级公路以通行小客车为主时，右侧硬路肩可采用括号内的值。

表 5.5　分离式断面高速公路、一级公路左侧路肩宽度

设计速度/(km·h⁻¹)	120	100	80	60
左侧硬路肩宽度/m	1.25	1.00	0.75	0.75
左侧土路肩宽度/m	0.75	0.75	0.75	0.50

采用边沟排水的城市道路应在路面外侧设置路肩，见表 5.6。

表 5.6　路肩最小宽度

设计速度/(km·h⁻¹)	100	80	60	50	40
保护性路肩最小宽度/m	0.75	0.75	0.75(0.50)	0.50	0.50
有少量行人时的路肩最小宽度/m	—		1.50		

注：括号内为主干路保护性路肩最小宽度的取值。

（3）中间带

1）组成及作用

高速公路和一级公路的整体式断面型式应设置中间带。中间带由中央分隔带和两条左侧路缘带组成，如图5.6所示。

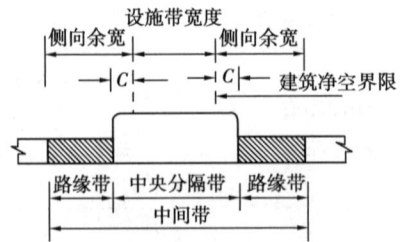

图5.6 中间带的组成

其作用是：

①将对向车流分开，避免车辆任意调头，减少交通事故提高通行能力。

②在中间带上种植花草灌木或设置防眩网，既可以防止对向车灯产生的眩光，又美化路容和环境。

③为沿线设施（如交通标志、标牌、护栏、防眩网、灯柱地下管线等）的设置提供场地（注意不可侵入建筑限界以内）。

④为公路分期改建提供储备用地。

⑤显示行车道位置，起视线诱导作用。

2）宽度

中间带的宽度依行车道的侧向余宽和设施带宽度而定，越宽效果越好。但由于土地资源十分宝贵，我国基本上采用窄的中间带，其宽度随公路等级和地形变化为2.50~4.50 m，特殊情况下可减至2.00 m。整体式断面公路的中间带，一般规定见表5.7。

表5.7 中间带宽度

设计速度/(km·h⁻¹)		120	100	80	60
中央分隔带宽度/m	一般值	3.00	2.00	2.00	2.00
	最小值	2.00	2.00	1.00	1.00
左侧路缘带宽度/m	一般值	0.75	0.75	0.50	0.50
	最小值	0.75	0.50	0.50	0.50
中间带宽度/m	一般值	4.50	3.50	3.00	3.00
	最小值	3.50	3.00	2.00	2.00

注："一般值"为正常情况下的采用值；"最小值"为条件受限时可采用的值。

为了便于养护作业和某些车辆在必要时驶向反向车道，中央分隔带应按一定距离设置开口部。开口部一般情况下以每2 km的间距设置，不宜太密。

一条公路上不得频繁变化中央分隔带宽度以保持良好的线形及视觉。不得已需改变时，应设置渐变过渡段，使车道中心线的线形圆滑、顺适。

▶5.2.3　路基宽度

公路路基宽度为行车道与路肩宽度之和。当设有中间带、变速车道、爬坡车道、应急停车带等,尚应包括这些部分的宽度。

各级公路的路基宽度见表 5.8。

表 5.8　各级公路路基宽度

公路等级		高速公路、一级公路								
设计速度/(km·h⁻¹)		120			100			80		60
车道数		8	6	4	8	6	4	6	4	4
路基宽度/m	一般值	45.00	34.50	28.00	44.00	33.50	26.00	32.00	24.50	23.00
	最小值	42.00	—	26.00	41.00	—	24.50	—	21.50	20.00

公路等级		二级公路、三级公路、四级公路					
设计速度/(km·h⁻¹)		80	60	40	30	20	
车道数		2	2	2	2	2 或 1	
路基宽度/m	一般值	12.00	10.00	8.50	7.50	6.50（双车道）	4.50（单车道）
	最小值	10.00	8.50	—	—	—	

注:①"一般值"为正常情况下的采用值;"最小值"为条件受限制时可采用的值。
②八车道高速公路路基宽度"一般值"为设置左侧硬路肩、内侧车道采用 3.50 m 时的宽度;
　八车道高速公路路基宽度"最小值"为不设置左侧硬路肩、内侧车道采用 3.75 m 时的宽度。

四级公路宜采用 3.5 m 的行车道和 6.5 m 的路基,当交通量较大时,可采用 6.0 m 的行车道和 7.0 m 的路基,在工程特别艰巨以及交通量很小路段,可采用 4.5 m 路基,但应按《标准》规定,设置错车道。

5.3　城市道路横断面

▶5.3.1　组成

城市道路由于其为城市交通服务的功能,其交通组成是机动车、非机动车、行人的混合交通,所以其横断面一般由机动车道、非机动车道、人行道、分车带、绿化带、排水设施及各种管线工程等组成。

(1)机动车道

城市道路机动车道宽度包括几条车道宽度。每条机动车道宽度应根据汽车车型及设计车速,并考虑侧向余宽予以确定。推荐按表5.9采用。机动车道的路面宽度应计入分隔带及两侧路缘带的宽度,路缘带宽度一般为0.50 m。依据我国城市道路的实际经验,推荐如下数值供设计参考:

双车道　7.5~8.0 m　　　　　三车道　10.0~11.0 m

四车道　13.0~15.0 m　　　　六车道　19.0~22.0 m

表5.9　一条机动车道最小宽度

车型及车道类型	设计速度/(km·h⁻¹)	
	>60	≤60
大型车或混行车道/m	3.75	3.5
小客车专用车道/m	3.5	3.25

注:小型汽车包括2 t以下载货车、小型旅行车。

当同向的机动车与非机动车混合行驶时,为保证汽车与同向行驶的非机动车之间最小的安全间隙,建议以汽车车厢右侧1 m,作为划分快慢车分道线的位置。

(2)非机动车道

城市中行驶的非机动车包括自行车、三轮车、兽力车、板车等。兽力车在一些大中城市中已受到限制,并有消失的趋势,而自行车作为一种短途出行的代步工具,在我国具有很大的市场。所以,有的城市认为非机动车道主要是供自行车行驶,可适当照顾其他非机动车的行驶。设计时应根据自行车设计交通量与每条自行车道的设计通行能力来计算自行车车道数。

自行车道的通行能力是以单车安全行驶所需宽度划分车道线,以高峰时间各车道线平均的通行量作为一条自行车道的设计通行能力。根据观测及研究,推荐一条自行车道线(宽1 m)的设计通行能力(单纯为自行车行驶,无人力三轮车等时)为:

采用分车线与机动车分隔的自行车道为850辆/h;

采用分车带与机动车分隔的自行车道为1 100辆/h;

当有信号灯交通管制的路口时,因受路口条件、间距及路段行车密度的影响,设计时平均可按750辆/h采用。

自行车道的宽度,根据北京市调查资料推荐为:

一条自行车道宽度为1.5 m;两条自行车道宽度为2.5 m;三条自行车道宽度为3.5 m。并以此类推。

根据《城市道路路线设计规范》(CJJ 193—2012)规定,非机动车专用道路,单向车道宽不宜小于3.5 m,双向车道宽不宜小于4.5 m。沿道路两侧设置的单向非机动车道宽度不宜小于2.5 m。

(3)分车带

城市道路的分车带按其在横断面中的不同位置与功能分为中间分车带(简称中间带)及两侧分车带(简称两侧带)。分车带由分隔带及两侧路缘带组成。

分车带最小宽度见表5.10。

表 5.10　分车带宽度

类　别			中间带		两侧	
设计速度			≥60	<60	≥60	<60
路缘带宽度 W_{mc} 或 W_{md}/m	机动车道	0.50	0.25	0.50	0.25	
	非机动车道	—	—	0.25	0.25	
安全带宽度 W_{sc}/m	机动车道	0.25	0.25	0.25	0.25	
	非机动车道	—	—	0.25	0.25	
侧向净宽度 W_1/m	机动车道	0.75	0.50	0.75	0.50	
	非机动车道	—	—	0.50	0.50	
分隔带最小宽度/m			1.50	1.50	1.50	1.50
分车带最小宽度/m			2.50	2.00	2.50 (2.25)	2.00

注:①侧向净宽度为路缘带宽度与安全带宽度之和。

②括号内为一侧是机动车道,另一侧是非机动车道时的取值。

③分隔带最小宽度值系按设施带宽度 1m 计的,具体设计应根据设施带实际宽度确定。

（4）人行道

人行道主要供行人步行交通,应能满足行人通行的安全和畅通,保证高峰小时的行人流量,并用来设置绿化、照明、地下管线等。规范规定,人行道宽度不得小于表 5.11 所列数值。此外还需加上设施带宽度（表 5.12）及行道树等占地宽度方为人行道（即路侧带）的总宽度。图 5.7 为按地下管线布置要求的人行道最小宽度。为协调街道各部分的宽度,一般认为,街道总宽与单侧人行道宽度之比为5∶1～7∶1是适宜的。

表 5.11　人行道最小宽度表

项　目	人行道最小宽度/m	
	大城市	中、小城市
各级道路	3	2
商业或文化中心区以及大型商店或大型公共文化机构集中路段	5	3
火车站、码头附近路段	5	4
长途汽车站	4	4

人行道的设置一般高出车行道 10～20 cm,向路缘石一侧倾斜,坡度一般为 1.5%～2.0%。人行道的铺装应平整、抗滑、耐磨、美观。基层材料应具适当强度与水稳定性,保证行人能安全舒适地通行,不占用车行道。

路缘石高度一般为 10～20 cm,对桥上、隧道内,线形弯曲陡坡段可采用 25～40 cm,并应有足够的埋置深度,以保证稳定。缘石宽度为 10～15 cm。

表 5.12　设施带宽度表

项　目	设施带宽度/m
设置行人护栏	0.25~0.50
设置杆柱	1.00~1.50

注:如同时设置护栏与杆柱时,宜采用表列的大值。当红线宽度较窄或条件困难时,设施带与绿化带可合并,但应注意设施与树木间的矛盾。

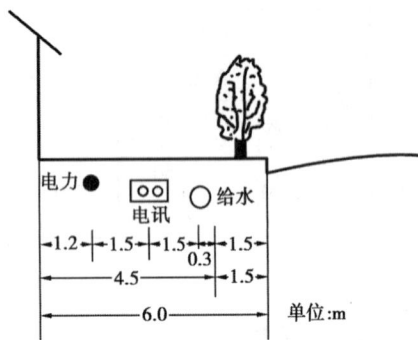

图 5.7　按地下管线布置要求的
人行道最小宽度

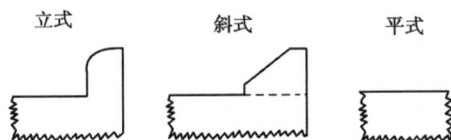

图 5.8　路缘石

缘石有立式、斜式及平式 3 种,如图 5.8 所示。人行道范围的路缘石宜做成斜式或平式;分隔带两侧的路缘石多采用斜式或立式,平式适用于公路路肩。当采用立式缘石设置在中间分隔带及两侧分隔带时,外露高度宜为 15~20 cm;当设置在路侧带两侧时,外露高度宜为 10~15 cm。路缘石材料可采用石质或不低于 30 MPa 的水泥混凝土。

▶5.3.2　城市道路横断面的基本型式

(1)四种基本型式

城市道路交通主要由行人交通和车辆交通两部分组成,在设计中必须合理解决行人与车辆、机动车与非机动车之间的交通矛盾。通常是利用路缘石和绿带把人行道和车行道布置在不同的位置和高度上,以分隔行人和车辆,保证交通安全。但机动车和非机动车的交通组织是否分隔还是混行,则应根据道路和交通的具体情况做具体分析而定;不同的交通组织,它的机动车道在横断面上的布置型式也相应不同。

根据机动车道和非机动车道的不同布置型式,城市道路横断面的布置有以下 4 种基本型式(图 5.9)。

①"一块板"断面。把所有车辆都组织在同一个车行道混合行驶,车行道布置在道路中央。在画有快(机动车)、慢(非机动车)两种车道线的街道,机动车在快车道上行驶,非机动车在慢车道上行驶。在不影响交通安全的条件下,它们的车道允许相互临时调剂使用,即允许车辆临时超越分道线;在快、慢车道不分的街道上,机动车在中间行驶,非机动车靠右侧行驶。

②"两块板"断面。利用分隔带(或分隔墩)把一块板型式的车行道一分为二,在交通组织上起分流渠化作用,分向行驶。在两条同向行驶的车行道上,可划分快、慢车分道线分流行驶;也可不划分道线,快、慢车混合行驶。标准横断面图如图 5.10 所示。

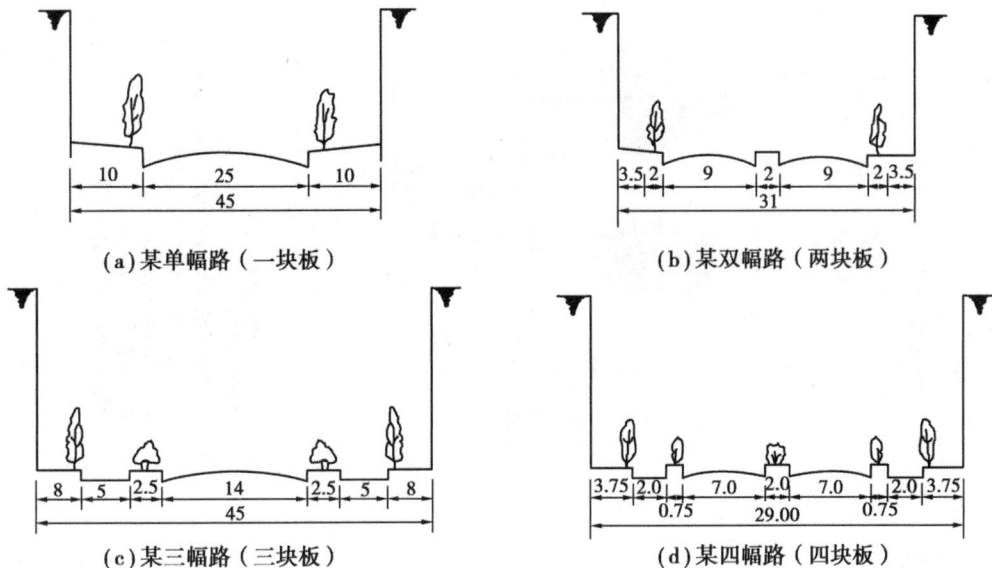

(a)某单幅路（一块板） (b)某双幅路（两块板）

(c)某三幅路（三块板） (d)某四幅路（四块板）

图 5.9 城市道路横断面基本型式

③"三块板"断面。用分隔带（或分隔墩）把车行道分隔为三块，中间的为双向行驶的机动车车行道，两侧的均为单向行驶（彼此方向相反）的非机动车车行道。

④"四块板"断面。在三块板断面型式的基础上，再用分隔带把中间的机动车车行道分隔为二，分向行驶。

（2）城市道路横断面布置的四种基本型式的使用效果

根据我国各地的使用经验，认为三块板和一块板型式的横断面使用效果较好，而两块板型式虽然也有一定优点，但在我国目前的城市道路上表现出弊病较多，如车辆行驶时灵活性差，转向需要绕道，占地多，车道利用率不高。因此各地采用不多，特别是在市区，即使原来有的也逐渐被改建为一块板或三块板型式的横断面。四块板型式的横断面，从组织渠化交通、保证行车安全和提高车速的角度来说，是最为理想的，但由于这种型式占地很宽，故在城市里，尤其是在建筑密集、道路狭窄的市区，是无法实施的。

现把横断面的四种基本型式做如下几方面的分析比较。

①在交通安全上：三块板和四块板比一块板、两块板都要安全。这是由于三块板和四块板解决了非机动车和机动车相互干扰（易产生交通事故）的主要矛盾，同时分隔带还起了行人过街的安全岛作用。但三块板和四块板对公共交通车辆停靠站上、下的乘客穿越非机动车道比较不便。三块板主要用于车速要求较高的城市主干道上，两块板和四块板则主要用于高速公路。

②在行车速度上：一块板和两块板型式，由于机动车和非机动车混合行驶，互相干扰，车速较低。三块板和四块板因机动车和非机动车分流行驶，互不干扰，车速一般较高。

③在照明上：三块板比一块板容易布置，能较好地处理绿化与照明的矛盾，照度均匀，可提高夜间行车速度，并减少因照明不良而引起的交通事故。

④在绿化遮阴上：三块板上布置多排绿带，覆荫效果好，在夏季对行人和各种行驶车辆均感凉爽舒适，同时有利于黑色路面防晒、防泛油。

⑤在减少噪声上：三块板的机动车道在当中，由于绿带的隔离作用，噪声对行人和沿街居民的干扰较小。

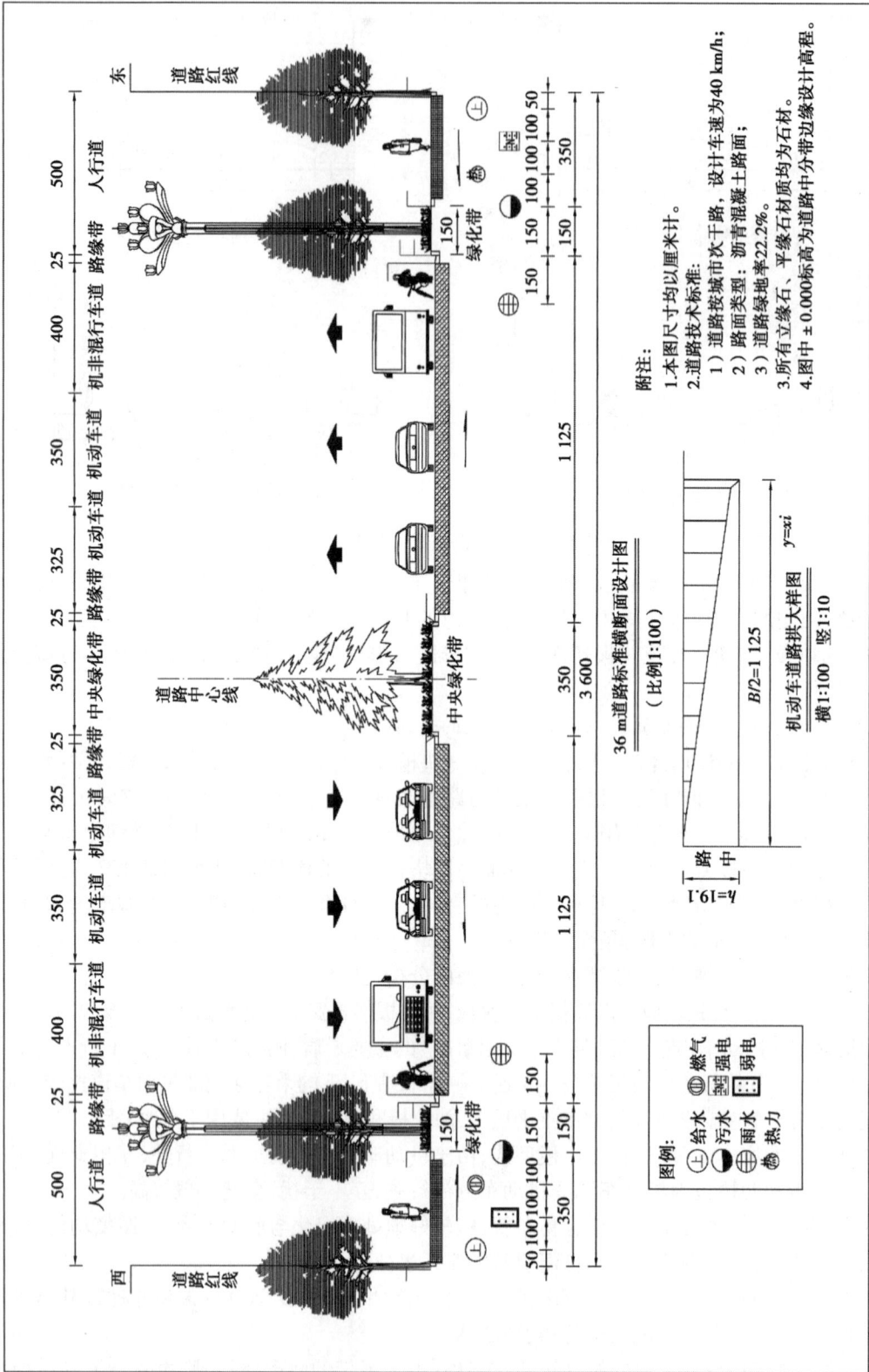

图5.10 城市道路标准横断面图

⑥在造价上:一块板占地最小,投资少,故在各种等级的道路上均可采用。三块板,特别是四块板用地最多,但有利于地下管线的分期敷设和非机动车道可采用较薄路面,这是合理的一面,但总造价往往最高,主要适用于主干道上。

此外三块板型式便于分期实施,当近期交通量不大时,可先做成一块板,待交通量增长到一定程度时再考虑扩建为三块板。同时根据实际需要三块板也可改为一块板。有时三块板断面的两条分隔带可做成活动式的,在节日游行时可移去。据目前使用情况看,三块板型式的横断面,其红线宽度宜在 40 m 以上较妥。它的缺点是占地多,分隔带不仅占用了一定的道路用地,同时也限制了车行道的相互调剂。因此对那些近期交通量不大的道路,过早地采用三块板型式不一定是适宜的。

(3)城市道路横断面布置的四种基本型式的适用条件

通过以上分析比较,可见四种横断面型式都各有它的优缺点和适用条件,必须结合具体情况,作技术经济比较,因地制宜采用。

一般讲,三块板和四块板适用于道路红线宽度较宽(一般在 40 m 以上)、机动车交通量大(≥4 条机动车道)、车速高、非机动车多的主要干道。

一块板型式适用于建筑红线较狭(一般在 40 m 以下),非机动车不多,设 4 条车道已能满足交通量的需要。在用地困难、拆迁量较大地段以及出入口较多的商业性街道上可优先考虑。有时虽然红线宽在 40 m 以上,但有特殊功能要求时(如游行大道),也应采用一块板型式。

两块板适用于郊区快速干道(机动车辆多,非机动车辆少),可以减少对向机动车相互之间的干扰,特别是夜间行车;两块板型式对绿化、照明、管线敷设均较有利。但由于我国目前城市交通的主要矛盾是机动车与非机动车混合行驶的矛盾,而不是机动车对向行驶的矛盾,同时设置后因车辆超车而造成的交通事故较多,各地经多年的实践经验证明,这种型式对行车安全极为不利,故上海、南京、长沙、合肥等地已陆续拆除,改为一块板或三块板断面型式。

总之,三块板优点居多,在条件具备的城市道路上宜优先考虑采用。但从我国目前现状看,一块板型式具有很高的使用价值,为我国广大中小城市普遍采用,即使在大城市有时为了减少拆迁,节省近期投资,也经常选用;在近期先辟成一块板型式,以后视需要再过渡到三块板。二块板型式,在交通量大的市区干道,不宜采用,它一般是在交通量不很大的次要道路或郊区道路上才考虑选用。四块板型式在城市道路上较难实施,它主要用于高速道路上。

5.4 路基横断面设计参数及设施

▶5.4.1 路拱

为了迅速排除路面上的雨水,将路面做成由中间向两侧倾斜的拱形,称为路拱。

路拱虽然对排水有利,但对行车不利。这是由于汽车自身的重力沿着路拱横坡方向的分力增加了行车的不平稳,并且当路面有水时路面与轮胎间的横向附着系数很小,更增加了侧向滑移的危险。因此,在选择路拱的大小与形状时,应该在保证排水的情况下,兼顾到行车的要求,对于不同的路面类型和行车道宽度,结合当地的自然条件,降雨强度等采用不同的路拱坡度。《标准》对路拱坡度的规定见表 5.13。

表 5.13　路拱坡度

路面类型	路拱坡度/%
沥青混凝土、水泥混凝土	1~2
其他沥青路面	1.5~2.5
半整齐石块	2~3
碎、砾石等粒料路面	2.5~3.5
低级路面	3~4

高速公路和一级公路位于中等强度降雨地区时,路拱坡度宜采用高值;位于严重强度降雨地区时,路拱坡度可适当增大。

分离式路基,每侧行车道可设置双向路拱,也可设置成向路基外侧倾斜的单向横坡。但在积雪冻融地区,应设置双向路拱。

城市道路横坡应根据路面宽度、路面类型、纵坡及气候条件确定,宜采用 1.0%~2.0%。

快速路及降雨量大的地区宜采用 1.5%~2.0%;严寒积雪地区、透水路面宜采用 1.0%~1.5%。

保护性路肩横坡度可比路面横坡度加大 1.0%。

单幅路应根据道路宽度采用单向或双向路拱横坡;多幅路应采用由路中线向两侧的双向路拱横坡;人行道宜采用单向横坡。

路拱的形式有抛物线形、直线接曲线形、折线形等。

土路肩由于其排水性远低于路面,为了迅速排除路面水,其横坡度一般较路拱横坡增加 1%~2%。硬路肩一般与路面采用同一横坡,也可稍大于路面。

▶5.4.2　路基排水设施

公路路基防排水设计应根据公路沿线气象、水文、地形、地质以及桥涵和隧道设置情况,遵循总体规划、合理布局、防排疏结合、少占农田、保护环境的原则,设置完善、通畅的防排水系统,做好路基防排水与地基处理、路基防护等综合设计,并与路面、桥梁、涵洞、隧道等防排水系统相协调。路界地表水不宜流入桥面、隧道及其排水系统。

低填、浅挖路基以及排水困难地段,应采取防、排、截相结合的综合措施,及时拦截有可能进入路界的地表水,排除路基内自由水,隔离地下水,保证路基处于干燥或中湿状态。

为保证路基免受水的侵蚀、破坏,影响路基的性能而设置的排水设施,路基地面排水设施包括边沟、侧沟、排水沟、跌水沟、倒虹吸、渡水槽、截水沟、急流槽和排水沟槽等。地下排水设施包括暗沟、渗水暗沟、渗水隧道洞、渗沟、渗井等。

(1)边沟

1)边沟的作用

边沟是沿路基两侧布置的纵向排水沟。设置于挖方和低填方路段,路面和边坡水汇集到边沟内后,通过跌水井或急流槽引到桥涵进出口处或通过排水沟引到路堤坡脚以外,排离路基。

2)边沟的纵坡

边沟的纵坡宜与路线纵坡一致,不宜小于 0.3%,特殊困难情况下,可减小至 0.1%。

3）边沟流量

边沟的流量一般不做计算，仅做概略估计，其他排水沟渠的水流一般应避免进入边沟，但当个别的渠流量不大，拟利用一般边沟汇入桥涵时，应计算该段边沟的总流量，必要时应扩大边沟的断面尺寸。为防止边沟水流漫溢或产生冲刷，应尽可能利用当地有利地形条件，采取相应措施，将边沟水流分段排除于路基范围之外，或引入自然沟渠，以减少边沟的集中流量。

4）边沟的断面形式及尺寸

边沟的断面形式一般采用梯形。底宽与深度一般都不应小于 0.4 m；干旱地区也可采用 0.3 m。边沟边坡根据地质情况而定，内侧边坡一般为 1:1~1:1.5，石质路段可以直立；边沟外侧边坡，通常与挖方边坡一致。

当采用机械化施工时，土方边沟可做成三角形，其内侧边坡可用 1:2~1:3，外侧边坡一般为 1:1~1:2。

当路线通过分水岭时，路堑中的石质边沟在凸形变坡点处，边沟最小深度可减至 0.2 m，底宽可不变。边沟的断面形式如图 5.11 所示。

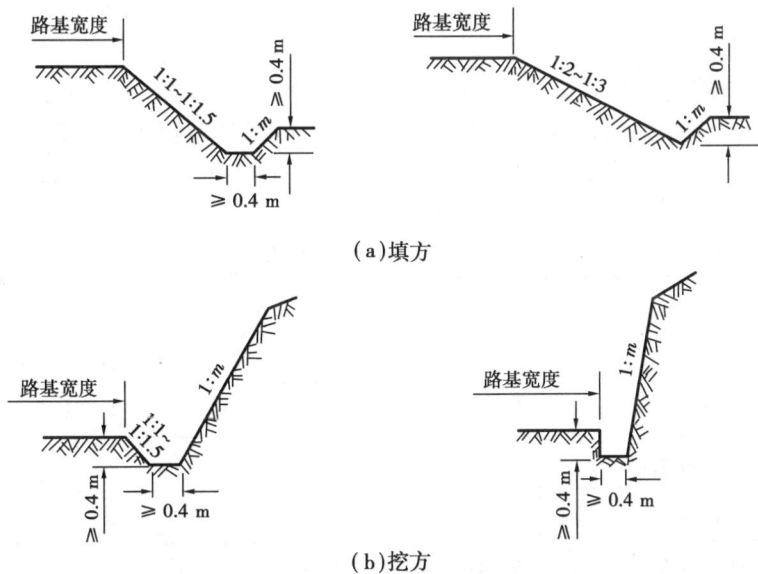

（a）填方

（b）挖方

图 5.11　边沟横断面图

（2）截水沟

截水沟又称天沟，为拦截山坡上流向路基的水，在路堑坡顶以外设置的水沟。

挖方路基的堑顶截水沟应设置在坡口 5 m 以外，并宜结合地形进行布设，填方路基上侧的路堤截水沟距填方坡脚的距离不应小于 2 m。在多雨地区，视实际情况可设一道或多道截水沟，其作用是拦截路基上方流向路基的地表水，保护挖方边坡和填方坡脚不受水流冲刷。

雨期土质路堑开挖前，在路堑边坡坡顶 2 m 以外开挖截水沟并接通出水口。

当路基挖方上侧山坡汇水面积较大时，应于挖方坡口 5 m 以上设置截水沟。截水沟水流一般不应引入边沟，当必须引入时，截水沟应切实做好防护措施。截水沟长度一般不宜超过 500 m，当截水沟长度超过 500 m 时应选择适当的地点设出水口，将水引至山坡侧的自然沟中或桥涵进水口，截水沟必须有牢靠的出水口，必要时须设置排水沟、跌水或急流槽。截水沟的出水口必须与其他排水设施衔接。截水沟的平、纵转角处应设曲线连接，其沟底纵坡应不小于0.3%。当流速大于土壤容许冲刷的流速时，应对沟面采取加固措施或设法减小沟底纵坡。

截水沟设置时充分考虑设置位置，在坡度较陡时应选择合理地形位置设置。不要因截水沟的设置造成高的边坡或影响边坡稳定性。

（3）排水沟

排水沟是指将边沟、截水沟和路基坡面水、路堤坡脚、低洼处汇集的水引向路基范围以外的水沟。

排水沟设计按照路基排水系统工程布局和工程标准，分析计算各级排水沟道流量、水位、断面尺寸和工程量。

▶5.4.3 边坡

（1）路堤边坡

路堤的边坡坡度，应根据填料的物理力学性质、气候条件、边坡高度以及基底的工程地质和水文地质条件进行合理选定。

1）填土路堤边坡

如果路堤基底地质条件良好，边坡高度不大于20 m，可参照表5.14选定其边坡坡度。边坡高度大于20 m应按高路堤设计，边坡形式宜采用阶梯型，边坡坡率必须进行边坡稳定性分析确定，按3个工况计算分析：正常工况、非正常工况一（暴雨工况）、非正常工况二（地震工况）。应采用简化 Bishop 法计算。并应进行施工监测。

表5.14　路堤边坡坡率表

填料类别	边坡坡率	
	上部高度（$H \leqslant 8$ m）	下部高度（$H \leqslant 12$ m）
细粒土	1:1.5	1:1.75
粗粒土	1:1.5	1:1.75
巨粒土	1:1.3	1:1.5

注：填料类别按《公路土工试验规程》（JTG 3430—2020）标准。

沿河受水浸淹路基的填方边坡坡度，在设计水位以下部分视填料情况可采用1:1.75～1:2.0，在常水位以下部分可采用1:2.0～1:3.0。如采用渗水性较好的土填筑路堤，可采用较陡的边坡。

为了必要时便于汽车驶下公路进行疏散，在平原微丘区高度不超过1.0 m的路堤，如用地条件许可，可采用不陡于1:3的边坡。

路基填筑前应进行地基表层处理，《公路路基设计规范》（JTG D30—2015）其他规定：

①稳定的斜坡上，地面横坡缓于1:5时，清理地表草皮、腐殖土后可直接填筑；地面横坡在1:5～1:2.5时，原地面应挖土质台阶，台阶宽度不应小于2 m。

②地面横坡陡于1:2.5时，为陡坡路堤，必须验算路堤整体沿基底及基底下软弱层滑动的稳定性，按正常工况、非正常工况一（暴雨工况）、非正常工况二（地震工况）3个工况计算分析，并应进行施工监测。

③当地下水影响路堤稳定性时,应采取拦截引排地下水或在路堤底部填筑渗水性好的材料等措施。

④地基表层应压实,高速公路、一、二级公路基底压实度不应小于 90%,三、四级公路不应小于 85%,低路堤应进行超挖、分层压实处理,处理深度不小于路床深度。

⑤稻田、湖塘等地段,应视具体情况,采取排水、晾晒、换填、加筋、外掺无机结合料等措施处理。当为软基时,应按软基进行处理。

⑥护肩路基的护肩高度不宜大于 2 m,顶面宽度不应侵占硬路肩或行车道及路缘带的范围。

2)填石路堤边坡

硬质岩石、中硬岩石可用于路床、路堤填料,软质岩石可用于路堤填料,不得用于路床填料,膨胀性岩石和盐化岩石等不得用于路堤填料。填石路堤(图 5.12)的边坡坡度依据其填料的大小、边坡高度和施工方法而定。填石路堤顶部最后一层填石料的铺筑厚度不得大于 0.4 m,最大粒径不得大于 150 mm,其中小于 5 mm 的细料含量不应小于 30%,且铺筑层表面应无明显孔隙、空洞,并视情况需要设置土工布作为隔离层。填石路堤可采用与土质路堤相同的断面形式,边坡坡率不宜陡于表 5.15 的规定,边部采用码砌,厚度宜为 1~2 m,码砌石块最小尺寸不应小于 300 mm,边坡较高时,可在边坡中部设置宽度为 1~3 m 的平台。

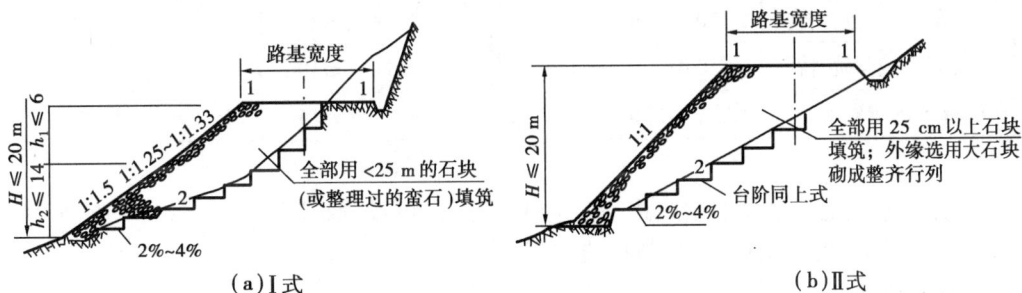

（a）I 式　　　　　　（b）II 式

图 5.12　填石路堤
1—路肩以平整大块石铺砌或 10 cm 黏土盖草皮;
2—台阶每级宽 1~2 m,向内反坡 2%~4%

当边坡高度 $H \leq 20$ m 时,其边坡坡度的选用可见表 5.15。当 $H > 20$ m 时,应进行稳定分析计算,以确定边坡形式及坡率。

表 5.15　填石路堤边坡坡率表

填石料种类	边坡高度/m			边坡坡率	
	全部高度	上部高度	下部高度	上部高度	下部高度
硬质岩石	20	8	12	1:1.1	1:1.3
中硬岩石	20	8	12	1:1.3	1:1.5
软质岩石	20	8	12	1:1.5	1:1.75

3)砌石路基边坡

砌石路基如图 5.13 所示,可用于三、四级公路,砌石应选用当地不易风化的片、块石砌筑,内侧填石;岩石风化严重或软质岩石路段不宜采用砌石路基;砌石顶宽不应小于 0.8 m,基底面应向内倾斜,砌石高度不宜超过 15 m。其砌石边坡的内外坡和襟边宽度按照表 5.16 和表 5.17 采用。

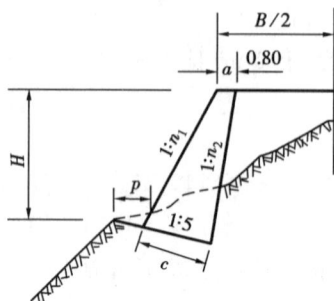

图 5.13　砌石路基

表 5.16　襟边宽度表

地基地质情况	襟边宽度 P/m
轻风化的硬质岩石	0.2~0.6
风化岩石或软质岩石	0.4~1.0
坚实的粗粒土	1.0~2.0

表 5.17　砌石边坡坡度表

编号	高度/m	内坡坡度	外坡坡度
1	≤5	1 : 0.3	1 : 0.5
2	≤10	1 : 0.5	1 : 0.67
3	≤15	1 : 0.6	1 : 0.75

当填方路基受地形地物限制或路基稳定性不足时,可设置护脚或挡土墙。护脚高度不宜大于 5 m,受水浸淹的路堤护脚,应防护或加固。

(2)路堑边坡

路堑或挖方路基边坡的稳定性主要和当地的工程地质、水文地质和地面排水条件有关。此外,地貌、气候等因素对其稳定性也有很大影响。设计时应参考当地稳定的自然山坡和人工坡(如已建成道路的边坡等)的坡度,并结合采用的施工方法等综合考虑。

1)土质路堑边坡

土质路堑边坡形式及坡率应根据工程地质、水文地质条件、边坡高度、排水防护措施、施工方法等,并结合自然稳定边坡、人工边坡的调查及力学分析综合确定,边坡高度不大于 20 m 时,其边坡坡率可参照表 5.18 选用。路堑边坡高度大于 20 m 时,其边坡形式及坡率应进行稳定性分析计算确定。

表 5.18　土质挖方边坡坡率表

土的类别	边坡坡率
黏土、粉质黏土、塑性指数大于 3 的粉土	1 : 1
中密以上的中砂、粗砂、砾砂	1 : 1.5

续表

土的类别		边坡坡率
卵石土、碎石土、圆砾土、角砾土	胶结和密实	1:0.75
	中密	1:1

注:①黄土、红黏土、高液限土、膨胀土等特殊土质挖方边坡形式及坡率应按特殊路基处理;
②土的密实程度的划分见表 5.19。

表 5.19　土的密实程度划分表

分　级	试坑开挖情况	分　级	试坑开挖情况
较松	铁锹很容易铲入土中,试坑坑壁很容易坍塌	密实	试坑坑壁稳定,开挖困难,土块用手使力才能破碎,从坑壁取出大颗粒处能保持凹面形状
中密	天然坡面不易陡立,试坑坑壁有掉块现象,部分需用镐开挖	胶结	细粒土密实度很高,粗颗粒之间呈弱胶结,试坑用镐开挖很困难,天然坡面可以陡立

2)岩质路堑边坡

岩质路堑边坡形式及坡率应根据工程地质、水文地质条件、边坡高度、排水防护措施、施工方法等,并结合自然稳定边坡、人工边坡的调查确定,必要时可采用稳定性分析方法验算。边坡高度不大于 30 m 时,无外倾软弱结构面的边坡可根据表 5.20 确定岩体类型,岩质边坡应根据岩体完整程度、结构面结合程度、产状、直立边坡自稳能力等条件。边坡坡率再结合表 5.21 确定。对有外倾软弱结构面的岩质边坡、坡顶边缘附近有较大荷载的边坡、边坡高度超过表 5.21 范围的边坡等,其边坡形式及坡率应进行稳定性分析计算确定。

表 5.20　岩体类型确定表

边坡岩体类型	判定条件			
	岩体完整程度	结构面结合程度	结构面产状	直立边坡自稳能力
Ⅰ	完整	结构面结合良好或一般	外倾结构面或外倾不同结构面的组合线倾角>75°或<35°	30 m 高边坡长期稳定,偶有掉块
Ⅱ	完整	结构面结合良好或一般	外倾结构面或外倾不同结构面的组合线倾角 35°~75°	15 m 高的边坡稳定,15~30 m 高的边坡欠稳定
	完整	结构面结合差	外倾结构面或外倾不同结构面的组合线倾角>75°或<35°	
	较完整	结构面结合良好或一般或差	外倾结构面或外倾不同结构面的组合线倾角<35°,有内倾结构面	边坡出现局部塌落

续表

边坡岩体类型	判定条件			
	岩体完整程度	结构面结合程度	结构面产状	直立边坡自稳能力
Ⅲ	完整	结构面结合差	外倾结构面或外倾不同结构面的组合线倾角35°~75°	8 m高的边坡稳定,15 m高的边坡欠稳定
	较完整	结构面结合良好或一般	外倾结构面或外倾不同结构面的组合线倾角35°~75°	
	较完整	结构面结合差	外倾结构面或外倾不同结构面的组合线倾角>75°或<35°	
	较完整(碎裂镶嵌)	结构面结合良好或一般	结构面无明显规律	
Ⅳ	较完整	结构面结合差或很差	外倾结构面层面为主,倾角35°~75°	8 m高的边坡不稳定
	不完整(散体、碎裂)	碎块间结合很差	—	

注:①边坡岩体分类中未含由外倾软弱结构面控制的边坡和倾倒崩塌型破坏边坡。

②Ⅰ类岩体为软岩、较软岩时,应降为Ⅱ类岩体。

③当地下水发育时,Ⅱ、Ⅲ类岩体可视具体情况降低一档。

④强风化岩体和极软岩可划为Ⅳ类岩体。

⑤表中外倾结构面系指倾向与坡向的夹角小于30°的结构面。

表5.21　岩质路堑边坡坡率表

边坡岩体类型	风化程度	边坡坡率	
		$H<15$ m	15 m$\leq H\leq$30 m
Ⅰ类	未风化、微风化	1:0.1~1:0.3	1:0.1~1:0.3
	弱风化	1:0.1~1:0.3	1:0.3~1:0.5
Ⅱ类	未风化、微风化	1:0.1~1:0.3	1:0.3~1:0.5
	弱风化	1:0.3~1:0.5	1:0.5~1:0.75
Ⅲ类	未风化、微风化	1:0.3~1:0.5	—
	弱风化	1:0.5~1:0.75	—
Ⅳ类	弱风化	1:0.5~1:1	—
	强风化	1:0.75~1:1	—

注:有可靠的资料和经验时,可不受本表限制;Ⅳ类强风化包括各类风化程度的极软岩。

　　边坡高度大于20 m的软弱松散岩质路堑,宜采用分层开挖、分层防护和坡脚预加固技术。当挖方边坡较高时,可根据不同的土质、岩石性质和稳定性要求开挖成折线式或台阶式边坡,边沟外侧应设置碎落台,其宽度不宜小于 1.0 m,台阶式边坡中部应设置边坡平台,其宽度不宜小于 2.0 m。

▶5.4.4 **路基防护与支挡**

应根据当地气候、水文、地形、地质条件及筑路材料分布情况,采取工程防护和植物防护相结合的综合措施,防治路基病害,保证路基稳定,并与周围环境景观相协调。

路基坡面防护工程应设置在稳定的边坡上。当土质和气候条件适宜时,宜采用植物防护;当植物防护的坡面有可能产生冲刷时,应设置浆碱片石或水泥混凝土骨架;对完整性较好、稳定的弱、微、来风化硬质岩石边坡,可不作防护。当路基稳定性不足时,应设置必要的支挡加固工程。

(1)坡面防护

对受自然因素作用易产生破坏的边坡坡面,应根据气候条件、岩土性质、边坡高度、边坡坡率、水文地质条件、施工条件、环境保护、水土保持要求等因素,按表 5.22 选用,经技术经济比较后选择适宜的防护措施。

表 5.22 坡面防护工程类型及适用条件

防护类型	亚类	适用条件
植物防护	植草或喷播植草	可用于坡率不陡于 1:1 的土质边坡防护。当边坡较高时,植草可与土工网、土工网垫站合防护
	铺草皮	可用于坡率不陡于 1:1 的土活边坡或全风化、强风化的岩石边坡防护
	种植灌木	可用于坡率不陡于 1:0.75 的土质、软质岩石和全风化岩石边坡防护
	喷混植生	可用于坡率不陡于 1:0.75 的砂性土、碎石土、粗粒土、巨粒土及风化岩石边坡防护,边坡高度不宜大于 10 m
骨架植物防护	—	可用于坡率不陡于 1:0.75 的土质和全风化、强风化的岩石边坡防护
工程防护	喷护	可用于坡率不陡于 1:0.5 的易风化但未遭强风化的岩石边坡防护,高速公路、一级公路和环境景观要求高的公路不宜采用
	挂网喷护	可用于坡率不陡于 1:0.5 的易风化、破碎的岩石边坡防护,高速公路、一级公路和环境景观要求高的公路不宜采用
	干砌片石护坡	可用于坡率不陡于 1:1.25 的土质边坡或岩石边坡防护
	浆砌片石护坡	可用于坡率不陡于 1:1 的易风化的岩石和土质边坡防护
	护面墙	可用于坡率不陡于 1:0.5 的土质和易风化剥落的青石边坡防护

(2)挡土墙

挡土墙设计应根据路基横断面、地形、地质条件和地基承载能力,合理确定挡土墙位置、起讫点、长度和高度,并按表 5.23 进行技术经济比较后,选择适宜的挡土墙类型。

表 5.23　挡土墙类型及适用条件

挡土墙类型	适用条件
重力式挡土墙	适用于一般地区、浸水地段和高烈度区的路堤和路堑等支挡工程。墙高不宜超过12 m,干砌挡土墙的高度不宜超过6 m
半重力式挡土墙	适用于不宜采用重力式挡土墙的地下水位较高或较软弱的地基上。墙高不宜超过8 m
石笼式挡土墙	可用于地下水较多的土质、风化破碎岩石路段
悬臂式挡土墙	宜在石料缺乏、地基承载力较低的填方路段采用。墙高不宜超过5 m
扶壁式挡土墙	宜在石料缺乏、地基承载力较低的填方路段采用。墙高不宜超过15 m
错杆挡土墙	宜用于墙高较大的岩质路堑地段。可用作抗滑挡土墙。可采用肋柱式或板壁式单级墙或多级墙。每级墙高不宜大于8 m,多级墙的上、下级墙体之间应设置宽度不小于2 m的平台
锚定板挡土墙	宜使用在缺少石料地区的路肩墙或路堤式挡土墙,但不应建筑于滑坡、坍塌、软土及膨胀土地区。可采用肋柱式或板壁式,墙高不宜超过10 m。肋柱式锚定板挡土墙可采用单级墙或双级墙,每级墙高不宜大于6 m,上、下级墙体之间应设置宽度不小于2 m的平台。上下两级墙的肋柱宜交错布置
加筋土挡土墙	可分为有面板加筋土挡主墙和无面板土工格栅加筋土挡土增。有面板加筋土挡土墙可用于一般地区的路肩式挡土墙、路堤式挡土墙,无面板土工格栅加筋土挡土墙可用于一般地区的路提式挡土墙,但均不应修建在滑坡、水流冲刷、崩塌等不良地质地段;高速公路、一级公路墙高不宜大于12 m;二级及二级以下公路不宜大于20 m;当采用多级墙时,每级墙高不宜大于10 m,上下级墙体之间应设置宽度不小于2 m的平台
桩板式挡土墙	用于表土及强风化层较薄的均质岩石地基,挡土墙高度可较大,也可用于地震区的路堑或路堤支挡或滑坡等特殊地段的治理

路堤挡土墙布设要点:基于路基的稳定性、施工便利性、工程数量及经济性综合考虑确定路堤挡土墙的合理位置。

挡土墙结构设计应采用以极限状态设计的分项系数法为主的设计方法,车辆荷载计算应采用附加荷载强度法。挡土墙设计应进行其承载能力极限状态计算和正常使用极限状态验算,以及挡土墙抗滑稳定、抗倾覆稳定和整体稳定性验算。

挡土墙设置
要点及注意事项

▶5.4.5　路基与环境保护

路基取土场、弃土场的设置,应根据各路段所需取土或弃方数量,结合路基排水、地形、土质、施工方法、节约土地、环境保护等要求,做出统一规划设计。

取土场设置应符合下列规定:

①合理考虑取土场与路基之间的距离,避免取土影响路基边坡稳定。

②桥头引道两侧不宜设置取土场。

③兼作排水的取土场，应保证排水系统通畅，其深度不宜超过该地区地下水水位，并应与桥涵进口高程相衔接，其纵坡不应小于0.2%，平坦地段不应小于0.1%。

弃土场设置应符合下列规定：

①合理设置弃土场，不得影响路基稳定及斜坡稳定。

②沿河弃土时，应防止加剧下游路基与河岸的冲刷，避免弃土侵占河道，并视需要设置防护支挡工程。

③弃土场应堆放规则，进行适当碾压。取土场和弃土场应采取必要的排水、防护支挡和绿化等工程措施，保证边坡稳定，避免水土流失。

▶5.4.6 路基横断面主要形式

公路横断的布设宜结合地形、地质、路基稳定性、工程经济等条件综合确定，特别是山岭区，受地形、地质、气候、水文等各种自然因素的影响较大，横断面设计的形式多样，结合路基支挡等防护措施，进行综合比较确定。合理的路基横断面和防护形式，不仅可降低边坡的高度，同时也可增加稳定性，节省投资。

（1）设计原则

山区高速公路路基设计中，应坚持经济性、实用性、灵活性、环保性的原则，在满足工程造价及景观建设综合效益提升需要的前提下，也可针对性地采用一些信息化的动态设计。

①应与当地的自然环境相结合，加强环境保护。

②因势利导，合理利用地理环境。

③实施动态跟踪设计，相据现场地质情况复核原设计，不合理的应及时进行调整。

④对高边坡、特殊岩土或存在不利结构面的边坡，应采取必要的预防措施，避免产生滑坡病害。

⑤路基防护设计应尽量依形就势，保持原有坡面形态。

（2）路基横断面常用形式

按道路左右行车方向路基位置不同可分为：

①整体式路基。一般在地形较平级、地势起伏不大、地质条件较好的路段采用。

②分幅式路基。指相向行驶的路基断面采用分离式路基断面的形式。分离式路基需有各自独立的左侧路缘带及路肩，同时相向而行的两幅路基采用不同的平面和纵断面线形，以保证行车的安全和舒适度。分幅式路店主要应用在山区沿河（溪）线两侧各自的单面坡上，或是在山区U形峡谷各自靠近山脚的两侧，或是在需要分别架设高架桥、分幅穿越隧道的路段。

③错台式路基。它是整体路基形式的一种特殊形式，其中间带宽度一般不大于3.0 m，路基宽度一般与整体式路基一致（特殊路段也可以采用桥梁路基错台而平面部分叠合的方式）。从断面形式来看，错台式路基形式为相向行驶的路基上下错开，错开部分即可看作中央分隔带。错台式路基形式一般用于山区沿河（次）线一侧坡度较陡且地质条件较好的单面坡的上下，或是在山区U形沟谷的单面坡的上下，或在越岭线中地势较开阔的单面斜坡的上下部位。

山区公路
典型路基

整体式路基根据断面不同结构形式，常用形式包括填方路堤、挖方路纸、半挖半填、半路半桥、半路半隧、悬出路台等不同形式。

对于通过工程困难地段或不良地质地段的路线，更需要注意线形的协调配合，尽量避开不良地质地段或工程艰巨地段,以保证路基稳定、减少工程量,应通过与桥隧结合方案进行技术经济比选,从而确定出技术可行、经济合理的路基方案。

5.5 爬坡车道

爬坡车道是陡坡路段主线行车道外侧增设的供载重车行驶的专用车道。

在道路纵坡较大的路段上,载重车爬坡时需要克服较大的坡度阻力,使车速下降,大型车与小汽车的速差变大,超车频率增加,对行车安全不利。同时,速差较大的车辆混合行驶,必将减小快车行驶的自由度,导致通行能力下降。为了消除上述不利影响,宜在陡坡路段增设爬坡车道,把载重汽车、慢速车从主线车流中分流出去,从而提高主线车辆的行驶自由度,确保行车安全,提高该路段的通行能力。

一般来讲,理应选择不设爬坡车道的路线纵断面设计,但这样往往会造成路线迂回或路基高填深挖,增大工程费用。在多数情况下,采用稍大的纵坡值而增设爬坡车道会产生既经济又安全的效果。不过,设置爬坡车道也并非最好措施,解决问题的根本途径还在于精选路线,定出纵坡值较小而又经济实用的路线。

▶5.5.1 设置爬坡车道的条件

(1)公路

高速公路、一级公路纵坡长度受限制的路段,应对载重汽车上坡行驶速度的降低值和设计通行能力进行验算,符合下列情况之一者,在上坡方向行车道右侧设置爬坡车道。

①沿上坡方向行驶载重汽车的行驶速度降低到表 5.24 的允许最低速度以下时,可设置爬坡车道。

表 5.24 上坡方向容许最低速度

设计速度/(km·h⁻¹)	120	100	80	60	40
容许最低速度/(km·h⁻¹)	60	55	50	40	25

②上坡路段的设计通行能力小于设计小时交通量时,应设置爬坡车道。

爬坡车道设计通行能力的计算方法与主线的设计通行能力的计算方法相同。在设计中,对需设置爬坡车道的路段,应进行设置爬坡车道方案与改善主线纵坡不设爬坡车道方案进行技术经济比选,以确定经济、合理的方案。

隧道、大桥、高架构造物及深挖方路段,当因设置爬坡车道使工程费用增加很大时,爬坡车道可以不设。对双向六车道高速公路可不设爬坡车道,而将外侧车道作为爬坡车道使用。

对于山岭地区的高速公路,由于地形复杂,纵坡设计控制因素较多。在这种路段上,设计车速一般在 80 km/h 以下,所以允许各类汽车行驶速度有某种程度的不同,是否设置爬坡车道,必须在上述基本条件下,从公路建设的目的、服务水平、规划交通量、工程投资规模及爬坡车道的效果等综合分析比较后确定。

(2)城市道路

城市道路快速路及行车速度为 60 km/h 的主干道,纵坡度大于 5% 的路段或符合下列情况之一时,可在上坡方向行车道右侧设置爬坡车道。

①沿上坡方向大型车辆的行驶速度降低到 50 km/h 时(计算行车速度为 80 km/h)或行驶速度降低到 40 km/h 时(计算行车速度为 60 km/h)。

②由于上坡路段混入大型车辆的干扰,降低路段通行能力时。

③经综合分析认为设置爬坡车道比降低纵坡经济合理时。

▶5.5.2　爬坡车道的设计

(1)横断面组成

爬坡车道设于上坡方向主线行车道右侧,如图 5.14 所示。爬坡车道的宽度一般为 3.5 m,包括设于其左侧路缘带的宽度 0.5 m。

爬坡车道的路肩和主线一样仍然由硬路肩和土路肩组成。但由于爬坡车道上行驶速度较低,其硬路肩宽度可以不按主线的安全标准要求设计,一般为 1.0 m,而土路肩宽度以按主线要求设计为宜。对长而连续的爬坡车道,为了临时停车的需要而应按规定设置紧急停车带。爬坡车道的曲线加宽按行车道曲线加宽有关规定执行。

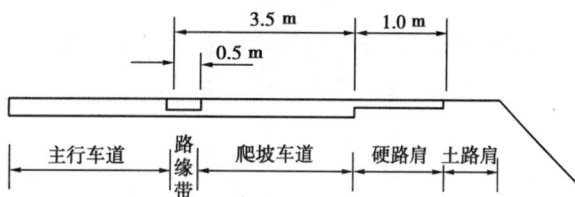

图 5.14　爬坡车道横断面组成

(2)横坡度

如上所述,因为爬坡车道的行车速度比主线小,为了行车安全起见,高速公路主线超高坡度与爬坡车道的超高坡度之间的对应关系见表 5.25。超高坡度的旋转轴为爬坡车道内侧边缘线。

表 5.25　爬坡车道的超高坡度

主线的超高坡度/%	10	9	8	7	6	5	4	3	2
爬坡车道超高坡度/%		5			4			3	2

若爬坡车道位于直线路段时,其横坡度的大小同于主线路拱坡度,均采用直线式横坡,坡向向外。另外,爬坡车道右侧路肩的横坡度大小和坡向参照主线与右侧路肩之间关系的有关规定确定。

(3)平面布置与长度

爬坡车道的平面布置如图 5.15 所示,其总长度由起点处渐变段长度 L_1、爬坡车道的长度 L 和终点处附加长度 L_2 组成。

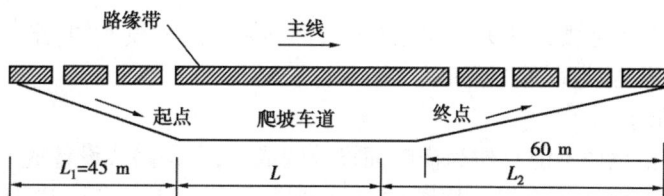

图 5.15　爬坡车道的平面布置

起点处渐变段长度 L_1 用来使主线车辆驶离主线而进入爬坡车道,其长度一般取 45 m。

爬坡车道的位置与长度 L,一般应根据所设计的纵断面线形,通过加、减速行程图绘制出载重车行驶速度曲线,找出小于容许最低速度的路段,从而得到需设爬坡车道的位置及长度 L。

爬坡车道终点处附加长度 L_2 用来供车辆驶入主线前加速至容许最低车速,其值与附加段的纵坡度有关,见表 5.26 规定,该附加长度包括终点渐变段长度 60 m 在内。

表 5.26 爬坡车道终点附加长度

附加段的纵坡/%	下坡	平坡	上坡			
			0.5	1.0	1.5	2.0
附加长度/m	150	200	250	300	350	400

爬坡车道起、终点的具体位置除按上述方法确定外,还应考虑与线形的关系。通常应设在通视条件良好,便于辨认和过渡顺适的地点。

5.6 路基横断面设计及成果

▶5.6.1 横断面设计步骤

①依据横断地面线数据点绘横断面地面线,常用比例为 1∶200。地面线数据是现场测绘的,若是纸上定线,则从大比例尺的地形图上内插获得。在计算机辅助设计中,可向计算机输入横断面各变化点相对于中桩的坐标,由计算机自动绘制。

②根据路线和路基资料,将横断面的填挖值及有关资料(如路基宽度、加宽值、超高坡度、缓和段长度、平曲线半径等)抄于相应桩号的断面处。

③根据现场调查的土壤地质资料,示出土石界线,确定路基坡度以及边沟的形状与尺寸。

④绘横断面的设计线,俗称"戴帽子"。

设计线应包括路基、边沟、截水沟、加固及防护工程、护坡道、碎落台、视距台等。在弯道上的断面还应示出超高、加宽。一般直线段的断面可不示出路拱坡度。

"戴帽子"

⑤计算横断面的填挖面积并填写。

横断面填挖面积的计算方法将在 5.7 节中介绍。

▶5.6.2 横断面设计成果

路基横断面设计的主要成果是"两图两表",即路基横断面设计图,路基标准横断面图,路基设计表与路基土石方计算表。

(1)路基设计表

路基设计表严格地说不能只作为横断面设计的成果,它是路线设计成果的一个汇总,其前半部分是平面与纵面设计的成果。横断面设计完成后,再将"边坡""边沟"等栏填上。其中"边沟"一栏的"坡度"如不填写,表明沟底纵坡与道路纵坡一致,如果不一致,则需另外填写。其表格形式见表 5.27。

表 5.27 路基设计表

+（路段名称）

桩号	平曲线 左	平曲线 右	纵坡/% 及坡长/m	竖曲线 凹	竖曲线 凸	设计标高/m	地面标高/m	填挖高度 填	填挖高度 挖	路基宽度 左	路基宽度 右	路基宽度 全宽	路基边缘及中桩与设计标高之高差 左	中	右	施工时中桩 填	挖	边坡1:m 左	右	护坡道宽度 左	右	护坡道边坡1:m 左	右	坡度/% 左	右	边沟 形状	底宽/m	沟深/m	内坡	坡脚坡口至中桩距离 左	右	备注
1	2	3	4	5	6	7	8	9	10	11	12	13	14	15	16	17	18	19	20	21	22	23	24	25	26	27	28	29	30	31	32	33
K5+200						270.51	270.40	0.11		4.25	5.25	9.50	0.40	0.19	−0.07	0.30		1:0.5	1:1.15							梯形	0.50	0.50	1:1	5.00	6.00	
HY+200.18			269.99			270.51	270.40	0.11		4.25	5.25	9.50	0.41	0.19	−0.07	0.30		1:0.5	1:1.15							梯形	0.50	0.50	1:1	5.00	6.00	
QZ+217.73			+210			270.44	272.17		1.73	4.25	5.25	9.50	0.41	0.19	−0.07		1.54	1:0.5	1:0.5							梯形	0.50	0.50	1:1	5.00	7.10	
YH+235.29						270.53	269.98	0.55		4.25	5.25	9.50	0.41	0.19	−0.07	0.75		1:1.5	1:1.5	1.50	1.50	1:1.5	1:1.5							6.58	7.58	
K5+251.29						270.77	263.67	7.10		4.25	4.89	9.14	0.26	0.13	−0.03	7.24		1:1.5	1:1.5	1.50	1.50	1:1.75	1:1.75							16.40	21.29	
K5+261						270.96	260.83	10.13		4.25	4.68	9.83	0.18	0.09	−0.01	10.22		1:1.5	1:1.5	1.50	1.50	1:1.75	1:1.75							20.95	20.60	
K5+277.29						271.27	262.28	8.99		4.25	4.32	8.57	0.03	0.07	0.01	9.06		1:1.5	1:1.5	1.50	1.50	1:1.75	1:1.75							19.20	20.15	
HZ+280.29						271.33	263.61	7.72		4.25	4.25	8.50	0.01	0.07	0.01	7.79		1:1.5	1:1.5	1.50	1.50	1:1.75	1:1.75							15.80	16.20	
K5+300						271.70	269.91	1.79		4.25	4.25	8.50	0.00	0.07	0.00	1.86		1:1.5	1:1.5	1.50	1.50	1:1.5	1:1.5							8.45	8.80	
K5+320						272.08	270.93	1.15		4.25	4.25	8.50	0.00	0.07	0.00	1.22		1:1.5	1:1.5	1.50	1.50	1:1.5	1:1.5							7.55	7.85	
K5+340			+1.9%			272.46	271.22	1.24		4.25	4.25	8.50	0.00	0.07	0.00	1.31		1:1.5	1:1.5											8.00	8.10	
K5+360						272.84	272.03	0.81		4.25	4.25	8.50	0.00	0.07	0.00	0.88		1:0.5	1:0.5											6.25	6.25	
ZH+380.36−21		JD21				273.23	273.13	0.10		4.25	4.25	8.50	0.00	0.07	0.00	0.17		1:0.5	1:0.5							梯形	0.50	0.50	1:1	5.00	5.00	B_j-0.8i_c-4%
K5+400		R-215.00				273.60	273.97		0.37	4.25	4.56	8.81	0.13	0.07	0.00		0.30	1:0.5	1:0.5							梯形	0.50	0.50	1:1	5.20	5.20	
K5+420		L_s-50.03	390			273.98	274.71		0.73	4.25	4.88	9.13	0.26	0.13	−0.03		0.60	1:0.5	1:0.5							梯形	0.50	0.50	1:1	5.37	5.58	
HY+430.39						274.18	274.88		0.70	4.25	5.05	9.30	0.33	0.16	−0.04		0.54	1:0.5	1:0.5							梯形	0.50	0.50	1:1	5.21	5.21	
K5+440						274.36	275.00		0.64	4.25	4.90	9.15	0.27	0.13	−0.03		0.51	1:0.5	1:0.5							梯形	0.50	0.50	1:1	5.32	5.62	
K5+460						274.74	275.25		0.51	4.25	4.58	8.83	0.14	0.08	0.00		0.43	1:0.5	1:0.5							梯形	0.50	0.50	1:1	5.10	5.45	
HZ+480.42						275.13	275.64		0.51	4.25	4.25	8.50	0.01	0.07	0.01		0.44	1:0.5	1:0.5							梯形	0.50	0.50	1:1	5.15	5.77	
K5+500						275.50	276.11		0.61	4.25	4.25	8.50	0.00	0.07	0.00		0.54	1:0.5	1:0.5							梯形	0.50	0.50	1:1	5.28	5.89	
K5+520						275.88	276.54		0.66	4.25	4.25	8.50	0.00	0.07	0.00		0.59	1:0.5	1:0.5							梯形	0.50	0.50	1:1	5.30	5.50	
K5+540						276.26	276.84		0.58	4.25	4.25	8.50	0.00	0.07	0.00		0.51	1:0.5	1:0.5							梯形	0.50	0.50	1:1	5.21	5.25	
K5+560						276.64	277.03		0.39	4.25	4.25	8.50	0.00	0.07	0.00		0.32	1:0.5	1:0.5							梯形	0.50	0.50	1:1	5.20	5.20	
K5+580					凸 R-2000	276.94	277.24		0.30	4.25	4.25	8.50	0.00	0.07	0.00		0.23	1:0.5	1:0.5							梯形	0.50	0.50	1:1	5.15	5.15	
K5+600			277.40		T-38.0	277.04	277.50		0.46	4.25	4.25	8.50	0.00	0.07	0.00		0.39	1:0.5	1:0.5							梯形	0.50	0.50	1:1	5.30	5.70	
K5+620			+600		E-0.36	276.94	277.79		0.85	4.25	4.25	8.50	0.00	0.07	0.00		0.78	1:0.5	1:0.5							梯形	0.50	0.50	1:1	5.50	5.90	
ZH+638.89−22	JD22					276.66	277.86		1.20	4.25	4.25	8.50	0.00	0.07	0.00		1.13	1:0.5	1:0.5							梯形	0.50	0.50	1:1	5.60	5.95	B_j-1.0i_c-5%
K5+660	R-190.00					276.26	277.31		1.05	4.72	4.25	8.97	−0.02	0.09	0.19		0.96	1:0.5	1:0.5							梯形	0.50	0.50	1:1	5.50	5.55	
HY+683.89	l_s-45					275.81	276.54		0.73	5.25	4.25	9.50	−0.08	0.19	0.40		0.55	1:0.5	1:0.5							梯形	0.50	0.50	1:1	5.40	5.60	
K5+700						275.50	276.23		0.73	5.25	4.25	9.50	−0.08	0.19	0.40		0.54	1:0.5	1:0.5							梯形	0.50	0.50	1:1	5.40	5.80	
K5+720			−1.9%			275.12	275.77		0.65	5.25	4.25	9.50	−0.08	0.19	0.40		0.46	1:0.5	1:0.5							梯形	0.50	0.50	1:1	5.32	5.45	
K5+740			230			274.74	275.12		0.38	5.25	4.25	9.50	−0.08	0.19	0.40		0.19	1:0.5	1:0.5							梯形	0.50	0.50	1:1	5.20	5.30	
K5+760						274.36	274.56		0.20	5.25	4.25	9.50	−0.08	0.19	0.40		0.01	1:0.5	1:0.5							梯形	0.50	0.50	1:1	5.10	5.13	
K5+780						273.98	274.08	0.10		5.25	4.25	9.50	−0.08	0.19	0.40	0.09		1:0.5	1:0.5							梯形	0.50	0.50	1:1	5.05	5.05	
K5+800						273.60	273.71	0.11		5.25	4.25	9.50	−0.08	0.19	0.40	0.08		1:0.5	1:0.5							梯形	0.50	0.50	1:1	5.00	5.00	

制表：　　　　　　　　　　　　　　　　　　　　　　　　　　　复核：

表 5.28 路基土石方数量计算表

桩号	挖	填土	填石	平均挖	平均填土	平均填石	距离/m	总数量	松土%	松土数量	普遍土%	普遍土数量	硬土%	硬土数量	软石%	软石数量	次坚石%	次坚石数量	坚石%	坚石数量	填方土	填方石	本桩利用土	本桩利用石	填缺土	填缺石	挖余土	挖余石	远运利用纵向调配示意	借方土	借方石	废方土	废方石	总运量土	总运量石
1	2	3	4	5	6	7	8	9	10	11	12	13	14	15	16	17	18	19	20	21	22	23	24	25	26	27	28	29	30	31	32	33	34	35	36
K14+000	60.0																																		
+017	82.2			71.1			17	1209			20	242	10	121			50	604	20	242							363	846	调至上千米, 土:363 石:500				346/③		1038
+025	86.4	10.0	4.0	84.3	5.0	2.0	8	674				135		67				337		135	40	16		56			202	416					329/③		987
+037		78.0		43.2	39.0	5.0/2.0	12	518				103		52				259		104	468	60/24	155(279)		84	34			±202						
+041	69.6			73.8			4														295				295				石:87　石:(40)						
+050	78.4			39.2	34.8		9	353					20	71				176	30	106	313		71(242)					40							
+060	34.4			56.4			10	564						113				282		169							113	451					443/②		886
+072	86.8			60.6			12	727						145				364		218							145	582							
+080	25.0			55.9			8	447						89				224		134							89	358							
+086		24.6	54.6	12.5	12.3	27.3	6	75						15				37		23	74	164	15	60			59	104							
+094		28.0	56.0	26.3	55.3		8														210	442			210	442			±347 ②　石:882(66)					694	1896
+100		20.0	56.0	24.0	56.0		6														144	336			144	336									
+108		24.0	44.0	22.0	50.0		8														176	400			176	400			±105					105	609
+114	24.0		2.0/1.0	12.0	12.0	22.0/1.0	6	72						14				36		22	72	132/6	14	58	58	80			石:480(129) ①						
+124	46.0		1.0	35.0		1.5	10	350						70				175		105		15		15			70	265							
+140	16.0	8.0		31.0	4.0	0.5	16	496						99				248		149	64	8	64	8			35	389							45
+160	42.0	6.0		29.0	7.0		20	580						116				290		174	140		115(24)					440							440
+180	62.0			52.0	3.0		20	1040						208				520		312	60		60				148	832				148	832		
+190	14.0	21.0		38.0	10.5		10	380						76				190		114	105		76(29)					275	石:(215)				60		
+200	36.0			7.0	28.5		10	70						14				35		21	285		14(56)		215				土:654,石:1362(537)						
小计							200	7555				1270						3777		2208	2406	1574/60	585(630)	281	1191	1362	1165	4894				148	2495	799	5416

注:1.(4)、(7)、(23)栏中的"～"表示砌石。

2.(24)、(30)栏中的"( )"表示以石代土。

3.(31)、(32)、(33)、(34)栏中分子为数量,分母为运距。

4.(12)、(18)栏系指普通土和次坚石的比例,如有不同,须加注明。

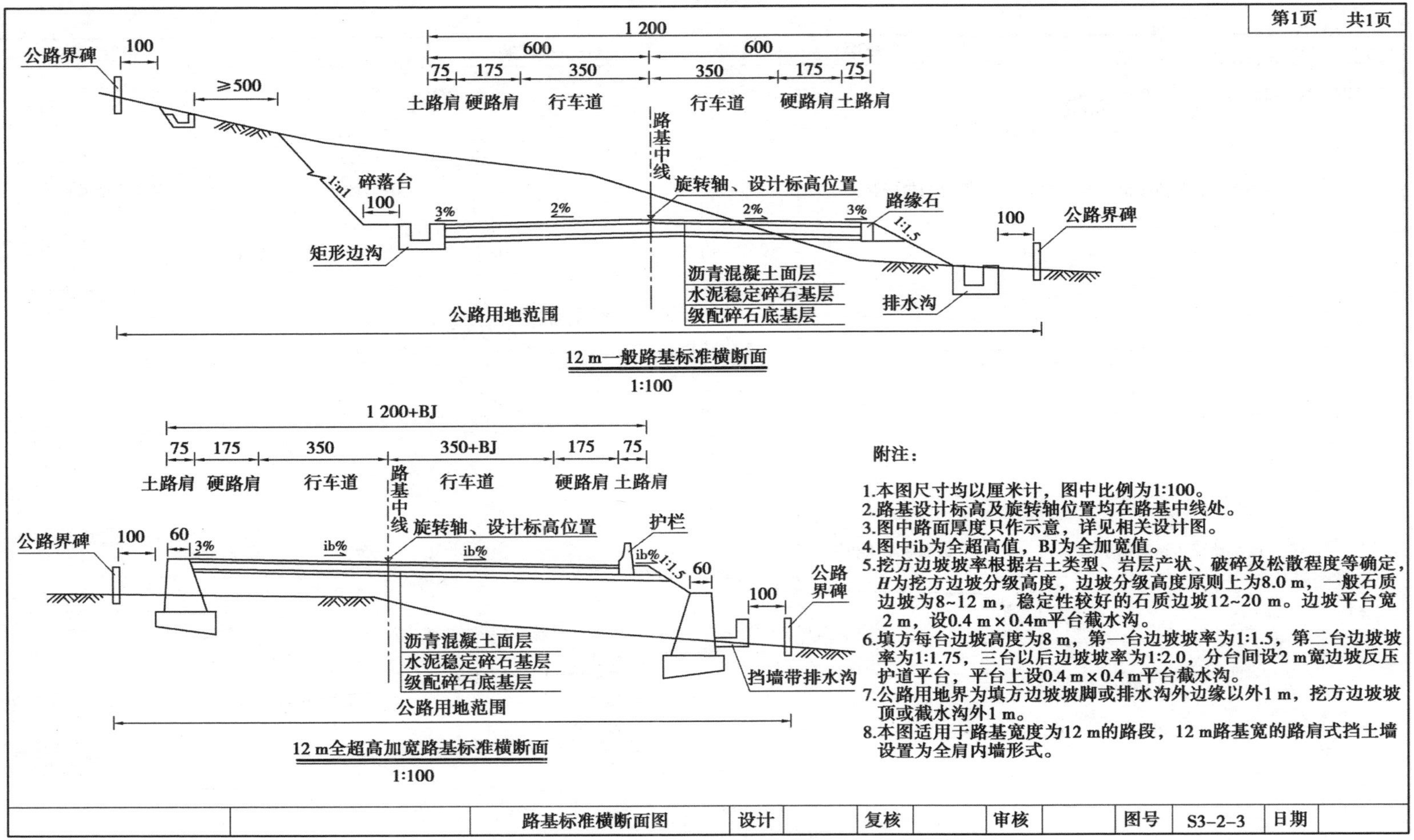

图5.16 路基标准横断面图

道路勘测设计(第6版)

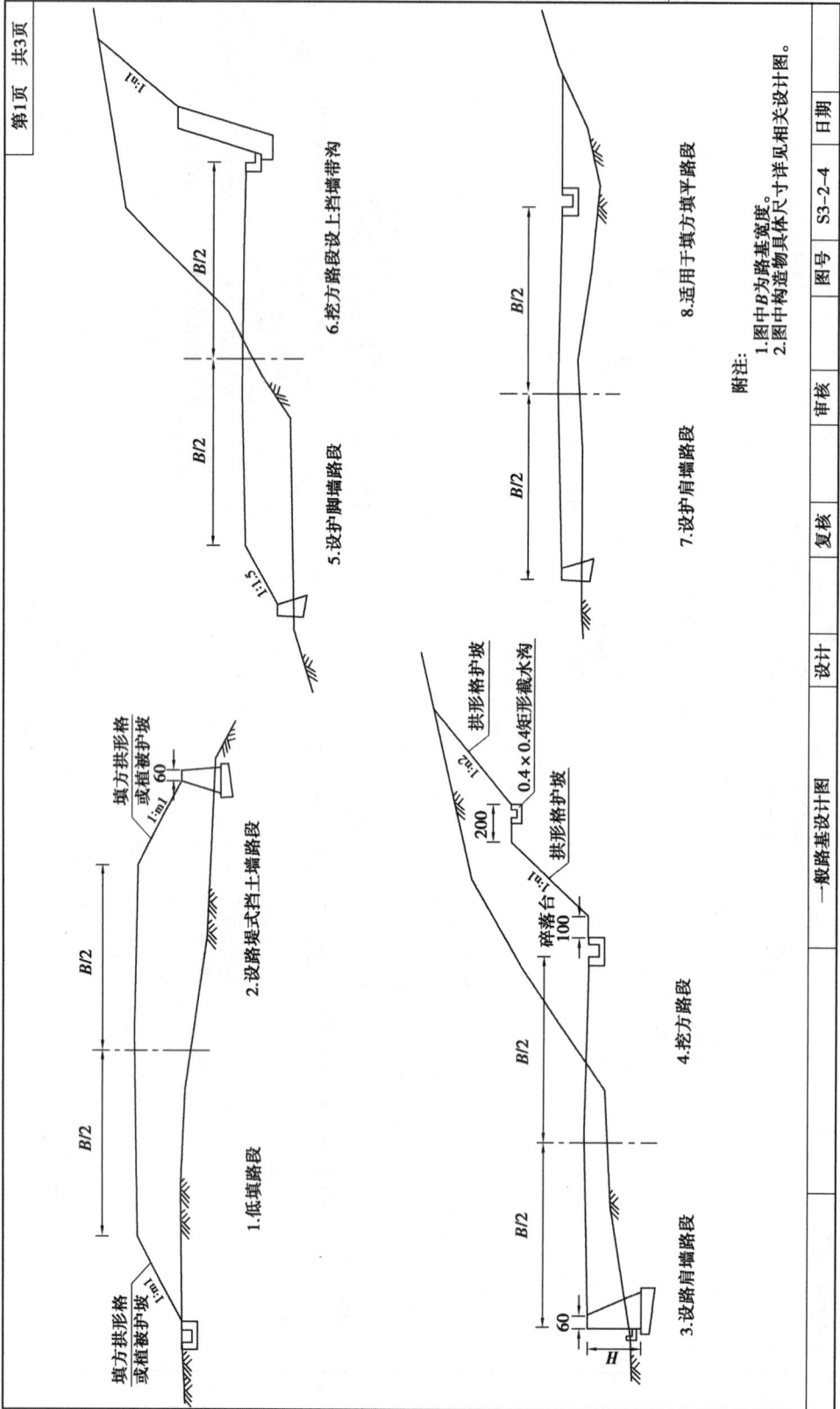

图5.17 路基一般设计图

· 152 ·

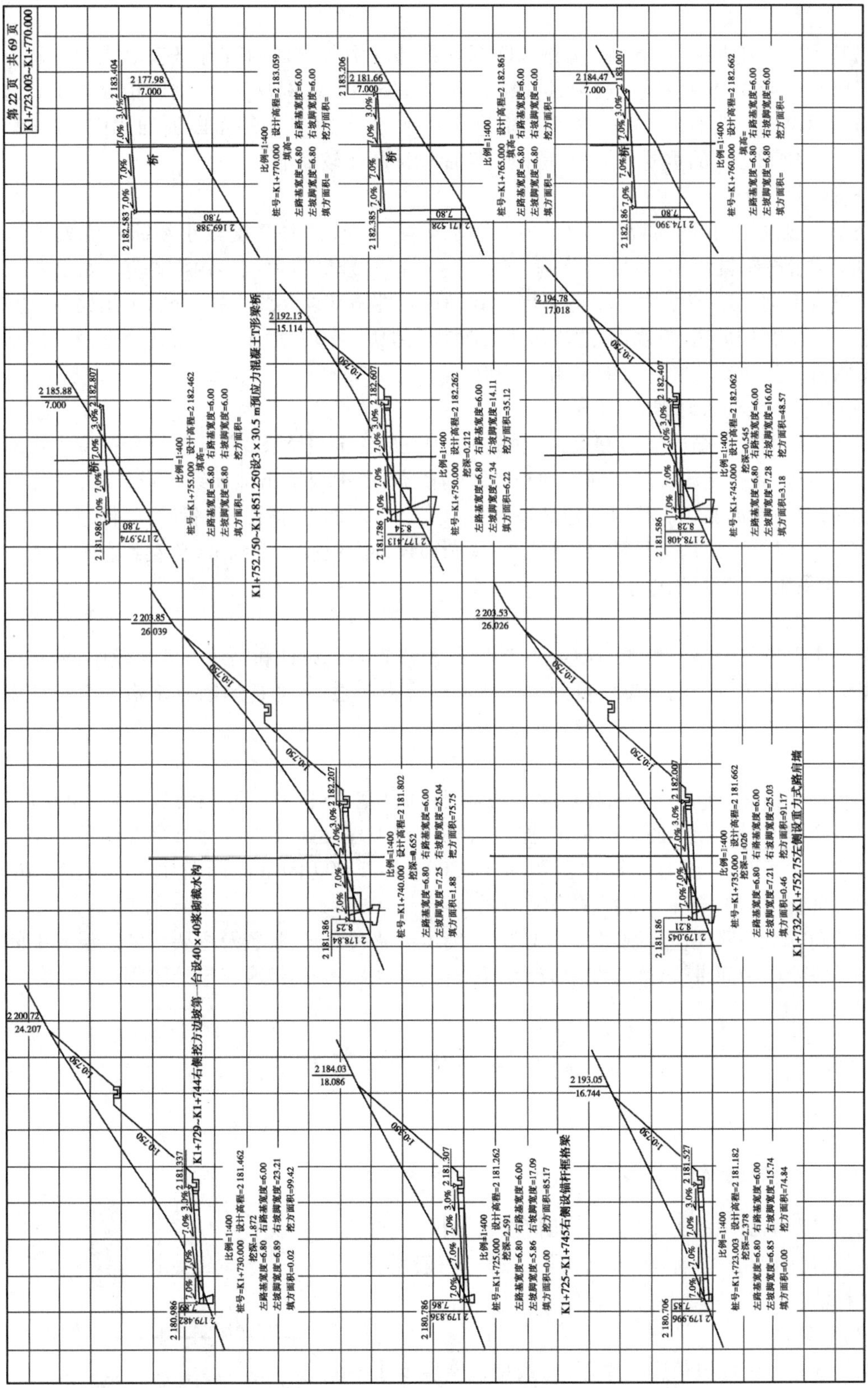

图5.18 路基横断面设计

（2）路基标准横断面图

路基标准横断面图（图5.16）是路基横断面设计图中所出现的所有路基形式的汇总。它示出了所有设计线（包括边坡、边沟、挡墙、护肩等）的形状、比例及尺寸，用以指导施工。这样路基横断面设计图就不必对每一个断面都进行详细的标注（其中很多断面的比例、尺寸都是相同的），避免了工作的重复与烦琐，也使横断面设计图比较简洁。

（3）路基一般设计图

路基一般设计图（图5.17），绘出一般路堤、低填路堤（路基高度较小且需特殊处理）、路堑、半填半挖路基、陡坡路基、填石路基、半路半桥路基、悬出路台或半山洞路基（如果有）、水田内路堤及沿河（江）或水塘（库）等不同形式的代表性路基设计图，并应分别示出路基、边沟、碎落台、截水沟、护坡道、排水沟、边坡坡率、护脚墙、护肩、护坡、挡土墙等结构类型及防护加固结构形式且标注主要尺寸。比例尺用1∶200。

（4）路基横断面设计图

路基横断面设计图（图5.18）是路基每一个中桩的法向剖面图，它反映每个桩位处横断面的尺寸及结构，是路基施工及横断面面积计算的依据，图中应给出地面线与设计线，并标注桩号、施工高度与断面面积。相同的边坡坡度可只在一个断面上标注，挡墙等圬工构造物可只绘出形状不标注尺寸，边沟也只需绘出形状。横断面设计图应按从下到上，从左到右的方式进行布置，一般采用1∶200的比例。

（5）路基土石方计算表

路基土石方是公路工程的一项主要工程量，所以在公路设计和路线方案比较中，路基土石方数量的多少是评价公路测设质量的主要技术经济指标之一，也是编制公路施工组织计划和工程概预算的主要依据。其表格形式见表5.28。

（6）其他成果

对于特殊情况下的路基（如高填深挖路基、侵河路基、不良地质地段路基等）应单独设计，并绘制特殊路基设计图。图中应示出地质、各种防护工程设施及构造物布置大样图。比例尺用1∶100～1∶500，必要时加绘比例尺为1∶200～1∶2 000的平面图及水平比例1∶200～1∶2 000，垂直比例1∶20～1∶200的纵断面图。

对于高等级公路还应绘制超高方式图，详细示出超高方式、布置及主要尺寸。设有中间带的公路还应绘出中间带设计图，图中应示出缘石大样，中央分隔带开口设计图等。

5.7　路基土石方计算及调配

▶5.7.1　横断面面积计算

路基横断面面积多为不规则的几何图形，计算方法有积距法、几何图形法、坐标法、方格法等。通常一般用积距法和坐标法。

（1）积距法

如图5.19所示，积距法的原理是：按单位宽度 b，把断面面积分成若干等份，若 b 足够小时，每一小块的面积为

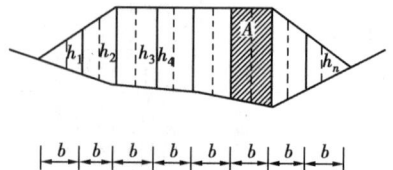

图5.19　横断面面积计算（积距法）

其平均高度 h_i 与 b 的乘积，即 $A_i = b \cdot h_i$，则总面积

$$A = b \cdot \sum_{i=1}^{n} h_i \tag{5.1}$$

通常横断面图都是绘在方格米厘纸上，可以直接用米厘格子 5 mm（等于 1 m 宽）来划分横断面。平均高度总和 $\sum h_i$ 用"卡规法"或"纸条法"来求积距。其中纸条法多适用于求较大面积的积距。

（2）坐标法

如图 5.20 所示，由解析几何公式可推出面积计算公式

$$A = \frac{1}{2} \sum_{i=1}^{n} (x_i y_{i+1} - x_{i+1} y_i) \tag{5.2}$$

坐标法的精度较高，手工计算复杂，只适用于计算机计算。

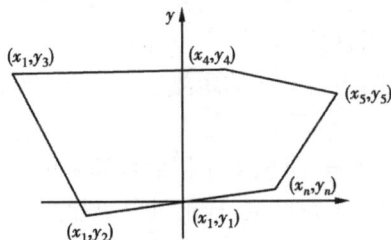

图 5.20　横断面面积计算（坐标法）

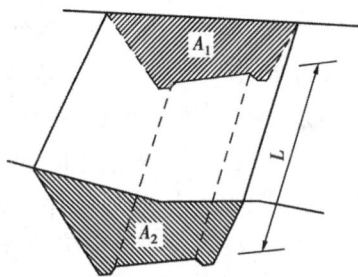

图 5.21　平均断面法

▶5.7.2　土石方数量计算

路基土石方计算工作量较大，加之路基填挖变化的不规则性，要精确计算土石方体积是十分困难的。在工程上通常采用近似计算，即假定相邻断面间为一棱柱体，则其体积为

$$V = \frac{1}{2}(A_1 + A_2)L \tag{5.3}$$

式中　A_1, A_2——相邻两断面的填方（或挖方）面积；

　　　　L——相邻两断面的桩距。

此种方法称为平均断面法，如图 5.21 所示。用平均断面法计算土石方体积简便、实用，是公路上目前常采用的方法。但其精度较差，只有当 A_1、A_2 相差不大时才较准确。当 A_1、A_2 相差较大时，则按棱台体公式计算更为接近，其公式如下：

$$V = \frac{1}{3}(A_1 + A_2)L\left(1 + \frac{\sqrt{m}}{1+m}\right) \tag{5.4}$$

式中　$m = \dfrac{A_1}{A_2}$，其中 $A_2 > A_1$。

由式（5.4）可知，当 $A_1 = A_2$ 时，$V = \dfrac{1}{2}(A_1 + A_2)L$；若 $A_1 = 0$，则 $V = \dfrac{1}{3}A_2 L$。

由此可知，平均断面法的计算结果是偏大的。计算土石方体积时，一定要注意，填方和挖方应分别进行计算，根据路基挖方土石难易程度，把路基挖方土石分类为：松土、普土、硬土、软石、次坚石、坚石等六类，按比例分别计算。

▶5.7.3　土石方的调配

土石方调配是指将路基挖方合理移用于填筑路堤,以及适当地布置取土坑及弃土堆的土石调运和运量计算工作。通过土石调配,合理解决各路段土石平衡与利用问题,达到填方有所"取",挖方有所"用",尽量少"借"少"废",少占耕地。

(1)调配计算的几个问题

1)免费运距、平均运距和经济运距

土方作业包括挖、装、运、卸等工序,在某一特定距离内,只按土石方数计价而不另计算运费,这一特定距离称免费运距。显然,施工作业方法不同,其免费运距也不同,如人工作业时,人工运输的免费运距为 20 m,轻轨运输的免费运距为 50 m;机械作业时,推土机的免费运距为 20 m,铲运机的免费运距为 100 m。各种作业方法的免费运距,可由《公路工程概算定额》和《公路工程预算定额》(以下简称《概算定额》和《预算定额》)中查得。

土方调配时,从挖方体积重心到填方体积重心的距离,称平均运距。在路线工程中为简化计算,平均运距通常按挖方断面间距的中心至填方断面间距的中心的距离计。在土方调配时,若平均运距小于或等于免费运距时,可不另计运费;若平均运距大于免费运距时,超出的运距称超运距,超运距的运土,应另加计运费。超运距按运输方式不同,有不同的计算单位,如人工运输以每超运 10 m 为一超运单位,轻轨运输以每超运 50 m 为单位,推土机以每超运 10 m 为单位,铲运机以每超运 50 m 为单位。各种运输方式的超运距单位,可从《概算定额》和《预算定额》中查得。

填方用土的来源,一是从路堑挖方纵向调运,一是就近路外借土。一般情况下,纵向调运路堑挖方来填筑较近的路堤是比较经济的,但如果调运的距离较长,以致运费(即上述超运距的另加运费)超过了在路堤附近借土所需费用时,这种以挖作填就不如在附近借土经济。因此,采取"调"或"借",有个距离限度问题,这个按费用经济计算的纵向调运的最大限度距离,称经济运距,可按下式计算

$$L_{经} = \frac{B}{T} + L_{免} \tag{5.5}$$

式中　$L_{经}$——经济运距,m;

　　　B——借方单价,元/m^3;

　　　T——超运运费单价,元/m^3·m;

　　　$L_{免}$——免费运距,m。

当调运的距离小于或等于经济运距时,采用纵向调运将路堑挖方调来填筑路堤是经济的,若调运距离超过经济运距时,则应考虑就近借土。

《预算定额》中规定:土石方的运距,第一个 20 m(系指人工运输,若为轻轨运输则为 50 m)为免费运距,如不足 20 m 者亦按 20 m,此后每增加 10 m(若为轻轨运输则为 50 m)为一超运距单位,尾数不满 5 m 者不计,满 5 m 者按 10 m 计。

2)运量

土石方运量即平均运距与调配土石方数量的乘积。土石方调配时,超运运距的运土才另加计运费,故运量应按平均超运运距计。

工程定额将人工运输的平均超运运距按每 10 m 为一运输单位,称之为"级",10 m 为一

级,在路基土石方数量计算表中(表 5.28)记作①,20 m 为二级,记作②,其余类推。于是得

$$W = Q \cdot n \tag{5.6}$$

式中　W——运量,$m^3 \cdot 10$ m;

　　　Q——调配土石方数量,m^3;

　　　n——平均超运运距单位,其值为:

$$n = \frac{L - L_免}{10} \tag{5.7}$$

式中　L——平均运距,m;

　　　$L_免$——免费运距,m;

　　　n——人工运输的超运距单位,m。

3)计价土石方数量

在土石方计算与调配中,所有挖方均应予计价,但填方则应按土的来源决定是否计价,如是路外就近借土就应计价,如是移"挖"作"填"的纵向调配利用方,则不应再计价,否则形成双重计价(即路堑挖方和路堤填方两次计价)。即计价土石方数量为

$$V_计 = V_挖 + V_借 \tag{5.8}$$

式中　$V_计$——计价土石方数量,m^3;

　　　$V_挖$——挖方数量,m^3;

　　　$V_借$——借方数量,m^3。

(2)土石方调配的一般要求

①土石方调配应先在本桩位内移挖作填(即横向调配),以减少总的运量。

②综合考虑不同的施工方法、运输条件、地形情况等因素,选用合理的经济运距。一般情况下,由于施工安排、运输条件等不能合乎理想,故采用的经济运距要较按式(5.5)算的小一些。

应该指出,在取土或弃土受限制的路段,虽然远距离运输费用高而不经济,但由于少占耕地、少影响农业生产等,这对整体来说也未必是不经济的。换言之,纵向调配必须考虑经济运距,但经济运距不是唯一的指标,还要综合考虑弃方或借方的占地、赔偿青苗损失和对农业生产等的影响问题。

③废方要做妥善处理。一般应使废方不占或少占耕地,在可能条件下应将弃土平整为可耕地;防止乱堆乱弃,或堵塞河流、损害农田,也不应因废方堆积而引起积雪、积砂等病害。

填方如需路外借土,应根据借方数量,结合附近的地形、地质及农田排灌等的情况,综合考虑借土还田、整地造田的可能性后,进行调配。

④调配土石方时应考虑桥涵位置,一般不作跨沟调运;也应考虑地形情况,一般不宜往上坡方向调运。

⑤不同性质的土石方应分别调配,以做到分层填筑。可以以石代土,但不能以土代石。

⑥回头曲线部分应先作上下线调配。

⑦土石方工程集中的路段,因开挖、运输的施工作业方案与一般路段有所不同,可单独进行调配。

(3)调配方法

土石方调配方法有许多种,公路测设中多用路基土石方计算表调配法,即在路基土石方数量计算表上做土石方调配,它有方法简捷、调配清晰、精度符合要求的优点,并且可以利用计算机自

动调配。其调配的步骤如下（表5.28）。

①在路基土石方数量计算表中的"挖方""填方"栏的计算复核无误后，将桥涵位置、陡坡、大沟等标注于表旁，供调配时参考。

②计算并填写表中"本桩利用""填缺""挖余"各栏。当以石作填土时，石方数应填入"土"中，并以符号区别之，见表5.28的（ ）。然后按填挖方分别进行闭合核算，其核算式为：

$$填方 = 本桩利用 + 填缺$$
$$挖方 = 本桩利用 + 挖余$$

③根据"填缺""挖余"的分布情况，可以大致看出调运的方向及数量，并按此进行初试调配。调配时应先按施工方法、运输方式来选定经济运距，并以此确定最大调运距离。调配的计价运距（即平均超运运距），即所调运的挖方段断面中心到填方断面中心的距离减去免费运距。经调配后，如有填方不足，不足部分按借方计；如有未调用的挖方，按废方计。

④复核初试调配并符合上述要求后，在表中"纵向调配示意"栏上，用箭头线表示调配方向，并标注调运土、石方数量及平均超运运距"级数"，见表5.28。

⑤调配完成后，应分页进行闭合核算，核算式为：

$$借方 = 填缺 - 远运利用$$
$$废方 = 挖余 - 远运利用$$

⑥本公里调配完毕，应进行本公里合计，总闭合核算除上述外，尚有（跨公里调入方）+挖方+借方=（跨公里调出方）+填方+废方

⑦土石方调配一般在本公里内进行，必要时也可跨公里调配，但需将调配的方向及数量分别注明，以免混淆。

⑧每公里土石方数量计算与调配完成后，须汇总列入（路基每公里土石方数量表）（见《公路工程设计文件图表示例》，这里未列出），并进行全线总计与核算。至此完成全部土石方计算与调配工作。全线总的调运量复核：

$$挖方 + 借方 = 填方 + 废方$$

复习思考题

5.1　划分公路用地和城市道路红线的意义是什么？怎样划定公路的建筑限界？

5.2　公路路肩和城市道路人行道的组成及作用是什么？

5.3　路拱的作用是什么？有哪些基本型式？

5.4　什么是路缘带？其作用是什么？在什么情况下公路需设置路缘带？

5.5　城市道路横断面布置有哪些基本型式？综述各基本型式的特点及适用情况。

5.6　简述道路土石方计算的基本原理和方法。怎样对土石方计算进行校核？

5.7　简述道路横断面设计的步骤。

5.8　名词解释：建筑限界，道路红线，中间带，右侧路缘带，分离式断面，计价土石方，经济运距，积距法。

第6章

路线交叉

6.1 概 述

路线交叉是路网的系统节点,是交通转换的重要枢纽。路线交叉设置的合理性直接影响到交通路网的高效运行、沿线经济的发展及出行的便捷等,因此,路线交叉设计与设置越来越受到重视。

减少或避免相交道路车流互相影响常用的解决手段:

①时间分离-信号灯控制。

②空间分离-加宽、渠化等。

公路与公路平面交叉形式应根据公路网规划、地形和地质条件、相交公路的公路功能、技术等级、交通量、交通管理方式和用地条件等确定。平面交叉的交通管理方式分为主路优先、无优先交叉和信号交叉3种,应根据相交公路的公路功能、技术等级、交通量等确定所采用的方式。

城市道路平面交叉口分为信号控制交叉口(平A类)、无信号控制交叉口(平B类)和环形交叉口(平C类)3种类型。信号控制交叉口分为进、出口道展宽交叉口(平A1类)和进、出口道不展宽交叉口(平A2类);无信号控制交叉口分为支路只准右转通行交叉口(平B1类)、减速让行或停车让行标志交叉口(平B2类)和全无管制交叉口(平B3类);立体交叉分为枢纽立交(立A类)、一般立交(立B类)和分离立交(立C类)。城市道路交叉口按相交道路类型分类详见表6.1,城市道路交叉口选型详见表6.2。

表 6.1 城市道路交叉口按相交道路类型分类

相交道路	快速路	主干路	次干路	支 路
快速路	快-快交叉口	—	—	—
主干路	快-主交叉口	主-主交叉口	—	—
次干路	快-次交叉口	主-次交叉口	次-次交叉口	—
支 路	—	主-支交叉口	次-支交叉口	支-支交叉口

表 6.2　城市道路交叉口选型

交叉口类型	选　　型	
	应选类型	可选类型
快-快交叉	立 A 类	—
快-主交叉	立 B 类	立 A 类或立 C 类
快-次交叉	立 C 类	立 B 类
主-主交叉	平 A1 类	立 B 类中的下穿菱形立交
主-次交叉	平 A1 类	—
主-支交叉	平 B1 类	平 A1 类
次-次交叉	平 A1 类	—
次-支交叉	平 B2 类	平 C 类或平 A1 类
支-支交叉	平 B2 类或 B3 类	平 C 类或平 A2 类

注:当城市道路与公路相交时,高速公路应按快速路,一级公路应按主干路,二、三级公路按次干路,四级公路按支路,确定与公路相交的城市道路交叉口的类型。

平面交叉口规划范围应包括构成该平面交叉口各类道路的相交部分和进口道、出口道及其向外延伸 10~20 m 的道路所共同围成的空间。新建、改建的平面交叉口,必须对交叉口范围内规划道路及相交道路的进口道、出口道各组成部分作整体规划,立体交叉规划范围应包括相交道路中线投影平面交点至相交道路各进出口变速车道渐变段及其向外延伸 10~20 m 的主线路段间所共同围成的空间。交叉口的规划范围可根据所需交通设施及其管线的要求适当扩大。

6.2　道路平面交叉

▶6.2.1　平面交叉路口车辆运行特点

来自不同方向道路的车辆在同一高程平面交叉行驶,路面使用频率大大增加,行车路线形成交织点(段)和冲突点,从而导致运行速度降低,事故发生可能性提高。

1)交织点(段)

车辆来向不同去向相同的交叉点(段)。

2)冲突点

车辆来向不同去向不同的交叉点。

如图 6.1 所示,十字形平交口:16 个冲突点,4 个交织点。

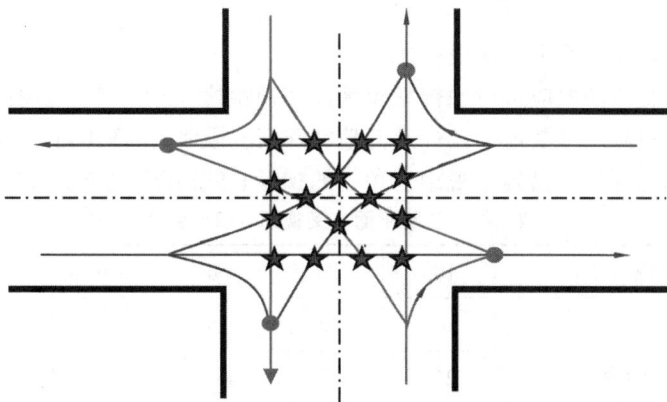

图 6.1　十字形平交口交织点与冲突点

▶6.2.2　设计要求和组成

道路与道路平面交叉是道路的重要组成部分。设计方面,保证视距、控制车速、提前预告是保证平面交叉口安全运行的重要措施,是平面交叉口设计的主要控制要素。综合以上因素,平面交叉设计的一般要求包括:

①公路与公路平面交叉,除高速公路外,一级公路可少量采用平面交叉,其他各级公路均可采用平面交叉。

②平面交叉范围内相交的公路设计速度,原则上应与该公路的设计速度一致。如果两相交公路等级相同或交通量相近时,其设计速度可降低,但不宜低于路段设计速度的 70% 。平面交叉右转弯车道的设计速度不宜大于 40 km/h;左转弯车道的设计速度不宜大于 20 km/h,但与公路设计速度之差不应大于 20 km/h。城市道路交叉口内的设计速度按各级道路设计速度的 0.5~0.7 倍计算,直行车取高限,转弯车取低限。

③交叉道处宜选在地形平坦、视线开阔的地方,纵坡不宜大于 2%,特殊困难地段,不大于 3%。当交叉口道路设有纵坡,则应首先保证等级较高的主要交通流方向道路的平纵线形顺适、平缓。城市道路交叉口设计范围内纵坡度宜不大于 2%,困难情况下应不大于 3%。

④交叉路线应尽量垂直相交。当其必须斜交时,应使交角尽量大不应小于 70°,地形条件特殊困难时,交叉角应大于 45°,同一位置平面交叉岔数不宜多于 4 条。多于 4 条宜采用环形交叉。

⑤交叉路段宜采用直线。当采用曲线时,其圆曲线半径宜大于不设超高的最小半径,至少不应小于表 6.3 所规定的半径。

表 6.3　公路平面交叉圆曲线半径

设计速度 /(km·h⁻¹)	主要公路/m		主要公路/m	设计速度 /(km·h⁻¹)	主要公路/m		主要公路/m
	一般值	极限值			一般值	极限值	
100	460	380	—	40	60	50	30
80	280	230	—	30	30	25	15
60	150	120	60	20	15	12	15

⑥平面交叉在任何情况下均应设标志。

⑦各级公路平交范围内应进行通视三角区停车视距检验。交叉口必须保证具有表6.4所规定的视距和识别距离。当受地形条件及其他特殊情况限制时,视距可采用表中低限值,但必须采取设置限速标志等技术措施。视距三角内的视障必须清除[图6.2(k)]。

表 6.4 公路平面交叉视距与识别距离

设计速度/(km·h⁻¹)	100	80	60	40	30	20
停车视距/m	160	110	75	40	30	20
安全交叉停车视距/m	250	175	115	70	35	35
信号控制的信号识别距离/m	—	350	240	140	100	60
停车标志控制的标志识别距离/m	—	—	105	55	35	20

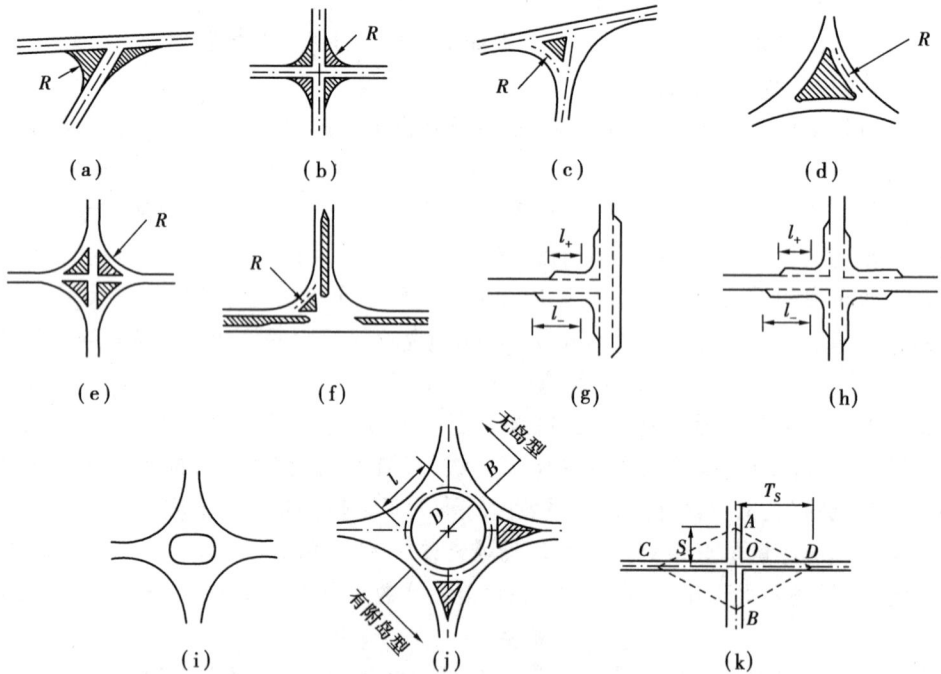

图 6.2 平面交叉道口

⑧交叉口的纵面布置要符合行车舒适、排水通畅的要求,要使道路在交叉口内有一个平顺的共同面,利于路面水及时排泄。

⑨交叉口行人过街设计步速应为 1.0 m/s。

平面交叉由交叉口及其所连接的部分道路组成。它包括:

a.交叉口。相交道路的共同部分。

b.交叉连接段。与交叉口紧连的出入口道路。

c.附加车道。为提高交叉口通行能力,并改善其使用功能,在交叉口连接部另设置的供转弯车辆行驶的车道。

　　d.交通岛、导流路。在交叉口范围内,为控制和疏导交通路径而设置的交通岛和导流路,如图 6.3 所示。

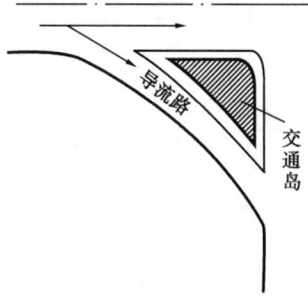

图 6.3　交通岛与导流路示意图

▶6.2.3　分类及平面布置

　　平面交叉的形式多种多样,按管理方式分为主路优先、无优先交叉和信号交叉 3 种。应根据相交公路的公路功能、技术等级、交通量等确定所采用的方式。

　　按相交道路的条数分为三路交叉、四路交叉、五路交叉等,同一位置平面交叉岔数不宜多于 5 条。

　　平面交叉的间距应根据其对行车安全、通行能力和交通延误等的影响确定。有条件时应尽量通过支路合并等措施,减少平交口数量,增大平交口间距。一、二级公路平面交叉的最小间距应不小于表 6.5 的规定。

表 6.5　平面交叉最小间距

公路等级	一级公路			二级公路	
公路功能	干线公路		集散公路	干线公路	集散公路
	一般值	最小值			
间距/m	2 000	1 000	500	500	300

　　按交叉的布置形式分为加铺转角式、分道转弯式、加宽路口式、环式交叉等。四车道以上的公路的平面交叉必须作渠化设计。二级公路的平面交叉,应作渠化设计。三级公路的平面交叉,当转弯交通量较大时应作渠化设计。

　　(1)加铺转角式

　　如图 6.2 的(a)、(b)所示,它是道路平面交叉的一个简易类型,一般适用于交通量不大、速度不高和转弯车辆少的交叉路口,因其占地少,在道路上较常使用。在交叉路口的每一处转角,都用圆曲线展宽各个转角,使右转车辆可以沿着原来的右侧车道,顺利地转入右转岔道的右侧车道,减少了对直行车辆的干扰,其右转速度一般在 10~25 km/h。不同交叉角度的相邻岔道之间,加铺转角边缘应采用的曲线半径,可以根据道路等级、地形条件或设计速度按表6.6、表 6.7 选择。

表 6.6　公路加铺转角边缘的圆曲线半径

公路等级	二		三		四	
	平原微丘	山岭重丘	平原微丘	山岭重丘	平原微丘	山岭重丘
右转弯速度/(km·h⁻¹)	20~25	15~20	15~20	15	10~15	10
不同交叉角的圆曲线半径/m　45	27~35	25~27	25~27	25	25~27	27
60	23~32	17~23	17~23	17	17~20	20
80	20~30	13~20	13~20	13	12~13	12
90	19~30	12~19	12~19	12	10~12	10
100	19~29	11~19	11~19	11	9~11	9
120	18~29	10~18	10~18	10	8~10	8
135	18~28	10~18	10~18	10	7~10	7

表 6.7　城市道路交叉口缘石转弯最小半径

右转弯设计速度/(km·h⁻¹)	30	25	20	15
交叉口缘石转弯半径/m	33~38	20~25	10~15	5~10

（2）分道转弯式

如图 6.2 的(c)、(d)、(e)、(f)所示。分道转弯式交叉路口，又常称为车流渠化的交叉路口，它适用于交通量不大、转弯车辆较多的三岔及四岔路口，是一种采用极广泛的形式。一般采取设置导流岛和划分行车道，以及增设左转或右转附加车道等措施使车流渠化。它在加铺转角式交叉道内设置了图中阴影部分的设施等，从而使右转车辆沿右侧减速车道右转，左转车辆能迅速安全地进入左转车道等待和完成左转，保证直行车辆能够沿着原主车道不受干扰地前进，从而使不同方向的车辆分流。交叉路口上的这种车辆分流现象，称之为渠化。交叉路口渠化的最大特点，是能够引导每一方向车流按预定的去向行驶，减少各条岔道驶入交叉路口交汇的车辆数量，避免发生交通混乱现象。同时，可以使车流的交织点和冲突点分开，将直行和左转交叉冲突点都限制在交叉路口中心部位的有限范围内，有利于驾驶员集中注意力通过交叉路口，以减少车辆发生碰撞事故的机会。转弯车道或附加车道宽度一般为 3~3.5 m，转弯车道平曲线部分宽度见表 6.8。交叉处曲线部分的加宽和超高的过渡方式，应与公路圆曲线的加宽和超高的过渡方式一致。

表 6.8　公路转弯车道平曲线部分的宽度

转弯平曲线半径/m	圆曲线部分宽度/m	
	牵引式半挂车	载重汽车
>13 ~ <14	8.5	5.5
>14 ~ <15	8.0	

续表

转弯平曲线半径/m	圆曲线部分宽度/m	
	牵引式半挂车	载重汽车
>15 ~ <16	7.5	5.0
>16 ~ <17	7.0	
>17 ~ <19	6.5	
>19 ~ <21	6.0	4.5
>21 ~ <25	5.5	
>25 ~ <30	5.0	4.0
>30 ~ <40	4.5	
>40 ~ <60	4.0	3.5
>60	3.5	

（3）加宽路口式

如图 6.2 中的（g）、（h）所示，称为漏斗式。它适用于交通密度较大的交叉路口，常采用增设转弯车道和变速车道等措施来加宽交叉路口，借以提高平面交叉的通行能力。

左转车道一般设置在双车道的中间，可作左转车辆在进行左转时，减速和等待左转的专用道，而不致妨碍直行车辆自由行驶。左转车道可适用于三岔或四岔交叉路口，视左转车辆多少，可在一部分岔道上设置，也可在每一条岔道上设置。当平面交叉角小于 60°，或当右转弯交通量大，所需车速较高时，应设置右转车道。平面交叉在需要加速合流和减速分流时，应设置加速或减速的变速车道。

所增设的变速车道宽度为 3.0~3.5 m，转弯车道宽度一般为 3 m，其圆曲线部分的宽度规定见表 6.8。变速车道长度，应根据公路的等级、使用性质、速度变化范围、车辆特性和纵坡等因素，经计算确定。一般情况下可采用表 6.9 所列数据。平面交叉中，转弯车道的加宽同前面平面设计的规定，平面交叉中转弯车道或加铺转角部分的超高，由于转弯行车速度较低，可采用较小的超高坡度。特殊困难情况下，除设置排水所必需的横坡外，可不设超高。

表 6.9　公路变速车道长度

路别	设计速度/(km·h⁻¹)	降低一级的速度/(km·h⁻¹)	减速车道长度/m $a=-2.5/(m·s^{-2})$			加速车道长度/m $a=1.0/(m·s^{-2})$		
			到停车	到 20/(km·h⁻¹)	到 40/(km·h⁻¹)	从停车	从 20/(km·h⁻¹)	从 40/(km·h⁻¹)
主要公路	100	80	100	90	70	250	230	190
	80	60	60	50	30	140	120	80
	60	50	40	30	20	100	80	40

续表

路别	设计速度/(km·h⁻¹)	降低一级的速度/(km·h⁻¹)	减速车道长度/m $a=2.5/(m \cdot s^{-2})$			加速车道长度/m $a=1.0/(m \cdot s^{-2})$		
			到停车	到20/(km·h⁻¹)	到40/(km·h⁻¹)	从停车	从20/(km·h⁻¹)	从40/(km·h⁻¹)
主要公路	50	40	30	20	—	60	50	—
	40	30	20	10	—	40	20	—
	30	20	10	—	—	20	—	—
次要公路	80	60	45	40	25	90	80	50
	60	50	30	20	10	65	55	25
	50	40	20	15	—	40	30	—
	40	30	15	10	—	25	15	—
	30	20	10	—	—	10	—	—

注:表列变速车道长度不包括三角形渐变段长度和停留车道长度。

(4)环形交叉

如图6.2中的(i)、(j)所示,亦称转盘。当多条道路(两条以上)相交,通过交叉口的交通总量为500~3 000辆/h时,左、右转弯车辆较多,且地形开阔平坦,则可考虑采用。环形交叉的特点是:所有交叉的道路都不能直接贯通;交叉口设置具有一定宽度的环形车道将各交叉岔道相互连通;无论是直行车辆还是左转弯车辆,都要先驶入环道环行一段路程,再从环道右转进入预定的去路;驶入环道或驶出环道的车辆都只能右转,环道上的车流都是按逆时针方向旋转的车流。这样便消除了交叉冲突点和车辆严重碰撞的危险,但对于各岔道分流和合流时的交织点,却一个也没有减少,而且,由于取消了直行,在交织点发生车辆尾撞的机会也有所增加。如果环道的通行能力小于各岔道交通量总和的一半,环形交叉路口就可能出现堵塞现象。环形交叉路口主要由环形车道、中心岛和若干个导流岛组成。环行车道紧紧围绕着中心岛、导流岛有规律地设在有关岔道口上。现将环形交叉平面布设介绍如下:

1)中心岛

环道中心岛一般为圆形,如果各相邻岔道之间的交通量相差很大,或岔路间隔不一时,岛的边缘可为复合曲线。中心岛直径大小,应与进入环道的计算行车速度相适应,最小直径不小于20 m,最大直径可达120 m(表6.10和表6.11)。围绕中心岛的环道长度,在理论上应大于各相邻岔道之间的各段最小交织长度之和。用这一周长计算得到的圆半径,还必须大于计算行车速度所要求的最小平曲线半径极限值。由于受地形、地物条件限制,也可用限制行车速度的办法缩小中心岛的直径。

表6.10 公路环形交叉中心岛直径与交织长度

适用范围	第一种情况			第二种情况		
环道设计速度/(km·h⁻¹)	40	35	30	30	25	20
交织段最小长度/m	45	40	35	35	30	25
中心岛直径/m	110~120	80~100	60~70	60~70	40~50	20~30

表6.11 城市道路环形交叉最小交织长度和中心岛最小半径

环道设计速度/(km·h⁻¹)	35	30	25	20
横向力系数 μ	0.18	0.18	0.16	0.14
最小交织长度 l_w/m	40~45	35~40	30	25
中心岛最小半径/m	50	35	25	20

$$R = \frac{V_{环}^2}{127(\mu + i)} - \frac{B}{2} \tag{6.1}$$

式中 R—— 中心岛半径,m;

       μ——横向力系数。大客车 μ=0.1~0.15,小客车 μ=0.15~0.20;

       i ——环道横坡(%),可取 i=1.5%。当环道横坡倾向外侧时,应取"$-i$";如环道横坡倾向内侧时,则取"$+i$";

       $V_{环}$——环道的计算行车速度,km/h。一般采用路段设计车速的0.5~0.65倍;

       B——机动车环道宽度。

中心岛上的绿化布置宜种植草皮、花卉,并从缘石边起平缓向中心布置成坡形绿化花坛;切忌沿缘石种植浓荫乔木,以免妨碍视线,从而保证环交中心岛的行车视距。

2)交织长度与交织角

环道在两相邻岔道口导流岛边缘至导流岛边缘之间的净距离,称为交织长度。环道交织段的长度,影响环形交叉路口的通行能力。据经验估算,大于4 s行程的交织长度和与交通量相适应的宽度,可以保证交织区间的车辆顺利通过。

环道交织路段的最小长度及中心岛最小直径,按不同计算行车速度的规定值列入表6.10和表6.11。表6.10中的第一种情况系指:一级公路交叉,或二级与二级公路交叉,或二级、三级公路与城市道路交叉的环形交叉路口中心岛设计。第二种情况系指:二级与低级公路交叉,或三级与三级公路交叉,或三级公路与城市道路交叉的环形交叉路口中心岛设计。表6.11所列中心岛最小半径按环道横坡 i=1.5%计算,当环道横坡 i、横向力系数 μ 与表列数值不一致时,应另行计算。

两相邻的岔道口以转弯圆曲线车道边缘内侧1.5 m(相当于外侧车道中心线)为定点,同时向中心岛边缘外侧1.5 m(相当于环道内侧车道中心线)作圆弧的两条外公切线,这两条外公切线代表岔道与环道之间车流交织线,它们相交时所夹的锐角,称为车流的交织角。若车道的相对位置不变,中心岛半径越大,则交织角越小;若中心岛半径不变,岔道的相对位置越远,则交织长度越长,交织角也越小。从行车安全考虑,交织角应小于40°;从安全和用地综合考虑,交织角一般以20°~25°为宜。

3)环道宽度与岔道口

环道宽度一般采用三车道,包括圆曲线加宽在内,总宽为12 m。如将慢行车道分隔,也可采用双车道,总宽为9 m。非机动车车道宽度不应小于交汇道路中的最大非机动车车行道,也不宜超过8 m。

岔道出口和进口的转弯曲线半径,应与环道计算行车速度相适应,可采用等于或略小于中心岛的圆曲线半径。各岔道进、出口的曲线半径应基本相近,不宜相差过大。为有利于疏散环道车流,环道出口的曲线半径宜稍大于入口曲线半径。环道横坡宜采用双面坡。各岔道与环道衔接的导流岛设计位置,宜略偏向环道出口一端,可使进入环道的车道稍宽一点,这样设计,对驶出环道的车流没什么影响,却有利于驶进环道的车辆合流。

应注意的是:环道纵坡度不宜大于2%,因此,坡向交叉口的道路纵坡度≥3%时,不宜采用环形平面交叉。

▶6.2.4 道路与铁路平面交叉一般规定

①道路与铁路平面交叉道口,不应设在铁路曲线段、视距条件不符合安全行车要求的路段、车站、桥梁、隧道两端及进站信号处外侧100 m范围内。

②道路与铁路平面交叉道口应选在铁路轨线最少且以后不增设新线处,不应设在铁路道岔处。

③道路与铁路平面交叉道口处有多股轨线时,应避免轨道标高有高差的地方。

④道路与铁路平面交叉道口处有平行于铁路轨道的道路时,平面交叉道口宜选择在平行道路与铁路轨道距离最远处,而立体交叉道口宜选择在平行道路与铁路轨道距离最近处。

⑤道路与铁路交叉宜布设成正交形式,当布设为斜交形式时,交叉角不宜小于70°,困难地段交叉角不宜小于60°。

6.3　交叉口竖向设计

交叉口竖向设计的主要任务是合理地确定交叉口范围内各条道路交会衔接的形式及其相应路面设计标高,统一解决相交道路之间,以及交叉口和周围建筑物之间在立面位置上行车、排水和建筑三方面的问题,使交叉口能获得一个平顺的共同构筑面,以保证交通安全、行车顺适、排水通畅、建筑造型美观。

(1)交叉口竖向设计的基本要求、原则

①主要道路与次要道路相交,一般次要道路的纵、横坡迁就主要道路纵、横坡的变化。

②等级相同的两条道路交叉,如交通量差别不大,但有不同的纵坡时,一般维持两条道路的设计纵坡不变,而和缓地改变它们的横坡,使两条道路在立面上取得平顺。

③相交道路的等级和交通量差异都较大时,可以考虑主要干道的纵、横断面均维持不变,而将次要道路双向倾斜的横断面逐渐改变,过渡到与主要干道的纵坡一致的单向倾斜横断面,以保证主要干道的交通便利。

④为保证排水,设计时至少应有一条道路的纵坡能将交叉口范围内汇集的地面水排出。如所有道路纵坡都倾向交叉口时,则必须考虑在交叉口内设置雨水口,以保证交叉口排水要求。

⑤在交叉口范围内,不应使一条道路的雨水排到另一条道路上,一般采用截水的办法,多在交叉口人行横道前或在路缘石转角曲线的切点上布置雨水口。

⑥城市道路交叉口竖向设计标高应与四周建筑物的地坪标高协调。

⑦城市道路还应合理确定变坡点和布置雨水口。

(2)交叉口竖向设计的方法

交叉口竖向设计有 3 种方法:方格网法、设计等高线法、方格网设计等高线法。方格网法是在交叉口的设计范围内,以相交道路的中心线为坐标基线打方格网。方格网一般为 5 m×5 m 或 10 m×10 m 平行于路中线的线。相交道路的方格网线应选在便于施工放线测量的方向,测出方格点上的地面标高,并求出其设计标高,从而算出施工高度。设计等高线法是在交叉口的设计范围内,选定路脊线和划分标高计算线网,算出路脊线和标高计算线上各点的设计标高,最后勾画设计等高线,并算出各点的施工高度。设计等高线法的主要优点是比方格网法更能清晰地反映出交叉口的竖向设计形状;其缺点是设计等高线上的各点位置不易放样。故通常是两种方法结合使用(方格网设计等高线法),取长补短,即在采用设计等高线法设计的同时,又用方格网标出各点的地面标高、设计标高和施工高度。方格网设计等高线法主要用于大型交叉口和广场的竖向设计。对于一般交叉口,通常都采用设计等高线法或方格网法,以设计等高线法较普遍采用。

(3)新建交叉口的竖向设计

①收集资料。

a.测量资料:一般常用 1:500 或 1:200 的地形图。

b.交通资料:交通量和交通组成(直行,左、右转弯的比例)。

c.排水资料:已建或拟建的排水管道位置。

d.道路资料:道路等级、宽度、纵坡、横坡、交叉口控制标高和四周建筑物标高。

②绘出交叉口平面图,包括路中心线、车行道和人行道的宽度、缘石半径。

③确定交叉口的设计范围,设计范围一般为缘石半径的切点以外 5~10 m(即相当一个方格),这是考虑到自双向横坡逐渐过渡到单向横坡所需要的一定距离,并应与相交道路的路面标高完全衔接。

④确定竖向设计的图式,根据相交道路的等级、纵坡方向和地形,确定采用的竖向设计等高线形式如图 6.4—图 6.9 所示,并选定相邻等高线的高差 h(一般为 0.02~0.10 m,取偶数便于计算)。

a.凸形地形交叉口:

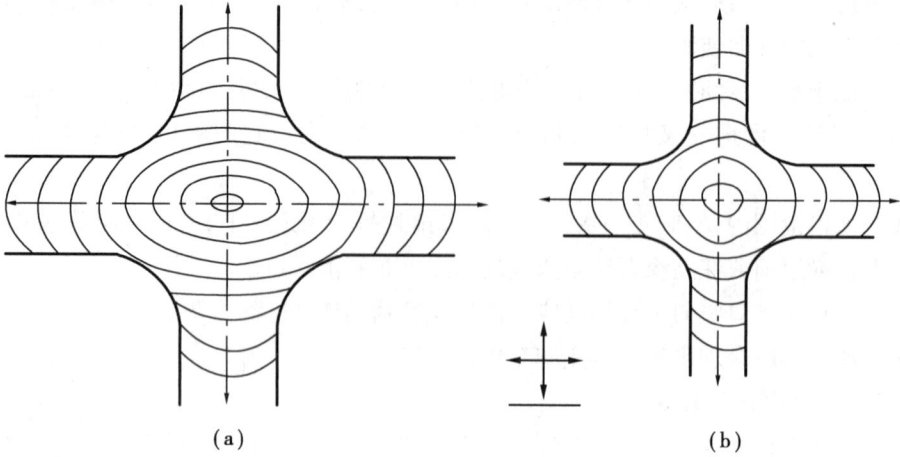

(a)   (b)

图 6.4   在凸形地形的交叉口立面设计

b.凹形地形交叉口:

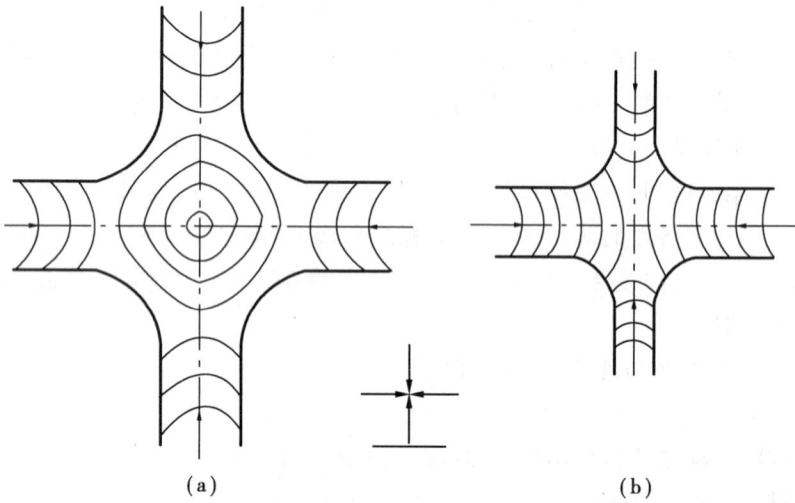

(a)   (b)

图 6.5   在凹形地形的交叉口立面设计

c.分水线地形交叉口:

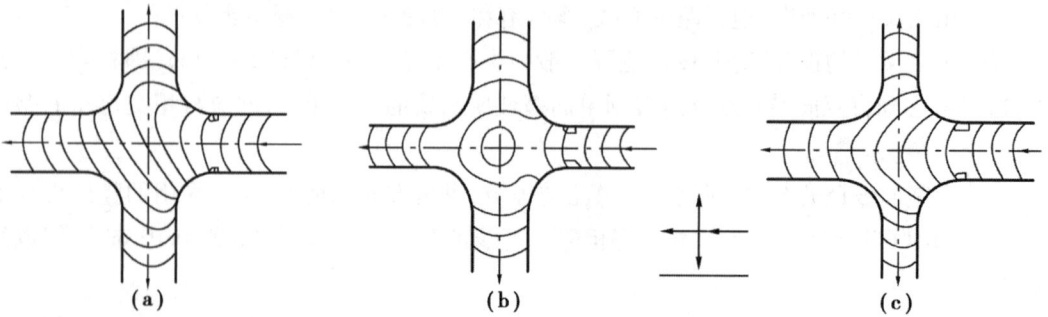

(a)   (b)   (c)

图 6.6   在分水线地形上的交叉口立面设计

d.谷形地形交叉口：

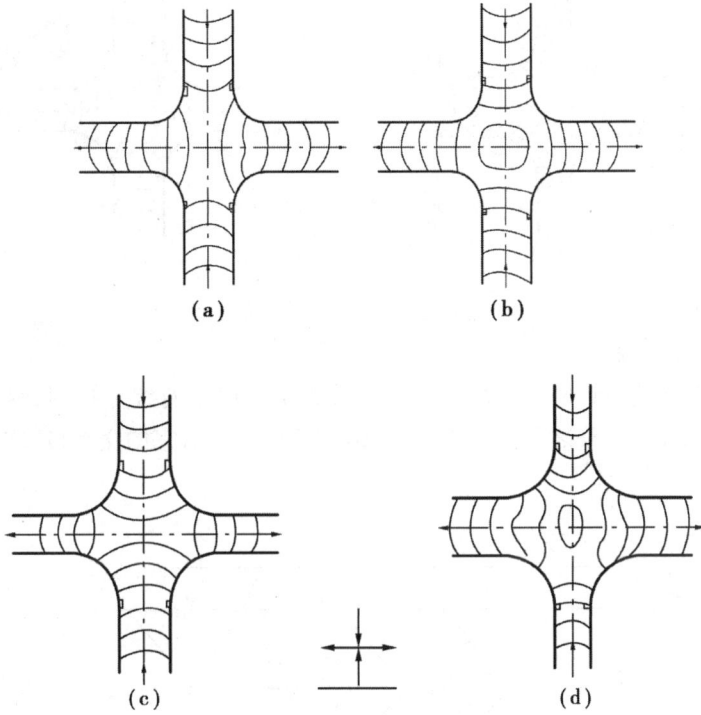

(a)   (b)

(c)   (d)

图 6.7 在谷形地形上的交叉口立面设计

e.斜坡地形交叉口：

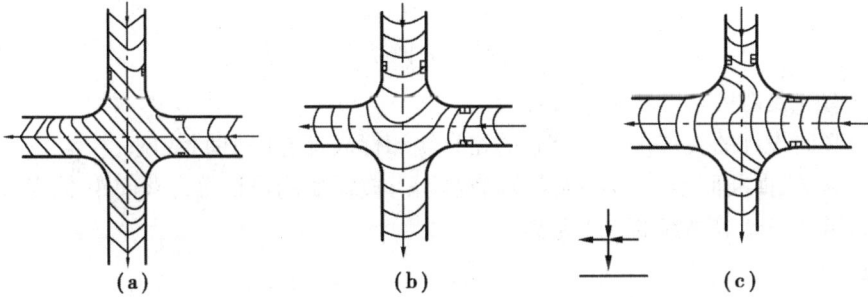

(a)   (b)   (c)

图 6.8 在斜坡地形上的交叉口立面设计

f.马鞍形地形交叉口：

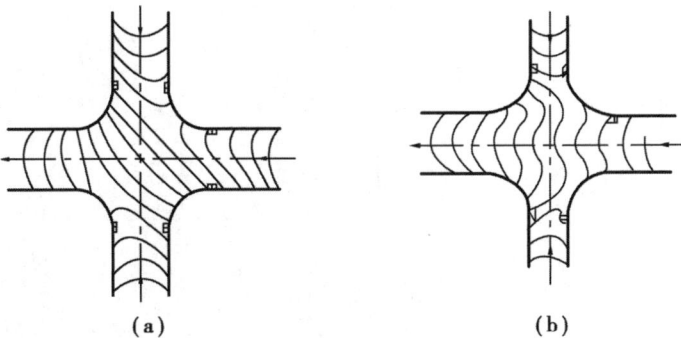

(a)   (b)

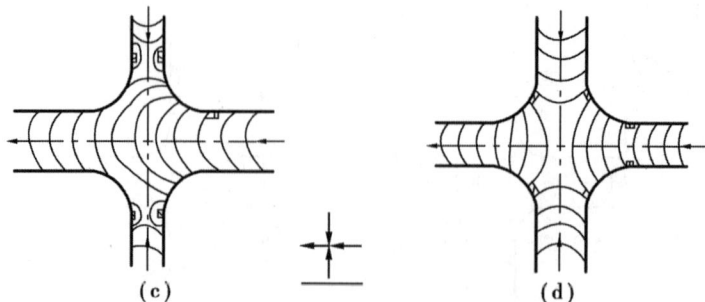

图 6.9　在马鞍形地形上的交叉口立面设计

⑤设计等高线的绘制。

　　绘制交叉口范围的设计等高线(图 6.10)应先根据道路的脊线和控制标高,按需要的设计等高线间距计算相邻等高线之间的水平距离,结合地形采用适宜的交叉口竖向图式,再计算与绘制交叉口等高线。

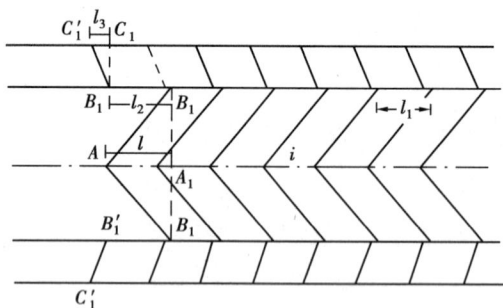

图 6.10　路段上设计等高线的绘制

　　一般路脊线是对向行车轨迹的分界线。

　　交叉口竖向设计的关键是选定合宜的路脊线和标高计算(辅助)线网。

　　道路的纵坡、横断面型式及路拱横坡确定后,可按需要的设计等高线间距,计算出车行道、街沟及人行道的设计等高线的水平距离。

　　对于路脊线

$$l = \frac{B i_g}{2i} \tag{6.2}$$

对于街沟

$$l_1 = \frac{h}{i} \tag{6.3}$$

对于缘石

$$l_2 = \frac{h_1}{i} \tag{6.4}$$

对于人行道

$$l_3 = \frac{b i_1}{i} \tag{6.5}$$

式中　l——车行道上同一等高线与两侧街沟的交点到路脊上该等高线顶点的水平距离；

　　　l_1——路脊线或街沟处相邻两等高线之间的水平距离；

　　　l_2——同一等高线在街沟边到缘石顶面的水平距离；

　　　l_3——同一等高线与缘石顶面和人行道外缘的交点沿道路纵向的水平距离；

　　　h——设计等高线间距；

　　　h_1——缘石高度；

　　　i——车行道、人行道和街沟的纵坡；

　　　i_g——车行道的路拱横坡度；

　　　i_1——人行道坡度；

　　　B——车行道宽度；

　　　b——每侧人行道宽度。

　　根据上述计算,便可绘制出图 6.11 所示路段的设计等高线图。首先绘制道路的平面中线、缘石线和人行道边缘线。然后根据控制标高和设计等高线间距在中线上找一相应点 A,由 A 点顺道路上坡方向量距离 AA_1 点作道路中线的垂直线与两侧缘石线相交于 B_1 点,连接 AB_1,即可得车行道上的设计等高线。再过 B_1 点在缘石上沿道路下坡方向量 $B_1B_1' = l_2$,再过 B_1' 点作缘石线的垂直线与人行道外缘相交于 C_1 点,由 C_1 点在人行道外边缘线上沿道路下坡方向量 $C_1C_1' = l_3$,由此便可绘出同一等高线在车行道、缘石和人行道的位置,即为 $C_1'B_1'B_1AB_1B_1'C_1'$。

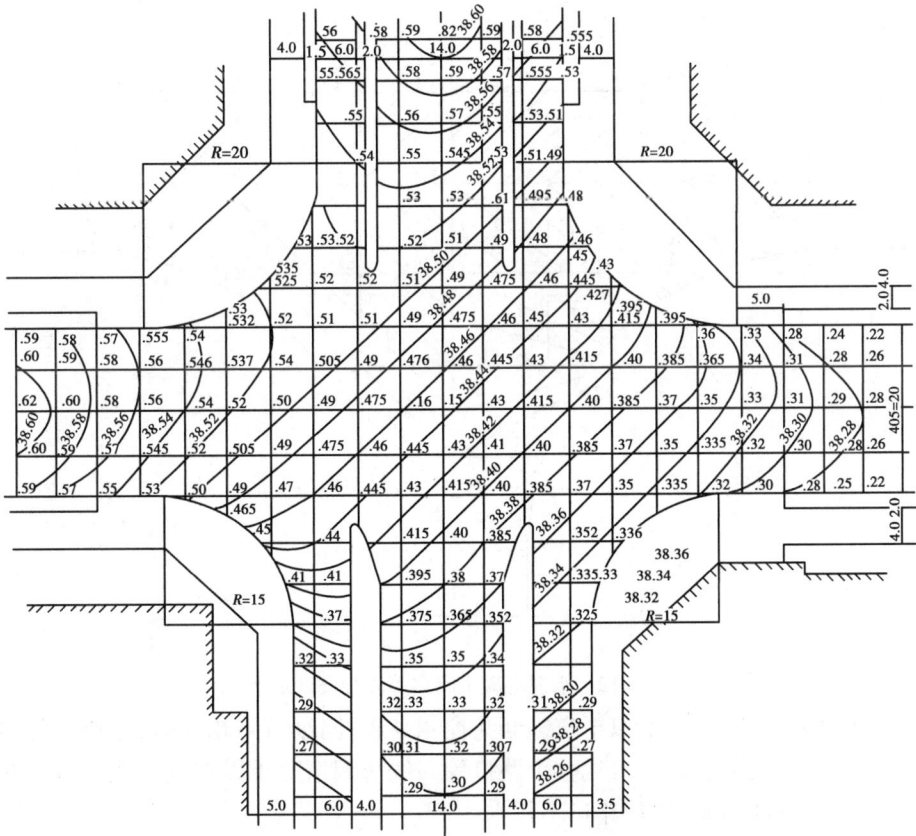

图 6.11　沥青路面路口等高线设计示例

⑥交叉口设计等高线绘制借助于标高计算(辅助)线网,根据相交道路横坡和交叉口控制标高,便可计算出交叉口设计标高,勾绘等高线。对于沥青路面可勾成曲线,对于水泥混凝土路面,在已确定的路口分块图上勾绘等高线。由于每块混凝土板为平面,此时的等高线应勾绘成直线或折线。

路口道牙切点以外路段亦应按纵横断面标高勾绘 10~20 m,以检查路口范围的等高线是否协调。

⑦根据行车舒适、排水通畅与附近建筑标高协调及外形美观的条件对所画成的等高线线形及间距进行调整。

⑧对于沥青路面可按与干道中线平行及垂直方向绘方格线(间距一般为 5 m),根据调整后的设计等高线,填写各方格网点处的设计高(图 6.11)。对于水泥混凝土路面,可在各设计的水泥混凝土板板角上填写设计高(图 6.12)。

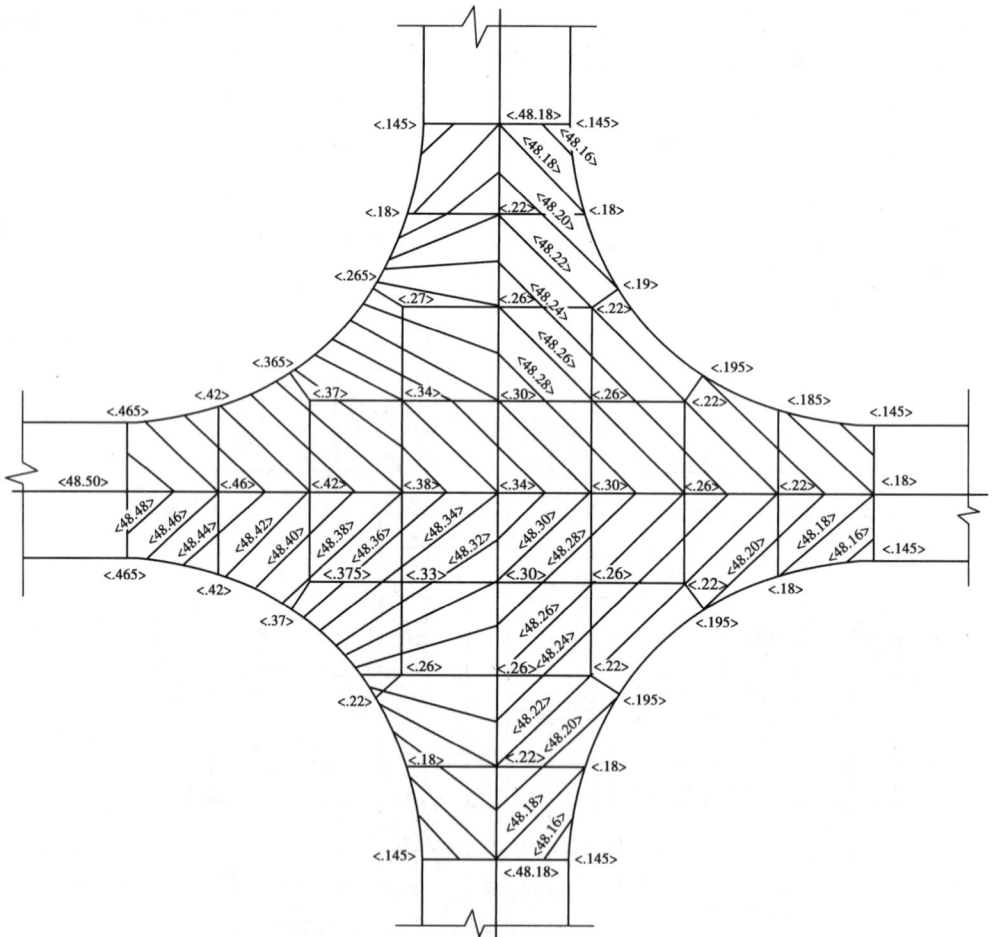

图 6.12　水泥混凝土路口等高线设计示例

⑨支路与干道相交时,一般以干道纵断为控制高程;同级道路相交时,路口部分中线高程不一定以干道作为控制高程,还可视整个路口等高线协调情况予以调整。尤其如纵断线形在路口处为低点时,必须调整,以使路口不积水。

⑩根据等高线的标高,用补插法求出方格点上的设计标高;最后可以求出施工高度(它等于设计标高减去地面标高),以符合施工要求。

以上为方格网设计等高线法,适用于大型、复杂的交叉口和广场竖向设计。对于一般简单的交叉口可采用特征标高点(如在纵、横坡方向选点)表示,路宽的、复杂的则点数可多些,路窄的、简单的则点数可少些。

根据设计经验,在平面交叉口竖向设计中,应注意以下几项要点:

a.在交叉口相交道路中的纵坡差不宜太大,尽可能使相交道路的纵坡大致相等。

b.为了便于排水,车行道两侧的平石边沟的纵坡不宜小于0.3%,缘石(侧石)高度控制在0.10~0.20 m。

c.在一般平坦地形的城市交叉口,其竖向设计的形状宜采用伞形型式,即把交叉口的中心标高稍微抬高一些向四周倾斜,这种型式的竖向设计,对排水、行车、美观和衔接处理均有利。

d.在交叉口范围内的横坡要求平缓,一般情况其横坡不大于路段设计横断面的横坡。

e.交叉口对角线上的横坡宜控制在1%左右,如果定得太大则其他方向的横坡就更大,对交通不利。

(4)新建道路与现有道路相交时路口等高线设计

新建道路与现有道路相接,在不刨或尽量少刨除现有路面的原则下,竖向设计方法如下:

①根据测量的旧路的方格点标高,勾画现有路面等高线。

②根据设计标高勾画新建道路与现有路面相接部分的设计等高线,使其与现有路面等高线衔接。

③调整所勾绘成的等高线的线形及间距,使其符合行车舒适,排水通畅与建筑协调,外形美观的原则。

④根据现有路面标高与设计标高,确定现有路面与新建路面重合部分的现有路面是加铺还是刨除,并勾画出其不同厚度的范围。

6.4　道路立体交叉

▶6.4.1　概述

道路立体交叉简称立交,是指两条或多条路线(道路与道路、道路与铁路、道路与其他交通线路)用跨线桥、隧道或地道在不同高程面上相互交叉的连接方式。立体交叉是高速道路(高速公路和城市快速路的统称)必不可少的组成部分。

立体交叉可使相交道路的各方向车流实现空间竖向立体分离,消除冲突点;车流可连续稳定地行驶,提高了交叉口的通行速度和通行能力;控制相交道路的车辆出入,车辆各行其道,互不干扰,保证行车安全和道路畅通。

立体交叉占地面积大、构造物多、施工复杂、造价高、不易改建。因此,采用立体交叉应根据道路、交通、环境及自然条件,经过技术、经济及环境效益的比较和分析慎重确定。

(1)立体交叉的组成

立体交叉的主要组成部分如下:

①跨线构造物。跨线构造物是指跨越被交道路的跨线桥(上跨式)或穿越被交道路的通道(下穿式)。这是立体交叉实现车流空间分离的主体构造物,有时也包括跨越匝道的桥梁。

②主线。参与交叉的高速公路或具有干线功能的一级公路,或在交叉中居主导地位的公路。

被交叉公路。参与交叉的公路中除主线之外的其他公路。

③匝道。匝道是指相交道路间的连接道,是立体交叉的重要组成部分,主要供转弯车辆行驶。供车辆驶出主线的匝道,称为出口匝道;供车辆驶入主线的匝道,称为入口匝道;车辆按转弯方向直接驶出或驶入的匝道,右转弯时为右出右进,左转弯时为左出左进,这样的匝道称为直连式匝道,也称为定向匝道;车辆未按或未完全按转弯方向直接驶出或驶入的匝道,左转弯时为左出右进、右出左进或右出右进,这样的匝道称为半直连式匝道,也称为非定向匝道。

高速道路采用左出、左进,导致高速车道交织,严重交通干扰,影响通行能力。

④匝道端部。匝道端部是指匝道两端分别与正线相连接的道口,包括出入口、变速车道及辅助车道等。

a.出入口:指匝道从正线的出口与入口,转弯车辆由正线驶出进入匝道的道口为出口,由匝道驶入主线的道口为入口。

b.变速车道:变速车道分为减速车道和加速车道。为来自低速车道的车辆加速并驶入高速车道而设置的附加车道,称为加速车道,入口端设置加速车道;为驶离高速车道的车辆减速并驶入低速车道而设置的附加车道,称为减速车道,出口端设置减速车道。

c.辅助车道:在立体交叉设置双车道匝道的分流、合流附近,为保证主线车辆调整车速、车距、变换车道或使匝道与正线车道数平衡和保持主线的基本车道数而在主线外侧增设的附加车道。

集散车道:为了减少立体交叉主线上进出口的数量和交通流的交织,在主线一侧或两侧设置的与主线平行且横向分离、并在两端与主线相连、供进出主线车辆运行的车道。

除以上主要组成部分外,立体交叉还包括集散车道、绿化地带,以及立体交叉范围内的排水、照明、交通工程等设施。

立体交叉的设计范围,一般是指各相交道路出入口变速车道渐变段顶点以内包含的正线、跨线构造物、匝道等全部区域。

鼻端:在分流或合流连接部,相邻路面边缘交汇形成的圆形端部。

偏置值:分流鼻端外侧与相邻车道边缘之间应保证的最小宽度。

渠化:在平面交叉以交通岛及交通标线引导车辆行驶轨迹,减少交通冲突面积或减少交通冲突点的方式。

车道平衡:在分、合流连接部,每个方向的车道数保持连续或变化最小,使分、合流前后的车道数之间保持平衡关系。分、合流连接部应保持车道数平衡,分、合流前后的车道数应连续或变化最小,主线每次增减的车道数不应超过1条。

(2)公路立体交叉与城市道路立体交叉的主要特征

公路立体交叉和城市道路立体交叉,在其作用、主要组成部分和设计方法方面是基本相同的。但由于受地形、地物、用地、交通组成和管制以及收费制式等环境条件的影响,二者设计的主导思想有所侧重,各具特征。

公路立体交叉:一般设收费站,相邻立体交叉的间距较大;地物障碍少,用地较松;多采用地上明沟排水系统;常用立体交叉形式简单,采用的设计速度高,线形指标也较高,占地较大,以两层式为主。

城市道路立体交叉:一般不收费,相邻立体交叉的间距较小,须考虑非机动车和行人交通,用地较紧,受地上和地下各种管线及建筑物影响大,拆迁费用高;多采用地下排水系统,施工时要考虑维持原有交通和快速施工,注重设计的美观和绿化;常被作为一种城市景观来设计,立体交叉形式复杂、多样,以多层式为主。

▶6.4.2　设计控制及一般要求

匝道车道宽度规定见表 6.12。

表 6.12　匝道车道宽度

车道种类	设计速度/(km·h^{-1})	车道宽度/m
大型车或混合车道	>60	3.75
	≤60	3.50
小型车专用车道	≥60	3.50
	<60	3.25

公路立体交叉范围内,交叉公路设计速度应采用基本路段的设计速度,当交叉公路在象限内转弯时,在互通立体交叉范围内的设计速度可适当降低,但与相邻路段设计速度差不应大于20 km/h。

匝道基本路段设计速度规定见表 6.13。

表 6.13　匝道基本路段设计速度

匝道类型		直连式		半直连式		环形匝道	
		标准式	变化式	内转弯式	外转弯式	标准式	变化式
一般互通式立体交叉	设计速度/(km·h^{-1})	40~60	30~40	—	40~60	30~40	30~40
	匝道形式						
枢纽互通式立体交叉	设计速度/(km·h^{-1})	60~80	50~60	60~80	40~60	40	40
	匝道形式						

匝道平面线形设计应符合下列规定:
①各曲线元长度不宜小于以设计速度行驶 3S 的行程。
②直线与圆曲线、不同半径及不同方向圆曲线之间宜插入回旋线。

③平纵面线形宜具备良好的线形诱导条件。

交叉公路基本路段的停车视距应采用相应等级公路规定的停车视距,在分流鼻端之前宜采用表 6.14 规定的识别视距,当条件受限制时,识别视距不应小于 1.25 倍的停车视距。匝道基本路段停车视距规定见表 6.15。

表 6.14　匝道识别视距

设计速度/(km·h⁻¹)	120	100	80	60
识别视距/m	350~460	290~380	230~300	170~240

表 6.15　匝道停车视距

匝道设计速度/(km·h⁻¹)		80	70	60	50	40	35	30
停车视距/m	一般地区	110	95	75	65	40	35	30
	积雪冰冻地区	135	120	100	70	45	35	30

▶6.4.3　立体交叉的类型及其适用条件

道路立体交叉形式的选择往往受到沿线规划、转换交通需求、立交服务水平、自然条件等诸多因素的制约,而立体交叉的类型是多样的,在既定位置选择设计一个与自然条件契合、满足交通需求、符合沿线规划、工程规模合理、造型美观、行车舒适安全便捷的立体交叉形式,考验设计者的经验、智慧和设计水平。

(1)按相交道路的跨越方式分类

立体交叉按相交道路的跨越方式可分为上跨式和下穿式两类,如图 6.13 所示。

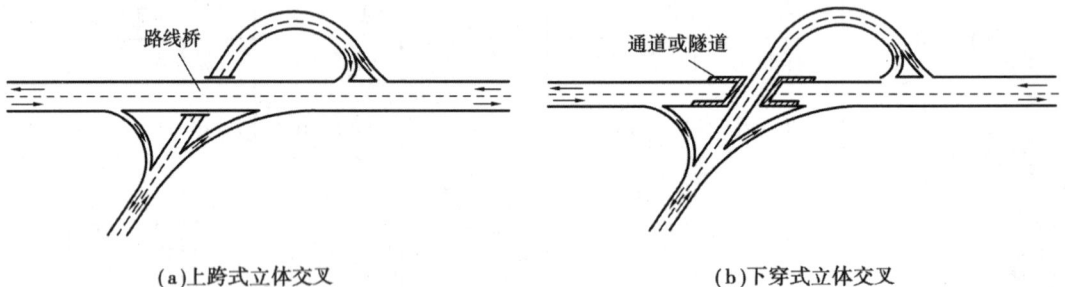

(a)上跨式立体交叉　　　　　　　　　(b)下穿式立体交叉

图 6.13　上跨式和下穿式立体交叉

1)上跨式

上跨式是用跨线桥从被交道路或其他线形工程上方跨过的交叉方式。这种立体交叉施工方便,造价较低,排水易处理,但占地大,引道较长,跨线桥影响视线。

2)下穿式

下穿式是用通道(或隧道)从被交道路或其他线形工程下方穿过的交叉方式。这种立体交叉占地较少,立面易处理,对视线和周围景观影响小,但施工期较长,造价较高,排水困难。

对上跨式和下穿式立体交叉的选用,要根据相交道路的功能、等级、立体交叉所处位置的地形、地质、排水、施工、周围景观等因素,经技术、经济比较后确定。一般上跨式立体交叉宜用于市区以外或周围有高大建筑物处;下穿式立体交叉多用于市区或被交道路为高路堤处。

（2）按立体交叉的交通功能分类

立体交叉按其交通功能可分为分离式立体交叉和互通式立体交叉两类。

1）分离式立体交叉

指交叉公路之间立体交叉，但相互道路分离不连通的交叉。

仅设一座跨线构造物（跨线桥或通道），上下各层道路与道路（或其他线形工程）间互不连通的交叉方式，如图6.14所示。

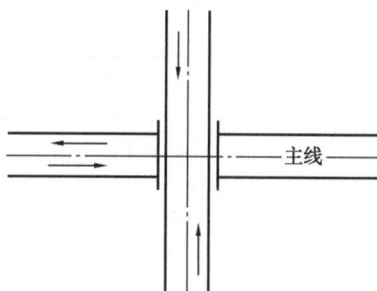

图6.14 分离式立体交叉

这种类型的立体交叉结构简单，占地少，造价低，但相交道路的车辆不能转弯行驶。

分离式立体交叉的设置应根据道路网规划、相交道路的功能、等级、交通量、地形和地质条件、经济与环境等因素确定。

符合下列条件者应设置分离式立体交叉：高速公路同其他各级道路交叉，除因交通转换而设置互通式立体交叉外，均必须设置分离式立体交叉；具有干线功能的一级公路同其他各级道路交叉，除因交通转换而设置互通式立体交叉外，为减少平面交叉，应采用分离式立体交叉；二、三、四级公路间的交叉，直行交通量很大或地形条件适宜，且不考虑交通转换时，可设置分离式立体交叉；道路与干线铁路交叉，应采用分离式立体交叉。

2）互通式立体交叉

不仅设跨线构造物使相交道路空间分离，且上下道路之间相互连通的交叉方式。

这种类型的立体交叉车辆可转弯行驶，全部或部分消灭了冲突点，各方向行车相互干扰小，行车安全、迅速，通行能力大，但立体交叉结构复杂，占地多，造价高。

交叉公路之间立体交叉并相互连通的交叉，其中，为地方交通提供接入和转换功能的互通式立体交叉，称为一般互通式立体交叉；为高速公路之间、高速公路与具有干线功能的一级公路之间或具有干线功能的一级公路之间提供连续、快速的交通转换功能的互通式立体交叉，称为枢纽互通立体交叉；相邻互通式立体交叉利用辅助车道、集散车道或匝道等相连而形成的互通式立体交叉，称为复合式互通立体交叉。

高速公路之间、或高速公路与具有干线功能的一级公路之间、或具有干线功能的一级公路之间的互通式立体交叉，应为枢纽互通式立体交叉。其匝道应具有良好自由流线形，匝道上不设置收费站，匝道端部不出现穿越冲突。

高速公路、一级公路与其他道路相交时应采用一般互通式立体交叉。其匝道上可设置收费站，且高速公路出入口以外允许设置平面交叉。

互通式立体交叉的基本形式，根据交叉处车流轨迹线的交叉方式和几何形状的不同，又可分为部分互通式、完全互通式和环形立体交叉3种。

①部分互通式立体交叉。相交道路的车流轨迹线之间至少有一个平面冲突点的立体交叉称为部分互通式立体交叉。它是一种低级形式立体交叉，一般多用于主要道路与次要道路相交，当个别方向的交通量很小或分期修建，或受地形、地物及路网规划限制某个方向不能布设匝道时也可采用。其代表形式有菱形立体交叉和部分苜蓿叶形立体交叉等。

a.菱形立体交叉：设有四条单向匝道通向被交道路，在次要道路的连接部存在平面交叉的互通式立体交叉。图6.15（a）为三路菱形立体交叉；图6.15（b）为四路菱形立体交叉。

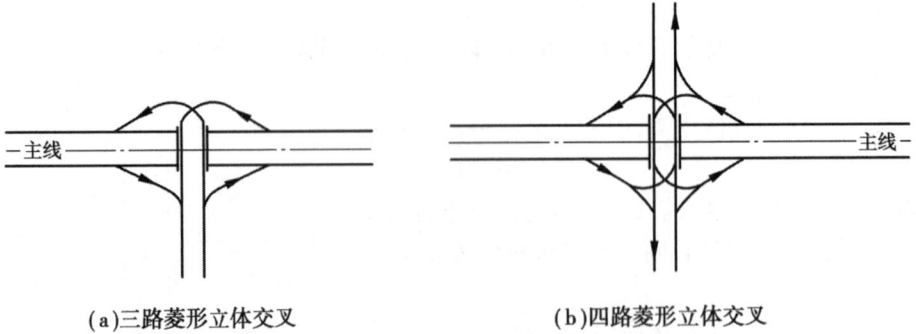

(a)三路菱形立体交叉   (b)四路菱形立体交叉

图 6.15 菱形立体交叉

这种立体交叉能保证主线直行车流快速畅通；左转车辆绕行距离较短；主线上有高标准的单一进出口,交通标志简单；主线下穿时匝道纵坡便于驶出车辆减速和驶入车辆加速；形式简单,仅需一座跨线构造物,用地和工程费用小。但次线与匝道连接处为平面交叉,影响通行能力和行车安全。适用于城市主要道路与次要道路相交且用地困难的情况,而公路上采用较少。

布设时应将平面交叉设在次要道路上,主要道路上跨或下穿应视地形和排水条件确定,一般以下穿为宜。次要道路上可通过渠化或设置交通信号等措施组织交通。

b.部分苜蓿叶形立体交叉:部分左转弯方向不设环形左转匝道,而呈不完全苜蓿叶形的立体交叉。如图 6.16 所示,可根据转弯交通量的大小或场地限制,采用图示任一形式或其他变形形式。

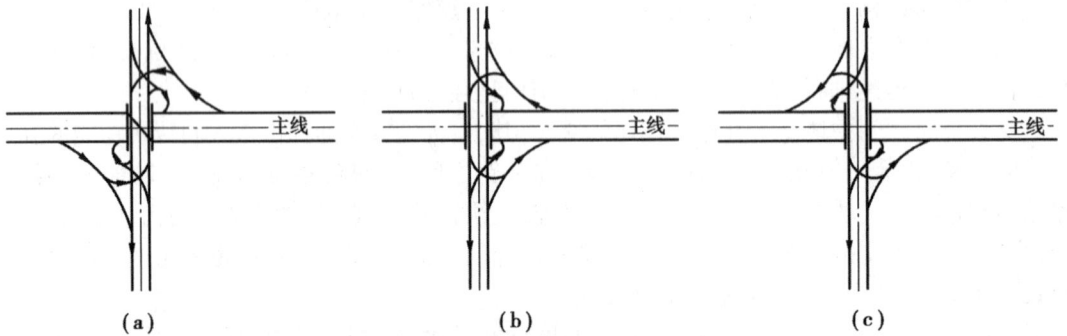

(a)   (b)   (c)

图 6.16 部分苜蓿叶形立体交叉

这种立体交叉可保证主线直行车流快速畅通；单一的驶出方式简化了主线上的标志；仅需一座跨线构造物,用地和工程费用较小；便于分期修建,远期可扩建为全苜蓿叶形立体交叉。但次要道路上为平面交叉,影响通行能力和行车安全,且有停车等待和错路运行的可能。适用于主要道路与次要道路相交。

布设时应使转弯车辆的出入尽量少妨碍主线交通,平面交叉应设在次要道路上,必要时可在次要道路上组织渠化交通或设置信号控制。

②完全互通式立体交叉。相交道路的车流轨迹线全部在空间分离的交叉称为完全互通式立体交叉。它是一种比较完善的高级形式立体交叉,匝道数与转弯方向数相等,各转弯方向均有专用匝道,无冲突点,行车安全、迅速,通行能力大；但占地面积大、造价高。适用于高速道路之间或高速道路与其他交通量大的道路相交。其代表形式有喇叭形、苜蓿叶形、子叶形、Y 形、X 形、涡轮形、组合型等。

a.喇叭形立体交叉:喇叭形立体交叉可分为单喇叭和双喇叭两种形式。单喇叭形立交交叉是用一个环形(转向约为270°)左转匝道和一个半定向式左转匝道组成的完全互通式立体交叉,如图6.17所示,是三路立体交叉的代表形式。单喇叭形立体交叉可分为A型和B型,A型单喇叭经内环形左转匝道驶入正线(或主线),缺点是内环半径小,行车速度低,不利于左转车辆进入主线,但利于左转车辆出主线;B型单喇叭经内环形右转匝道驶出正线(或主线),外环半径大,行车速度高,利于左转车辆进入主线,但不利于左转车辆出主线。

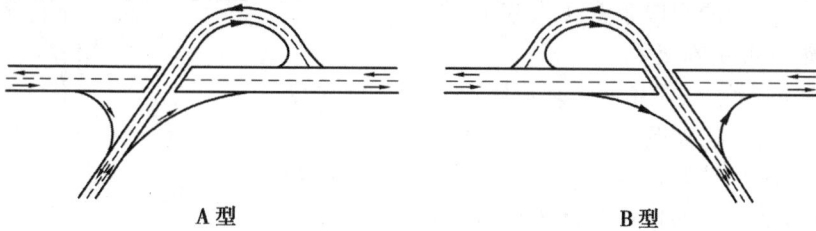

A 型   B 型

图6.17 喇叭形立体交叉

这种立体交叉除环形匝道适应车速较低外,其他匝道都能为转弯车辆提供较高速度的定向或半定向运行;只需一座跨线构造物,投资较省;无冲突点和交织,通行能力大,行车安全;造型美观,行车方向容易辨别。但环形匝道线形指标较低,行车速度低。一般适用于高速道路与一般道路相交的T形交叉。

布设时应将环形匝道设在交通量较小的方向上,主线左转弯交通量大时宜采用A型,反之可采用B型。一般道路上跨时对转弯交通视野有利,下穿时宜斜交或弯穿。

双喇叭形立交是两个单喇叭立交的组合,适用于高速公路与一级公路或转换交通量大的二级公路相交的情况,其最大的优势在于只需设置一处收费站就解决了两条道路的收费问题,但局限性也明显,即部分交通绕行距离过长,两个环形匝道的行车速度不高。

对于各个方向交通量都很大的三路立交,建议采用喇叭形立交的衍生形式(T形立体交叉),通过增加跨线桥,把喇叭形立交的内外环拉开布设,提高匝道线形指标,适用于三路枢纽立交。

b.苜蓿叶形立体交叉:用4个对称的环形左转匝道实现各方向左转车辆运行的全互通式立体交叉。它是四路交叉常用互通式立体交叉之一,图6.18(a)为标准型,图6.18(b)为带集散车道型。

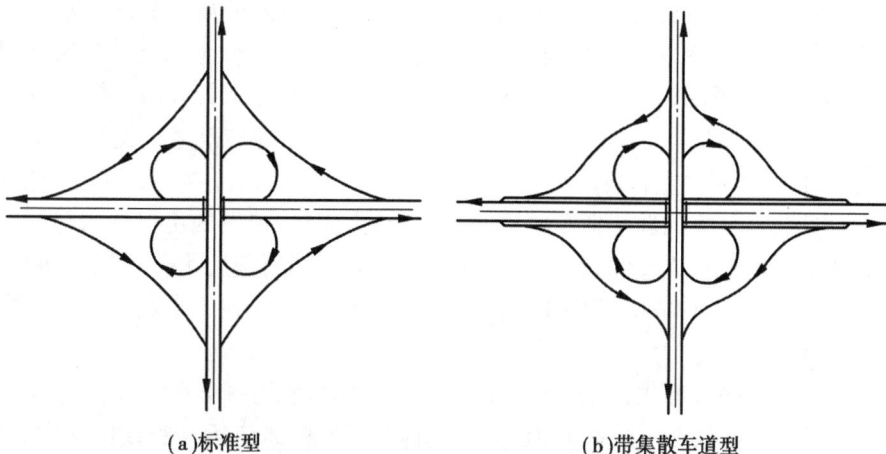

(a)标准型   (b)带集散车道型

图6.18 苜蓿叶形立体交叉

这种立体交叉各匝道相互独立,无冲突点,交通运行连续而自然,仅需一座跨线构造物,可分期修建。但立体交叉占地面积大,左转车辆绕行距离长,环形匝道适应车速较低,且跨线桥上、下存在交织,限制了立体交叉的通行能力。适用于高速道路之间或城市外围环路上的不收费立交采用。

布设时为消除正线上的交织,避免双重出口而使标志简化,提高通行能力和行车安全,常在正线的外侧增设集散车道,使出入口及交织段布置在集散车道上,成为带集散车道的苜蓿叶形立体交叉。

c.子叶形立体交叉:是用两个环形匝道实现车辆左转的全互通式立体交叉,如图6.19所示。

这种立体交叉只需一座跨线构造物,造价较低,匝道对称,造型美观。但交通运行条件不如喇叭形好,正线上存在交织,左转车辆绕行长。多用于苜蓿叶形立体交叉的前期工程。布设时以主线下穿为宜。

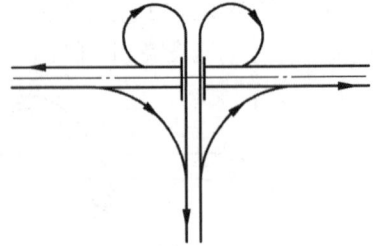

图6.19 子叶形立体交叉

d.Y形立体交叉:是用定向匝道或半定向匝道实现车辆左转的全互通式立体交叉。图6.20(a)为定向Y形,图6.20(b)为半定向Y形,右图为三层式。

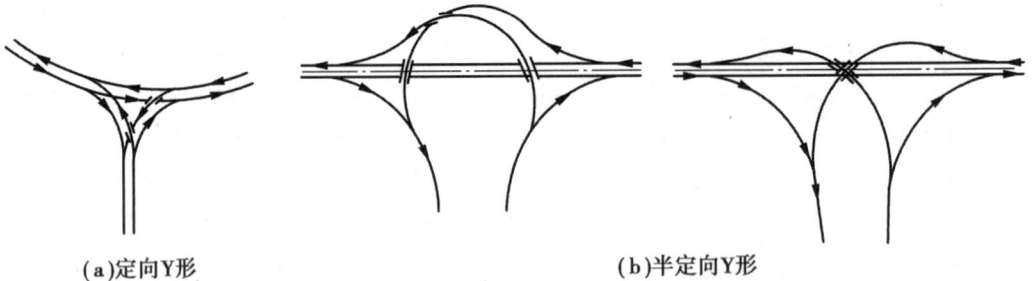

(a)定向Y形   (b)半定向Y形

图6.20 Y形立体交叉

这种立体交叉能为转弯车辆提供高速的定向或半定向运行,通行能力大;无交织,无冲突点,行车安全;行车方向明确,路径短捷,运行流畅;正线外侧占地宽度较小,但跨线构造物多,造价较高。适用于各方向交通量都很大的三路互通式立体交叉。

布设时定向Y形立体交叉的正线在交叉范围内,应为双向分离式断面,或拉开适当的距离,以满足左转匝道纵坡和桥下净空要求,在正线设计时就应充分考虑立体交叉布设的要求。半定向Y形立体交叉适用于正线双向行车道之间不必拉开或难以拉开的情况。

e.X形立体交叉:又称半定向式立体交叉,是由四条半定向左转匝道组成的高级全互通式立体交叉。图6.21(a)为对向左转匝道对角靠拢布置,图6.21(b)为对向左转匝道对角拉开布置。

这种立体交叉从各方向转弯使车辆转向明确,自由流畅;单一的出口或入口,便于车辆运行和简化标志;无冲突点,无交织,行车安全;适应车速高,通行能力大。但层多桥长,造价高,占地面积大。一般多用于高速道路之间、各左转弯交通量大、车速要求高、通行能力大的枢纽互通式立体交叉。

图6.21(a)、(b)两种形式,图6.21(a)所示形式的转弯匝道线形更为流畅,转弯半径更大,适应的车速更高,桥梁建筑长度缩短;但总的建筑高度增加,匝道桥与跨线桥集中布设使结构更复杂。布设时,宜将直行车道分别布置在较低层,而将对角左转匝道布置在高层。图6.21

(b)所示形式,可以合理利用空间高差的变化,以降低立体交叉的建筑高度,但要避免一条匝道几次上下起伏变化,以一次升降坡为宜。

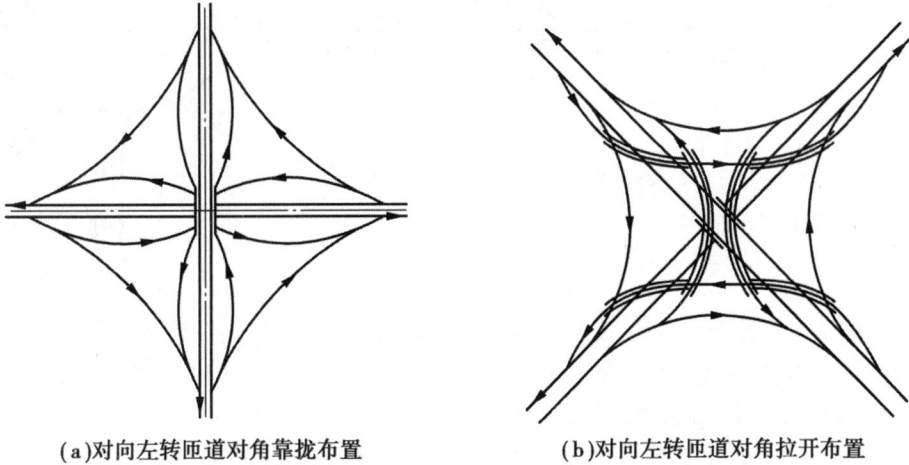

(a)对向左转匝道对角靠拢布置　　　(b)对向左转匝道对角拉开布置

图 6.21　X 形立体交叉

f.涡轮形立体交叉:是由四条半定向式左转匝道组成的一种高级全互通式立体交叉,如图 6.22 所示。

这种立体交叉匝道纵坡和缓,适应车速较高;车辆进出正线安全通畅;无冲突,无交织,通行能力较大。但左转弯车辆绕行距离较长,营运费用较大;需建两层式跨线构造物 5 座,造价较高;占地面积大。适用于高速道路之间转弯速度要求较低的枢纽互通式立体交叉。

布设时,为使匝道平面线形与汽车行驶速度的变化相适应,通常匝道出口线形应比入口线形好。

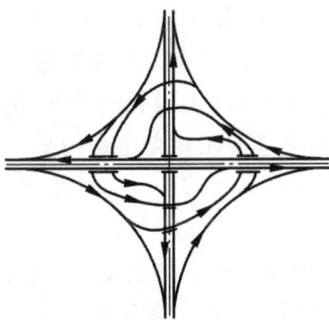

图 6.22　涡轮形立体交叉　　　　　图 6.23　组合型立体交叉

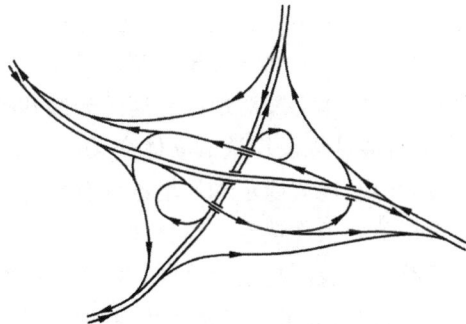

g.组合型立体交叉:根据交通量并结合地形、地物限制条件,在同一座立体交叉中采用两种或两种以上不同形式的左转匝道组合而成的全互通式立体交叉,如图 6.23 所示。

这种立体交叉正线双向行车道在立体交叉范围在不拉开距离的情况下,左转匝道多为环形和半定向式匝道,组合形式多样;匝道布设形式与交通量相适应;充分利用地形、地物,因地制宜。适用于一个或两个左转弯交通量较小的枢纽互通式立体交叉。

布设时应合理设置环形左转匝道,尽量使结构紧凑,减少占地。

③环形立体交叉。环形立体交叉是指主线直通,次线及主线转弯车辆环绕中心岛交织运行的互通式立体交叉,如图 6.24 所示分别为三路、四路、多路环形立体交叉。

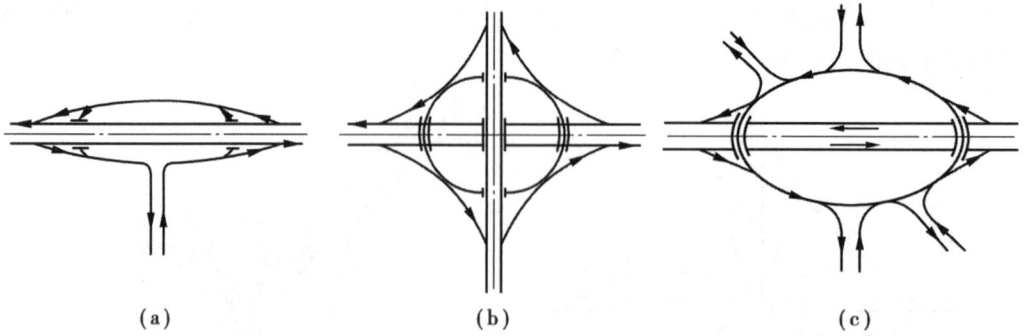

图 6.24　环形立体交叉

环形立体交叉是由平面环形交叉发展而来,为保证主线直行车流快速、畅通,将主线下穿或上跨中心岛。次要道路的直行车流和交叉口的左转车流一律绕中心岛做单向逆时针行驶,车流在环道内相互交织,直至所去的路口离开。

环形立体交叉能保证主线直通;无冲突点,交通组织方便;结构紧凑,占地较少。但次要道路的通行能力受环道交织能力的限制,车速受到中心岛半径的影响,构造物较多,左转车辆绕行距离长。适用于主要道路与次要道路交叉,以用于5条以上道路相交为宜。布设时,应让主线直通,中心岛可采用圆形、椭圆形或其他形状。

▶6.4.4　立体交叉的布置规划

(1)立体交叉类型及位置的选定

对互通式立体交叉的位置选定,应以道路网现状和规划为依据,综合考虑交通条件、地形和地质条件,以及用地、文物、景观和环保等社会和环境因素。要求立体交叉范围内主线及其入口附近的平纵线形指标、视距和横坡等,能提供安全的分合流条件并能与匝道顺适连接,被交道路应具有与互通式立体交叉出入交通量相适应的通行能力,并能为交通发生源提供便捷的连接。同时考虑立体交叉对地区交通的分散和吸引作用、立体交叉设置的条件、技术上的合理性、经济上的可能性以及拟选的立体交叉形式等。一般应选择在相交道路的平纵线形指标良好,地势平坦开阔、地质稳定和环境条件有利的位置。

一般应根据下列条件选定立体交叉:

①相交道路的等级。高速公路同其他各级道路相交,必须采用立体交叉;一级公路与交通量大的其他道路相交,应采用立体交叉;其他各级道路间的交叉,在交通条件需要或有条件的地点,也可采用立体交叉。

②相交道路的性质。国家及省属主干线公路之间及其与交通繁忙的一般公路相交时,应设置互通式立体交叉。

③相交道路的任务。高速公路、一级公路与通往大城市、重要政治或经济中心、重点工矿区、重要港口、机场、车站和游览胜地及重要交通源的公路相交处,应设置互通式立体交叉。

④相交道路的交通量。一级公路为干线公路且被交公路为四车道,按各种车辆折合成小客车的年平均昼夜交通量达到 10 000 辆以上;城市道路当进入交叉口的交通量达 4 000 ~ 6 000 pcu/h(小客车),相交道路为四车道以上,且对平面交叉采取交通管理及交通组织措施均难以改善交通状况时,可设置互通式立体交叉。

⑤人口数量。在人口超过3万人的城市附近或互通式立体交叉影响范围的人口超过4.5万时,可设置互通式立体交叉。

⑥地形条件。当交叉处地形条件适宜修建立体交叉,且与平面交叉相比不会过多增加工程造价时可考虑采用立体交叉。如高填方路段与其他道路交叉处,较高的桥头引道与滨河路交叉等。

⑦经济条件。经对投资成本、营运费用和安全性分析,设置互通式立体交叉的效益投资比和社会效益等大于设置平面交叉时,可修建互通式立体交叉。

依据《公路立体交叉设计细则》(JTG/T D21—2014),互通式立体交叉类型的选择应符合下列规定:

①被交叉公路为双车道公路或具有集散功能的一级公路的互通式立体交叉,宜采用一般互通式立体交叉。

②高速公路之间、高速公路与具有干线功能的一级公路之间或具有干线功能的一级公路之间相互交叉的互通式立体交叉,宜采用枢纽互通立体交叉。

③设置匝道收费站的互通式立体交叉可按一般互通式立体交叉设计。

④一般互通式立体交叉可采用平面交叉型。

⑤枢纽互通式立体交叉宜采用完全立体交叉型。

⑥当个别方向无交通转换需要或虽然存在少量交通转换需求,但完全连接特别困难时,可采用不完全互通型,未连通方向的交通转换功能应通过路网交通组织,由邻近交通节点承担,并应与完全互通型综合比较论证后确定。

抓住每个互通方案拟定的主要因素,是方案比较的重点和关键,可按下述步骤提出推荐意见,同深度一般需要进行至最后一步,但不一定进行每一步比较:

①依据转弯交通量,分析比较互通交叉中心位置和平面交叉位置,方案研究必须进行。

②结合占地等环境协调和总体设计协调,分析论证交叉位置及互通形式,定性比较必须进行。

③依据工程规模,比较主流左转匝道和主流右转匝道的形式,不同深度必须进行。

④依据工程规模,比较存在交叉或交织的匝道形式,宜同深度比较。

⑤依据工程规模和估算,分析比较存在匝道交叉的匝道形式,推荐时应同深度比较。

⑥依据工程规模,比较次流左转匝道和次流右转匝道的形式,该过程一般不宜抉择推荐意见。

⑦依据经济技术指标,分析比较提出推荐意见。

互通方案比较结论,应言明推荐理由,一般有4种情况。优势明显时,可直接点明优势、明确推荐方案;优势差距不大时,应说明抉择方案优点,可同时说明缺点;优缺点均明显时,应同时说明优缺点;推荐方案有明显劣势时,应充分说明弥补或完善措施。

(2)立体交叉的间距

确定互通式立体交叉间距时,主要应考虑以下影响因素:

①满足交通密度的要求。相邻立体交叉之间保持合适的间距,能均匀分散交通,使整条道路和区域交通流被各立体交叉均衡、合理地负担。立体交叉间距过大,不仅难以满足交通需要,还会影响高速道路功能的发挥;间距过小,则会使行车速度和通行能力降低,导致交通运行困难,交通事故发生的可能性增加,建设投资加大。

②满足交织段长度的要求。相邻立体交叉之间要有足够的交织路段,以在相邻立体交叉出入口之间设置足够长度的加、减速车道。交织路段是从前一立体交叉匝道上车辆驶入正线的合流点到下一立体交叉正线上车辆驶入匝道的分流点之间的距离。

③满足设置交通标志的要求。相邻立体交叉之间应保证足够的距离,使在此距离内能设置若干预告标志,以便连续不断地告知驾驶员下一立体交叉和出口的位置。

④驾驶员操作顺适的要求。互通式立体交叉,尤其是多层式立体交叉由于其平面线形连续变化,纵断面多有起伏,如果间距过短,会对驾驶操作的顺适、交通流的稳定及景观均不利。

对互通式立体交叉的间距,高速公路规定,在大城市、重要工业园区附近的平均间距宜为5~10 km,其他地区宜为15~25 km;最小间距不宜小于4 km,因路网结构或受地形条件及其他特殊情况限制,经论证相邻互通式立体交叉的间距需适当减小时,其上一互通式立体交叉加速车道渐变段终点至下一互通式立体交叉减速车道渐变段起点之间的距离不应小于1 000 m,且应设置完善、醒目的标志、标线和视线诱导标等交通安全设施;若小于1 000 m,且经论证必须设置时,应将两者合并设置为复合式互通式立体交叉;一般地区,最大间距不宜大于30 km;大城市或大型工业园区附近,最大间距不宜大于20 km;荒漠和草原地区,最大间距不宜大于40 km;超过最大间距时,应在适当位置设置与主线分离的"U形转弯"设施。非高速公路互通式立体交叉的最小间距,可参照高速公路的规定执行,条件受限时,经对交织段的通行能力验算后可适当减小。

城市道路规定两座互通式立体交叉的最小间距按正线设计速度80 km/h、60 km/h、50 km/h 和40 km/h,分别采用1 km、0.9 km、0.8 km 和0.7 km。快速路主线上相邻出入口最小间距 L 如表6.16 规定。

表6.16　快速路主线上相邻出入口最小间距 L(m)

主线设计速度 /(km·h⁻¹)	出入口布设型式			
	出口-出口	出口-入口	入口-入口	入口-出口
100	760	260	760	1 270
80	610	210	610	1 020
60	460	160	460	760

▶6.4.5　道路与铁路立体交叉一般规定

①城市快速路、主干路、行驶无轨电车和轨道交通的道路与铁路交叉,必须布设立体交叉。

②其他道路与设计速度大于120 km/h 的铁路交叉,应布设立体交叉。

③地形条件有利于布设立体交叉或不利于布设平面交叉时,应布设立体交叉。

复习思考题

6.1　简述平面交叉路口车辆运行特点。

6.2　简述减少或避免相交道路车流互相影响常用的解决手段。

6.3　简述平面交叉口竖向设计的方法。

6.4　互通式立体交叉的特点及分类。

6.5　简述定向匝道、非定向匝道概念。

第7章

公路选线与城市道路网规划

7.1 概　述

道路是线状的永久性的人工构造物,其位置确定不仅受地形、地质、生态等条件的影响,而且修建以后又反作用于自然,对自然的地形、生态等进行或多或少的破坏,同时路线位置还会对运行安全产生深远的影响。路线方案选择是公路建设中决定全局的重要工作。

▶7.1.1　选线的目的与任务

(1)目的

道路选线的目的,就是根据道路的性质、任务、等级和标准,结合地形、地质、地物及其他沿线条件,综合平、纵、横 3 方面因素,在实地或纸上选定道路路中线平面位置。

(2)任务

道路选线的主要任务是:确定道路的走向和总体布局;具体确定道路的交点位置和选定道路曲线的几何要素,通过纸上或实地选线,把路线的平面位置确定下来。

道路选线工作贯穿于工程可行性研究、初步设计、技术设计和施工图设计等各个阶段,表7.1 为公路项目不同阶段路线选线工作核心内容、要求及工作方法、手段等。随着工作阶段的进展,路线由面到带、由带到线、由线到点,逐步加深,最终选定。

表 7.1　不同阶段公路选线要点

阶段	核心内容	方法手段	要　求
预可行性阶段	路线方案研究,其内容包括路线起终点、路线走向及走廊带的确定	①纸上选线:一般可在 1:10 万、1:5 万地形图上初步研究可能的路线走向方案,经筛选和调整,确定外业踏勘方案。 ②路线实地踏勘:并在 1:5 万或 1:1 万地形图上进行方案研究	路线走向方案布设应顺直且短捷、服从公路网规划、促进地方经济发展、发挥公路的综合运输效益、避免或减小生态环境敏感因素干扰、在技术经济上可行

续表

阶段	核心内容	方法手段	要　求
工程可行性阶段	通过路线走廊方案研究、论证、综合比选,推荐路线走廊方案、主要控制点、主要技术指标及工程规模	①实地踏勘和补充项目自然条件的调查、测量和工程地质勘察和加深专业调查,并听取有关部门意见。②在1:1万(或1:5 000)地形图上进行走廊方案布设并进行研究分析,经优化、筛选、论证,定性与定量相结合,选择路线走廊方案和比较方案。③根据不同的路线走廊方案进行概略总体设计,根据工程数量,估算工程投资	
初步设计阶段	应根据批复的可行性研究报告、测设合同的要求,收集有关基础资料,拟定选线原则,基本确定路线设计方案	①收集沿线比例尺的地形图/地质、环境等评估报告/地质、水文、气候等有关资料/城镇、工矿、公路、铁路、航空、水利建设和规划资料/土地资源/环境分区和环境敏感区(点)及动、植物保护区的分布资料等基础资料。②高速公路、一级公路应采用1:2 000或1:5 000地形图上定线与现场核查相结合的方法;二、三、四级公路一般可采用现场定线,有条件时宜采用纸上定线,地形受限时应采用现场定线与纸上移线、现场核查相结合的方法	工程地质和水文地质应进行深入调查、勘察,采取切实可行的工程措施;保护生态环境。最大限度地发挥最佳的综合运输效益。带动区域经济发展
技术设计阶段	根据初步设计批复意见、测设合同的要求,进一步修改完善选线原则,重点解决初步设计中未解决的重大、复杂技术问题	①对初步设计推荐的路线方案进行优化调整,确定路线方案。②关系到路线方案的重大技术问题应反复比较,按照施工图要求的深度进行放线,确定路线的具体位置	选线、定线应以线位的优化、细化为核心
施工图设计阶段	施工图设计阶段应根据初步设计或技术设计的批复意见、测设合同的要求,审定选线原则,确定路线设计方案	①进一步补充收集基础资料。②高速公路、一级公路应采用一般在1:2 000地形图纸上定线与现场核查相结合的方法;二、三、四级公路一般可采用现场定线,有条件时宜采用纸上定线,地形受限时应采用现场定线与纸上移线、现场放线核查相结合的方法	

▶**7.1.2　选线的一般原则**

(1)路线的基本走向必须与道路的主客观条件相适应

限制和影响道路基本走向的因素很多,但归纳起来可有主观和客观条件两类。主观条件是指设计任务书(或其他文件)规定的路线总方向、等级及其在道路网中的地位和作用。客观条件是指道路所经地区原有交通的布局(如铁路、公路、航道、航空、管道等),城镇、工矿企业、资源的状况,土地开发利用和规划的情况以及地形、地质、气象、水文等自然条件。上述主观条件是道路选线的基本依据,而客观条件则是道路选线必须考虑的因素。选线人员要从各种可能方案中选择出一条最优的路线方案,就要充分考虑上述条件对道路的影响,使之相适应。

路线起、终点,必须连接的城镇、重要园区、工矿企业、综合交通枢纽,以及特定的特大桥、特长隧道等的位置,应为路线基本定向的是主要控制点。根据公路功能综合权衡、分清主次,主要控制点控制路线的基本走向,次要控制点宜服从路线的基本走向。

(2)正确掌握和运用技术标准

在工程数量增加不大时,应尽量采用较高的技术标准。不要轻易采用较低指标或极限指标,也不应不顾工程数量增加,片面追求高指标。路线布设,应在保证行车安全、舒适、快速的前提下,做到工程数量小,造价低,运营费用少,效益好,并有利于施工和养护。

(3)注意与农业配合

选线时要处理好道路与农业的关系。注意与农业基本建设的配合,做到少占田地,并应尽量不占高产田、经济作物田或穿过经济林园(如橡胶、茶林、果园等),并注意与修路造田、农田水利灌溉、土地规划等相结合。

(4)选线应重视水文、地质问题

不良地质和地貌对道路的稳定性影响极大,选线时应对工程地质和水文地质进行深入勘测调查,弄清它们对道路的影响。

对于滑坡、崩塌、岩堆、泥石流、岩溶、泥沼等严重地质不良地段和沙漠、多年冻土等特殊地区的路线,应慎重处理,一般情况下应尽量绕避,必须穿过时,应选择合适的位置,缩小穿越范围,并采取必要的工程措施。

(5)重视环境保护工作

加强环保工作,重视生态平衡,为人类创造良好的生活环境,是我国的基本国策。在选线时应综合考虑由道路修建、汽车交通运行所引起的环境保护问题。主要应注意以下几点:

①通过名胜、风景、古迹地区的道路,应注意保护原有自然状态,并注意与周围环境、景观相协调,严禁损坏重要历史文物遗址。

②路线对自然景观与资源可能产生的影响。

③占地、拆迁房屋对环境带来的影响。

④路线布局对城镇布局、行政区划、农业耕作区、水利排灌体系等现有设施造成分割而引起的影响。

⑤噪声以及对大气、水源、农田污染所造成的影响。

⑥充分考虑对破坏自然景观、资源和污染环境的防治措施及其实施的可能性。

(6)选线应综合考虑路与桥梁、隧道的关系

在选线中,特大桥、大桥、特长隧道、长隧道、互通式立交与铁路交叉等位置,应作为路线走向的控制点;大中桥位原则上应服从路线的总方向,一般作为路线走向的主要控制点,小桥涵位置应服从路线走向。

7.2 选线的方法与步骤

▶7.2.1 一般方法

按选线手段、过程划分,可分为:

(1)实地选线

实地选线是由选线人员,根据设计任务书的要求,在现场实地进行勘察测量,经过反复比较,直接选定路线的方法。

其特点是简便、切合实际;实地容易掌握地质、地形、地物情况,作出的方案比较可靠;定线时一般不需要大比例尺地形图。但是,这种方法野外工作量很大,体力劳动强度大,野外测设工作受气候季节的影响大;同时,由于实地视野的限制,地形、地貌、地物的局限性很大,使路线的整体布局有一定的片面性和局限性。实地选线适用于一般等级较低、方案比较明确的公路。

(2)纸上选线

纸上选线是在已经测得的地形图上,进行路线布局、方案比选,从而在地形图纸上确定路线,将此路线再放样到实地的选线方法。

其特点是野外工作量较小,定线不受自然因素干扰;能在室内纵观全局,结合地形、地物、地质条件,综合平衡平、纵、横3方面因素,所选定的路线更为合理,但纸上定线必须要有大比例尺的地形图,地形图的测设需花费较大的工作量和具备一定设备。

纸上选线的一般步骤是:

①实地敷设导线。

②实测地形图(可用人工或航测法)。

③纸上选定路线。

④实地放线。

随着测绘技术的发展,纸上选线方法开始广泛运用;特别对于高等级公路和地形地物及路线方案十分复杂的公路更为适用。

(3)自动化选线

随着测绘技术和电子计算机技术的发展,一种将航测和电算相结合的自动化选线方法。

自动化选线的基本做法是:先用航测方法测得航测图片,再根据地形信息建立数字地形模型(即数字化的地形资料),把选线设计的要求转化为数学模型,将设计数据输入计算机,则计算机按照一定的程序进行自动选线、分析比较、优化,最后通过自动绘图仪和打印机将全部设计图表输出。

自动化选线用电子计算机和自动绘图仪代替人工去做大量繁重的计算、绘图、分析比较工作,这样,能使选线方案更合理、更省工省时,已成为今后公路选线的发展方向。

公路选线可采用纸上定线或现场定线的方法,高速公路、一级公路采用纸上定线时,必须现场核定;二、三、四级公路可采用现场定线,有条件或地形条件受限制时,可采用纸上定线或纸上移线并现场核定的方法。

▶7.2.2　**具体方法**

按选线的核心影响因素划分,可分为:

（1）地形选线

地形条件是道路选线中最基本的客观条件,涉及道路路线的技术标准、工程规模、投资等一系列问题,地形选线就是基于地形地貌条件进行路线选择。

根据地表的地形、地貌特征,可划分为平原区、丘陵区和山岭区 3 大类别,在不同的地区,有不同的公路选线面对的问题,故也有不同的选线方法和要点,详见 7.4—7.6 节。

（2）地质选线

地形选线根据地形、地貌的不同灵活地确定工程技术标准,以体现路线与地形相协调的原则,达到保护区域生态环境降低工程造价的目的。但是这种选线方式没有充分考虑一些路线区域性的地质问题,对地质灾害缺乏充分认识,导致不少工程在后期被迫追加大量的投资进行地质病害处理。

①路线应尽量避免在区域性大断层影响范围内平行布设。区域性大断层一般会使岩石挤压、拉张,造成岩石破碎风化严重,同时该区域地下水丰富,均会对路基边坡、桥梁隧道的稳定性产生不利影响。

②大型构造物应尽量避免从褶皱的核部通过。褶皱的核部受构造影响剧烈,应力相对集中,一般为破碎带、富水带,对路基边坡、桥梁和隧道的稳定不利。

③路线应尽量避免穿越大型滑坡、崩塌（岩堆）、泥石流、采空区等不良地质。大型不良地质处治难度巨大,一般应尽量避让;对于中小型不良地质,可对治理方案和改线方案进行技术经济对比,以确定合理方案。

④路线应尽量避免穿越大面积的软土、膨胀土等特殊性岩土。软土、膨胀土的处治技术目前虽然已较为成熟,但穿越面积大、厚度大时,会造成处治费用高或废方多的问题,大大增加了工程造价,一般还是尽量避让为好。

⑤隧道还应尽量避免大范围的高应力区、瓦斯区岩溶区、密集水井或水库区。由于隧道为带状工点且一般埋深较大,需要查清高应力区、瓦斯区、岩溶区、密集水井或水库区的地质情况,涉及勘察费用高、周期长,因此在地质选线时要尽量加以避让。

通过对地质的勘察,产生可行方案,然后在调查结果分析的支持下,对可行方案在地质方面的优缺点进行比较同时也对公路生态、地形、经济性等方面进行比选,最终确定一个可行方案。

（3）安全选线

随着汽车工业和公路交通的发展,公路交通事故在全世界范围内已构成对人类生命安全和物质财产的巨大威胁。公路交通的安全性已成为人们日益关注的问题。

在公路选线过程中,应该对公路线形条件进行安全检查和评价,从而预防或减少交通事故的发生。安全选线的步骤与程序如下:

①根据地形、公路功能、公路等级与设计交通量合理确定设计速度。

②依据设计速度、利用技术标准,确定缓和曲线最小长度、平曲线最小半径竖曲线最小半径、坡度等技术指标,同时确定横向力系数提供值。

③利用 CAD 软件,进行路线的平、纵设计,确定平纵设计参数,在设计过程中需考虑与环

境配合问题。在平面设计过程中,需检查相邻单曲线之间的相互关系。若相邻曲线半径不满足安全条件,则需重新确定曲线半径。

④计算路线的运行速度。

⑤利用上面运行速度与设计速度之间、运行速度与运行速度之间的速度差,检查路线的安全性,如果路线安全性达不到要求,则需采取相应的修改措施。

⑥基于运行速度与设计速度,计算停车视距超车视距、最大超高值最小超高值,并检查汽车稳定性是否满足安全标准的要求。如果不满足,需要调整路线设计参数而重新进行安全检查。

⑦建立公路三维模型,进行三维检查。

(4)生态选线

生态选线是近年来随着人们对生态环境保护意识的增强而逐渐形成的一种选线理念。即把生态环境作为一项控制指标,在工程设计开始即从主观上考虑生态环境保护问题,根据沿线不同的生态区域调整路线的布局位置,以便合理地布置公路路线,保护生态环境,使工程项目发挥整体效益。

生态选线的基本步骤:

①确定和划分研究区域。作为设计程序的第一步,所确定的研究区域必须满足界限清晰、经济而且满足方案研究和环境评价的要求,研究区域不应局限于规划路线的走廊带,应该包括拟建公路对环境影响的所有区域。

②根据专题地图,确定、描述和评价公路与环境的关系及影响模式。在进行环境协调性研究过程中,必须收集详尽的规划公路相关信息并确定其对环境可能产生的影响。在研究过程中,不仅应考虑公路建设期对环境的影响,还应该考虑运营期对环境所产生的长期影响。

在这个阶段,由于要确定、描述和评价研究区域内公路与环境的关系及影响模式,因此需要多学科领域的专家进行协作。地理信息系统可以将环境信息通过专题地图展示出来,为专家科学地确定描述和评价提供有效的平台。

③按对环境的影响权重对专题地图进行叠加,寻找对环境影响相对较小的走廊。在以上专题地图的基础上综合考虑环境敏感性的专题地图,来寻找适宜路线通过的复杂而敏感的生态区域。途径是,首先确定每个专题地图所代表的环境要素在最终评价体系中的权重,然后按权重对专题地图叠加,做出地区的环境复合图,并采用颜色、阴影的深浅等形象地表示工程项目对地区环境影响的大小,从而得到反映环境敏感性的决策图。通过对该图的综合分析,就可对公路对环境影响等做出评价。这样,设计人员就可以从中找出对环境影响相对较小的路线走廊。

④在对环境影响最小的起廊带里设计可行的路线方案。找到对环境影响最小的走廊带后,接下来的工作就是利用公路 CAD 软件设计可行的路线方案。在设计过程中,还要考虑线形、安全、经济等因素。

⑤对各路线方案的优缺点进行评估。环境协调性研究的最后一步是对可行的路线方案进行比选,最终确定与环境协调性最好的路线。

▶7.2.3　一般步骤

一条道路路线的选定是经过由浅入深、由轮廓到局部、由总体到具体、由面到带、由带到线、由线到点的过程来实现的,一般要经过以下 3 个步骤:

（1）全面布局

全面布局是解决路线基本走向的全局性工作。就是在起讫点及中间必须通过的据点寻找可能通行的"路线走廊带"，并确定一些大的控制点，连接起来即形成路线的基本走向。例如，在起讫点及控制点间可能沿某条河，越某座岭；可能走这一岸，也可能走另一岸。这些都属于路线的布局问题。

路线布局，是关系到公路"命运"的根本问题。总体布局如果不当，即使局部路线选得再好，技术指标确定得再恰当，仍然是一条质量很差的路线。因此，在选线中，首先应着眼于总体布局工作，解决好基本走向问题。全面布局是通过路线视察，经过方案比较来解决的。

（2）逐段安排

这是在路线基本走向已经确定的基础上，进一步加密控制点，解决路线局部方案的工作，即是在大控制点间，结合地形、地质、水文、气候等条件，逐段定出小控制点。例如，翻越同一山岭垭口后是从左侧展线下山，还是从右侧展线下山，沿河流一岸还是多次跨河两岸布线等都属于局部方案问题。逐段安排路线是通过踏勘测量或详测前的查看路线来解决的。

（3）具体定线

这是在逐段安排的小控制点间，根据技术标准结合自然条件，综合考虑平、纵、横 3 方面因素，反复穿线插点，具体定出路线位置的工作。这一步更深入、更细致、更具体。具体定线由详测时的选线组来完成。

7.3 路线方案比较

路线方案是路线设计中最根本的问题。方案是否合理，不但直接关系到公路本身的工程投资和运输效率，更重要的是影响到路线在公路网中是否起到应有作用，即是否满足国家的政治、经济、国防的要求和长远利益。一条路线的起终点及中间必须经过的重要城镇或地点，通常是由公路网规划所规定或领导机关根据经济建设需要指定的。这些指定的点称为据点，把据点连接成线，就是路线总方向或称大走向。两个据点之间有许多不同的走法，有的可能沿某河，越某岭；也可能沿某几条河，翻某几个岭；可能走某河的这一岸，靠近某城镇；也可能走对岸，避开某城镇等。这些每一种可能的走法就是一个大的路线方案。作为选线工作的第一步就是要在各种可能的方案中，在深入调查的基础上，综合考虑路线方案选择的主要因素，通过方案的比选，提出合理的路线方案。

影响路线方案选择的因素是多方面的，各种因素又多是互相联系和互相影响的。路线应在满足使用任务和性质要求的前提下，综合考虑自然条件、技术标准和技术指标、工程投资、施工期限和施工设备等因素，通过多方案的比较，精心选择，提出合理的推荐方案。

从方案比较的深度不同可有原则性方案比较和详细的方案比较两种。

▶7.3.1 原则性的方案比较

从形式上看，方案比较可分为质和量的比较。对于原则性的方案比较，主要是质的比较，定性的比较，多采用综合评价的方法，这种方法不是通过详细的经济和技术指标计算进行比较，而是综合各方面因素进行评比。主要综合因素有：

①路线在政治、经济、国防上的意义,国家或地方建设对路线使用任务、性质的要求,以及战备、支农、综合利用等重要方针的贯彻和体现程度。

②农田、水源、自然保护区、矿产资源等环境敏感情况。

③路线在铁路、公路、航道等网系中的作用,与沿线工矿、城镇等规划、地方产业、经济关系以及与沿线农田水利建设的配合及用地情况。

④沿线地形、地质、水文、气象、地震等自然条件对道路的影响,要求的路线等级与实际可能达到的技术标准及其对路线使用任务、性质的影响,路线长度、筑路材料来源、施工条件以及工程量、三材(钢材、木材、水泥)用量造价、工期、劳动力等情况,及其对运营、施工、养护的影响,以及施工期限长短等。

⑤工程费用和技术标准情况。

⑥其他,如与沿线历史文物、革命史迹、旅游风景区的联系。

影响路线方案选择的因素是多方面的,而各种因素又多是互相联系和互相影响的,比选时应在满足使用任务和性质要求的前提下,综合考虑自然条件、技术标准和技术指标、工程投资、施工期限和施工设备等因素,精心选择,反复比较,才能提出合理的推荐方案。

公路路线走廊带是在公路起终点间选定的有一定宽度的带状区域,路线布设技术上可行、经济上合理,能满足公路路网交通功能的公路路线走廊。但不同的路线走廊具有不同的服务区域、工程规模,路线走廊带选择是宏观层面上的路线方案比选,走廊带的合理性不仅直接影响工程建设规模、投资、工期、质量、抗灾防灾能力,而且影响公路的社会效益、运输效率,以及沿线经济、城镇规划、路网密度等。因此,走廊带选择必须由粗到细,由轮廓到具体,逐步深入,分阶段分步骤加以分析比较,以期定出最合理的方案。

走廊带的详细评价与选择应从交通效率、环境配合、工程造价、经济发展、社区价值 5 个方面,对路线走廊带进行综合评价和分析,最后选出满足公路设计目标,适合布设路线方案的路线走廊带。

最佳路线走廊带的选择受许多具有模糊性的复杂的客观因素的影响,如评选方法评选时的社会政治经济、文化和军事等因素;同时还受评选人员的主观因素的影响。常用以下几种方法:①路网结构优化法;②辐射影响效应法;③建设条件附加法;④地貌单元比例法;⑤特征路段类比法;⑥工程投资效益法;⑦控制工程排险法;⑧气候环境淘汰法;⑨环境保护优先法;⑩应用RS技术进行路线走廊带选择。

在路线走廊带选择中应根据实际情况,从走廊带可持续发展的高度出发,单独或综合使用上述方法,以快速排除并选定走廊,力求做到方案不漏、层次清晰,为详细的路线方案研究创造空间。

▶7.3.2　详细的方案比较

详细的方案比较是在原则性方案比较之后进行的量的比较,它包括技术和经济指标的详细计算,一般多用于作局部方案的分析比较。

(1)技术指标的比选

①路线长度及其延长系数

$$路线延长系数 = \frac{路线方案实际长度}{路线方案起终点间的直线距离}$$

有时在初步比选时,可计算路线方案各大控制点间直线距离之和,可不计算路线方案实际长度。这时计算的系数称为路线技术延长系数。其值一般为 1.05~1.2,视地形条件而异。

②转角数。包括全线的转角数和每公里的转角数。

③转角总转角平均度数。转角是体现路线顺直的一种技术指标。转角平均数按下式计算:

$$\alpha = \frac{\sum\limits_{i=1}^{n} \alpha_i}{n} \tag{7.1}$$

式中　α——转角平均度数,(°);

$\qquad \alpha_i$——任一转角的度数,(°)。

④最小曲线半径数。

⑤回头曲线数。

⑥与既有道路及铁路的交叉数目(包括平面交叉和立体交叉)。

⑦限制车速的路段长度(指居住区、小半径转弯处、交叉点、陡坡路段等)。

(2)经济指标的比选

①土石方工程数量。

②桥涵工程数量(分大桥、中桥、小桥涵的座数、类型及长度)。

③隧道工程数量。

④挡土墙工程数量。

⑤征地数量及费用。

⑥拆迁建筑物及管线设施的数量。

⑦主要材料数量。

⑧主要机械、劳动力数量。

⑨工程总造价。

⑩投资成本效益比。

⑪投资利润率。

⑫投资回收期。

▶7.3.3　路线方案选择的方法和步骤

路线方案是通过许多方案的比较、淘汰而确定的。指定的两个据点之间的自然情况越复杂、距离越长,可能的比较方案就越多,需要淘汰的方案也就越多。淘汰的方法,不可能每条路线都通过实地调查或踏勘进行,因而要尽可能搜集已有资料,先在室内进行研究筛选,然后就较佳的而且优劣难辨的有限方案进行调查或踏勘。

路线方案选择的做法通常是:

①搜集与路线方案有关的规划、计划、统计资料及各种比例尺的地形图、航测图、水文、地质、气象等资料。

②根据确定了的路线总方向和公路等级,先在小比例尺(1∶50 000 或 1∶100 000)的地形图上,结合搜集的资料,初步研究各种可能的路线走向。研究重点应放在地形、地质、地物复杂、外界干扰多、牵涉面大的段落。比如可能沿哪些溪沟,越哪些垭口,路线经城镇或工矿区

时,是穿过、靠近,还是避开而以支线连接等。要进行多种方案的比选,提出哪些方案应进行实地踏勘。

③按室内初步研究提出的方案进行实地调查,连同野外调查中发现的新方案,都必须坚持跑到、看到、调查到,不遗漏一个可能的方案。

野外调查要求做到以下几点:

a.初步落实各据点的具体位置,路网规划所指定的控制点如确因干扰或技术上有很大困难或发现不合理必须变动,应及时反映,并经过分析论证提出变动的理由,报有关部门审定。

b.对路线、大桥、隧道均应提出推荐方案。对于确因限于调查条件不能肯定取舍的比较方案,应提出进一步勘测比较的范围和方法。

c.分段提出采用技术标准和主要技术指标的意见。

d.在深入调查的基础上,通过比较,选定路线必经的控制点,如越岭的垭口、跨较大河流的桥位、与铁路或其他公路的交叉地点,以及应绕避的城镇及大型的不良地质地段等。对于地形、地质、地物情况复杂的地区,应提出路线具体布局的意见。

e.分段估算各种工程量。如路基土石方数量、路面工程量、桥梁、涵洞、隧道、挡土墙等的长度、类型、式样和工程数量等。

f.经济方面,应调查路线联系地区的资源情况及工矿、农、林、牧、副、渔业以及其他大宗物资的年产量、年输出量、年输入量、货运流向以及运输季节和运输工具,路线联系地区的交通网系规划,预计对路线运量发展的影响,沿线人口、劳动力、运输力、工资标准等资料,供估算交通量、论证路线走向及控制点的合理性和拟定施工安排的原则意见的参考。

g.其他如沿线民族习惯、居住、生活供应、水源、运输条件、气候特征、沿线林木覆盖、地形险阻、有无地方病疫和毒虫害兽等情况也应进行调查,为下一步勘测提供情况。

④分项整理汇总调查成果,编写方案比较报告。

▶7.3.4 案例:某高速公路路线走廊带比选

结合区域地形地质情况,综合考虑区域路网规划、带动地方经济发展、环境保护、土地资源保护等因素,通过1∶50 000、1∶10 000地形图上分析研究,如图7.1所示,本项目布设了北线走廊带(K)、中线走廊带(A)、南线走廊带(B)和大井段局部走廊带(D)4个走廊带。

(1)中走廊带(A)

路线走向:A线起于小阎家屯附近,路线向西布设,设置2 990 m马街隧道穿越山体至箐脚村,之后转向西北布线,在哈大坡设置4 740 m特长隧道向西北布线,在包家村附近向西设置6 265 m特长隧道向西穿越打营长梁子山体至洼子头村,之后路线向西北展线,一直降坡至过山洞附近,之后路线升坡,设置2 480 m、1 861 m两座隧道穿越山梁,止于鲍家老村子附近接K线。A方案止点AK52+231.069(AK52+231.069=K52+080)。

主要工程规模:全线设置隧道21 471 m/10座,其中特长隧道11 005 m/2座,长隧道9 271 m/4座,短隧道1 195 m/4座;设置桥梁11 750 m/32座,其中特大桥2 150 m/2座,设特殊结构桥梁,主跨940 m悬索桥(桥高220 m)/1座。

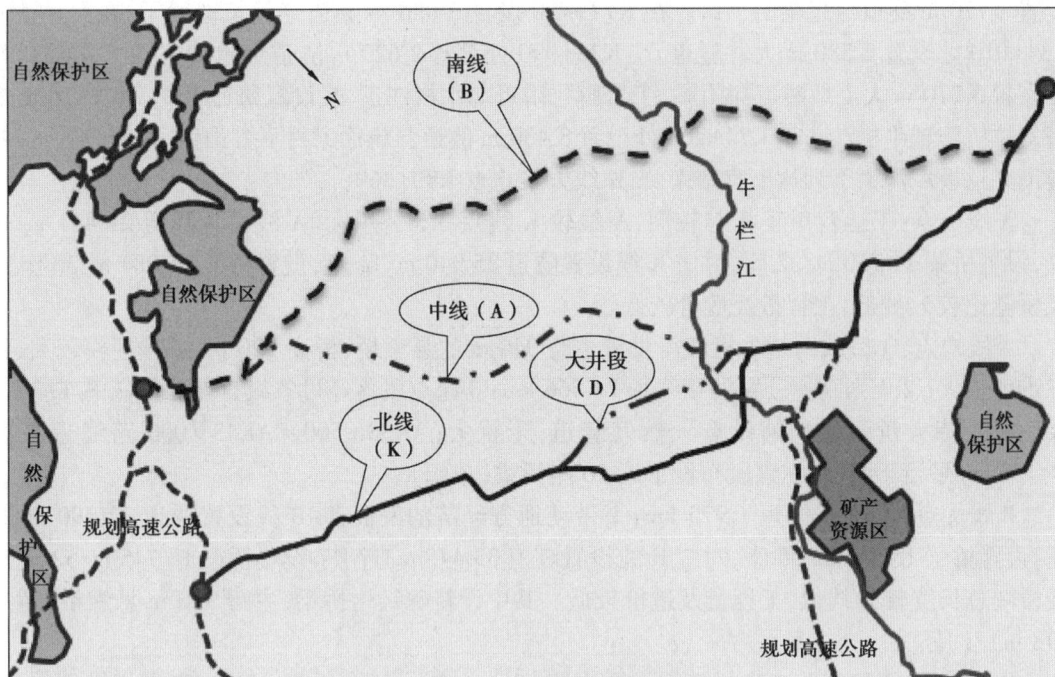

图 7.1　某高速公路路线走廊带方案

（2）南走廊带（B）

路线走向：B 线起于小阎家屯附近，路线向西布设，设置 2 985 m 马街隧道穿越山体至箐脚村，设置 2 705 m 隧道穿越缪家垭口，在安得科设置 4 440 m 隧道穿越山体至何家村，接着设置 3 130 m 隧道穿马鞍山，于何家村附近设 4×40+920+2×40 悬索桥（桥高 325 m）跨越牛栏江，之后路线设置主跨 150 m 刚构桥跨河，设置 1 280 m 雨碌隧道穿越山体，路线继续向西北升坡，设置 4 200 m 新街隧道穿越大梁子山，设置 5 070 m 支锅山隧道穿越山体，路线止于曾家村北附近连接 K 线。B 方案止点 BK78+385.295（BK78+385.295＝K80+360）。

主要工程规模：全线设置隧道 32 790 m/22 座，其中特长隧道 16 840 m/4 座，长隧道 10 430 m/6 座，中隧道 3 315 m/5 座，短隧道 2 205 m/7 座；设置桥梁 15 341 m/55 座，其中设特殊结构桥梁，主跨 920 m 悬索桥（桥高 348 m）/1 座。

（3）大井段走廊带（D）

路线走向：D 线起于中大梨树北侧 DK28+060＝K28+060，路线向西布设，途径朱家村北侧，设置 6 295 m 特长隧道穿越山体，之后，路线向西北降坡，设置 1 185 m、1 545 m 两座隧道穿越山梁至刘家村附近，设置主跨 800 m 的斜拉桥跨越牛栏江，紧接着路线升坡，设 3 140 m 隧道到拖木箐附近连接 K 线。D 方案止点 DK49+662.692（DK49+662.692＝K52+080）。

主要工程规模：全线设置隧道 16 060 m/7 座，其中特长隧道 9 435 m/2 座，长隧道 6 295 m/4 座，短隧道 330 m/1 座；设置桥梁 2 510 m/6 座，其中设特殊结构桥梁，主跨 800 m 斜拉桥（桥高 181 m）/1 座。

（4）北走廊带（K）

路线走向：起点 K0+000 位于来宾镇西北竹园口附近，路线向西布线，于 K0+550 处设置 3 090 m 隧道穿越海河梁子山体后，于 K5+665 处设置 1 415 m 隧道穿越山体，于 K13+080 处设置 1 770 m 隧道穿越梁山丫口。在 K17+720 设置 3 030 m 隧道穿越长地梁子,在大井镇北 K34+010 处设置 2 580 m 大井隧道,在 K38+990 处设置 2 620 m 隧道穿越黄家梁子,K42+170 处设置 3 770 m 大麦地隧道穿山梁,于岩脚村附近与牛栏江正交,设置跨径 136+240+136 m 矮塔斜拉桥跨越牛栏江。于 K74+760 处设置 3 430 m 隧道穿越徐家村下方山体,接着设置 1 740 隧道穿越板厂沟梁子到达土官寨南侧,K 线方案止点 K80+360。

A 线优点:①运营里程相对较短,A 线较 K 线短 3.5 公里;②A 线设置隧道 21 471 m/10 座,设置桥梁 11 750 m/32 座,对应 K 线设置隧道 25 940 m/11 座,设置桥梁 11 084 m/30 座,A 线桥隧比较 K 线低,工程量及造价较低。

A 线缺点:①路线跨越牛栏江需设置主跨 940 m 的悬索桥,桥高 220 m,工程规模较大,施工难度较大;②规划高速公路的接线长 14.566 km;③起点段落经过省级自然保护区的实验区;④牛栏江特大桥两岸均铺设有天然气管道,干扰大;AK38+500～AK43+000 路线近距离 (<150 m)平行于断层,在该段布设了近 10 座桥梁(单幅)。

B 线优点:①较 K 线短 1.975 km;②带动地方经济的发展;③B 线设置隧道 32 790 m/22 座,设置桥梁 15 341 m/55 座,对应 K 线设置隧道 33 445 m/17 座,设置桥梁 18 745 m/52 座,B 线桥隧总长度较 K 线低,工程量及造价较低。其中设特殊结构桥梁,主跨 920 m 悬索桥(桥高 348 m)/1 座。

B 线缺点:①路线跨越牛栏江需设置主跨 920 m 的悬索桥,桥高 348 m,工程规模较大,施工难度较大;②规划高速公路接线较长,不利于连接;③马鞍山隧道属高风险涌水隧道;新街隧道为瓦斯隧道,穿越区域 3 个含煤地层(C1d、P1l、P2x),瓦斯工区段落较长;支锅山隧道洞身穿越煤系地层里程长,瓦斯工区段落长,属瓦斯高风险隧道;牛栏江特大桥桥址区毗邻两条压扭性断层交汇地块,断层穿越后退岸锚定场地,斜坡稳定性差,前进岸岩溶强烈发育,工程地质背景极复杂。

D 线优点:①较 K 线短 2.4 km;②路线较为顺直。

D 线缺点:①路线跨越牛栏江需设置主跨 800 m 的斜拉桥,桥高 181 m,并且设置了 1 座 6 295 m 的特长隧道,工程规模较大,施工难度较大;②大井镇的立交连接线较长;③规划高速公路接线较长;④D 线设置隧道 16 060 m/7 座,设置桥梁 2 510 m/6 座,对应 K 线设置隧道 13 560 m/6 座,设置桥梁 4 230 m/11 座,D 线桥隧长度较 K 线长;⑤隧道全幅或穿越可溶岩地层,或穿越水塘子富水向斜,岩溶强烈发育,且赋存多层岩溶含水层,属岩溶涌水高风险隧道;牛栏江特大桥前进岸引桥桥台与断层大角度相交,斜坡稳定性差。

K 线优点:①符合路网规划;②走廊带兼顾的经济点较多,对带动地方经济有利;③路线跨越牛栏江设置主跨 240 m 的矮塔斜拉桥,桥高 169 m,全线桥隧工程规模相对较小;④有利于规划高速公路的接线规划布局。

K 线缺点:运营里程稍长。

结合总体路网规划、工程规模、工程建设条件、地方政府意见等多方面因素,K 线走廊优势明显,本阶段推荐 K 线走廊。

▶7.3.5 案例:某高速公路路线方案比选

路线总体方案的选择,应根据指定的路线基本走向(路线起、终点和中间主要控制点)和公路等级及其使用任务和功能,结合地形、地质等自然条件,充分考虑老路利用、城镇用地规划、环保等方面的要求，"以人为本，安全、协调、可持续"，注意城镇发展、资源分布等状况，以及由面到带，从所有可能的路线方案中，通过现场踏勘调查、综合分析研究、定性定量比选，确定一条最优的路线走向方案。路线方案比选应遵循以下原则：

①路线方案尽量多利用既有道路，与沿线城镇路网规划的衔接协调。

②最大程度地带动片区经济的发展，形成有效的辐射影响范围，方便沿线居民出行。

③路线方案能适应地形条件，尽量减少工程实施对自然环境的破坏，与自然环境和社会环境相协调。

④坚持"地质选线原则"，老路长期受地质灾害影响且无法处治路段改建时尽量绕避。

⑤注重工程经济，分析比较各方案工程数量和工程投资估算，降低工程造价，节约工程投资。

⑥充分考虑地方政府及相关部门对路线方案选择的意见和建议。

根据路线起止点和走廊带分析结果，结合本项目路线方案主要制约因素，在路线研究过程中，共布设了 E 线、F 线、G 线和 K 线共 4 个方案，如图 7.2 所示。其中：E 方案为黄梨树桥位的局部路线方案比选，F 方案为下泥箐桥位局部路线方案比选，G 方案为局部路线方案比选。

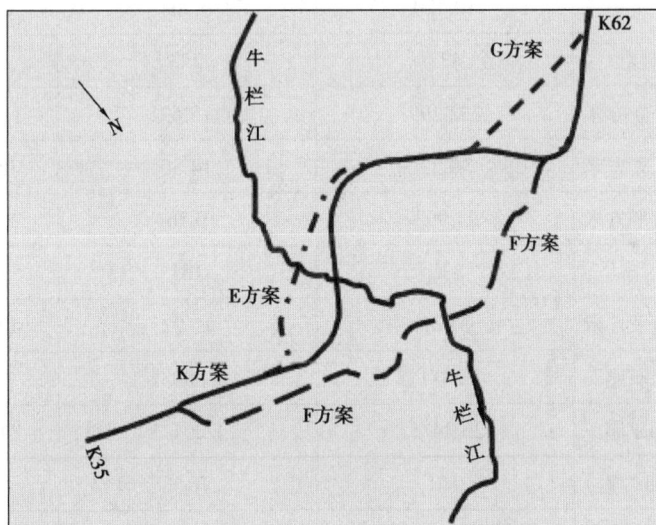

图 7.2　某高速公路 K35—K62 段路线方案

E 线：E 线方案起点 EK41+660＝K 线 K41+660，路线起于仓房附近，路线向西南降坡展线，经滴水岩、湾子头，接着路线在黄梨树附近跨越牛栏江，过江后设置 2 950 m 隧道穿越山梁，出隧道后到达染家沟，止于老房子附近接 K 线，止点 EK51+568.635＝K 线 K52+080。E 线路线长 9.909 km，较 K 线短 0.511 km。

K 线：对应 K 线方案起于 K41+660＝EK41+660，路线在仓房附近向西布线降坡，而后于岩脚村附近与牛栏江正交，设置矮塔斜拉桥跨越牛栏江。跨牛栏江后，路线沿地形爬升。

E 线优点：①特长隧道减短为长隧道 2 950 m，较 K 线短；②里程较 K 线短 0.5 km；③征地拆迁规模较小，能够有效减少对沿线村落的干扰。

E 线缺点：①路线位于老公路上方山坡，施工期对老路干扰较大；②跨越牛栏江江面较宽，需设置特大桥主跨为640 m斜拉桥,桥梁工程规模较大,总造价较高;③特大桥桥址发育顺层边坡,且持力层岩质较软。

K线优点:①全线桥隧比较低,桥隧工程规模相对较小;②路线跨越牛栏江,设置主跨240 m的矮塔斜拉桥,桥高169 m,特大桥工程规模较小。

K线缺点:①大麦地特长隧道3 770 m,规模较大;②新建里程较长;③路基土石方、边坡防护较多。

E线与K线方案比较见表7.2。基于上述分析,K方案虽然特长隧道工程较长,里程稍长;但K方案跨越牛栏江处江面较窄,特大桥规模较小,工程造价较低。因此,本阶段就K和E方案,推荐采用K方案。

表 7.2　E 线与 K 线方案比较表

主要名称		单 位	K 方案	E 方案	K 方案与 E 方案比较	
					增 加	减 少
路线	起讫桩号		K41+660～K52+080	EK41+660～EK52+080		
	路线长度	km	10.420	9.908	0.51	
	占用土地	亩	422	253	169	
路基	路基土石方	千立方米	232.299	113.691	118.61	
	排水工程	百立方米	30.23	14.80	15.44	
	边坡防护工程	千平方米	21.993	10.764	11.23	
	特殊路基	m	330	161	168	
路面		千平方米	27.02	13.22	13.79	
桥梁	特大桥	m/座	528/1	1 060/1		532/0
	大桥	m/座	2 044/5	1 204/5	840/0	
	中桥	m/座	0/0	70/1		70/1
隧道	特长隧道	m/座	3 770/1	0/0	3 770/1	
	长隧道	m/座	2 850/2	4 793/2		1 943/0
	中隧道	m/座	0/0	1 710/2		1 710/2
	短隧道	m/座	0/0	470/2		470/2
桥隧比		%	88.21	93.93		
通道		处	0	1	1	
工程投资		亿元	15.132 1	16.789 9		1.657 8

F 线:F 线方案起点 FK36+640＝K 线 K36+640,路线起于大井镇北,路线向西北布线,在黄家梁子设置 2 805 m、1 795 m 两座隧道穿越山梁至小龙潭,之后沿着小荒田、小坪子北侧山岭

展线,接着路线来到下泥箐南侧跨越牛栏江,过江后设置 2 635 m 隧道穿越山梁,出隧道后路线沿地形爬升至者海坝区南侧,止点 FK56+715.385＝K 线 K57+750。F 线路线长 20.076 km,较 K 线短 1.034 km。

K 线:对应 K 线方案起于 K36+640＝FK36+640,路线起于大井镇北侧,而后向北布线,经旧屋基,于色关村附近预留枢纽立交接线条件接威宁至会泽的高速公路。路线继续向西布线降坡,经仓房村南,而后于岩脚村附近与牛栏江正交,设置矮塔斜拉桥跨越牛栏江。跨牛栏江后,路线沿地形爬升至者海坝区南侧,并沿者海坝区南侧山坡坡脚向西布线。

F 线优点:①无特长隧道,隧道总长较小;②综合里程较 K 线短 1.034 km;③跨牛栏江桥面设计标高较高,跨江两端路线纵坡较小,路线更平缓。

F 线缺点:①在江坡塘路段拆迁量较大;②跨越牛栏江位置江面较宽,特大桥主跨为 1 050 m 悬索桥,桥梁工程规模较大。

K 线优点:①绕开江坡塘村,拆迁量较小;②路线跨越牛栏江设置主跨 240 m 的矮塔斜拉桥,桥高 169 m,特大桥工程规模较小。

K 线缺点:①大麦地特长隧道 3 770 m,规模较大;②新建里程较长,造价较高;③平面线形较差,纵坡较大。

F 线与 K 线方案比较见表 7.3。基于上述分析,K 方案虽然平纵指标稍低,特长隧道工程较长,里程稍长;但 K 方案跨越牛栏江处江面较窄,特大桥规模较小,路线征地拆迁量较小,有利于节约土地。因此,本阶段就 K 和 F 方案,推荐采用 K 方案。

表 7.3　F 线与 K 线方案比较表

项　目	单　位	K 方案	F 方案	K 较 F 增减	备　注
路线长度	km	21.110	20.076	1.034	
路基工程	km	2.807	4.476	−1.669	
桥梁工程	m/座	5 543/15	5 080/11	463/4	
隧道工程	m/座	12 760/7	10 520/7	2 240/0	
工程造价	亿元	38.68	37.42	1.26	

G 线:G 线方案起点 GK52+480＝K 线 K52+480,路线起于鲍家老村子,路线沿地形爬升至者海坝区南侧,设置 4 385 m 磨合山隧道,出隧道后沿者海坝区南侧山坡坡脚向西布线,止于碗厂。止点 GK59+652.801＝K 线 61+280。G 线路线长 7.173 km,较 K 线短 1.627 km。

K 线:对应 K 线方案起于 K52+480＝GK52+480,路线起于元宝山,设置 2 265 m 隧道穿越白沙梁子,之后沿着到达者海坝区南侧,沿赵家村、牛街子南侧山坡布线,最后止于碗厂附近。

G 线优点:①路线更顺直;②隧道穿过磨合山,对者海坝区南侧征地较小,减少对沿线村落的拆迁量;③新建里程较短。

G 线缺点:①磨合山特长隧道 4 400 m,规模较大;②桥隧比较大;③特长隧道位置不能布设立交,立交需布设在止点后 K 线位置,立交连接线较长;④冲积、洪积、湖积多种成因的砂、砾石混杂,局部夹黏土、冰碛泥砾,且黏土多呈透镜体、埋置深度不一,对高填方路基有一定影响。

K线优点:①穿越磨合山的隧道减短为 2 265 m,规模较小;②桥隧工程较小,施工难度减小;③者海立交设置于K59+510处,位于坝区边缘较好布设,匝道连接地方道路,不需要修建连接线。

K线缺点:①对者海南侧坝区征地拆迁量较大;②新建里程较长。

G线与K线方案比较见表7.4。基于上述分析,K方案虽然新建里程较长,造价稍高,但K方案隧道规模减小,无特长隧道,立交连接线规模较小。因此,本阶段就K和G方案,推荐采用K方案。

表7.4 G线与K线方案比较表

主要名称		单 位	K 方案	G 方案	K 方案与G 方案比较	
					增 加	减 少
路线	起讫桩号		K52+480~K61+280	GK52+480~GK59+652.801		
	路线长度	km	8.800	7.173	1.63	
	占用土地	亩	370	166	204	
路基	路基土石方	千立方米	565.428	170.252	395.17	
	排水工程	百立方米	36.79	22.16	14.64	
	边坡防护工程	千平方米	51.838	16.119	35.720	
	特殊路基	m	802	241	561	
路面		千平方米	65.76	19.80	45.96	
桥梁	特大桥	m/座	0/0	0/0	0/0	
	大桥	m/座	2 152/6	492/2	1 660/4	
	中桥	m/座	139/2	70/1	69/1	
隧道	特长隧道	m/座	0/0	4 385/1		4 385/1
	长隧道	m/座	3 355/2	1 090/1	2 265/1	
	中隧道	m/座	0/0	0/0		0/0
	短隧道	m/座	165/1	235/1		70/0
桥隧比		%	66.03	87.44		
通道		处	4	1	3	
工程投资		亿元	9.654 1	9.613 7	0.040 4	

7.4 平原地区公路选线

▶7.4.1 基本特征

(1)自然特征

平原地区主要是指一般平原、山间盆地、高原等地形平坦地区,其地形特征是地面起伏不大,一般自然坡度都在3°以下。

其地形、地物特征是:除泥沼、盐渍土、河谷漫滩、草原、沙漠等外,一般多为耕地,且分布有较多的各种建筑设施,居民点较密,交通网系较密;在农业区农田水系渠网纵横交错;在城镇区则建筑、电讯管网密布;在天然河网、湖区,还密布有湖泊、水塘和河岔。

从地质和水文条件来看,平原区一般不良地质现象较少,但有时会遇到软土和沼泽地段。另外,平原区地面平坦,往往排水较困难,地面积水较多,地下水位较高;平原区河流较宽阔,比降平缓,泥沙淤积,河床低浅,洪水泛滥较宽。

(2)路线特征

平原地区地形对路线的约束限制不大,路线平、纵、横三方面的几何条件很容易达到标准,路线布置主要考虑地物障碍问题,其路线特征是:平面线形顺直,以直线为主体线形,弯道转角一般较小,平曲线半径较大,在纵面上,坡度平缓,以低路堤为主。路线布设除考虑地物障碍外,一般没有太大困难。

▶7.4.2 布线要点

平原地区城镇、居民点、工业区稠密,土地资源宝贵,河流水网发达,公路、铁路及管线等交通运输设施密集,综合平原区自然和路线特征,布线时应着重考虑以下几点:

(1)以平面为主安排路线

选线时,首先在起、讫点间把经过的城镇、厂矿、农场及风景文物点作为大的控制点;在控制点间通过实地视察进一步根据地形条件和水文条件选择中间控制点,一般较大的建筑群、水电设施、跨河桥位、洪水泛滥线范围以外以及其他必须绕过的障碍物均可作为中间控制点;在中间控制点之间,无充分理由一般不设转角点。在安排平面线形时,既要使路线短捷顺直、又要注意避免过长的直线,可能条件下多采用转角小、半径大的长缓平曲线线形。纵面线形应综合考虑桥涵、通道、交叉等建筑物的要求,合理确定路基设计高度。注意避免纵坡起伏过于频繁,但也不应过于平缓,而造成排水不良。

(2)正确处理路线与农业的关系

处理好公路与农田规划、农业灌溉、水利设施的关系,是平原选线的重要问题,主要注意以下几点:

①占用田地要与路线的作用,对支农运输的效果、工程数量及造价、运营费用等方面因素全面分析比较确定。既不能片面求直而占用大量良田,也不能片面不占某块田使路线绕行,造成行车条件差。

②注意处理好路线与农田水利的关系。线路布置要尽可能与农业灌溉系统配合,除特殊

情况外,一般不要破坏灌溉系统,布线要注意尽量与干渠平行,减少路线与渠道相交,最好把路线布置在渠道的非灌溉区一侧或渠道的尾部。如图7.3所示,布线时应优先考虑Ⅰ方案,Ⅱ方案次之,Ⅲ方案则应避免,当路线与渠道方向基本一致时,应考虑沿渠道布线,注意堤路结合、桥闸结合,以减少占田和便利灌溉。

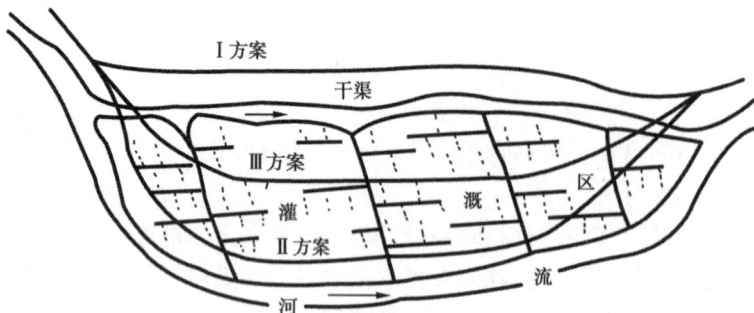

图7.3　灌溉区路线布设　　　　图7.4　河曲地带改河造田

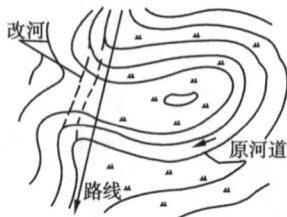

③注意筑路与造田、护田结合。可能条件下,布线要有利于造田、护田。路线通过河曲地带,当水文许可时,可考虑路线直穿,裁弯取直,改河造田,缩短路线(或减少桥涵),如图7.4所示的布线方式。

当路线靠近河边低洼村庄或农田通过时,可考虑靠河岸布线,围滩造田、护村,如图7.5所示为某公路采用沿河布置路线,借石填筑路堤,使一百多亩河地变为良田,并保护了村庄。

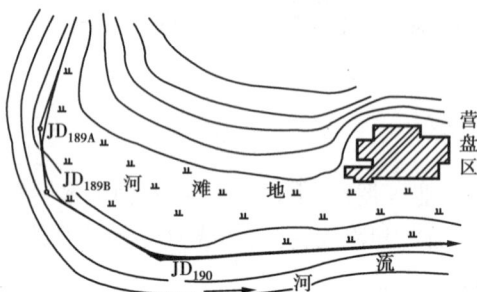

图7.5　围滩筑路造田实例

④路线布置要尽可能考虑为农业服务。布线时要注意与农村公路和机耕道的连接以及土地规划相结合;较多地靠近一些居民点;考虑地方交通工具的行驶,以方便群众,支援农业。

(3)处理好公路与城镇关系

平原区有较多的城镇、村庄、工业区及其他公用设施,路线布置应正确处理好服务与干扰、穿越与绕避、拆迁与保留的关系问题:

①国防与高等级干线公路,应尽量避免直穿城镇、工矿区和居民密集区,以减少相互干扰。但考虑到公路对这些地区的服务性能,路线又不宜相离太远,必要时还应考虑支线联系。做到近村不进村,利民不扰民,既方便运输,又保证安全,布线时注意与地区规划相结合。

②一般沟通县、区村直接为农业运输服务的公路,经地方同意可穿越城镇,但要注意有足够的视距和行车道路宽度(应考虑行人的需要)和必要的交通设施,以保证行人和行车的安全。

③路线布设应尽量避开重要的电力、电讯及其他重要的管线设计。当必须靠近或交叉时，应遵守有关净空和安全距离的规定，尽量少拆或不拆各种电力、电信和建筑设施。

④注意与铁路、航道、机场、港口、已有公路等交通运输配合，以发挥交通运输的综合效益。

（4）处理好路线和桥位的关系

①大、中桥位常常是路线的控制点，但原则上应服从路线总方向并满足桥头接线的要求，桥路综合考虑。一般情况下，桥位中线应尽可能与洪水的主流流向正交，桥梁和引道最好都在直线上。位于直线上的桥梁，如两端引道必须设置曲线时，应在桥两端以外保持一定的直线段，并尽量采用较大平曲线半径。当条件受限制时，也可设置斜桥或曲线桥。要注意防止两种偏向：一种是单纯强调桥位，造成路线过多地迂绕，或过分强调正交桥位，出现桥头急弯影响行车安全；另一种只顾线形顺直，不顾桥位，造成桥位不合适或斜交过大，增加建桥困难。如图7.6所示，路线跨河有3个方案：就桥梁而言，Ⅱ方案较好，但路线较长；就路线而言，Ⅲ方案里程最短，但桥梁多，且都为斜交；Ⅰ方案则各桥均近于正交，线形也较舒顺美观。3个方案都有可取之处，因这条路交通量甚大，且有超车需要，故采用Ⅲ线。

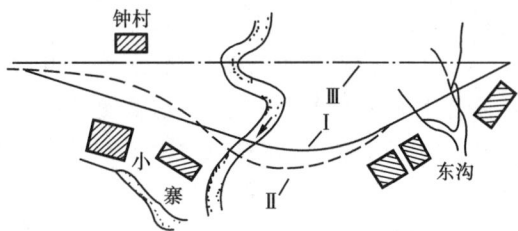

图7.6　桥位方案比较

在设计桥孔时，应少压缩水流，尽量避免桥前壅水而威胁河堤安全和淹没农田，尤其是在上游沿河有宽阔低洼田地时，虽壅水水位提高不多，但淹没范围却往往很大。

②小桥涵位置原则上应服从路线走向，但遇到斜交过大（夹角大于45°时）或河沟过于弯曲时，可考虑采取改沟或改移路线的办法，调整交角，布线时应通过比选确定。

③路线采用渡口跨河时，应在路线基本走向确定后选定渡口位置，渡口位置要注意避开浅滩、暗礁等不良河段、两岸地形要适于码头修建。

（5）注意土壤水文条件，确保路基稳定

①在低洼地区布线时，应尽可能接近分水岭的地势较高处布线，以使路基具有较好的水文条件。

②路线通过排水不良的低洼地带，布线时要注意保证路基最小填土高度，低填及个别挖方地段要注意排水处理。

③路线要避免穿过较大湖塘、水库、泥沼地带，不得已时应选择最窄、最浅和基底坡面较平缓的地方通过，并采取保证路基稳定性措施。

④沿河布线时，应注意洪水泛滥对路线的影响，一般应布线于洪水泛滥线以外，必须通过泛滥区时，桥梁、路基应有足够的高度，以免洪水淹没，并应对路基边坡防护加固，避免冲毁。

⑤路线应尽可能采用较高的平纵面技术指标，在满足路基最小填土高度、桥涵建筑高度的情况下，应适应地形起伏，尽量降低路基高度，节省工程造价。

7.5 山岭区公路选线

▶7.5.1 概述

（1）自然特征

山岭地区包括分水岭、起伏较大的山脊、陡峻的山坡，一般地面自然坡度在20°以上。其主要自然特征是：

①山高谷深，地形复杂，山脉水系分明。由于山区高差大，加之陡峻的山坡和曲折幽深的河谷，形成了错综复杂的地形，这就使得公路路线弯急、坡陡、线形很差，给工程带来困难。但另一方面清晰的山脉水系也给山区公路走向提供了依据。因此，在选线中摸清山脉水系的走向和变化规律，对于正确确定路线的基本走向，选择大的控制点是十分重要的。

②石多、土薄、地质复杂。由于山区的地质层理和地壳性质在短距离内变化很大，地质构造复杂，加之气候、水文及其他大气候因素变化急剧，引起强烈的风化、侵蚀和分割作用，不良地质现象（如岩堆、滑塌、碎落、泥石流等）较多。这些，直接影响着路线的位置和路线的稳定。因此，在山区选线工作中，认真做好地质调查，掌握区域地貌和地质情况，摸清地质不良现象的规律，处理好路线与地质的关系，并在选线设计中采取必要的防护措施，对于确保线路质量和路基稳定具有十分重要的意义。另外，山区石多土薄，给公路建设提供了丰富的石料料场。

③水文条件复杂。山区河流曲折迂回，河岸陡峻，比降大、水流急，一般多处于河流的发源地和上游河段；雨季暴雨集中，洪水历时短暂，猛涨猛落，流速快，流量大，冲刷和破坏力很大。这样复杂的水文条件，要求在选线中正确处理好路线和河流的关系，选择好桥位并对路基和排水构造物采取必要的加固措施，确保路基稳定。

④气候条件多变，变化的山区地形和地貌引起多变的气候。一般山区气温较低，冬季多冰雪（特别是海拔较高的山区），一年四季和昼夜温差很大，山高雾大，空气较稀薄，气压较低。这些气象特征对于汽车行驶的效率、安全和通行性能都有很大的影响，这些在选线时应充分考虑。

（2）路线类型

由于自然条件复杂，地形变化很大，使得路线在平、纵、横3方面受到很大限制，因而技术指标一般多采用低限，在所有自然因素中，高差急变是主导因素，因此，在路线布设时，一般多以纵面线形为主安排路线，其次是横面和平面。在选线时要注意分析平、纵、横3方面因素，结合影响路线的主要自然因素，综合考虑，求得协调合理。

一般按照道路行经地区的地貌和地形特征，可分为沿溪线、山腰线、越岭线和山脊线4种，简述如下：

①沿溪线是沿着山岭区内河溪的两岸布置路线。这种路线在平面随河溪的地形而转动，在纵面上坡度平缓；在横面上路基形状适宜，路线走向与河溪的方向相一致。在路线走向脱离河溪方向时，这种路线即不能采用，必须转为其他路线形式。

②山腰线是在山坡半腰上布置路线。这种路线是随着山坡而行，平面线形可能弯曲较多，纵坡比较平缓；路基多半填半挖式，有时需要修建挡土墙。

③越岭线是路线走向与山脉方向大致垂直而需在垭口穿越时的路线。这种路线须适当盘绕,提升高程,所以纵坡较大;有时需要修建隧道。

④山脊线是路线走向与山顶分水岭线大致平行时的路线。这种路线大多是在山脊一侧布置,所以,平面线形、纵坡和横断面都较易处理。问题在于如何把路线由山下提引到山脊上来。如果地形困难无法提引,则不能采用这种路线形式。

上述 4 种路线是山岭区布置路线的形式,但是在山区一条公路的总长度中,应根据地形地貌,分段选用不同的路线形式,互相连接沟通。所以,常常是由沿溪线转到山腰线,有时由山腰线转到山脊线或越岭线。

在图 7.7 的纵断面示意图中,可以看出各种路线形式在纵断面上有各自的特点。首先是沿溪线的纵坡,它是相当平缓的。自 0 km 至 6 km 一段,因为地形关系,有一些不大的起伏。至 6 km 以后,即很平缓了。其次再看山脊线,在 0 km 至 2 km 有较大纵坡把路线提升而上,自 8 km 至 18 km 是相当平缓的,自 18 km 至 21 km 又将路线向下引至河边。越岭线自 6.5 km 由河边引上山顶,在 12 km 处过垭口,然后由垭口又向下引至河边,这一上一下的两段,都具有较大的纵坡。至于山腰线的情况,是介于沿溪线和山脊线之间,而呈现较山脊线纵坡小又较沿溪线纵坡稍大的中间特征。

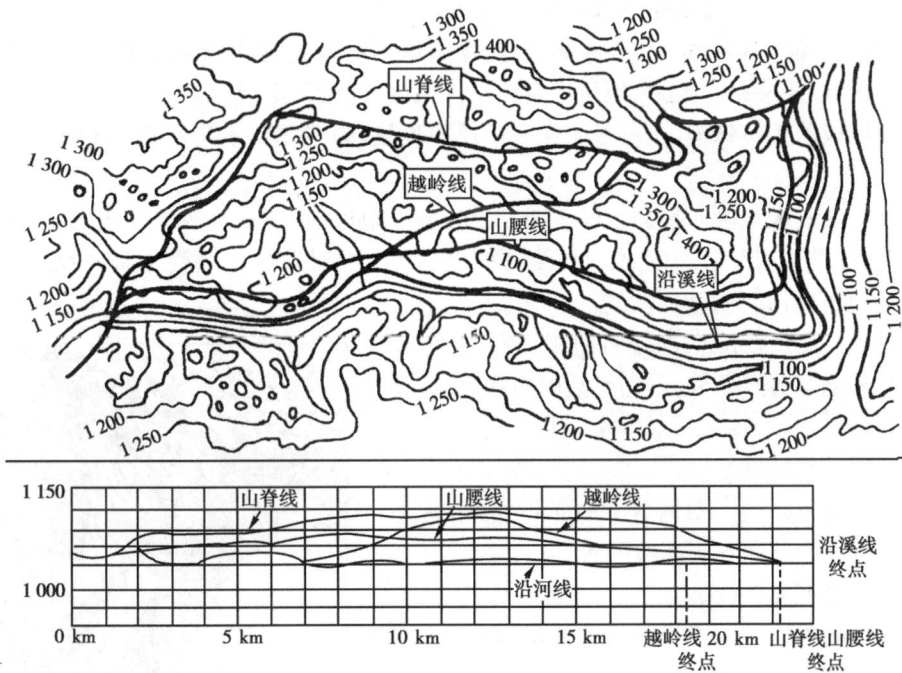

图 7.7　山区 4 种路线示意图

▶7.5.2　布线原则

(1)一般公路(二级及二级以下公路)

①展线路段路线纵坡应尽量接近平均坡度,以争取高度,若无特殊理由,一般不应采用反向坡度,不应无谓地展长路线。

②一般应从垭口控制点向山脚展线,当受山脚的控制点(如高桥)控制时,也可由山脚向

垭口展线。

（2）高速公路、一级公路

①应根据山岭区地形特点对所要采用的技术指标进行研究定位。

②根据走廊带的自然、社会等综合环境状况对路线具体走向进行定位。

③对控制路线走向的特长隧道、特大桥梁、互通立交等构造物的具体位置和设置形式进行由面到点、由点到面反复推敲论证。

④对长大纵坡的设计应进行总体布局，综合考虑安全措施的设置。

▶7.5.3 布线要点

山岭地区，山高谷深、坡陡流急、地形复杂，但山脉水系清晰，这就给山区选线指明了方向，不是顺山沿水，就是横越山岭。顺山沿水的路线按行经地带的部位又可分为沿河（溪）、山腰、山脊等。由于各种线形所处的部位不同，地形特征、地质条件决定了选线过程中要解决的主要问题也不一样。

①用足平均坡度，争取高度，不无谓地延长路线。当线路遇到巨大高程障碍（如跨越分水岭）时，若按短直方向定线，就不能达到预定的高度，或出现很长的越岭隧道或高桥。为使路线达到预定标高，就需要用足平均坡度结合地形展线。

②为纵坡设计留有余地。在长距离内，持续用足平均纵坡，必然会给运营和将来的改建工程带来困难，所以还应结合地形、地质等自然条件，在坡度设计上留有余地。

③展线地段若无特殊理由，一般不应采用反向坡度，以免增大克服高度的难度，引起路线不必要的展长。

④一般应从困难地段向平易地段展线。因为垭口附近地形困难，展线不易，故从预定的越岭隧道洞口或深挖方起终点开始向下展线较为合适。个别情况下，当受山脚的控制点（如高桥）控制时，也可由山脚向垭口展线。

山岭地区公路选线应根据公路功能和性质，结合地形、地质、环境等自然条件，采用灵活的布线方式。

（1）沿溪线

1）沿溪线路线特征

沿溪线是指公路沿一条河谷方向布设路线，其基本特征是路线总的走向与等高线一致。

沿溪线主要有利条件是：

①路线走向明确。由于沿溪线路线沿河流（或溪谷）方向布线，因此除个别冗长河曲外，一般无重大路线方案问题。如图7.8所示为路线走向沿河流方向布置情况。

②线形较好。除个别悬崖陡壁的峡谷地段和河曲地带外，一般的开阔河谷均可有台地利用，因而路线线形标准较易达到，线形较好。同时，由于河床纵坡一般都较路线纵坡为小（个别纵坡陡峻、跌水河段除外），因而路线纵坡不受限制，很少有展线的情况，平面受纵面线形的约束较小。

图7.8 沿溪线

③施工、养护、运营条件较好。沿溪线海拔低，气候条件较好，对施工、养护、运营有利，特别在高海拔地区更为有利。另外，沿溪线傍山临河，一般砂、石、木材都比较丰富，水流方便，为施工养护提供了就地取材的条件。

④服务性能好。山区城镇和居民点大多傍山近水，沿河分布，特别是在河口三角地区，人口更为密集的地方。路线走沿溪方案，能更好地为沿线居民点服务，发挥公路的使用效益。

⑤傍山隐蔽，利于国防。沿溪线线位低，比山脊线和越岭线的隐蔽性好，战时不易破坏。

沿溪线也有一些不利的条件，有时不利因素突出时，往往成为否定沿溪线方案的理由，其主要不利条件是：

①受洪水威胁较大。洪水是沿溪线的主要障碍，沿溪线的线位高低、工程造价、防护工程量等直接受洪水的影响。处理好路与水的关系是沿溪线布局的关键。

②布线活动范围小。由于河谷限制（特别是峡谷河段），路线线位左右摆动的余地很小。当路线遇到河岸条件差时（如悬崖陡壁、不良地质地段等），绕过比较困难，如果冒险直穿，不是遗留后患就是防护工程很大，增加工程造价。

③陡岩河段，工程艰巨。在路线通过陡岩河段时，艰巨工程，难点很多，给公路测设和施工带来很大困难。同时，由于工程艰苦，工程量集中，工作面狭窄，使工期加长，对于一些任务较紧的国防公路，往往因此而不得不放弃良好的沿溪线方案。

④桥涵及防护工程较多。沿溪线线位低，往往要跨过较多的支沟，使桥涵工程增加。同时，为了防御洪水的侵袭和破坏，防护工程必然很多。这些都较大地增加了工程造价。

⑤路线布置与耕地的矛盾较大。河谷两岸台地虽是布线的良好场地，但在山区这些地方多是农田耕作地，对于耕地困难的山区，这些良田尤为宝贵。因而，在这些路段布线与占地的矛盾比较突出。

⑥河谷工程地质情况复杂。通常河谷两岸多处于路基病害如滑坡、岩堆、坍塌、泥石流的下部，路线通过容易破坏山体平衡，带来后患。另外，在寒冷地区的峡谷段、日照少，常有积雪、雪崩和涎冰现象。这些都给公路的设计、施工、养护、运营带来困难。

2）沿溪线布线要点

路线布设的首要任务就是利用有利条件，防止和避让不利条件，以上分析，沿溪线布局的决定因素是水的问题。由于路线自始至终都要与河流打交道，因此，解决好路线与水的关系是沿溪线布局的关键，主要问题有 3 方面：①路线选择走河流的哪一岸；②路线线位放在什么高度；③路线选在什么合适的地点跨河，这 3 个问题往往是互相影响的。选线时应抓住主要矛盾，结合路线性质和等级标准，因地制宜地去解决。

由于河谷两岸情况各有利弊，选线时应比较两岸地形、地质、水文等条件以及农田水利规划等因素，避难就易，适当跨河以充分利用有利的一岸。为了避开不利地形和不良地质地带，可考虑跨河换岸设线，但河流越大，建桥工程也越大，跨河岸就越要慎重考虑。例如，在图 7.9 中，路线可能有 3 个方案：（Ⅰ）及早提高线位，从崖顶通过；（Ⅱ）走支脊内垭口穿过；（Ⅲ）绕走对岸。绕走崖顶及支脊内垭口穿过的方案，由于路线从河谷上升再下降，都需要有适宜布线的地形，而绕走对岸则需要合宜的桥位及建桥方案，如北岸石方数量不太大而跨河建桥投资较大时，则可采用Ⅰ、Ⅱ方案，否则，必须跨河换岸，采用Ⅲ建桥方案。

沿溪线的线位高低,是根据河岸地形、地质条件以及水流情况,结合路线标准和工程经济来选定的。比较理想的是将路线设在地质、水文条件良好,且不受洪水影响的平整台地上。但在V形或U形河谷的傍山临河路线,往往缺乏这种有利地形,因此路线位置的高低必须慎重考虑。低线一般指高出设计水位不多,路基临水一侧边坡常受洪水威胁的路线;高线一般指高出设计水位较多,基本上不受洪水威胁的路线。低线的缺点是受洪水威胁,防护工程较多;河边较好地形多为农田,因而占田较多;遇到个别山嘴废方较多,需要远运,以免废方堵河。高线的缺点是跨河较难。跨较大河流时,由于路线与河底高差较大,常需展线急下,方能跨过,桥头引道弯曲也大。对于线位高低,一般采用低线,特别注意洪水调查,把路线放在安全高度上,以保证路基稳定和安全。

关于跨河桥位的选择,按路线与河流的关系,有跨支流与跨主河两类。跨支流桥位选择,一般属于局部的路线方案问题,而跨主河的桥位则属于路线走向的控制点问题,它与河岸选择两者相互依存、相互影响。所以在选择河岸的同时,要研究处理好桥位及桥头的布设问题。一般小桥可以与河流斜交,而大中桥一般考虑直交,两者的桥头引线都必须妥善处理,符合标准规定。

沿溪线经常遇到陡崖峭壁,往往错综排列地交替出现在两岸上。两岸都是陡崖峭壁的河段,称为峡谷。峡谷一般河床狭窄,水流湍急。路线通过陡崖峭壁的峡谷,只有绕避和穿过两种方法。应根据路线性质任务、路线标准、工程大小、施工条件等因素,通过比较来确定。绕避方法是使路线翻上狭谷陡崖顶部,利用有利地形通过。如图7.9所示,原测线沿河穿崖走低线,石方大,谷狭,水深,流急,废方不易处理,防护设置困难。这样就需走崖顶的绕避方案,虽然崖顶方案在上、下崖的过渡段处纵坡较大,平纵线形较差,但尚能满足标准,工程较省。当公路等级不高时,采用高线方案,还是合理的。

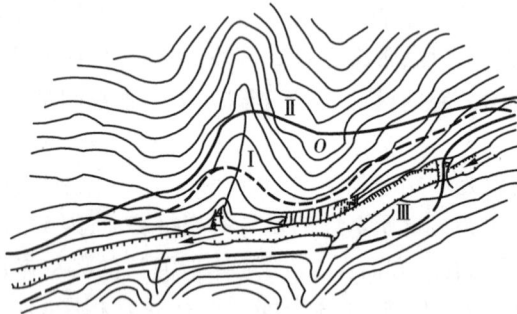

图7.9 避让工程困难和不良地质的方案
Ⅰ—从崖顶通过;Ⅱ—从支脊垭口通过;Ⅲ—绕走对岸

如果不能采用高线而需直穿低线方案,可根据河床宽窄、岸壁陡缓等不同因素,因地制宜地来处理。处理的方法有二:一是与水争路侵占部分河床;二是硬开石壁直穿陡崖。

图7.10表示与水争路处理方法。在狭谷右部修筑护墙侵入河床一小部分;在谷底左部开挖少许河底,使洪水不致抬高过多,否则不能采用这种方法。

图7.11表示硬开石壁的处理方法。图7.11(a)为台口式路基,图7.11(b)为半隧道路基。采用这两种方法,废方必须处理,尽可能把大量废方利用到附近路段,不可抛到河中,阻塞水流。

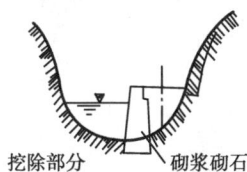

图 7.10　与水争路　　　　　　　　　图 7.11　直穿陡崖

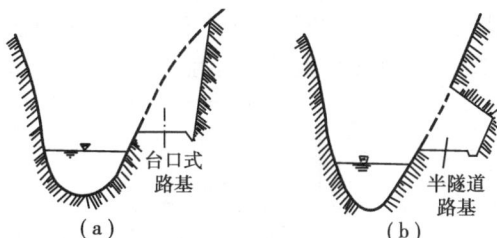

对高等级公路,一般都不采用图 7.10 和图 7.11 所示方法,而把这一路段走向改为山脊线或越岭线,以避免这些困难和缺点。

路线跨越主河,由于路线与河流接近平行,桥头布线一般比较困难,因此,在选择桥位时除应考虑桥位本身水文、地质条件外,还要注意桥头路线的舒顺,处理好桥位与路线的关系。常见有以下几种情况:

①如图 7.12 所示在 S 形河段腰部跨河,以争取桥轴线与河流成较大交角。本例是中小桥,采用斜桥方案,则更有利于路桥配合。

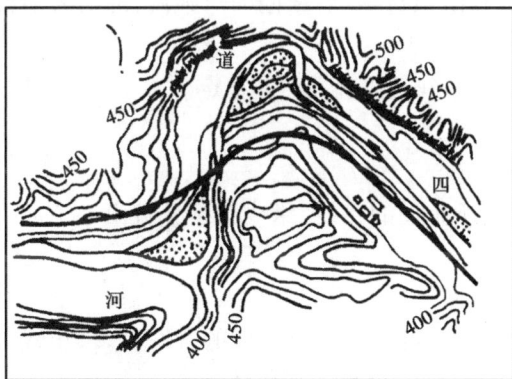

图 7.12　在 S 形河的腰部　　　　　　图 7.13　在河湾附近用斜桥跨河

②如图 7.13 所示在河弯附近选择有利位置跨越。但应注意河弯水流过桥的影响,采取相应的防护措施。正在与路线接近平行的顺直河段上跨河,桥头引道难以舒顺。如图 7.14(a)所示桥位应尽量避免。当必须在这种河段跨越时,中、小桥可考虑设置斜桥以改善桥头线形;如为大桥,当不宜设斜桥时,宜把桥头路线作成勺形或布置一段弯引桥,如图 7.14(b)所示,或两者兼用。总之,桥头曲线要争取较大半径,以利行车。

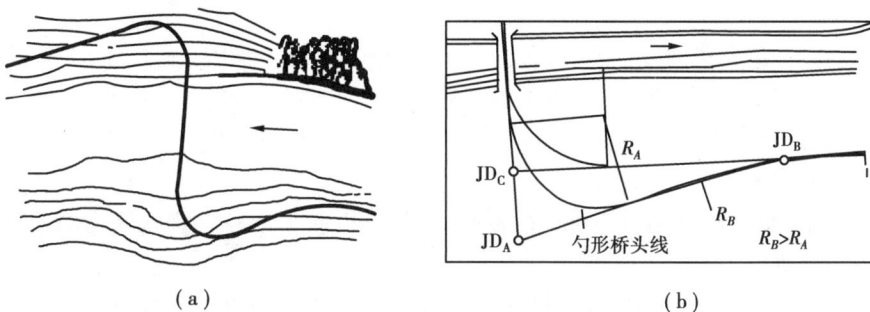

(a)　　　　　　　　　　　　　　(b)

图 7.14　路线跨直线河道

路线跨支流的桥位,有从支河(沟)口直跨和绕进支沟上游跨越两种方案,如图 7.15 所示。采用何者为宜,要根据路线等级和桥位处的地质、地形条件,经过技术经济比较确定。

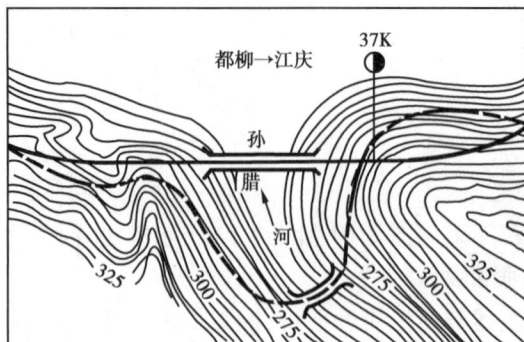

图 7.15　跨支流桥位

对临河陡崖地段,采用抬高路线方案时,应注意纵面高低过渡的均匀;当采用低线方案时,应注意废方堵河、改变水流方向和抬高水位的影响。

对迂回河曲的突出山嘴,可考虑采用深路堑或短隧道方案;对迂回河弯地段,亦可考虑改河方案,以提高路线技术指标。

当通过水库地区时,应考虑水库坍岸、基底沉陷的影响,以确保路基稳定。

(2)越岭线

1)越岭线路特征

越岭线是指公路走向与河谷及分水岭方向横交所布设的路线,路线连续升坡由一个河谷进入另一个河谷的布线方式。

越岭线的主要有利条件是:

①布线不受河谷限制,活动余地大。越岭线无河谷限制,布线时可能的方案较多,布线时遇不良地质,艰巨工程及重要地物限制时,要避让比较容易,布线灵活性大。

②不受洪水威胁和影响。由于无洪水问题,一般路基较稳定,桥涵及防护工程较沿溪线少。

③当采用隧道方案时,路线短捷且隐蔽,有利于运营和国防。

越岭线的主要不利条件是:

①里程较长、线形差、指标低。由于路线受高差限制,升坡展线需使路线增长,纵面线形较差。特别在地形复杂时(如"鸡爪"地形、陡峻迂回的山坡等)常使路线弯急坡陡,工程数量也很大。

②施工、养护、运营条件差,服务性差。越岭线线位高,远离河谷、施工用水、砂石材料的运输等都不方便。回头展线地段,上下重叠施工较困难。

③路线隐蔽性差,不利于国防。

2)越岭线布线要点

克服高差是越岭线的关键。因此,在布线时,应以纵面为主导安排路线,结合平面线形和路基的横向布置进行。

越岭线布线要点是如何处理好垭口选择、过岭标高和展线布局 3 个问题:

①垭口选择。

垭口是分水岭山脊上的凹形地带(又叫鞍部),由于标高低,常常是越岭线的重要控制点。

垭口选择应在符合路线总方向的前提下,综合各方面因素,从可能通过的垭口中根据其标高、位置、两侧地形、地质条件及气候条件反复比较确定:

A.垭口的高低。垭口海拔的高低及其与山下控制点的高差,直接影响路线展线长度、工程数量大小和营运条件。在展线条件相同时,垭口降低的高度 Δh 和缩短的里程 Δl 有如下的关系:

$$\Delta l = 2 \cdot \Delta h \cdot \frac{1}{i_p} \tag{7.2}$$

式中　i_p——展线的平均坡度,一般为 5%~5.5%。

由此式可知,若垭口低于 50 m,可缩短里程 2 km(采用 5%)。在地形困难的山区,减少 2 km 公路节省的造价是可观的,同时,运营费用也得以减少。

另外,在高寒地区,低垭口对于行车和养护都是有利的,有时为了获得较好的行车和养护条件,即使路线较偏,也可能绕线从低垭口通过。

B.垭口的位置。选择垭口不仅要低,而且垭口的位置要符合路线的基本走向,即路线通过垭口时不需要无效延长路线就能和前后控制点相接,如图 7.16 所示。A、B 控制点间有 C、D 两个垭口,从平面位置看,C 垭口在 AB 直线,D 垭口偏离直线较远,但从符合路线基本走向来看,穿 D 垭口比穿 C 垭口反而展线还要短些,平面线形还要好些,因此,D 垭口比 C 垭口更合乎路线走向。

C.垭口两侧地形和地质条件,山坡线是越岭线的重要组成部分。而山坡坡面的曲直与陡缓、地质的好坏等情况直接关系到路

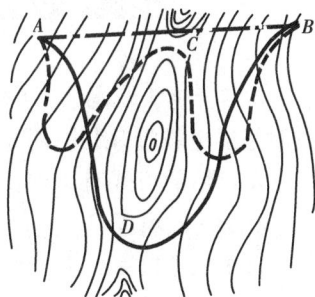

图 7.16　垭口位置选择

线的标准和工程质量的大小。因此,垭口选择要与侧坡展线条件结合考虑。选择时,如有地质稳定,地形平缓有利于展线的侧坡,即使垭口位置略偏或垭口较高,也应比较,不要轻易放弃。

D.垭口的地质条件。垭口的地质病害往往会在运营的过程中形成通过的"盲肠",选择垭口时要重视垭口的地质问题,对地质条件很差的垭口,用局部移动路线或采取工程措施的办法亦不能解决时,应予放弃。

②过岭标高的选择。

过岭标高是越岭线布局的重要控制因素。不同的控制标高,不仅影响工程大小,路线长短,线形标准,而且直接关系到垭口两端的展线布局,如图 7.17 所示。由于选用了不同的挖深出现了 3 个展线方案:Ⅰ方案浅挖 9 m,需设两个回头弯道;Ⅱ方案挖深 13 m,只需设一个回头弯道;Ⅲ方案挖深 20 m,不设回头弯道,顺山势展线,Ⅲ方案线形好,路线最短,有利于行车,在地质条件许可时是较好的方案。

A.决定过岭标高的因素:

a.垭口及两侧的地形。当过岭地段山坡平缓,垭口又宽厚时,一般宜多展线,用浅挖或低填方式。

b.垭口的地质条件。这是决定垭口能否深挖的决定因素,考虑不周,今后会形成坍塌堵车造成后患,垭口通常是地质构造薄弱,常有不良地质现象的山脊凹陷地带,选线时要特别注意。

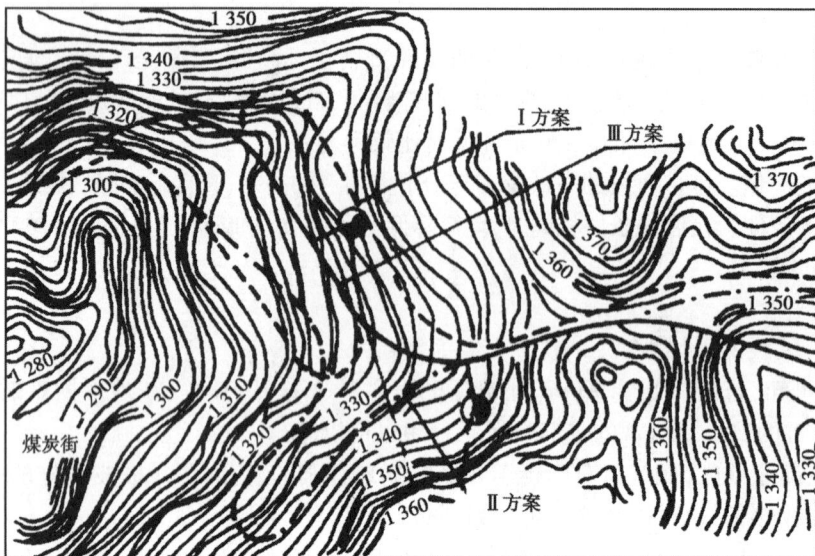

图 7.17　垭口标高与展线

c.结合施工及国防考虑,深挖垭口,工程集中、废方大、施工面狭小,因而工期较长,同时,战时修复也较慢,因此,对于工期紧迫和国防性公路,不宜采用深挖。

B.过岭的方式有 3 种:

a.浅挖低填垭口。

b.深挖垭口。

c.隧道穿过。

一般情况(除宽厚垭口或地质条件很差外),常用深挖方式过岭;当挖深在 20 m 以上时,则应与隧道方案进行比较。

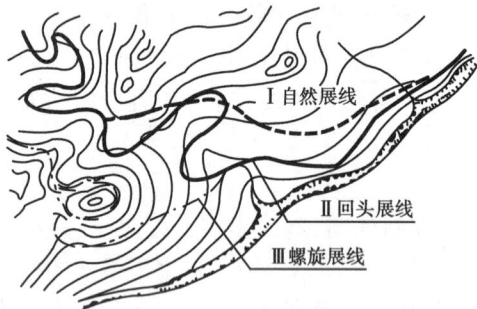

图 7.18　越岭展线形式

③展线布局。

A.展线指的是在山岭地带,由于地面自然纵坡常大于道路设计容许最大纵坡,加上工程地质条件限制,就需要顺应地形,适当延伸线路长度,沿山坡逐渐盘绕而上,以致达路线终点。展线的基本形式有 3 种,如图 7.18 所示。

a.自然展线。图中Ⅰ方案,当山坡平缓、地质稳定时,路线利用有利地形以小于或等于平均纵坡(5%~5.5%)均匀升坡展线至垭口。这种方式的特点是:平面线形较好,里程短,纵坡均匀,但由于路线较早地离开河谷对沿河居民服务性差,路线避让艰巨工程和不良地质的自由度不大。

b.回头展线。图中Ⅱ方案。路线沿溪至岭脚,然后利用平缓山坡用回头曲线展线升坡至垭口,一种路线转角接近180°的展线形式。其特点是:平曲线半径小,同一坡面上下线不重叠,对施工、行车和养护都不利,但能在小区域距离内克服较大的高差,并且回头曲线布线灵活,利用有利地形避让艰巨工程和地质不良地段比较容易。图 7.19 为利用有利地形,布局回头展线的实例。

回头展线
工程案例

适于布设回头曲线的地形,一是利用山包[图7.20(a)]或平坦的山脊[图7.20(b)];二是利用平缓山坡[图7.20(c)];三是利用山沟[图7.20(d)]及山坳[图7.20(e)]侧坡。

图 7.19　回头展线

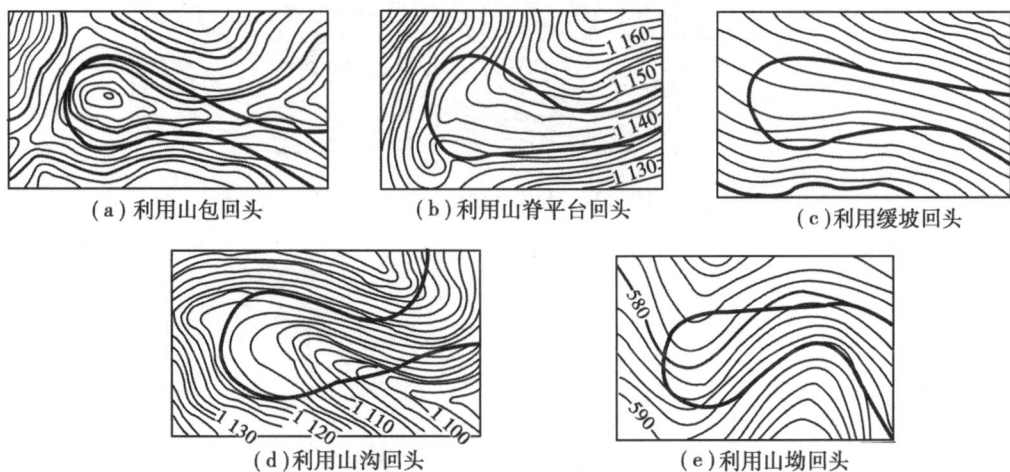

（a）利用山包回头　　　　　　（b）利用山脊平台回头　　　　　　（c）利用缓坡回头

（d）利用山沟回头　　　　　　　　　（e）利用山坳回头

图 7.20　利用地形回头展线

为利于今后行车营运,要尽量把回头曲线的距离拉长,分散及减少回头个数,尽量避免及减少在一个坡面上回头数。如图7.21所示即为平缓山坡上的展线示例。如图7.22所示,为西南某公路一面坡上重叠24道弯,行车极为不便,后改为仅设一个回头弯,大大改善了线形,虽增长路线1.67 km,但却满足安全迅速行车的要求。

c.螺旋展线。一种路线转角大于360°的回头展线形式。其特点是:路线利用有利的山包或山谷,在很短的平面距离内就能克服较大的高差,它虽比回头曲线有较好的线形,避免了路线的重叠,但因需要建桥或隧道,将使工程造价很高。

螺旋展线
工程案例

螺旋展线可有上线桥跨如图7.23所示和下线隧道如图7.24所示两种方式。

螺旋展线是山区展线的一种方法,它的优点是路线舒顺,纵坡较小,行车质量较好,但需要修建旱桥或隧道,工程费用较高。在等级较高的山区公路上,标准要求高,盘旋较远,高程提升较大,采用这种展线形式是必要的。螺旋隧道或地下车库通道等视距不良路段,左舵右行制,下坡顺时针转、上坡逆时针转,对行车视距、交通安全更为有利。螺旋展线的最终选定,往往要结合地形条件,并与回头展线相比较权衡。

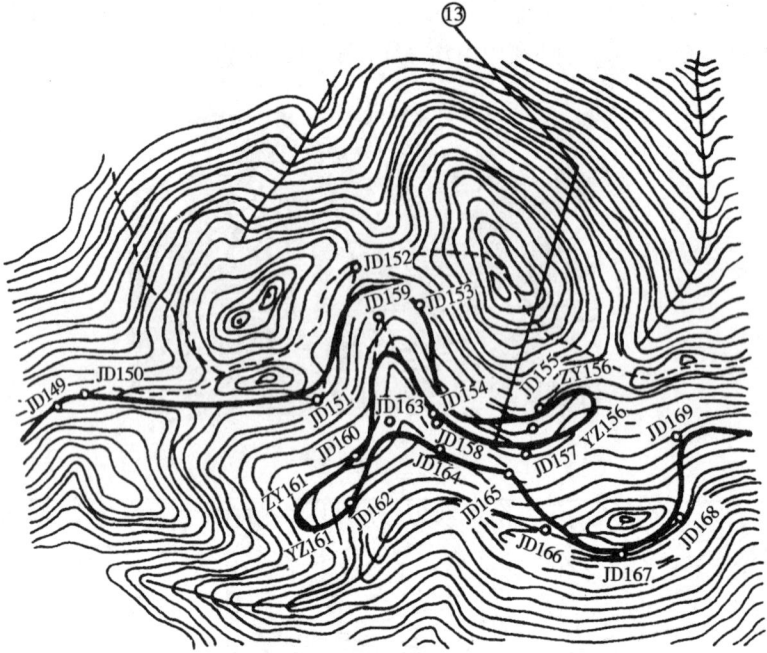

图 7.21 利用平缓山坡展线

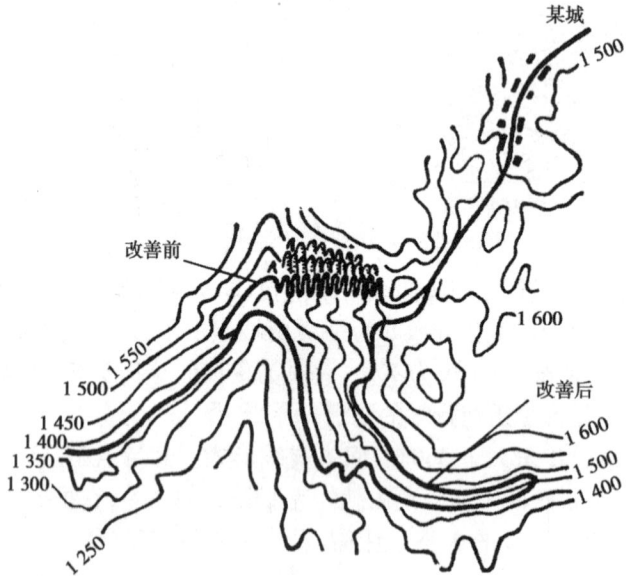

图 7.22 一面坡上 24 道连续弯

以上 3 种展线形式中,一般应首先考虑采用自然展线;不得已时采用回头展线,只有在三、四级公路当自然展线因地形、地质条件所限不能采取自然展线时,可采用回头曲线展线。当地形十分困难,又有适宜的山谷或山包条件时,为在小区域内克服较大的高差,可考虑螺旋展线,但需做方案比较确定。

图 7.23　上线桥螺旋展线

图 7.24　下线隧道螺旋展线

B.展线布局的步骤。

a.全面视察,拟定路线走向,在任务书规定的控制点间,进行广泛勘察,重点调查地形及地质情况,并以带角手水准初放的坡度作指引,拟定出路线可能的展线方案和大致走法。

b.试坡布线。试坡的目的是落实初拟方案的可行性;并进一步确定和加密中间控制点,拟定路线局部方案。

试坡用带角手水准或用经纬仪,从垭口自上而下进行,试坡方法与定线时放坡相近,详见公路定线部分。

c.分析、落实控制点,决定路线布局。经试坡确定的控制点,有固定和活动之分:第一种是位置和高程都不能改变的是工程特别艰巨地点;第二种是某些受限制很严的回头地点、必须利用的高程可以活动的如垭口、重要桥位等;第三种是位置和高程都可有活动余地的如侧沟跨越地点、宽阔平缓山坡的回头地点等。

第一种情况较少,第二、三种居多。落实时先调整那些活动范围小的,把高程和位置确定下来,然后再研究活动范围大的,以达到既不增大工程数量,又使线形合理的目的。

d.详细放坡试定路线。

（3）山脊线

1）山脊线路特征

山脊线是指公路沿分水岭方向所布设的路线,实际上连续而又平顺的山脊往往很少,所以较长的山脊很少见,一般多与山坡线结合,作为越岭线垭口两侧路线的过渡段。能否利用部分山脊,这必须有适宜的山脊。一般服从路线走向,分水线平顺直缓,起伏不大,脊肥厚,垭口间山坡的地形、地质情况较好的山脊是较好的布线条件。

山脊线的有利条件是:

①当山脊条件好时,山脊线一般里程短,土石方工程量小。

②水文、地质条件好,路基病害少、稳定、地面排水条件好。

③山脊线河谷少且小,桥涵人工构造物少。

山脊线的不利条件是:

①线位高,远离居民点,服务性能差。

②山势高、海拔高、空气稀薄、冬季云雾、积雪、结冰较大,对行车和养护都不利。

③远离河谷,砂石材料及施工用水运输不便。

2)山脊线布线要点

由于分水线的引导,山脊线大的走向基本明确。布线主要解决以下3个问题:

①控制垭口选择。

在山脊上,连绵布置着很多垭口,每一组控制垭口代表着一个方案。因此,选择控制垭口是山脊布线的关键,一般当分水岭顺直,起伏不大时,几乎每个垭口均可暂作控制点。如地形复杂,山脊起伏较大且较频繁,各垭口高低悬殊时,则低垭口即为路线控制点,而突出的高垭口可以舍去。在有支脉的情况下,相距不远的并排垭口,则选择前后与路线联系较好的、路线较短的垭口为控制点。选择垭口时,还应与两侧布线条件结合起来考虑。

②侧坡选择。

分水岭的侧坡是山脊线的主要布线地带。选择哪一侧山坡,要综合分析比较确定。一般情况下,在坡面平缓、整齐、顺直,路线短捷,地质稳定,横隔支脉较少,向阳的山坡布线较为理想。

如图7.25所示,A、D两垭口为前后路线走向基本确定的控制点,其间有B、E、C 3个垭口,由此可有甲、乙、丙3种走法。经比较,显然C垭口比B、E垭口高35 m,使丙线起伏较大,不予考虑。甲线走左侧山坡,路线短捷,平面顺直,但其横坡较陡,需穿过一陡岩和跨越一较深的山谷。乙线走右侧山坡,路线绕线较长,平面线形稍差,但纵面平缓,横坡也较平缓,工程量较小。甲、乙两线各有利弊,需进一步放坡试线,结合其他因素综合比较确定。

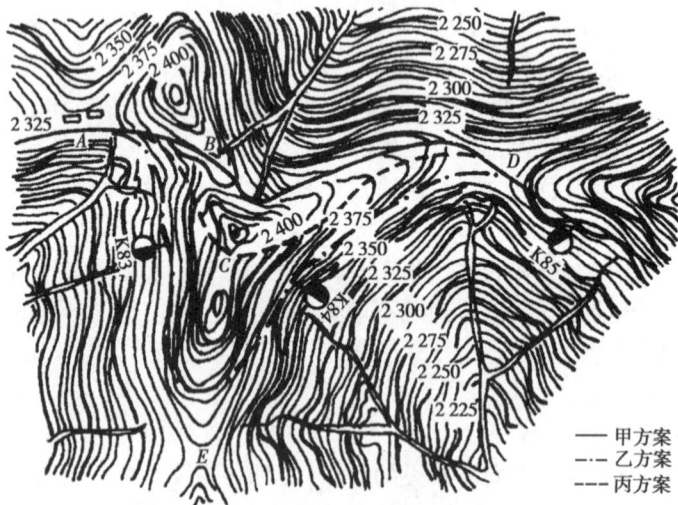

图7.25 山脊线侧坡选择

③试坡布线。

山脊线有时因两垭口控制点间高差较大,需要展线;有时为避免路线过于迂回要采用起伏纵坡,以缩短里程。因此常常需要试坡布线。常见有3种情况:

a.垭口间平均纵坡不超过规定。一般情况如中间无太大的障碍,应以均匀坡度沿侧坡布线。若中间遇障碍,则可以加设中间控制点,调整坡度,向两端垭口按均匀坡度布线。如图7.25所示中的甲方案就是以中间支脉垭口B为中间控制向两端试坡布线。

　　b.垭口间有支脉相隔。这时,应在支脉上选择合适的垭口作为中间控制点。如图 7.25 所示中支脉上的 C、E 两垭口,而 C 垭口因过高而舍弃。为了进一步比较甲、乙两线,从低垭口 D 以 5%~5.5%的坡度向垭口 E 试坡,定出 E 控制点,其工程量小,施工较易,当交通量不大时宜采用。

　　c.垭口间平均纵坡超过规定时。这种情况需进行展线,山脊展线的布线是十分灵活的,选线时,应分成地形、地质条件,采用填挖、旱桥、隧道等工程措施来提高低垭口,降低高垭口。也可利用侧坡、山脊有利地形作回头展线或螺旋形展线,如图 7.26 所示,其具体做法见本节越岭线。

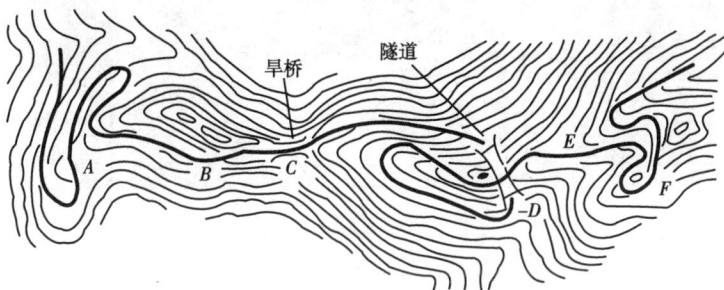

图 7.26　山脊展线示意图

　　(4)山腰线

　　1)山腰线路特征

　　山腰线是在山坡半腰上布置路线,有时为越岭线垭口两侧的展线。这种路线是随着山坡而行,平面线形可能弯曲较多,纵坡比较平缓;路基多半填半挖式,有时需要修建挡土墙。

　　2)山腰线布线要点

　　①山腰线的布设应根据地形、地质、环境等因素综合考虑路基、桥梁、隧道等构造物的设置条件,从定性、定量两方面分析研究论证,选择合理的路线总体方案。

　　②应对展线的坡面进行总体分析研究,合理掌握平面指标,使路线线形与地形相适应。

　　③平面指标除了与地形相适应外还应注意与纵断面指标相适应,对于长大纵坡路段,应采用运行速度对平面指标进行检验,调整平面线形使之与纵面相适应,消除超速行驶的安全隐患。

　　④注意土方平衡。在纵断面的线位布设中应充分研究施工过程中土方纵向调配方案,一般情况下填、挖比例宜控制在(3~4):(7~6)。

7.6　丘陵区公路选线

　　丘陵地形是介于平原和山岭之间的地形,它具有平缓的外形和连绵不断的丘岗,地面起伏,但高差不大,不致引起高度的气候变化,其主要特征是:脉络和水系都不如山岭区那样明显。路线线形和平原区比较,平面上迂回转折,有较小半径的弯道,纵面上起伏和偶尔有较陡的坡道。由于受地形限制小,所经路线的可能方案较多。其中微丘地形近似于平原;重丘则近似于山岭。在技术标准方面,微丘比平原区稍紧一点,各项技术指标与平原区相同;重丘则比山岭区稍松一点,各项技术指标与山岭区相同,如图 7.27 所示。

图 7.27　丘陵区路线

▶**7.6.1　布线要点**

①在丘陵区布线,首先要因地制宜,掌握好线形技术指标。当地形开阔布线条件理想时,路线技术指标应选择中偏高水平;当地形起伏较大布线条件相对较差时,指标可选择中偏低水平。一般是微丘地形按平原区掌握,而重丘区则按山岭区方式处理。等级高的公路要强调线形的平顺,路线只和地形大致相适应,不迁就微小地形的变化;等级低的则较多考虑微小地形,以节省工程投资。各级路线都要避免不顾纵坡起伏,片面追求长直线,或不顾平面过于弯曲,片面追求平缓纵坡的倾向。

②丘陵区路线的布设,要考虑横断面设计的经济合理。在一般横坡平缓地段,可采用半填半挖或填多于挖的路基;横坡较陡的地段,则宜采用全挖或挖多于填的路基。并要注意纵向土石方平衡,以减少废方和借方,尽量少破坏自然景观。纵断面布设应考虑土石方综合平衡,挖方与填方的比例应控制在 6∶4 左右。

③根据山体的自然条件,可采用曲线定线手法,使路线适应地形变化,与自然相融合,尽量少破坏自然景观,将公路美学设计贯穿于选线的全过程。

④丘陵区土地资源珍贵,选线时应采取必要的措施,少占或不占农田。线路宜靠近山坡,应少占耕地不占良田,但应避免因靠近山坡过多增大工程量。当线路跨越宽阔沟谷或洼地时,应按照节约用地的要求进行高架桥与高填路堤方案的比选,并将占地指标作为比选的重要内容。

⑤丘陵区公路选线要注意对生态环境和自然环境产生影响。线位布设应尽量绕避生态敏感区(植被茂盛区、物种分布连续区以及珍稀物种分布区),尽量减少破坏和切断生态链。

▶**7.6.2　选线方法**

根据上述要求,针对不同地形地带,采用不同布线方式。

路线遇平坦地带,如无地质、地物障碍影响,可按平原区以直线方向为主导的原则布线;如有障碍或有相应联系的地点,则加设中间控制点,相邻控制点间仍以直线相连;凡路线转弯处,设置与地形协调的长而缓的曲线。

在具有较陡横坡的地带,两个已定控制点间,如无地形、地物、地质上的障碍,路线应沿匀坡线布设。匀坡线是两点间顺自然地形以均匀坡度所定的地面点的连线(图7.28),这种坡线常需多次试放才能求得。两个已定控制点间如有障碍,则在障碍处加设控制点,相邻控制点间仍沿匀坡线布设。

路线遇横坡较缓的起伏地带,如走直连线,纵向坡度大,势必出现高填深切;如走匀坡线,路线迂回,里程增长不合理。因而走匀坡线与直连线之间,选择平面顺适、纵坡均

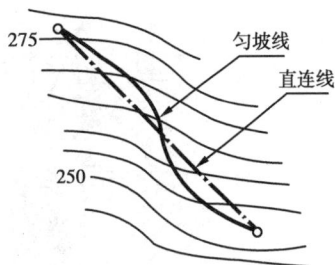

图7.28 匀坡线

衡的地段穿过较为适宜。但路线具体位置,要视地形起伏程度及路线等级要求而定。对于较小的起伏,在坡度和缓前提下,考虑平面与横断面之关系,一般是低级路工程宜小,路线可偏离直连线稍远(图7.29所示中方案Ⅱ),高级路可将路线定得离直连线近些(图7.29所示中方案Ⅰ)。对于较大的起伏地带,两侧高差常不相同,高差大的一侧的坡度常常是决定因素,一般以高差大的一侧为主,结合梁顶的挖深和谷底的填高来确定路线的平面位置。图7.30所示,AB跨一谷地,靠A一侧高差大、坡度陡,当梁顶A可多切、谷底D可多填时,路线放坡可得ADB线;若A少切、谷底C少填时,放坡可得ACB线。

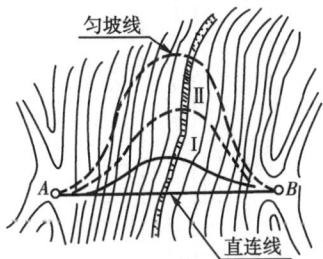

图7.29 较小起伏地带路线

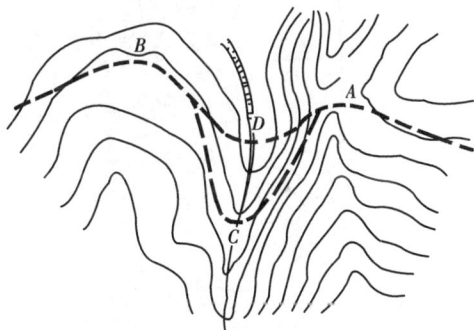

图7.30 较大起伏地带路线

两个已定控制点间,有时因地形、地质或地物上的障碍,路线会突破直线与匀坡线的范围,这种为避让障碍所定的中间控制点,应视为又增加一个已定控制点,这一控制点把原来两定点间路线分割成两段,在这两段内分别按直连线与匀坡线之间的原则通过。

图7.31是某丘陵区路线的一段。A、G为固定控制点,G点前为沿溪线,G点后为山脊线,都是在总体布局中定下的。现仅讨论A、G间布线问题。A、G间的路线有两个基本方案。第一方案(点划线)由A继续沿溪至K处跨河后,升坡至G。此方案平、纵指标都较高。但因占用良好耕地多,且行经地带低湿,如路基太低则水文状况差,如提高路基,不但工程大,而且因借土更要多占耕地。第二方案(实线)提高线位,路线走起伏地带通过,本方案由于采用不同的技术指标,又产生了一些局部比较方案(虚线)。如AJB段高度少升高10 m,路线仅增长40 m,但占用良好耕地较多,故仍采用直线方案。EG、GH、CE段则依"起伏地带走直线与匀坡线间"的原则予以确定,最后全线采用实线方案。

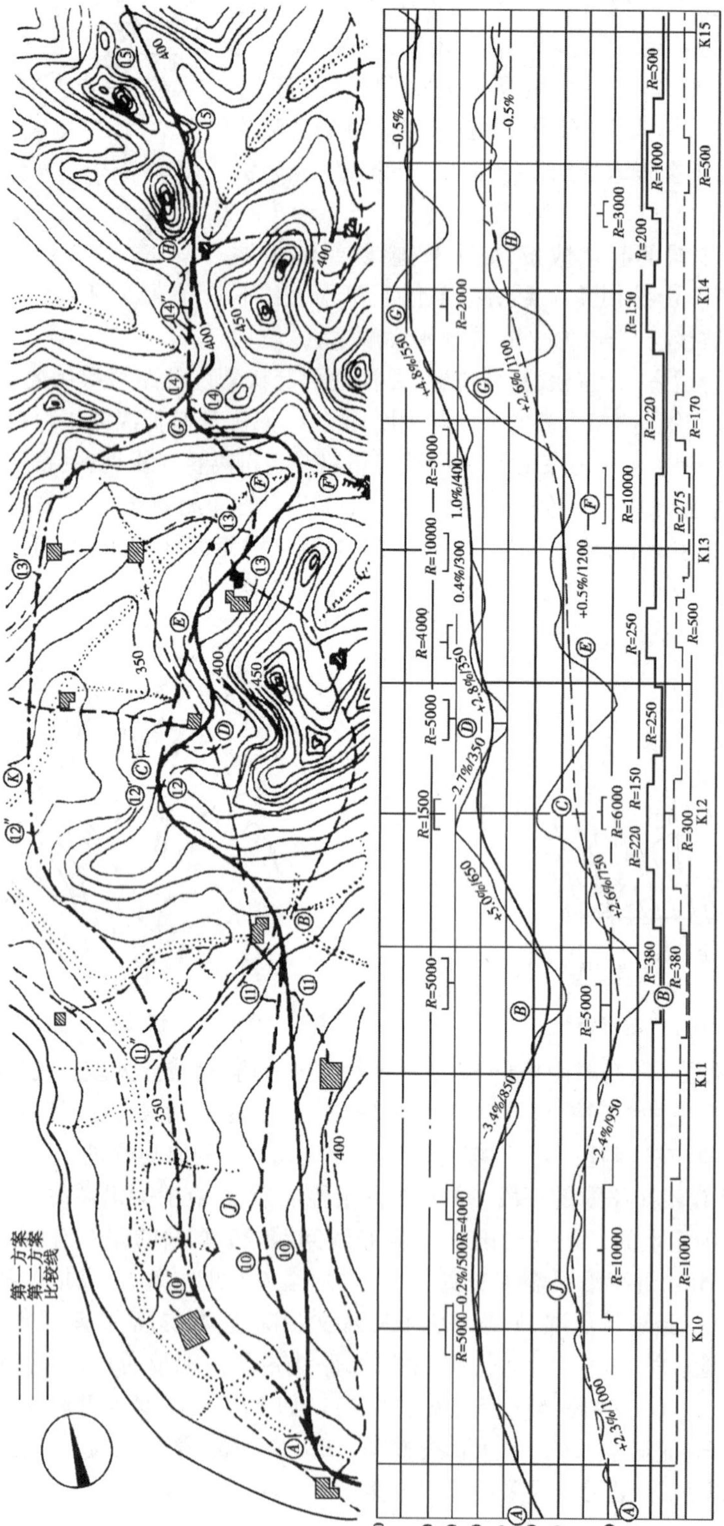

图 7.31 丘陵区路线

总之,在丘陵地区选线,由于可通之路线方案较多,各条路线方案之间的优缺点不很突出。因此,应特别强调多跑、多看、多问,经过详细分析比较,然后决定一条最合适的路线。对于地方性路线,特别要征求当地政府及群众的意见,以使公路发挥它在公路运输网中应有的地位和作用。

7.7　城市道路网规划

▶7.7.1　城市道路网结构类型及特点

城市道路网的结构形式是反映道路网系统的平面几何图形。常用的道路网结构形式可归纳成 4 种类型:方格网式、放射环式、自由式和混合式。其中前 3 种结构形式是道路网结构的基本类型,如图 7.32 所示。混合式道路网可由前 3 种结构形式组合而成。

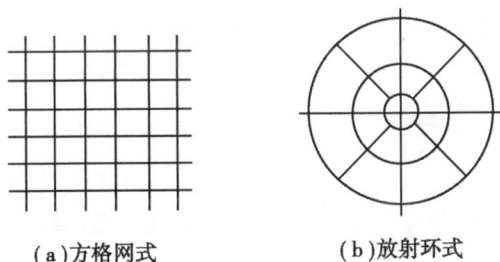

（a）方格网式　　　　　（b）放射环式

图 7.32　道路系统基本类型

（1）方格网式路网

方格网式道路网(又称棋盘式道路网)是最常用的一种类型。它适用于地势平坦地区的城市。方格网式路网划分的街坊整齐,有利于建筑布置。这种路网交通分散,灵活性大。缺点是对角线方向的交通不便;如果方格网式路网密度大,则交叉口多;旧城区的方格网式路网由于道路狭窄,功能不分,不能适应现代化城市交通发展的需要。如果方格式路网较均匀,尚可组织单向交通以缓解道路交通紧张的状况。

我国许多古城以及个别新发展的城市,如北京、西安、南京、洛阳、太原、郑州、石家庄和苏州等均属方格网式路网结构。

为解决方格网式路网对角线方向的交通不便,可在方格网上增加对角线道路,即形成方格对角线路网系统。布置对角线道路有利于斜向交通,但会形成三角形街坊与畸形复杂的交叉口,对建筑布局不利,并且对交叉口行车及交通组织造成困难。我国少数城市长春、沈阳、哈尔滨等有类似的路网布置。

（2）放射环式路网

放射环式路网一般都是从旧城中心区逐渐发展起来的,由旧城中心向四周引出若干条放射干道,并加上一个或几个环城干道组成。图 7.33 为成都市道路系统图,此即为比较典型的放射环式路网结构。

这种路网的优点是有利于市中心与各分区、郊区、市区外围相邻各区之间的交通联系。缺点是在市中心区容易造成机动车交通集中,有些地区之间的联系需绕行,交通灵活性不如方格网好。如果在小范围采用放射环式路网,则可能形成许多不规则街坊,不利于建筑布置。

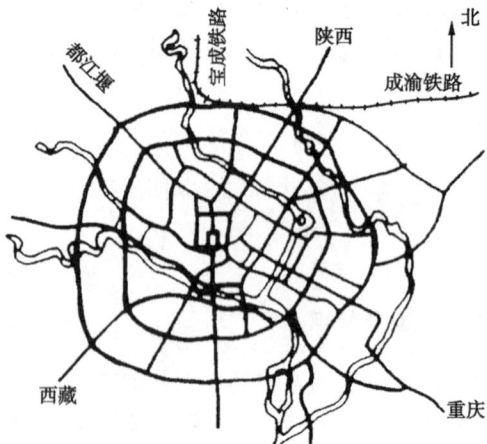

图7.33　成都市道路系统图

为了分散过于集中的市中心区交通,可布置两个以上的中心,亦可将某些放射干道布置于二环或三环上,如图7.34所示。

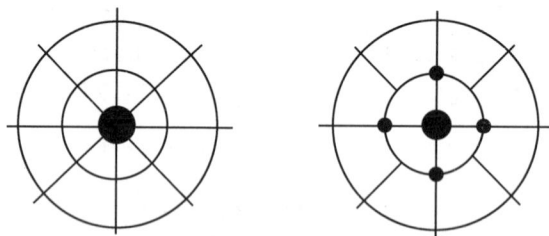

图7.34　单中心与多中心城市放射环型路网结构

放射环式路网结构适用于大城市及特大城市,国内外许多城市如巴黎、莫斯科、柏林、北京、成都、沈阳及武汉等采用或新建了放射环式路网结构,并取得了较好的使用效果。

(3)自由式路网

自由式路网一般是由于城市地形起伏,道路结合地形选线而形成。其主要优点是充分结合自然地形,对自然环境和景观的破坏较少;节约道路工程造价。缺点是绕行距离较大,不规则街坊多,建筑用地较分散。我国城市完全采用自由式道路网的很少,部分山区城市采用这种路网如重庆、青岛、南宁、九江、渡口等。图7.35为重庆市道路网图。

(4)混合式道路网

混合式路网是结合城市用地条件,将上述3种结构形式组合在一起而形成结构的形式,又称综合式路网。该结构是一种扬长避短的较合理的形式,如能因地制宜合理规划,则可以较好地组织城市交通。国内许多城市如北京、上海、武汉、合肥等均属此类。这些城市保留着旧城原有的方格网式路网,结合城市的发展,为减少市中心的交通压力,设置了环形及放射道路,因而构成混合式路网。图7.36为北京市道路网系统图,在规划市区范围内,布置了四条方框形的环路、九条主要放射路和十几条次要放射路,形成格网、环形和放射形相结合的混合式道路网系统;位于内城外围的二环路,距市中心3~5.5 km,是一条快速道路,全长32 km,主要疏导穿城的车流,减少中心区的交通压力,并且也是对外放射路的起点。

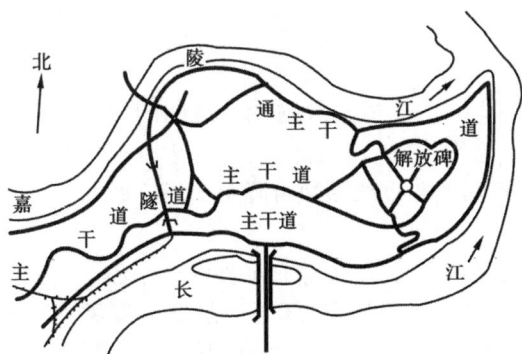

图 7.35　重庆市区干道系统

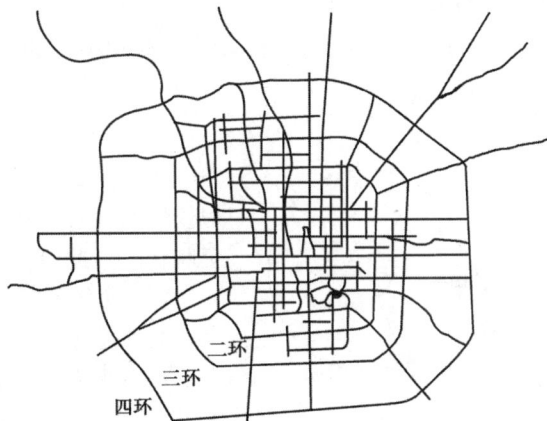

图 7.36　北京市道路系统

▶7.7.2　城市道路规划的主要技术指标及要求

（1）非直线系数

分区之间的交通干道应短捷。衡量道路便捷程度的指标称为非直线系数（或称曲度系数、路线增长系数），是道路起、终点间的实际长度与其空间直线距离的比值。

$$\rho = \frac{L_1}{L_2}$$

式中　L_1——道路起、终点间的实际长度；

　　　L_2——道路起、终点间的空间直线长度。

交通干道的非直线系数应尽量控制在 1.4 之内，最好为 1.1～1.2。

应该指出，用非直线系数指标衡量城市交通便捷与否，并不是对所有城市均适用，特别是对山城或丘陵地区的城市，可不必强求。

1）方格网式干道网

如图 7.37 所示。

$$\text{非直线系数} = \frac{\text{道路起、终点间的实际路线长度}}{\text{道路起、终点间的空间直线长度}} = \frac{a+b}{\sqrt{a^2+b^2}} \qquad (7.3)$$

式中符合如图 7.37 所示。

当方格网为正方形，即 $a=b$ 时，则 $\rho=1.41$，说明 A、B 两点间的实际路程要比空间直线距离增加 41%。

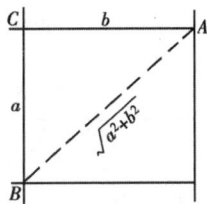

图 7.37　方格网式路网

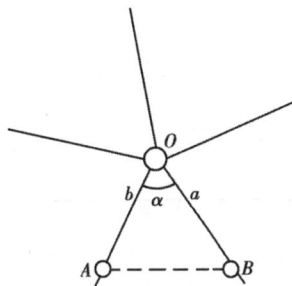

图 7.38　放射式路网

2) 放射式干道网

如图 7.38 所示,放射式干道网 AOB 可近似看作三角形,由此可得:

$$\rho = \frac{a + b}{\sqrt{a^2 + b^2 - 2ab \cdot \cos \alpha}} \tag{7.4}$$

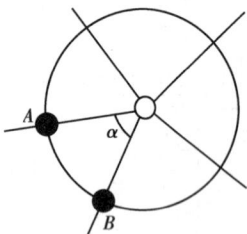

当 $a = b$,$\alpha = 45°$时,$\rho = 2.6$,由此可知放射线干道网的便捷程度是较低的,因此,在放射干道网中加设环路,如图 7.39 所示可改善交通状况。此时,A、B 两点间的非直线系数可降至 1.1~1.2。

(2) 道路网密度

为使城市各分区用地之间交通方便,应有足够的道路数量。作为城市总平面骨架的道路数量及其分布,既要满足交通发展的要求,也应该结合城市的现状、规模、自然地形条件,尽可能有利于建筑布置、环境保护等规划要求。城市道路的数量、长度、间距等能否与城市交通相适应,可用城市道路网密度来衡量。

图 7.39 放射环式路网

道路网密度(δ) 是城市各类道路总长度($\sum l$) 与城市用地面积($\sum F$) 之比值,即

$$\delta = \frac{\sum l}{\sum F} \tag{7.5}$$

从理论上讲,扩大道路网密度,有利于城市交通。但实际上若密度过大,则造成城市用地不经济,增加城市建设投资,并且会导致交叉口过多而影响车辆行驶速度和道路通行能力。因此,道路网密度必须与城市客、货运交通量的大小、工业和居住生活用地划分的经济合理性等因素综合考虑。一般说来,道路网密度与城市的规模是密切相关的。

《城市综合交通体系规划标准》(GB/T 51328—2018)规定,中心城区道路系统的密度不宜小于 8 km/km²。对各类不同规模的城市确定了应满足的干线道路网络密度要求,见表 7.5,城市建设用地内部的城市干线道路的间距不宜超过 1.5 km。次干路主要起交通的集散作用,其里程占城市总道路里程的比例宜为 5%~15%,城市不同功能区的集散道路和支线道路密度应结合用地布局及开发强度综合确定,宜符合表 7.6 的规定。

表 7.5 不同规模的城市干线道路网络密度

城市人口规模/万人	干线道路网络密度/(km·km⁻²)	最高等级干线道路
≥200	1.5~1.9	Ⅰ级快速路或Ⅱ级快速路
100~200	1.4~1.9	Ⅱ级快速路或Ⅰ级主干路
50~100	1.3~1.8	Ⅰ级主干路
20~50	1.3~1.7	Ⅱ级主干路
≤20	1.5~2.2	Ⅲ级主干路

表7.6 不同功能区的街区尺寸及道路网密度

类 别	街区尺寸/m		路网密度/(km·km⁻²)
	长	宽	
居住区	≤300	≤300	≥8
商业区与就业集中的中心区	100~200	100~200	10~20
工业区、物流园区	≤600	≤600	≥4

注:工业区与物流园区的街区尺度根据产业特征确定,对于服务型园区,街区尺度应小于300 m,路网密度应大于8 km/km²。

(3)城市道路红线宽度

城市道路的红线宽度应优先满足城市公共交通,步行与非机动车交通通行空间的布设要求,并应根据城市道路承担的交通功能和城市用地开发状况,以及工程管线、地下空间、景观风貌等布局要求综合确定。

城市道路红线宽度(快速路包括辅路),规划人口规模50万及以上城市不应超过70 m,20万~50万的城市不应超过55 m,20万以下城市不应超过40 m。且应符合表7.7的规定。

表7.7 城市道路规划红线宽度

道路分类	快速路(不包括辅路)		主干路			次干路	支 路	
	Ⅰ级	Ⅱ级	Ⅰ级	Ⅱ级	Ⅲ级	—	Ⅰ级	Ⅱ级
设计速度/(km·h⁻¹)	80~100	60~80	60	50~60	40~50	30~50	20~30	—
双向车道数/条	4~8	4~8	6~8	4~6	4~6	2~4	2	—
道路红线宽度/m	25~35	25~40	40~50	40~45	40~45	20~35	14~20	—

(4)城市道路网规划要求

城市道路网络规划应综合考虑城市空间布局的发展与控制要求、开发密度、用地性质、客货交通流量流向、对外交通等,结合既有道路系统布局特征,以及地形、地物、河流走向和气候环境等因地制宜确定。

城市道路经过历史城区历史文化街区、地下文物埋藏区和风景名胜区时,必须符合和关规划的保护要求;城市建成区的道路网改造时,必须兼顾历史文化、地方特色和原有路网形成的历史,对有历史文化价值的街道应予以保护。

干线道路系统应相互连通,集散道路与支线道路布局应符合不同功能地区的城市活动特征。

道路交叉口相交道路不宜超过4条。

城市中心区的道路网络规划应符合以下要求:

①中心区的道路网络应主要承担中心区内的城市活动,并宜以Ⅲ级主干路、次干路和支路为主。

②城市Ⅱ级主干路及以上等级干线道路不宜穿越城市中心区。

③规划人口规模100万及以上规模城市外围可布局外环路,宜以Ⅰ级快速路或高速公路为主,为城市过境交通提供绕行服务。

④历史城区外围、规划人口规模100万及以上城市中心区外围,可根据城市形态布局环路,分流中心区的穿越交通。

⑤环路建设标准不应低于坏路内最高等级道路的标准、并应与放射性道路衔接良好。

⑥规划人口规模100万及以上的城市主要对外方向应有两条以上城市干线道路,其他对外方向宜有两条城市干线道路;分散布局的城市,各相邻片区、组团之间宜有两条以上城市干线道路。

⑦带形城市应确保城市长轴方向的干线道路贯通,且不宜少于两条,道路等级不宜低于Ⅱ级主干路。

⑧道路宜平行或垂直于河道布置。

⑨道路系统走向应满足城市道路的功能,以及通风和日照要求。

▶7.7.3 道路网规划步骤与方法

(1)一般步骤

城镇道路系统规划的主要步骤:包括城市用地布局中各有关交通吸引点(或集散点)相互联系线路的布置分析;城镇客、货运交通量的现状、问题、发展估计及其在干线上的流量预估分布;干道性质、选线、走向布局与红线宽度、断面组合的确定;交叉口型式以及立交、桥梁的位置、用地范围、控制标高的选定和道路停车场的分布;然后绘制干道及道路网图,并编制规划说明书。

(2)一般方法

1)资料准备

①城市地形图:地形图范围包括城市市界以内地区,地形图比例尺1:20 000~1:5 000。

②城市区域地形图:地形图范围包括与本城相邻的其他城镇,能看出区域范围内城市之间的关系、河湖水系,公路、铁路与城市的联系等。地形图比例尺1:50 000~1:10 000。

③城市发展经济资料:内容包括城市性质,发展期限,工业及其他生产发展规模,对外交通,人口规模,用地指标等。

④城市交通调查资料:包括城市客流、货流OD调查资料;城市机动车和非机动车历年统计车辆数;道路交通量增长情况及存在问题;机动车、非机动车交通流量分布图等。

⑤城市道路现状资料:1:500~1:1 000的城市地形图,能准确地反映道路平面线形,交叉口形状;道路横断面图以及有关道路现状的其他资料如路面结构形式,桥涵的结构型式和设计荷载等。

2)交通吸引点分布及其联系线路的确定

城市各主要组成部分,如工业、居住、市中心、大型体育、文化设施以及对外交通枢纽如车站、港口都是大量人流、车流的出发点和吸引点,其相互之间均需要有便捷合适的道路联系。这些用地之间,交通量大的主要连接线,将成为主干道,交通量稍次且不贯通全市主要地区的将为次干道;若以客运为主,为生活服务为主的,则将成为生活性道路。因此,掌握各主要交通吸引点的交通特征、流向与流量概略资料,及地形、现状初步勘测是拟定城镇干道网略图的重要前提。

各用地上主要交通吸引点之间的联系路线走向的具体布置,应密切结合自然地形、城镇现状及总图分区发展布局来规划安排,因而不可能都是简单的平直路线,如图 7.40 和图 7.41 所示。

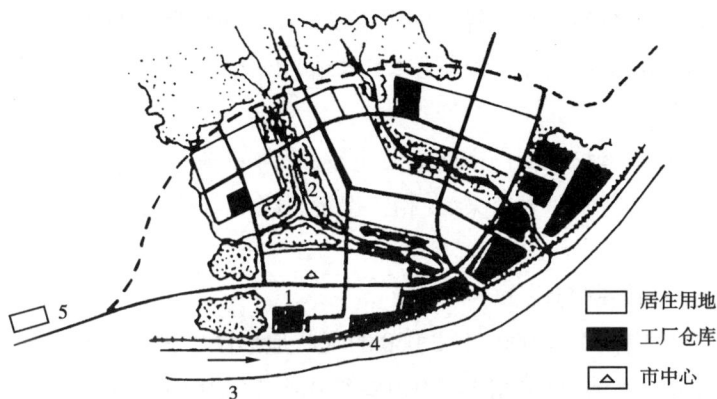

图 7.40　城市用地平面布局示意图
1—水厂;2—公园;3—码头;4—火车站;5—机场

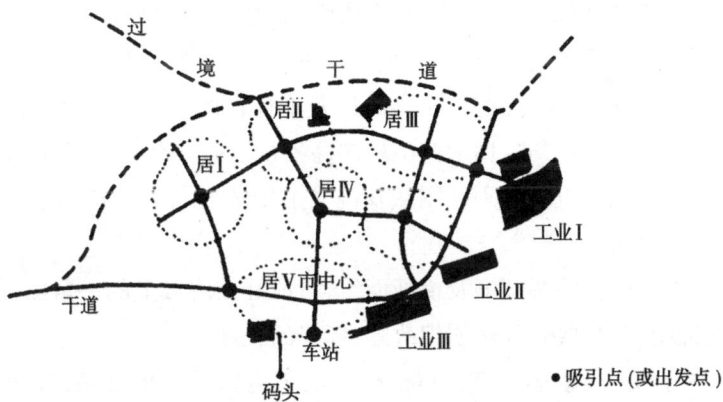

图 7.41　城市干道网与交通吸引点的关系

3)干道网的交通量发展与估计

对城市扩建新区及新建城镇,其各交通吸引点之间联结道路上的货运车流量,原则上可根据工业、仓库布置、生产规模、对外交通流向及其近、远期建设、投产计划来确定;对客运交通,则应根据现状流量类似企业、居住区的资料,根据各类交通方式宜采用的合适比例来估计近、远期的客运交通量。若条件不具备时,也可参照已建同类性质工业区及人口规模近似的新城镇交通实际发展资料,经过论证分析进行粗略估算。

对已建城市,在扩建新区、改造旧城进行必要路网调整、改造、扩充时,一般采取对现有道路系统进行重点路段、交叉口现状交通量、车速、路况观测调查的基础上,经实测资料分析整理,找出关键问题、矛盾所在后,再根据远景规划年限与交通方式、车辆发展估计比例,特别是扩建区对旧城交通联系上的可能变化增长,以及某些干道建成后可能引起的旧路交通量分流、转向变化等,来拟定道路网上的远期可能交通量分布,从而使估算结果较为切合实际。

4)干道网的流量分布与调整

通过干道网现状流量分布与远期预测估算的流量增长变动数,即可进一步明确哪些道路与干道现有车道数及断面组合形式已经接近饱和流量(或拥塞)或需拓宽车行道与调整组合;哪些地方应规划、增设平行通道或开辟新的干道以分流交通将拥塞的现有主干道压力;哪些地方应规划布设停车场地、增添调整公路枢纽(始末站)以及哪些平交路口应予拓宽治理或改造为立体交叉等。

因此,只有通过对城镇总平面图上的交通流量、流向的深入分析研究,方能对原有道路网提出经济、合理、可行的调整、扩充方案,并相应拟定得当的红线宽度、断面组合及交叉路口几何形式、用地范围等。

5)道路网规划图的绘制与说明

道路网规划,一般应在1:1 000~1:2 000的现状地形图上进行。其成果采用的比例尺大小视城镇用地规模大小不同,可采用1:2 000或缩小到1:5 000~1:10 000的比例尺。通常小城镇可直接用1:1 000~1:2 000;一般县镇及小城市用1:5 000;带形小城市可用到1:10 000;至于中等城市;视其规模也可采用1:10 000~1:25 000的比例尺。

道路网规划图中应分别标明主、次干道、全市性商业大街(或步行街)、林荫路以及划分街坊、小区的一般道路、连通路等的走向、平面线形。对重要主、次干道相交的平交路口应标出方位坐标及中心点控制标高;对设置立交、桥梁的位置不仅在图上绘出范围、控制标高、匝道、引道,而且应在说明书中阐明其形式、用地范围控制高程及依据。有关广场、停车场、公交保养场的位置及用地几何尺寸规模也应分别在图纸及说明书中注明。对干道纵坡、坡长及控制点标高宜结合方位坐标图另绘。

各类道路的性质、分类、路幅宽度及横断面组合,最好在图纸上的一角加以描绘,并注上主要尺寸;也容许在说明书中列出,并注明拟改建、新建的长度。

成果图由于采用比例尺较小,一般仅标注主、次干道以及其他支路,以及广场、社会停车场、对外交通枢纽、立交、桥梁的位置和主、次干道的红线及断面组合图。

复习思考题

7.1　公路选线的基本步骤是什么?简述各步骤的一般要求和要点。

7.2　综述公路选线的目的、任务和一般方法。

7.3　公路选线的一般原则有哪些?为什么说公路选线中应重视环境保护工作是一条重要的原则?

7.4　试根据平原区的地形、地物特征简述平原区的路线特征,并简要回答平原区选线的要点。

7.5　山区的主要自然特征有哪些？在这些自然特征影响下路线的一般特征是什么？根据不同的地形特征,路线布置有哪些基本形式？

7.6　什么是沿溪线？沿溪线布线的关键问题是什么？应掌握哪些要点？

7.7　什么是越岭线？布线时应掌握哪些要点？

7.8　公路越岭线有哪些基本形式？为什么说回头展线是不理想的展线形式？

7.9　城市道路路网结构有哪些基本类型？试分析各类型的特点及适用条件。

7.10　城市道路规划有哪些主要技术指标？这些指标对于指导城市道路规划有何作用？

7.11　名词解释:展线,越岭线,混合式路网,非直线系数,道路网密度,放射式路网。

第8章

总体设计

8.1 概 述

公路工程属于带状线性工程,跨越的地形、地貌、地质复杂多变,涉及面广,影响范围大。因此,公路设计不仅要满足其自身的功能需求,还要着重研究自然中的各种相关的复杂因素。

总体设计是指对公路的走向、布局、路线方案、等级、标准、指标、工程方案、景观、环保等方面进行总体协调和设计的工作。总体设计是公路具体设计的依据和基础,在满足公路自身功能要求的前提下,使之融入环境,二者相互平衡、协调发展。按系统论的观点,总体设计除了考虑公路系统内部各种关系,还要考虑环境系统外部各种限制因素。

总体设计是公路工程勘察设计中一项十分重要的工作内容,《公路工程技术标准》(JTG B01—2014)规定:"公路建设项目应做好总体设计,使主体工程与交通工程及沿线设施相互协调配套,充分发挥各自功能和项目的整体功能。"《公路路线设计规范》(JTG D20—2017)规定:"总体设计应协调公路工程项目外部与内部各专业间的关系,确定本项目及其各分项的技术标准、建设规模、主要技术指标和设计方案,使之成为完整的系统工程,符合安全、环保、可持续发展的总体目标,保障用路者的安全,提高公路交通的服务质量。""总体设计是勘察设计的总纲,既要体现公路使用功能、质量、安全、环保、节约的基本要求,又要处理好主体工程与附属工程、各专业之间的衔接与协调配合,是一项系统工程。"为此,在勘察设计阶段务必要加强总体设计工作,以保证设计成果的完整性、合理性、统性。

总体设计具有十分丰富的内涵和外延,可以说任何与公路有关、影响公路功能实现以及公路与环境融合的任何因素,都是总体设计必须考虑的范畴。公路总体设计的内容涵盖了公路自身的功能要素和自然的各种因素,设计也就是对这些要素、因素进行综合分析,使其系统化、有机化的过程,最终使建造的公路达到既能满足其自身功能要求,又能与自然相融合,达到协调与平衡的目的。

总体设计的任务可归纳为实现"三个协调",即通过总体设计实现公路与各自然因素的协调;公路与周围环境的协调;公路自身各工程的协调。

做好总体设计,须从理念、原则、措施三个层面入手。理念是指人类认识事与物时,所归纳或总结的思想、观念、概念与法则,是不断变化发展的;原则是人们处理事情所依据的准则或规范;措施是解决问题的具体办法。理念属价值观范畴,原则是理念的具体化,措施是原则的方法化。

8.2 总体设计理念与原则

我国公路建设设计理念经历了很大的发展变化过程。从20世纪50年代初到80年代,遵循"一切以节约成本为主"的公路建设设计理念;从20世纪80年代初到20世纪末期,遵循"快速、安全、经济、舒适"的公路建设设计理念;20世纪至今,遵循"安全、快速、环保、美观"的公路建设设计理念,更加强调"以人为本,质量第一,节约资源,尊重自然"及"灵活性设计理念""绿色公路设计理念"等新的更加科学合理、注重自然环境的建设设计理念。

基于公路建设设计理念,总体设计原则的拟定应结合项目建设条件进行,特别是地形条件、地质条件、人文环境、生态环境等条件,大致包括:

1)以功能为主线原则

公路设计和其他任何产品的设计一样,是以满足人们的需求为目的的,重点突出一个"适"字,即标准采用要适当、适用,工程防护要适度。

2)安全至上原则

安全包括公路建设工程的自身安全、运行车辆行驶安全及行人安全等。

主要应遵循以下两个原则:

①扩大道路"安全空间"原则。尽量采用良好的线形参数,充分注意道路条件要素的一致性协调性和诱导性。以满足安全为目标,来提供尽可能大的安全空间。

②提高道路"宽容度"的原则。在路网规划和线形设计阶段,通过合理的调整和设计,让道路环境尽可能"宽容",即使有的驾驶员偶尔出现驾驶操纵错误,道路仍然能够有保证安全行车的条件,对危险起到消除或减级作用,避免交通事故的发生或减轻交通事故的损伤程度。

3)保护环境,整体协调原则

维护自然环境在"势"的延续,要求公路线形和结构物的布设尽可能避免切割这种势的走向和延续。保持自然景观的完整性,减少对生态环境的破坏以及对地形地貌的自然性和稳定性的影响,把"不破坏是最大的保护"和"公路生态型建设技术"观念贯穿于整个设计中。在设计方案、施工方案各环节均充分考虑环境保护。

4)全寿命周期成本最优原则

资源是人类生存发展的物质基础,也是可持续发展的重要保证。可持续发展包括生态持续、经济持续和社会持续。生态持续是基础,经济持续是条件,社会持续是目的。可持续发展要以保持自然为基础,与资源和环境的承载能力相协调,公路建设要正确处理好节约资源和公路发展的关系。在确保安全和使用功能前提下,严格控制工程造价,节约工程投资,达到全寿命周期下的最佳经济效益。

5)合理采用技术标准原则

通过对不同路段功能定位、交通量分布和地形类别进行分析,划分设计区段。分段论证设计标准、设计速度、断面形式,拟定不同技术标准。

6)灵活运用技术指标原则

设计合理选用平纵面指标,把握经济与指标的和谐统一。注重平纵面的均衡与连续,明确规范极限值或接近极限值的使用条件,重点针对小于一般值的圆曲线半径、单大纵坡对应的限制坡长、平包竖、有效坡长、平曲线、夹直线长度、中短隧道和一般大桥对应的纵坡限制、互通立交匝道设计车速等非强制性指标进行分析。

7）加强典型方案比选原则

高速公路设计中不可避免地会出现此典型工程,例如:高路堤、高架桥、深路堑、隧道、高边坡、半边桥或纵向桥等。这些工程不仅对路线总体方案和工程造价有极强的控制作用,而且不同工程方案在山体开挖及土石方数量方面有较大差异,从而严重影响区域的生态环境,同时还会影响道路的安全运营,因此在山区高速公路设计中必须强调对典型工程方案的综合比选。

8）永临工程接合原则

加强其他工程和临时工程的综合考虑,统筹规划,提高场地利用率,节约投资。主要包括供电线路规划;施工便道、便桥与沿线农村公路的统一规划;大型取土弃土场、预制场、拌和站与运营期临时停车区、观景台的同步规划;路面拌和场与服务区、管理监控中心等永久性工程的同步规划设计等。

8.3 总体设计措施

总体设计思路贯穿于公路勘察设计的各个阶段,根据每个阶段应完成的工作内容,从宏观到微观,从整体到局部,根据确定的设计理念和原则,拟定总体设计措施,进行总体设计具体工作。

▶8.3.1 总体设计的基础工作

在设计阶段,应完成如下基础工作:

①正确处理项目总体方案与项目区域城镇、产业布局之间的关系,按照服务区域经济的原则,合理布设路线和工程方案。

②充分研究项目区域路网现状及规划情况,调查相关道路的功能、等级、使用状况、远期改扩建的可能性,分析与本项目建设的关系,现状道路应满足后期改扩建的需求,规划道路设计应考虑预留工程项目的实施。

③充分调查路线走廊带内地形、工程地质、地震、水文、气象等自然地理条件,路线和工程方案的选择应满足防洪、农田水利和通航及车辆运行安全的要求。

④查明路线走廊内不良地质的分布、区域地质稳定性等状况,并论证确定绕越避让或整治病害的方案和对策。

⑤重视对沿线自然生态、水资源、动植物、文物保护区,电力、通信、学校、医院、军用设施、宗教设施、矿产资源、自然及人文景观及相关环境敏感区(点)的调查与分析评估,路线布设应采取积极主动的绕避方案,不得已时应采取切实可行的保护措施。

⑥进一步调查、分析公路区间交通量分布情况,分析其对交叉设置方式及位置的影响,确保发挥公路功能和行车安全。

⑦充分研究分析交通组成的特点,明确功能及运输性质,根据交通组成特点及其功能性质合理确定路线方案,恰当运用路线平纵面技术指标,合理选定路面结构桥梁设计荷载及环境保护方案。

⑧充分调查沿线土地资源的分布状况,路线布设应尽量避免占用基本农田和经济作物林。

⑨充分调查项目区域内铁路、水路、航空、管道的运输情况,公路工程应与其形成完整、系统的综合运输体系,充分发挥综合运输效益。

⑩充分落实地质、地震、环保、水保、防洪、通航等各种专项评价、评估结论及意见,并根据路线及工程方案的深化研究做进一步补充评价或评估。

⑪查明筑路材料供应及运输状况,工程方案的选择应就地取材,方便施工,节省工程造价。

⑫充分征求当地政府有关部门及沿线居民的意见和建议,重视项目区域社会及人文环境,充分体现"以人为本"的设计理念。

▶8.3.2 总体设计主要措施

在设计阶段,总体设计主要措施有:

①路线起终点及与其他公路(含规划公路)的衔接方式应符合路网规划的要求,起、终点位置及建设方案应考虑为后续项目接线和具体工程实施预留足够的长度。

②根据公路功能设计交通量、沿线地形、地质条件等论证确定公路等级、设计速度和设计路段:不同设计路段的衔接位置应适应衔接路段的过渡及前后一定长度范围内的线形设计。

③对路线方案进行综合比选,考虑路线与地形、地质、水文、生态、水资源等自然条件的关系,路线控制点的选择应以安全和环境保护为原则,对整体式与分离式路基、高路堤与高架桥、深路堑与隧道等典型工程方案,根据其特点、适用性和内在联系,及其对路线方案和平纵而布置、路基土石方数量、环境保护道路景观、工程可靠度、工程造价等的影响,从定性、定量两个方面综合比选。

④采用运行速度检验公路路线平、纵、横设计的合理性,安全设施根据运行速度的检验结果有针对性地设置;工程设计方案根据建设条件合理确定,并采取必要的工程措施,确保工程设计的可靠度。

⑤根据交通量和交通组成,合理确定一般路段和特殊路段的横断面,根据设计交通量论证确定车道数,按照减小工程量、节省占地并方便交通运营管理等原则采用整体式路基。位于丘陵、山区时,应结合地形、地质、生态等自然条件和桥梁、隧道方案的布设及考虑降低工程造价,保护自然环境的因素,论证采用分离式路基的可行性;对于设置爬坡车道、避险车道等特殊路段,应从路线平纵面布设、交通量及交通组成、通行能力及工程设置合理性等方面综合论证其设置位置和横断面宽度及组成参数。

⑥根据功能合理原则确定大型桥梁、隧道、交叉、管理养护等设施的位置、间距及其设计方案。大型设施的间距应满足相关要求,各个设施之间的过渡应顺畅,必要时应采取切实可行的措施,确保交通安全;大型设施的设计方案应考虑与其他设施之间的相互联系,做到全面协调、总体可行;大型桥梁隧道工程应做好两端接线设计;平面交叉、互通式立交设施应做好连接线设计;管理养护及服务设施的设置位置及规模应与区域路网中的服务设施相匹配;交叉工程应根据沿线居民的生产、生活方式现状及其发展趋势,论证确定实施和预留方案,并正确处理沿线交叉工程与其他运输方式的关系;路线布设及平面交叉、互通式立体交叉的设置应有利于与

其他运输方式形成综合运输网络;与铁路、水路管道等运输方式的交叉工程应满足相关设施正常运营和发展规划的要求。

⑦尽量避免高填深挖路基,结合路线布设合理确定工程设施、取弃土场和植被恢复设计方案,防止发生水土流失等次生灾害。

⑧路线平纵面设计及工程方案的确定应以节省占地为原则,基本农田区的路段应采取必要的工程措施节约耕地;山岭、丘陵区的路段宜根据弃土情况提出造地还田方案。

⑨路线平纵面设计应充分考虑沿线环境及景观因素,合理确定路基、防护、排水、取土、弃土等设计方案,防止水土流失,保护自然环境。

⑩充分论证收费制式,合理确定收费方式、主线收费站位置、收费车道数及其与被交公路的交叉方式等。

⑪分期修建的公路工程,必须按远期规划的技术标准做出总体设计,制订分期修建方案,作出相应设计。

⑫改扩建工程,应充分调查分析既有公路的状况、事故多发点,按充分利用既有工程、合理布设路线及断面的原则,进行改扩建设计。

8.4　路线与桥梁、隧道

桥梁、隧道是道路中的重要构筑物,其对路线的技术指标有相应的要求,路线设计时需要满足其要求。

▶8.4.1　桥梁及其引道的平、纵、横技术指标要求

①桥上纵坡不宜大于 4%,桥头引道纵坡不宜大于 5%。
②对于易结冰、积雪的桥梁,桥上纵坡宜适当减小。
③位于城镇混合交通繁忙处的桥梁,桥上纵坡和桥头引道的纵坡均不得大于 3%。
④桥头两端引道的线形应于桥梁的线形匹配。

▶8.4.2　隧道及其洞口两端路线的平、纵、横技术指标要求

路线平、纵、横综合设计应考虑线形与桥梁、隧道工程的配合。目前,随着公路桥隧比例的提高,桥梁、隧道对路线的布设产生了很大的影响,故在路线选线、布设时,应满足桥梁、隧道的基本技术要求。

隧道分类规定见表 8.1。

表 8.1　公路隧道分类

隧道分类	特长隧道	长隧道	中隧道	短隧道
隧道长度/m	$L>3\,000$	$3\,000{\geqslant}L>1\,000$	$1\,000{\geqslant}L>500$	$L{\leqslant}500$

桥涵分类规定见表8.2。

表8.2　公路桥涵分类

桥涵分类	多孔桥梁总长 L/m	单孔跨径 L_k/m
特大桥	$L>1\,000$	$L_k>150$
大桥	$100 \leqslant L \leqslant 1\,000$	$40 \leqslant L_k \leqslant 150$
中桥	$30<L<100$	$20 \leqslant L_k <40$
小桥	$8 \leqslant L \leqslant 30$	$5 \leqslant L_k <20$
涵洞	—	$L_k<5$

注:管涵及箱涵不论管径或跨径大小,孔数多少,均称为涵洞。

①隧道平面设计应根据地形、地质、路线走向、通风等因素确定,并应注意:

a.隧道内线形应避免设置S形反向曲线,隧道洞口应避免设置在S形曲线上拐点处及其附件。

b.设置于连续长下坡路段和长直线末端的隧道应避免采用小半径曲线。

c.避免在直线段小半径凸形竖曲线后方的平曲线上设置隧道:隧道洞口凸形竖曲线半径应尽量满足视觉所需的竖曲线半径最小值。

d.隧道洞口内外线形应顺畅、连续。

e.隧道洞口处应避免设置V形纵坡及相应的凹形竖曲线,避免雨季积水引起车辆侧滑,危及行车安全。

f.隧道平面线形设计必须保证视距要求,并应采用运行速度对视距进行检验。隧道的停车视距与会车视距不应小于公路停车视距与会车视距规定值。

②隧道平面线形应优先考虑采用直线或圆曲线,但不宜过分追求,不应有急促的方向变化,S形曲线拐点处于隧道洞口之间的距离不应小于3S设计速度行程长度。

③隧道路段的最小圆曲线半径应满足不设超高加宽的圆曲线最小半径,当条件限制,超高值不宜过大,最小圆曲线半径可按表8.3取值。

表8.3　隧道路段圆曲线半径最小值

设计速度/(km·h⁻¹)		120	100	80	60
最小圆曲线半径/m	一般值	3 300	1 250	650	450
	极限值	1 850	1 100	550	250

④互通式立体交叉范围内主线圆曲线半径应不小于表8.4的规定,宜采用不设超高的圆曲线半径,以提供良好的视距条件。

表8.4　互通式立体交叉区主线平曲线半径最小值

设计速度/(km·h⁻¹)		120	100	80	60
最小圆曲线半径/m	一般值	2 000	1 500	1 100	500
	极限值	1 500	1 000	700	350

⑤互通式立体交叉范围内,减速车道下坡段和加速车道上坡段的主线最大纵坡不应大于表 8.5 的规定值。

表 8.5　减速车道下坡段和加速车道上坡段的主线最大纵坡

设计速度/(km·h⁻¹)		120	100	80	60
最大纵坡/%	一般值	2.0	2.0	3.0	4.5(4.0)
	极限值	2.0	3.0	4.0(3.5)	5.0(4.5)

注:当互通式立体交叉位于连续长大下坡段底部时,减速车道下坡段的主线最大纵坡取括号内的值。

⑥隧道路段平纵线形应均衡、协调,水下隧道平面线形宜采用直线,当设为曲线时,宜采用不设超高的平曲线。

⑦洞口内外各 3S 设计速度行程长度范围内的平、纵线形应一致,有条件时,纵面线形可取 5S 设计速度行程。特殊困难地段,经技术经济比较论证后,洞口内外平曲线可采用缓和曲线,但应加强线形诱导设施。

⑧保持横断面过渡的顺适,当隧道建筑限界宽度大于所在公路的建筑限界宽度时,洞口外相接路段应设置距洞口不小于 3S 设计速度行程长度,且不小于 50 m 的过渡段;当隧道建筑限界宽度小于所在公路的建筑限界宽度时,两端连接线的路基宽度仍按公路标准设计,其建筑宽度应设有 4S 设计速度行程的过渡段与隧道洞口衔接,保持隧道洞口内外横断面顺适过渡。

⑨隧道内的纵坡形式,一般采用单向坡,地下水发育的长隧道、特长隧道可采用双向人字坡,隧道内纵坡应小于 3%。大于 0.3%,但短于 100 m 的隧道可不受此限制。

⑩高速公路、一级公路的中短隧道,当条件受限制时,经技术经济比较论证、交通安全评价后,隧道最大纵坡可适当加大,但不宜大于 4%。

⑪间隔 100 m 以内的短隧道群,宜整体考虑其平纵面线形技术指标。

⑫长、特长双洞隧道,宜在洞口外合适位置设置联络通道,以利车辆调头。

8.5　路线与交通安全

▶8.5.1　连续长大纵坡设计

山区公路设计中,受地形限制,常常会面临长大纵坡路段的问题。在长大纵坡的下坡方向,车辆受重力和惯性的影响较大,制动容易失灵,引发交通事故。安全分析得知,导致长大下坡路段事故频发的原因主要为:下坡时驾驶员不断踩制动踏板来控制车速,频繁制动使制动器的温度升高,从而导致刹车失灵。在路线设计时,需要用合理的线形来保证行车安全。连续长大纵坡界定,见表 8.6。

表 8.6　连续长大纵坡界定

分　类	平均纵坡/%						
	2.0	2.5	3.0	3.5	4.0	4.5	5.0
路线长度/km	15	7.5	3.5	3.0	2.5	2.0	2.0

在长大纵坡路段设计时,应采取相应的路线设计策略,应重视以下几点:

①为减少持续制动时间,应合理降低坡段高差,严格控制坡度、坡长。

②为降低间断制动的频率,应以运行速度控制平、纵面线形,并避免集中采用最大纵坡,尽量使用接近平均纵坡的纵坡值。

③为避免紧急制动,应采用均衡性好、过渡连续的平、纵面线形,平面线形尽量采用合适的半径组成曲线,避免长直线的使用,禁忌相邻指标变化过大。

④平均纵坡小于2%时,不限坡长,称为长缓坡。当连续下坡中出现长度较短的反坡或缓坡时,仍应作为一个连续长大下坡路段。连续下坡过程中尽量设置较长的缓坡,有条件时最好设置反坡。

⑤高速公路和一级公路的连续下坡路段,任意3 km的平均纵坡不宜大于4.0%,相对高差大于300 m时,平均纵坡不宜大于2.5%。

⑥各级公路,当陡坡的长度达到限制坡长时,应设置一段坡度不大于3%的缓和坡段,一般情况的缓和坡段宜小于或等于2.5%的坡度。

▶8.5.2　运行速度协调性

运行速度协调性评价包含相邻单元路段运行速度协调性和同一路段运行速度与设计速度协调性评价,是评价线形设计连续性的指标。

相邻路段运行速度协调性采用相邻路段运行速度差值的绝对值$|\Delta v_{85}|$及运行速度梯度的绝对值$|\Delta I_v|$进行评价,评价标准见表8.7。

表8.7　相邻路段运行速度协调性评价标准

相邻路段运行速度协调性	评价标准	对策与建议
高速公路、一级公路		
好	$\|\Delta v_{85}\|<10$ km/h 且$\|\Delta I_v\|\leqslant 10$ km(h·m)	
较好	10 km/h$\leqslant\|\Delta v_{85}\|<20$ km/h 且$\|\Delta I_v\|\leqslant 10$ km(h·m)	相邻路段为减速时,宜对相邻路段平纵面设计进行优化或采取安全改善措施
不良	$\|\Delta v_{85}\|\geqslant 20$ km/h 或$\|\Delta I_v\|>10$ km(h·m)	相邻路段为减速时,应调整相邻路段平纵面设计;当调整困难时,应采取安全改善措施
二、三级公路		
好	$\|\Delta v_{85}\|<20$ km/h 且$\|\Delta I_v\|\leqslant 15$ km(h·m)	
不良	$\|\Delta v_{85}\|\geqslant 20$ km/h 或$\|\Delta I_v\|>15$ km(h·m)	相邻路段为减速时,应调整相邻路段平纵面设计或采取安全改善措施

▶8.5.3　路线设计交通安全性检查

路线平、纵组合设计应注重立体线形设计,尽量做到线形连续、指标均衡、组合得当、视觉良好、安全舒适,与周围自然景观协调。同时考虑对车辆实际运行速度的影响,相邻路段的运行速度差宜控制在±10 km/h,运行速度与设计速度差不应超过±20 km/h。

平曲线与竖曲线组合时,应满足"平包竖"要求,但当平曲线半径大于6 000 m或竖曲线半径大于25 000 m时,可不强调"平包竖"的对应关系;平、竖曲线难以对应时,宜将两者拉开适当距离,使平曲线位于直坡上或竖曲线位于直线上。长的平曲线内不宜包含两个以上短的竖曲线,长的竖曲线内不宜包含两个以上平曲线,不得已时应注意平、竖曲线半径的搭配。

在坡差较大时,平、竖曲线的组合应注意平曲线明弯、暗弯与凹形、凸形竖曲线的搭配,一般明弯宜配凹曲线,暗弯宜配凸曲线,"明凹暗凸"可获得合理的、悦目的效果,尽量消除视觉误差,采用运行速度对其安全性进行检验。

基于道路安全性评价优化路线设计,重点注意以下几点:

①对运行速度与设计速度差大于20 km/h的路段,应进行路线平、纵面优化。

②当相邻路段的运行速度差大于20 km/h的路段,应进行路线平、纵面优化组合,尽量做到相邻路段的运行速度差不大于10 km/h。

③在平、纵面、大型结构物(隧道、桥梁)固定后,应对全线进行运行速度安全检查,根据检验结果,提出合理的限速值。

④连续长陡纵坡路段两端延长线的平均纵坡应小于2%。

路线平、纵、横综合设计检查:平、纵、横综合设计检验应包括公路运营安全性和工程设计合理性两个方面。公路运营安全性宜用运行速度进行检验,工程设计合理性宜用三维虚拟数字仿真技术进行检验。

采用运行速度检验公路运营安全性应通过实地观测或数字模型计算运行速度,当与设计速度差值在±20 km/h运行速度之内时,表明平、纵、横设计配合良好,反之,宜调整线形设计参数或采取必要的交通安全措施,检验内容如下:

①平面设计:平曲线半径、长度,直线长度,曲线间直线长度等。

②纵断面设计:纵坡坡度、坡长,长大纵坡路段,竖曲线半径等。

③横断面设计:横断面组成、紧急停车带宽度、路侧安全净空区等。

④视距检验:设计视距、运行视距、空间视距等。

⑤超高:最大超高值、合成坡度等。

采用三维虚拟数字仿真技术检验工程设计合理:

①构建三维数字地面模型。

②构建三维工程实体数字模型。

③工程设计合理性检验:将三维数字地面模型与三维工程实体数字模型叠加,得到公路建成后真实的虚拟空间环境,进行路线布设、与周围环境的协调性、路基、防护、排水设施、桥涵、隧道等工程布设合理性检查。

▶8.5.4 公路项目安全性评价

公路项目安全性评价(Highway Safety Audit,HSA)也称公路安全审计,其核心是从公路使用者行车安全的角度去评价公路及其沿线设施和交通环境对交通安全的影响。按一定的评价程序,采用定性与定量的方法,对公路交通安全进行全面、系统的分析与评价。也称为交通安全评价、行车安全评价(安全性评价)。

从公路使用者行车安全性的角度对公路项目设计成果进行安全评估,减少设计缺陷,改进和优化设计方案,全面提高公路全寿命周期的安全性能,避免和减少运营后的安全改造工程,提高道路及路网的安全性。公路项目安全性评价也是公路运行速度设计方法的核心。

▶8.5.5 案例:某高速公路南利河(K58+500—K68+093)段 K、A5、A6 路线方案安全性比较

某高速公路南利河段(K58+500—K68+093)路线方案安全性评价比选,南利河段结合地形地貌、地质条件、工程规模以及实施难易程度等因素,提出了 A5、A6、A7 线 3 个比较方案进行比选,其中 K 线和 A5 线、A6 为同深度比选方案如图 8.1 所示。K 线:起点桩号为 K58+500,经魁帮后向东展线,于孟梅存附近设置主跨 215 m+530 m+215 m 的斜拉桥跨越南利河,后继续向东布线至止点普阳附近,止点桩号为 K68+093,路线全长 9.593 km;A5 线:起点桩号为 A5K58+576,经魁帮后向东展线,于孟梅存附近设置主跨 420 m 的钢管桁架拱桥跨越南利河,后继续向东布线至止点普阳附近,止点桩号为 A5K68+305,路线全长 9.729 km;A6 线:起点桩号为 A6K58+500,经魁帮后向东展线,于孟梅存附近设置主跨 575 m 的中承式钢管混凝土拱桥跨越南利河,后继续向东布线至止点普阳附近,止点桩号为 A6K67+947,路线全长 9.447 km;A7线:起点桩号为 A7K58+500,经魁帮后向东展线,于孟梅存附近设置主跨 495 m 的钢管桁架拱桥跨越南利河,后继续向东布线至止点普阳附近,止点桩号为 A7K68+400,路线全长 9.900 km。

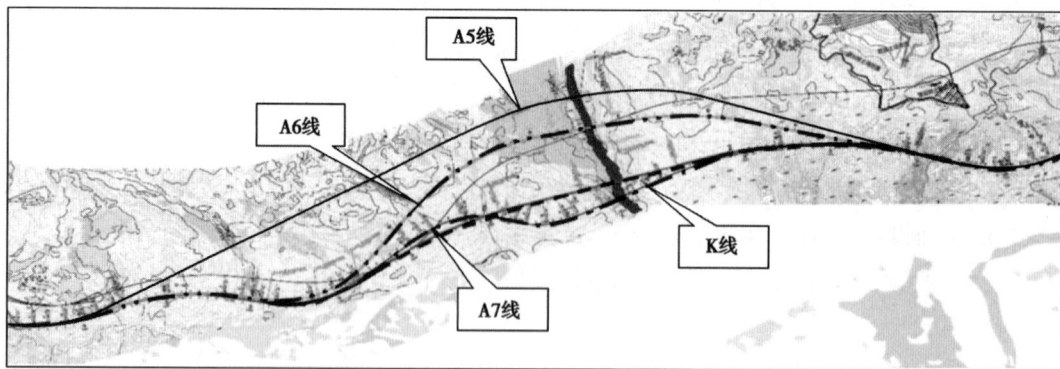

图 8.1 K、A5、A6、A7 路线方案

通过对 K、A5、A6 3 个方案进行安全性评价,详见表 8.8。由此可知:从地形和地质方面看,K 线和 A6 线方案相对较好。从线形协调及平纵指标方面看,A5 线方案相对较好,A6 线次之。从大型构造物规模及其影响方面来看,K 线方案和 A6 线方案基本相当。

综上所述,安全性总体评价角度建议推荐 A6 线。

表 8.8　K、A5、A6 比选方案安全性比较

| 目标层 | | 指标层 | | K | | A5 | | A6 | |
指标	权重 ω	指标	权重 ω	安全性	评分	安全性	评分	安全性	评分
地形、地质条件 A	0.037 7	地形条件 A1	0.333	K 线地形条件相对较好	15	A5 线南利河河段陡崖密布目高，施工条件较差	20	A6 线地形条件相对较好	15
		不良地质影响大小，穿越不良地质长度和不良地质处置难度 A2	0.667	K 线地质条件相对较好	18	A5 线地质条件略差	20	A6 线地质条件相对较好	18
线形协调性和设计要素 B	0.211 5	线形指标均衡程度，线形协调性情况 B1	0.589	K 线平面指标略低，纵面指标相当	18	A5、A6 线平面指标较高，路线顺直	15	A5、A6 线平面指标较高，路线顺直	15
		平面设计极限指标运用情况 B2	0.177	未采用极限值，最小平曲线半径 800 m/1 处	10	未采用极限值，最小平曲线半径 1 350 m/1 处	5	未采用极限值，最小平曲线半径 1 243.926 m/1 处	6
		纵断面设计极限指标运用情况 B3	0.234	纵面指标未使用极限指标，最大纵坡 2.0%	5	纵面指标未使用极限指标，最大纵坡 2.8%	8	纵面指标未使用极限指标，最大纵坡 2.88%	8
危险路段和路侧危险 C	0.445 7	急弯陡坡、连续上坡、连续陡坡下坡等危险路段长度比例 C1	0.667	一处半径 800 m 小半径曲线；无连续纵坡	20	无急弯陡坡；无连续纵坡	15	无急弯陡坡，无连续纵坡	15
		路侧有悬崖、深谷、深沟、江河湖泊和路侧危险的路段长度比例 C2	0.333	路侧危险等级较低，(3~4级)长度比例大于 5%，小于 30%，改善路侧安全状况较容易	25	路侧危险等级较低，(3~4级)长度比例大于 5%，小于 30%，改善路侧安全状况较容易	25	路侧危险等级较低，(3~4级)长度比例大于 5%，小于 30%，改善路侧安全状况容易	25

续表

目标层		指标层		K		A5		A6	
指标	权重ω	指标	权重ω	安全性	评分	安全性	评分	安全性	评分
路网布局和大型构造物分布D	0.188	路线大型结构物布局及运营安全 D1	0.525	桥隧长度比例84.71%	85	桥隧长度比例99.41%	99	桥隧长度比例87.08%	87
		路线与城镇区域规划及其他公路、铁路、水利设施、管线等的干扰 D2	0.142	无与其他公路、铁路、水利设施、管线等明显干扰	10	无与其他公路、铁路、水利设施、管线等明显干扰	10	无与其他公路、铁路、水利设施、管线等显著干扰	10
		长大隧道和特大桥梁路段的救援通道 D3	0.333	桥梁总长3 110.49 m，特大桥1座；隧道总长5 016 m。整体设置救援通道条件一般	15	桥梁总长546.08 m，隧道总长9 126 m，特长隧道2座。设置救援通道的条件相对较差	20	桥梁总长342.04 m，特大桥1座；隧道总长5 889 m。设置救援条件基本与K线相当	20
自然气候条件影响E	0.117	不良气候影响 E1	0.800	局部路段可能受雨雾天气影响，对交通安全影响较小	10	局部路段可能受雨雾天气影响，对交通安全影响较小	10	局部路段可能受雨雾天气影响，对交通安全影响较小	10
		对自然环境影响及引发地质灾害情况 E2	0.200	挖方高边坡（5级别），隧道总规模相对较小，对自然环境的影响较小	15	特长隧道2座，隧道工程规模大，对地层开挖和行车安全影响相对较大	15	隧道工程规模较大，有2座分叉隧道，开挖对地层影响相对K线稍大	17
综合评分					23.88		24.41		22.32
综合评价结果					较好		较好		较好

8.6 案例分析

思(茅)小(勐养)高速公路是昆(明)曼(谷)公路国际大通道中的重要一段,路线全长97.7 km,中国首条穿过热带雨林的生态高速公路,获第十届"中国土木工程詹天佑奖"。

思小公路穿越西双版纳自然保护区中的小勐养自然保护区的实验区。其中,勐养片自然保护区以 G213 线(老国道)为分界线 G213 线以西至澜沧江为核心区、G213 线以东到罗梭江为实验区西双版纳保存着北回归线上原始风貌最完整的热带雨林,被称为"地球绿宝石""地球之肺",是地球上生物种类最多的种森林群落,也是人类生存与发展最重要的物种基因库。

路域植被主要由季节雨林、山地雨林和热带山地常绿阔叶林组成的原生植被,次生落叶季雨林、稀树、灌木丛和牧竹林组成的次生植被,农作物经济林木组成的人工植被等构成。国家重点保护的珍稀濒危植物主要有千果榄仁、番龙眼、箭毒木、云南紫薇等。

路域范围内生存着我国唯一的大群亚洲野象,有体重达一吨半的野牛,有四脚巨蜥,还有珍稀的绿、蓝孔雀和会唱"茶花朵朵"的野鸡等。

众多历史遗迹、佛塔、亭井、佛寺以及具有代表性的民居和村寨、宗教和民族风情、民族节日,如傣族的"泼水节"(被誉为"东方的狂欢节")、哈尼族的"嘎汤帕"、拉祜族的"拉祜扩"、瑶族的"盘王节"、基诺族的"特懋克"等,反映出了独具特色的传统文化和多姿多彩的民族风情,构成独特而又多样的人文景观。

思茅至小勐养高速公路全线有 37 km 经过热带雨林,其中 18 km 穿越西双版纳国家级自然保护区勐养片区实验区边缘。因此,如何保护珍贵的热带雨林、如何减少对自然保护区的影响、如何体现民族文化,就是思茅至小勐养高速公路设计过程中的最大技术难点。

(1)设计思路

根据项目的特点,"以功能为主线、安全为核心,以人为本,通过合理把握技术标准、灵活运用技术指标,通过采取各种有效的技术措施,协调处理公路建设与环境保护之间的关系,实现公路建设的可持续发展,建设快速通达与旅游观光并重的安全路环保路、和谐路、服务路"成了本项目的总体设计思路。

1)安全

在线形设计上,以运行车速理论为指导,通过对线形指标的级差控制,强调线形的合理衔接和过渡,对级差较大路段,通过增大超高、设置限速标志等措施予以弥补,以达到减少交通事故、保证公路运行安全的目的,贯彻"容错"理念,通过设置浅边沟、放缓路堤边坡、路侧护栏尽量远离路肩设置等措施,加大道路净区,为驶离车道的车辆提供安全缓冲空间。结合地形条件和废方、弃渣处理等,适当设置路侧净区,体现宽容设计理念;在护栏的衔接上,做到线形连续、刚度渐变,以降低事故损失;在多雾路段设置雾灯,降低雨雾天气对行车安全的影响。

分离式隧道,在有条件时放缓洞口附近路段两线路基之间的边坡坡率,路侧净区满足要求时取消其内侧护栏。

2)环保

贯彻"不破坏是最大的保护"理念,最小限度地破坏植被最大限度地保护生态、最快地恢复生态。把思茅至小勐养高速公路建设成一条生态高速公路,实现"车在林中行,人在画中游"的美好愿望,实现人与自然,人与动物久违的和谐。

以"保护、恢复"统领全线的环保工作。在设计上,不以工程造价论成败,通过选择对保护区影响最小的方案、对两侧边坡切削最小的线位、对施工场地要求最小的结构形式,达到最大限度保护环境的目的:在施工中,做到"不该砍的树一棵不砍"、能少碰的树尽量少碰(打枝、断顶),追求"静悄悄"的效果,实现"桥从林上过、树在桥下长""与象共舞"的目标;在绿化时机选择上,做到土建工程与绿化同步进行,提前发挥绿化的作用降低施工期水土流失。

(2)路线走廊选择

路线走廊如图8.2所示。

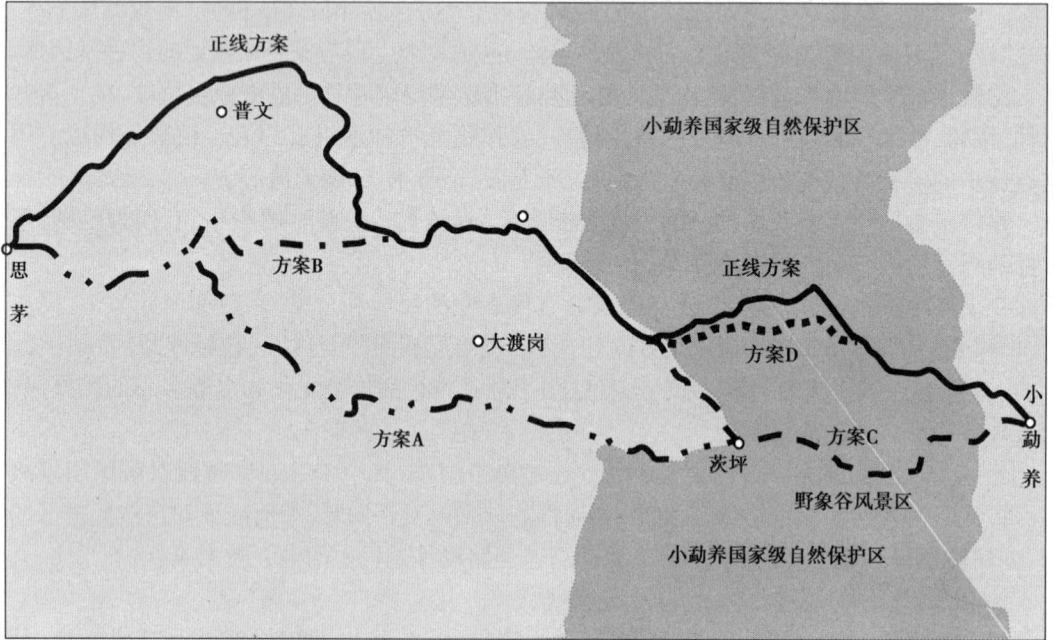

图 8.2　思(茅)小(勐养)高速公路路线方案图

为降低对西双版纳国家级自然保护区勐养片区试验区边缘自然保护区植被的破坏、减轻对动物生存空间的影响、减少对试验区的分隔,在可行性研究报告中提出了3个方案:一是沿老路的C线方案(比较方案),该方案穿越自然保护区长度26.1 km,并穿过自然保护区的次森林区域;二是从K70+800附近进入小勐养自然保护区试验区的正线方案,穿越自然保护区长度为22.4 km;三是从K69+400附近进入小勐养自然保护区试验区的D线方案,穿越自然保护区长度为21.88 km。

对正线方案进行环境影响评价时发现,正线方案将穿过西双版纳保护区勐养片区东片中部,对自然保护区结构完整性、热带山地雨林和珍稀濒危植物的保护及亚洲象通道都将产生重大不良影响,因此提出了改线建议。

20出纪50年代,我国修建的老国道213线穿过勐养片区后,自然保护区被分成两片,保护区的生态完整性就已受到破坏。如选择正线或D线,保护区又将遭受再次分割。亚洲象等野生动物的活动区将进一步受到影响。

在通过实地踏勘。对3个方案进行了详细研究后,认为C方案展虽经过自然保护区(试验区),但多为次生林和经济林,对原生植物影响较小,避开了敏感的保护对象——热带山地雨林,避免了对自然保护区造成新的分割,且施工条件可充分利用老路作为施工所需的临时物料堆放地和进场便道。

最终按照 C 线方案开工建设,避免对自然保护区造成新的分割,使这片热带雨林的天堂得到了最大限度的保护,减轻了对亚洲象等野生动物的阻隔,折射出亲近大自然,呵护大自然的人性之美,为子孙后代留下了一份珍贵的财富。

(3)路线设计

1)结合地形,不片面追求线形的高指标

针对项目沿线地形复杂多变、在布设线路时,不片面追求线形的高指标,而是充分利用地形。本项目全线共设置了 112 个弯道,总长 69.2 km,占总里程的 70.8%,既起到了降低工程造价、减少环境破坏的目的,又使思茅至小勐养高速公路真正融入周围自然环境中,达到与环境的和谐。

2)合理采用分离式路基断面,减少对环境的破坏

充分利用箐沟两侧地形及隧道设置情况,合理采用分离式路基断面,减小对坡体开挖,降低边坡高度,达到尽可能减少对环境破坏的目的。

3)通过线位优化尽量避开滑坡、软土地基等不良地质病害

①南岛河路段(K18+500—K28+780)方案比较。在沿南岛河布线路段,为避免穿越大开河山梁,正线顺南岛河右岸山腰展线至大开河山梁顶后再顺沟展线至大开河山谷,路线长10.277 km;比较线沿南岛河阶地布线,设置长 475 m 连拱隧道穿山梁后顺大开河山谷布线,路线长 10.377 km。

正线方案:不设隧道,方便施工且工期短,但需经过 4 处滑坡,地质条件差,处治难度大,高填深挖多,潜伏工程隐患,对自然生态环境影响较大。比较线方案:只需经过 1 处滑坡,以隧道穿越山脊避免了深挖路堑,且土石方数量少,所需征地少,占地明显少。经综合比较,采用了比较线方案。

②大渡岗段路线(K57+600—K61+900)方案优化。初设方案:路线起于 F 坝河西侧(K57+604.38),自北向南沿干坝河西侧阶地展线升坡,于大干坝村(K60+700)设置大渡岗立交,再翻越山梁后止于电淌河南侧的山箐中(K61+893.65)。考虑到干坝河、大干坝村、不良地质(软土地基)等影响因素,施设阶段提出路线优化方案,即路线起于干坝河西侧(K57+600),自北向南沿 F 坝河西侧山坡展线升坡,于 K59+700 设置桥梁跨越干坝河后,再沿干坝河东侧继续展线升坡,于大干坝村(K60+900)设置大干坝立交,翻越山梁后止于电淌河南侧的山箐中(K61+900)。

优化方案:沿干坝河西侧山坡布线,沿线地质较好,且多为填方路堤和桥梁,避让了大部分软土路段,与干坝河干扰小,改河工程量少,对水域生态环境的影响较小,利于环保。初设方案:沿干坝河西侧阶地展线,地质相对较差,且大干坝立交位于软土地基段落内,软土处治工程量较大。同时,由于软土地基处治段落较长,后期路基沉降大,不利于行车安全。虽然优化方案征用土地数量拆迁数量、桥梁数量略高,但通过综合比较,采用了优化方案。

4)通过线位局部调整,为珍稀植物让路

对沿线珍稀植物进行详察,能保留的尽量保留,不能保留的则进行移植,达到保护热带雨林珍稀植物的目的。如在施工放样阶段,发现普文互通式立体交叉区有棵 200 多年树龄的野芒果树,为了保护这棵大树,将立交匝道涵洞适当延长,调整匝道位置,保留下了芒果树。路线

经过曼井缅傣族村寨时,初步设计路线正好穿过10余颗当地群众称为"神树"的大榕树。为此,在施工图阶段对局部路线进行了调整,以避免破坏这些大榕树,充分尊重了当地群众信仰。

复习思考题

8.1 何为总体设计?

8.2 简述总体设计的内涵。

8.3 简述总体设计的原则。

8.4 简述总体设计的主要措施。

第9章

道路定线

9.1 实地定线

▶9.1.1 道路定线任务与方法

（1）任务

公路定线是公路选线的第三个步骤，就是具体落实公路中线确切位置的工作，其任务是：在路线总体布局和逐段安排的基础上，按照已定的技术标准，结合地形、地质及其他沿线条件，综合考虑平、纵、横3方面因素，合理安排并定出路线中线位置。其内容包括确定交点和曲线定线两项工作。

（2）方法

在具体做法上，可有实地定线和纸上定线两种方法。纸上定线可在实测的大比例尺地形图上或在通过航测得到的大比例尺地形图上进行。当实地定线需要局部修正时，可直接在纸上进行，而不必在实地修改，这种在纸上作局部修改定线的工作叫纸上移线。

▶9.1.2 实地定线

（1）一般情况下定线

当路线不受纵坡限制时，定线以平面和横断面为主安排路线。其要点是：以点定线，以线交点。以点定线，就是在全面布局和逐段安排确定的控制点间，结合各方面因素进一步确定影响公路中线位置的小控制点，然后，按照这些小控制点，大致穿出道路直线的方法。以线交点，就是在已定小控制点的基础上结合路线标准和前后路线条件，穿出直线，并延长交出交点。

1）控制点的加密

两控制点之间，一般不可能作直线（特别是地形困难、等级较低的公路），常常需要设置交点，使路线转弯，从而避开障碍物，利用有利地形，以达到技术经济的目的。加密控制点，就是在实地寻找控制和影响道路中线位置的具体点位。一般小控制点有经济性和控制性两种控制点。

①经济性控制点。这类点，主要在路线穿过斜坡地带，考虑横向填挖平衡或横向施工经济（有挡土墙及其他加固边坡时）因素而确定的小控制点。如图9.1所示中Ⅱ-Ⅱ中线

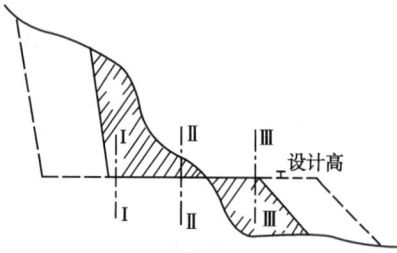

图 9.1　横断面经济位置

位置,使挖方面积和填方面积大致相等,这时的线位即为经济控制点。由于这类点仅从横向施工经济出发控制线位,它只能作为穿线定点的参考位置。

②控制性的点。这类控制点,是受艰巨工程、不良地质、地物障碍、路基边坡稳定等因素限制所确定的道路中线位置。如图 9.2 所示为主要因素对线位影响的示意。从图中可看出,控制点的位置还与路基的形状尺寸、加固方式、通过不良地质地段的工程措施、地表形状、路基设计标高等因素有关。定线时应综合考虑这些因素,合理确定小控制点的位置。

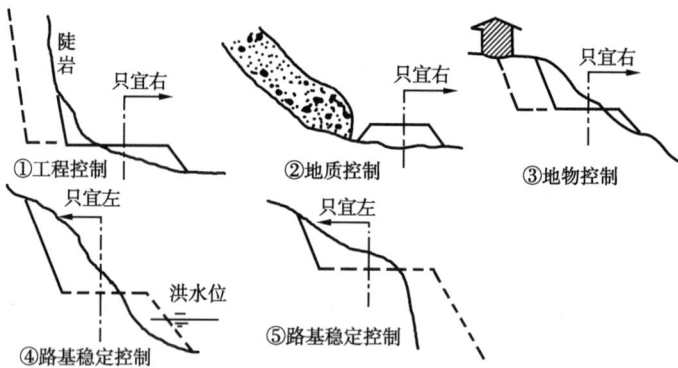

图 9.2　控制线位的因素

2)穿线定点

受各种因素限制的平面位置控制点比较多,而且这些点在平面上的分布又没有一定的规律,另外,路线受技术标准和平面线形组合的限制,不可能照顾到每一个控制点。因此,穿线定点,就是根据技术标准和线形组合的要求,满足控制点和照顾多数经济点,前后考虑,用穿线的办法延长直线,交出转角点。

在进行穿线定点时,除要满足技术指标的要求外,还应注意以下几方面问题:

①平曲线间必须有足够的直线长度。

②同向平曲线间应避免"断背曲线"。在满足控制点要求的前提下,调整交点位置使路线偏角较小,交点间距较长,以争取较好线形。

③注意保证行车视距。确定交点位置时,应尽量避免交点正对山嘴或其他障碍物。

④注意力求平面线形指标均衡,保持线形的连续性,长直线尽头应尽量避免设小半径曲线;路线绕避障碍物时,要及早转向,以使线形舒顺均衡。

⑤路线平面弯曲要与纵面起伏相适应协调。在定线中既要防止由于路线平面过直使纵面起伏很大,造成大填大挖现象,又要避免只求纵面平缓而使平面随弯就弯、线形很差的现象。在复杂地形地段,可结合纸上移线来求得平、纵面协调的线形。

⑥长下坡尽头应避免急弯,以利行车安全。

⑦定线应同时考虑纵面线形指标,尽量少用或不用极限纵坡,越岭线要避免反坡。

⑧注意平、纵面组合线形的要求。

⑨要考虑多数经济控制点的要求,使所穿直线横向填挖基本平衡。所定线形应保证路基横向稳定性和经济性。根据经验,一般要注意暗弯勿多填、明弯勿多挖,这样,既减少土石方又保证路基稳定。

⑩定线时应注意横向地形、地质、地物控制的要求,做到定的是一条线、考虑的是一条带,从整个路带范围来布置路线。

⑪在横坡较陡的路段,应注意结合路基边坡加固措施来安排路线,尽量避免高边坡和长深的路堑。

⑫注意路线与桥涵和其他特殊构造物的配合。

（2）放坡定线

1）放坡

按照要求的设计纵坡（或平均坡度）在实地找出地面坡度线的工作叫放坡。

在山岭重丘区路段,天然地面坡度角均在 20°以上,而设计纵坡（或平均纵坡）有一定要求,如图 9.3 所示,路线由 A 点到 B 点,如果沿最大地面自然坡度方向 AB（即垂直于等高线的方向）前进,将使路线上不去,显然不可能实施。如果路线沿等高线走（即 AC 方向）虽然纵坡平缓,但方向偏离,达不到上山目的,因此,就需要在 AB 和 AC 方向间找到 AD 方向线,使

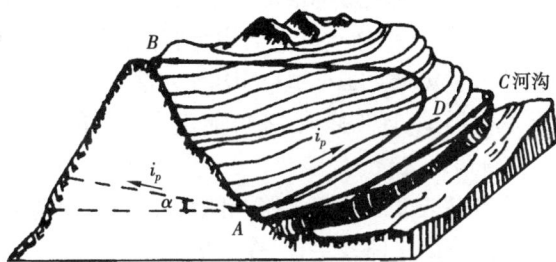

图 9.3　放坡原理示意图

其地面坡度正好等于设计坡度（或平均坡度）i_p,这样既使路线纵坡平缓,又使填挖数量最小,寻求这条地面坡度等于设计坡度线（或平均纵坡）i_p 的工作就是放坡的任务。

2）放坡定线

①作修正导向线。放坡后的坡度点就是概略的路基设计标高位置,而实地路中线的位置对于路基的稳定和填挖工程量影响很大,如图 9.4 所示,如果中线在坡度点的下方［图 9.4（a）］,则横断面以路堤形式为主,若中线正好通过坡度点［图 9.4（b）］,则横断面为半填半挖形式,若中线在坡度点上方［图 9.4（c）］,则横断面以路堑形式为主,因此,根据坡度线如图9.5中的 $A_0A_1A_2\cdots$ 线,结合地面横坡考虑路基稳定和工程经济即可确定出合适的中线位置,并插上花杆（或标志）,如图 9.5 中的 $B_0B_1B_2\cdots$ 连线,叫修正的导向线。根据经验,一般情况当地面横坡在 1:5 以下时,中线在坡度点上下方对路基稳定和工程经济影响不大;当为 1:5~1:2时,中线与坡度点重合为宜;当横坡大于 1:2时,中线宜在坡度点上方,以形成全挖的台口式断面为好。

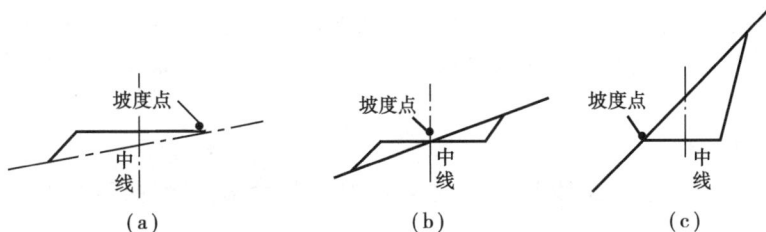

图 9.4　中线与坡度点在横断面上的位置

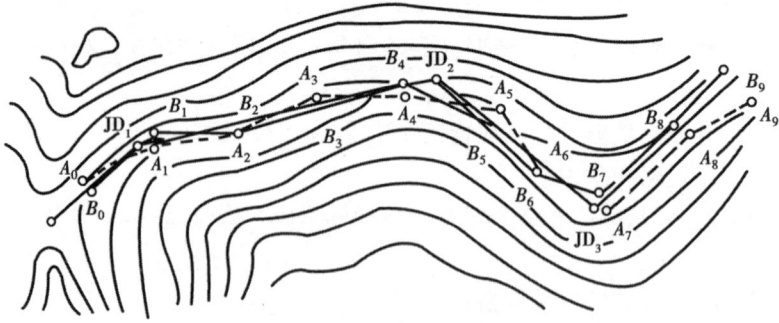

图9.5 放坡定线示意图

②穿线交点。修正导向线 $B_0 B_1 B_2 \cdots$ 是具有合理纵坡,横断面上位置最佳的一条折线,但它不能满足平面线形标准的要求,这就要根据标准要求,尽可能靠近或穿过导向线上的点,裁弯取直,使平、纵、横3方面恰当结合,穿出与地形相适应并符合标准的若干直线,各相邻直线相交即可确定交点 JD_1、JD_2、JD_3 等。这步工作是具体落实到交点,最后确定线位的工作,选线时要反复插试,逐步修改,才可能定出合理的线位。

(3)曲线定线

经过穿线交点确定了路线的交点位置,在交点处还需要根据标准结合地形、地物及其他因素选择适宜的平曲线半径,控制曲线线位。

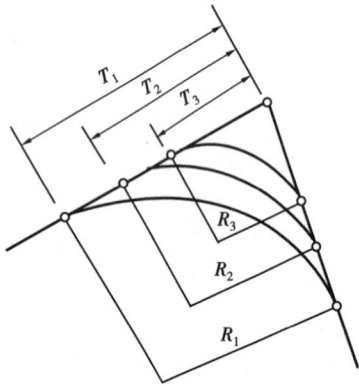

图9.6 半径对线位的影响

1)单交点法

单交点是实地定线最常用的方法之一。它是用一个交点来确定一段单圆曲线的插设曲线方法。方法简便,适用于一般转角不大,实地能直接钉设交点时。

半径 R 的大小,直接影响曲线线位,如图9.6所示,当转角较大,不同半径可能使曲线线位相差几米甚至几十米。线位的移动将直接影响线形、工程数量及路基稳定,确定半径一般结合地形和其他因素按以下控制条件来选择:

①外距控制(即曲线中点控制)。

如图9.7所示,根据弯道内侧的固定建筑物,确定曲线 A 点是不与其发生干扰的控制点,然后用皮尺量出控制的外距值 E,并测出转角,即可反算确定半径。

②切线控制(即曲线起、终点控制)。

有时路线为了控制曲线起终点位置,要求曲线的切线长为一定值,比如相邻的反向曲线间要求一定的直线长度,或者要求桥头或隧道洞口在直线上等,这时曲线半径就由控制的切线长来选定。

③曲线长控制。

当路线转角较小,为使曲线长度满足最短曲线长度 L_{min},则曲线半径最小值可反算确定。

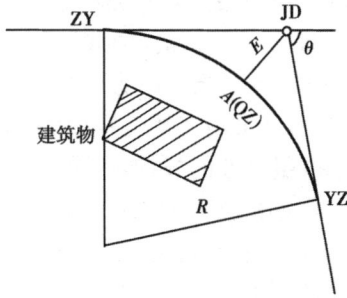

图 9.7　外距控制曲线半径

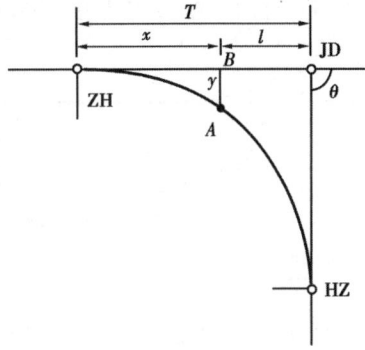

图 9.8　曲线上任意点控制

④曲线上任意点控制。

如图 9.8 所示,有时路线由于桥涵人工构造物位置或原路改建的要求,控制曲线必须从任意点 A 通过时,可用试算法选择半径。其办法是:先实地量出 JD 至 B 点的距离和要求的支距(即 BA),初选半径 R,用试算法确定。

⑤按纵坡控制。

当路线纵坡紧迫时,为使弯道上合成纵坡不因曲线半径太小而超过规定值,这时,应根据已定的纵坡和合成纵坡标准值来反算出超高横坡,再按控制的超高横坡求得最小控制半径。

2)双交点法(即虚交点法)

当路线偏角很大及交点受地形或地物障碍限制,无法钉设交点时,如图 9.9 所示,可在前后直线上选两个辅助交点 JD_A、JD_B,来代替交点 JD,敷设曲线选择半径。JD_A 与 JD_B 的连线叫基线,具体做法可有两种:

①切基线法:当选择基线可以控制曲线位置,能使所定曲线与基线相切时,叫切基线法。如图 9.9,CQ 为公切点,量出转角 θ_A、θ_B 和基线长度 AB 后可反算半径。

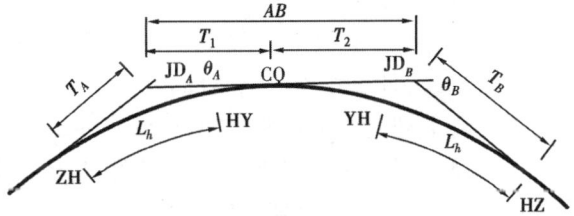

图 9.9　切基线的双交点法

选择半径后还要检查是否合乎标准的要求。切基线法,方法简便,容易控制线位,容易计算,是生产中较常用的方法。

②不切基线法:当选择基线不能控制曲线线位或切基线计算的半径不能满足标准要求时,则所设曲线不能与基线相切,只能按不切基线办法来选择半径。如图 9.10 所示,其方法是:先根据标准要求初选半径 R,测量 θ_A、θ_B,基线 AB,计算出 T_A、T_B,由计算出的 T_A、T_B 即可根据 JD_A、JD_B 量距定出曲线

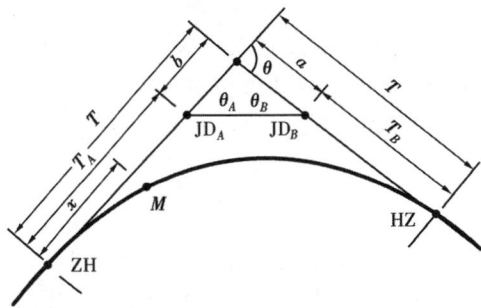

图 9.10　不切基线的双交点法

起、终点 ZH、HZ,并用切线支距 X、Y,检查曲线上任一点的线位,如与实际情况相符,则所选半径合适,反之则应再调整、计算。

3）回头曲线定线法

一般来讲,有回头曲线的地方,路线受地形约束较大,主曲线和辅助曲线的平、纵面控制较严,定线时稍有不慎会对线形和工程数量影响很大,插线时必须反复试线,才能得到满意的结果。回头曲线定线的方法很多,通常采用切基线的双交点定线。

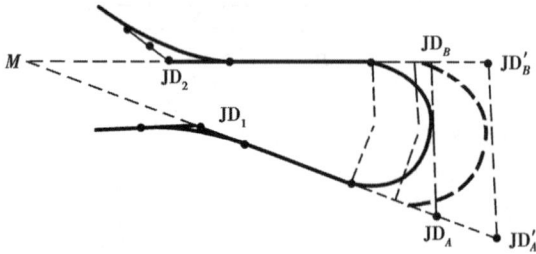

图9.11 回头曲线定线（双交点法）

按照放坡的导向线,先确定辅助曲线交点 JD_1、JD_2 和上下线位置,如图9.11所示,然后反复移动基线 JD_A-JD_B 控制确定主曲线,直到满意为止。其具体方法同切基线的双交点法。

9.2 纸上定线

纸上定线的方法和步骤:

（1）定导向线

①在大比例地形图上研究路线布局,拟定路线可能方案,并详细比较选定合适方案（具体做法同实地路线布局）。

②纸上放坡,根据等高线间距 h 及平均纵坡 i_p（5%~5.5%）,计算相邻等高线间距:$a = h/i_p$,使卡规开度放到 a,进行纸上放坡,如图9.12所示。

图9.13为某回头曲线纸上定线实例,A,B,C 为控制点,按上述方法放出坡度线 $A,a,b,c,d,\cdots,D$。若放坡自 A 点开始,不能到达控制点 B 附近时,说明路线方案不能成立,应修改方案改动控制点,重新放坡,至放坡后能到达 D 点附近为止。

③作导向线。分析研究坡度线 $A,a,b,c,d,\cdots,$

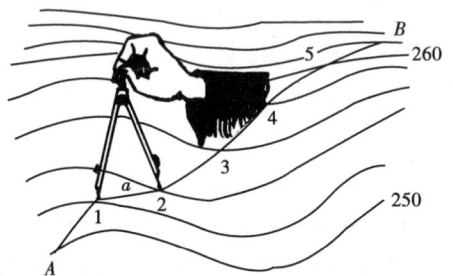

图9.12 纸上放坡示意图

D,检查其利用地形和避越障碍的情况,进一步移动线位确定中间的控制点。如图9.13所示,C 处从陡岩中间穿过,B 处有利的回头地点也没有利用上（偏低）,如将两处位置向上方移动,定 B,C 为中间控制点,即可分为 AB,BC,CD 三段,分别调整坡度重新放坡,得出 $A,a',b',c',$ $d',\cdots,D$ 折线称“导向线”。

（2）修正导向线,作平面试线

导向线仍是条折线,还应根据技术标准的要求,结合横坡变化情况,确定必须通过的点作修正导向线,然后用“以点连线,以线交点”的办法定出平面试线,反复试线最后确定出交点。如地形变化不大,采用的地形图比例又较小,则纸上定线即可结束,如图中粗实线。

为了使路线更为经济合理,当地形较复杂,又有大比例尺地形图时,可在平面试线的基础上敷设曲线,确定中桩,做出纵断面、横断面,然后在横断面上用透明模板确定路中线的最佳位置（经济点位置或控制点位置）,分别按不同性质用不同符号绘于平面图上,这些点的连线则

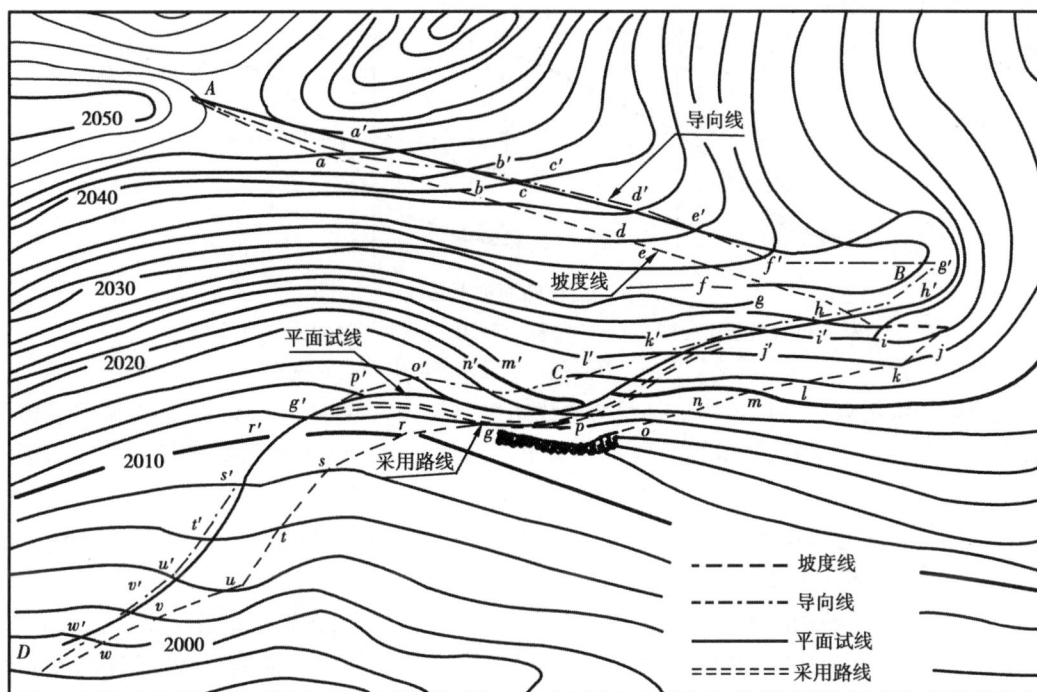

图 9.13　纸上放坡定线示例

是一条具有理想纵坡、横断面位置最佳的平面折线,称为二次导向线。再进一步根据二次导向线对路线线位局部进行修改,最后定出线位,如图中的采用线。

纸上定线的过程是一个反复试线、比较、逐步趋于完善的过程。定线时要在满足标准的前提下结合自然条件,平、纵、横综合考虑,反复进行,直到满足为止。

山岭区公路
纸上定线的
步骤与要点

9.3　纸上移线

纸上移线是修改局部路线的有效方法,并充分利用原路线的中桩地面高程及横断面地面线数据推算移线后的中桩地面高程及横断面地面线数据。纸上移线的方法与步骤如下。

(1)手动方法

纸上移线有计断链和不计断链两种做法。移距较大,断链长度较长,对纵坡度有较大影响时,应采用计断链的做法,步骤如下:

①绘制移线地段的大比例尺(一般用1:200~1:500)路线平面图,注出各中桩位置。

②依据移线目的,在纵断面图上试定出合理坡度,读取各桩填挖值。

③根据填挖,用路基模板在横断面图上找出最经济或控制性的路基中心线位置,量偏离原中心线的距离即移距,如图 9.14 中的 a,分别用不同符号点在路线平面图上。参照这些记号在保证重点照顾多数的原则下,经多次反复试定修改,直到定出满足移线要求,线形合理的移改

导线如图 9.15 中虚线所示。

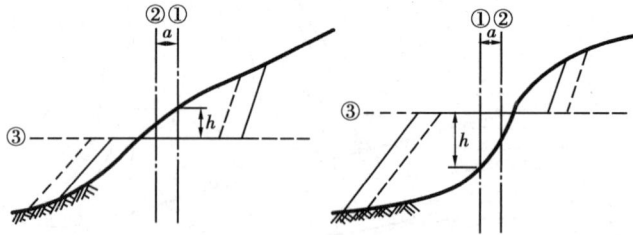

图 9.14　横断面纸上移线

①未移动前路基中心线;②最佳路基中心线;③对原桩填挖值的水平线;

h—填挖高度;a—最佳中心位置偏离原中心线的距离

④用正切法量算各交点转角。移线与原线角度要闭合,否则需进行调整,首先调整短边和角值小的转角。拟定半径、计算曲线要素并给出平曲线。量原线各相邻桩横断方向线切割移线的实际长度(这些长度之和,在曲线段内应等于曲线的计算长度,在直线段应等于曲线间的直线长),据以推算移线上的新桩号,量原线各桩移距,连同新老桩号一并记入移距表中。算出断链长度,注于接线桩处。

⑤按移距,在横断面图上给出移线中心线位置,注上新桩号,读取新老桩比高。

⑥根据比高,用虚线在原纵断面图上点给出移线的地面线和平曲线,重新设计纵坡和竖曲线。

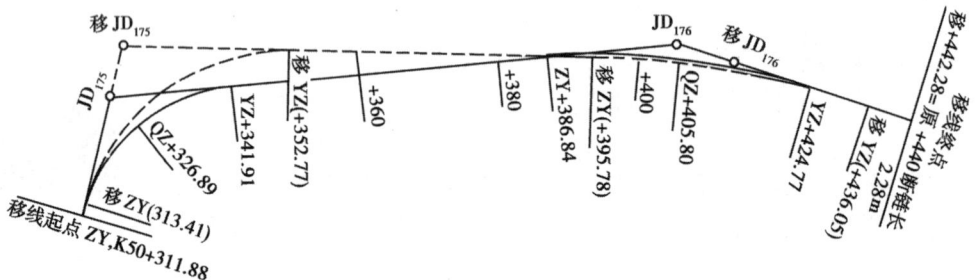

原曲线表

JD	α_Z	α_Y	R	T	L	E
175	—	68°49′	25	17.12	30.03	5.30
176	—	21°44′	100	19.20	37.93	1.83

移线曲线表

JD	α_Z	α_Y	R	T	L	E
175	—	75°10′	30	23.09	39.36	7.86
176	—	15°23′	150	20.26	40.27	1.36

移距表

原桩号	移线桩号	移距/m 左	移距/m 右
ZYK50+311.88	K50+311.88	0	0
QZ+326.89	+328.19	1.3	
YZ+341.91	+343.97	4.0	
+360	+362.27	3.1	
+380	+382.27	0.8	
ZY+386.84	+389.18	0	0
+400	+402.28		0.8
QZ+405.80	+408.08		0.9
YZ+424.77	+427.05		0.2
+440	+442.28	0	0

注:此段移线原因为土石方数量过大。将 JD$_{175}$ 端外移,可避免出现深路堑,以减少土方工程。

图 9.15　路线平面图

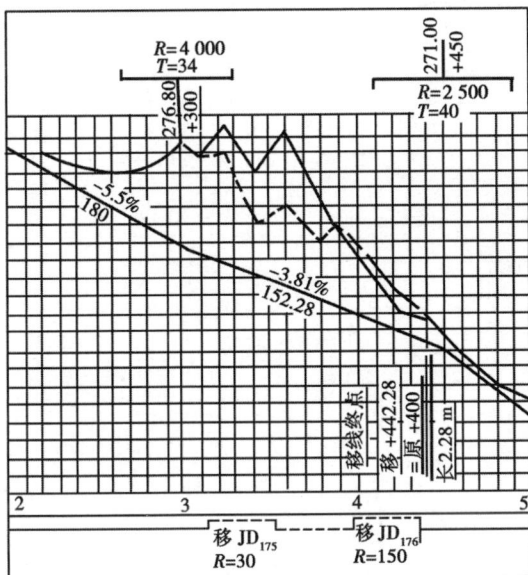

图 9.16　纵断面图

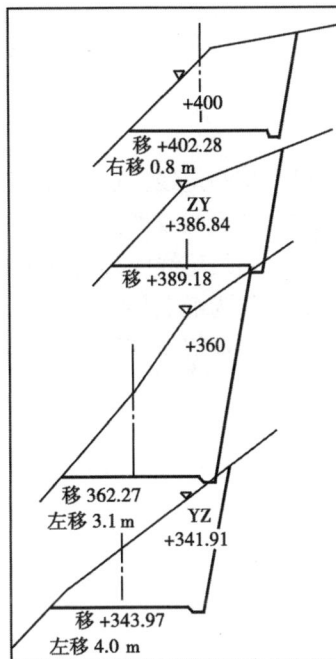

图 9.17　横断面图

⑦按移线的桩号、平曲线、坡度、竖曲线等资料编制"路基设计表",表中地面标高仍为原桩标高,移线的平曲线起终点桩号填在"备注"栏里。

⑧设计路基,计算土石方数量。

纸上移线示例如图 9.15—图 9.17 所示。

当移距不大或路线纵坡度较缓的路段,可采用不计断链的做法,不推算移线的新桩号,但需推算与移线平面线起终点相应的原线上的桩号,以便计算超高和加宽,移线终点不标注长短链。

纸上移线的资料主要从原线的横断面上取得,由于一般横断面施测范围有限,且离中线越远误差越大,故移距不能太大,一般以小于 3~5 m 为好。移距很大时,应在定出移改导线后,实地放线重测。

(2)道路设计软件辅助方法

①首先可利用道路设计软件对路线的平面线形进行调整。

②利用原路线的平、纵、横数据文件或地形图数据,构建数字地面模型(DTM)。

③用构建好的数字地面模型(DTM)对移线后的路线中桩进行地面高程及横断面数据的切割提取。

④利用移线后的数据文件进行路线设计。

复习思考题

9.1 何为定线? 定线的方法有哪些?

9.2 什么叫放坡?

9.3 曲线定线的方法有哪些?

9.4 何为纸上移线?

9.5 名词解释:纸上定线,双交点法,导向线。

第10章

道路外业勘测

10.1 道路勘测基本内容及要求

▶10.1.1 道路勘测基本内容

道路勘测是采用测量、调查等手段，采集、搜集路线所经过地区的社会现状、经济发展、人文景观、地形、地质、气象等资料，进行必要的计算、绘制图表，以取得满足公路设计需要的空间数据、信息，并根据要求提供相应勘测成果的活动。

道路勘测基本内容主要有平面控制测量、高程控制测量、地形图测绘、道路中桩敷设、中桩地面高程测量、中桩横断面地面线测量、桥梁及隧道相关测量等工作。为道路的设计及施工提供依据。

道路工程测量分为：路线勘测设计测量和道路施工测量。

①勘测设计测量：道路初测和道路定测。

初测：控制测量、测带状地形图和纵断面图、收集沿线地质水文资料、作纸上定线或现场定线，编制比较方案，为初步设计提供依据。

定测：在选定设计方案的路线上进行路线中线测量、测纵断面图、横断面图及桥涵、路线交叉、沿线设施、环境保护等测量和资料调查，为施工图设计提供资料。

②道路施工测量。

按照设计图纸恢复道路中线、路基边桩及道路纵横断面施工放样测量、桥梁、隧道等建构筑物施工放样测量、工程竣工验收测量。

▶10.1.2 道路勘测的基本要求

道路控制测量的基本定义是指，在道路工程施工场地或施工区域间布置一套控制网，利用控制网来管理道路施工，确保道路施工的顺利可行。公路控制测量与国家控制测量是有区别的，公路控制测量选择坐标系统的根本要求是保证工程区域范围内的投影变形均足够小，《公路勘测规范》(JTG C10—2017)明确规定："平面控制网的坐标系的确定，宜满足测区内投影长度变形值不大于 2.5 cm/km"，一般根据测区所处地理位置及平均高程情况选定坐标系统。在此基础上还应尽量应用国家已有的测绘成果。在应用国家控制点坐标时，必须要把国家控制点的坐标值转换为公路测量坐标系统的坐标值。结合《公路勘测规范》(JTG C10—2017)的要求,详述如下。

(1)平面控制测量一般规定

①平面控制测量应采用GPS测量、导线测量、三角测量或三边测量方法进行。

②各等级平面控制测量,其最弱点点位中误差不得大于±5 cm,最弱相邻点相对点位中误差不得大于±3 cm,最弱相邻点边长相对中误差不得大于表10.1的规定。

③各等级公路和桥梁、隧道平面控制测量的等级不得低于表10.2的规定。

表10.1 平面控制测量精度要求

测量等级	最弱相邻点边长相对中误差	测量等级	最弱相邻点边长相对中误差
二等	1/100 000	一级	1/20 000
三等	1/70 000	二级	1/10 000
四等	1/35 000		

表10.2 平面控制测量等级选用

高架桥、路线控制测量	多跨桥梁总长 L/m	单跨桥梁 L_K/m	隧道贯通长度 L_G/m	测量等级
—	$L \geqslant 3\ 000$	$L_K \geqslant 500$	$L_G \geqslant 6\ 000$	二等
—	$2\ 000 \leqslant L < 3\ 000$	$300 \leqslant L_K < 500$	$3\ 000 \leqslant L_G < 6\ 000$	三等
高架桥	$1\ 000 \leqslant L < 2\ 000$	$150 \leqslant L_K < 300$	$1\ 000 \leqslant L_G < 3\ 000$	四等
高速、一级公路	$L < 1\ 000$	$L_K < 150$	$L_G < 1\ 000$	一级
二、三、四级公路	—	—	—	二级

(2)高程控制测量一般规定

道路高程系统宜采用1985年国家高程基准,同一道路应采用同一个高程系统,不能采用同一系统时,应给定高程系统的转换关系,独立工程或三级以下公路联测有困难时,可采用假定高程。

高程控制测量的作用是为地形图测绘、定测放线和施工放样提供高程基准点,因此高程控制点位置应尽量接近路线位置,以方便高程的引用或加密。结合《公路勘测规范》(JTG C10—2007)的要求,道路勘测中高程控制测量一般规定如下:

①高程控制测量应采用水准测量或三角高程测量的方法进行。

②同一个公路项目应采用同一高程系统,并应与相邻项目高程系统相衔接。

③各等级公路高程控制网最弱点高程中误差不得大于±25 mm;用于跨越水域和深谷的大桥、特大桥的高程控制网最弱点高程中误差不得大于±10 mm;每千米观测高差中误差和附合(环线)水准路线长度应小于表10.3的规定。当附合(环线)水准路线长度超过规定时,可采用双摆站的方法进行测量,其长度不得大于表10.3中水准路线长度的2倍。

表 10.3　高程控制测量的技术要求

测量等级	每千米高差中数中误差/mm		附合或环线水准路线长度/km	
	偶然中误差 M_Δ	全中误差 M_W	路线、隧道	桥梁
二等	±1	±2	600	100
三等	±3	±6	60	10
四等	±5	±10	25	4
五等	±8	±16	10	1.6

注:控制网节点间的长度不应大于表中长度的 0.7 倍。

④各级公路及构造物的高程控制测量等级不得低于表 10.4 的规定。

表 10.4　高程控制测量等级选用

高架桥、路线控制测量	多跨桥梁总长 L/m	单跨桥梁 L_K/m	隧道贯通长度 L_G/m	测量等级
—	$L \geqslant 3\,000$	$L_K \geqslant 500$	$L_G \geqslant 6\,000$	二等
—	$1\,000 \leqslant L < 3\,000$	$150 \leqslant L_K < 500$	$3\,000 \leqslant L_G < 6\,000$	三等
高架桥、高速、一级公路	$L < 1\,000$	$L_K < 150$	$L_G < 3\,000$	四等
二、三、四级公路	—	—	—	五等

(3)道路中桩敷设一般规定及精度要求

结合《公路勘测规范》(JTG C10—2007)的要求,道路勘测中桩敷设一般规定如下:

①路线中线敷设位置的要求。

路线中桩间距不应大于表 10.5 的规定。在各类特殊地点应设加桩,加桩的位置和数量必须满足路线、构造物、沿线设施等专业勘测调查的需要。

表 10.5　中桩间距

直线/m		曲线/m			
平原、微丘	重丘、山岭	不设超高的曲线	$R > 60$	$30 < R < 60$	$R < 30$
50	25	25	20	10	5

注:表中 R 为平曲线半径,m。

②路线中线敷设精度的要求。

路线中线敷设精度的要求如表 10.6 的规定。

表 10.6　中桩平面桩位精度

公路等级	中桩位置中误差/cm		桩位检测之差/cm	
	平原、微丘	重丘、山岭	平原、微丘	重丘、山岭
高速公路,一、二级公路	≤±5	≤±10	≤10	≤20
三级及以下公路	≤±10	≤±15	≤20	≤30

(4)道路中桩高程测量的精度要求

结合《公路勘测规范》(JTG C10—2007)的要求,道路中桩高程测量一般规定如下:

中桩高程测量应起闭于路线高程控制点上,高程测中桩处的地面,其测量误差应符合表10.7 的规定。中桩高程应取位至厘米。

表 10.7　中桩高程测量精度

公路等级	闭合差/mm	两次测量之差/cm
高速公路,一、二级公路	$\leq 30\sqrt{L}$	≤ 5
三级及三级以下公路	$\leq 50\sqrt{L}$	≤ 10

注:L 为高程测量的路线长度,km。

(5)道路中桩横断面测量的精度要求

结合《公路勘测规范》(JTG C10—2007)的要求,道路中桩横断面测量一般规定如下:

①横断面测量的宽度应满足路基及排水设计、附属物设置等需要。

②横断面方向应与路线中线切线垂直,横断面中的距离、高差的读数应取位至 0.1 m,检测互差限差应符合表 10.8 的规定。

表 10.8　横断面检测互差限差

公路等级	距离/m	高差/m
高速公路,一、二级公路	$\leq L/100+0.1$	$\leq h/100+L/200+0.1$
三级及以下公路	$\leq L/50+0.1$	$\leq h/50+L/100+0.1$

注:①L 为测点至中桩的水平距离,m。

　　②h 为测点至中桩的高差,m。

10.2　道路勘测

▶10.2.1　任务、内容及分工

(1)任务

公路道路勘测、即定线测量,是指设计阶段的外业勘测和调查工作。其具体任务是:根据上一阶段批准的文件意见,具体核实路线方案,实际标定路线或放线,并进行详细测量和调查工作。

(2)内容

①对上一阶段的路线方案进行补充勘察,如有方案变化应及时与有关主管部门联系,并报上级批准。

②实地选定路线或实地放线(纸上定线)时,进行测角、量距、中线测设等工作。

③引设水准点,并进行路线水准测量。

④路线横断面测量。

⑤测绘或勾绘路线沿线的带状地形图。

⑥段有大型构造物地带,应测绘局部大比例地形图。

⑦进行桥、涵、隧道的勘测与调查。

⑧进行路基路面调查。

⑨占地、拆迁及预算资料调查。

⑩沿线土壤地质调查及筑路材料勘查。

⑪检查及整理外业资料,并完成外业期间所规定的内业设计工作。

(3)勘测队的组成

定测分为选线组、导线测角组、中桩组、水平组、断面组、调查组、路基路面组、桥涵组、内业组共 9 个作业组进行。如果定线采用纸上定线方法进行,则此时可将选线和导线测角组合并成一个放线组。

(4)准备工作

1)搜集资料

为满足设计的需要,航摄像片初测前应搜集、掌握以下资料:

①可供利用的各种比例地形图、航测图、三角点、导线点、水准点资料。

②了解沿线自然地理概况,收集沿线的工程地质、水文、气象、地震基本烈度等资料。

③收集沿线农林、水利、铁路、公路、航道、城建、电力、环保等有关部门的规定及规划、设计、科研成果等资料。

④对于改建公路还应收集原路的测设、施工及路况等资料。

2)室内研究路线方案

在既有地形图上进行各种可行方案的研究,并进行初步的方案比选,拟定需要勘测的方案及比较线,确定现场需要点调查和落实的问题。

3)路线方案的现场核查和落实的问题

开测前,应组织路线、地质、桥涵等专业的主要人员必要时,邀请当地政府和有关部门派员参加进行现场路线方案的核实工作。核实的主要内容和要求如下:

①按初拟的路线方案进行核查。通过调查、研究分析、比较,初步确定采用方案。核查中,如果发现有可资比较的较大的新方案,且对批准走向或工程造价有较大影响,应进行比选论证,提出推荐意见,并报上级主管部门审定。

②与当地政府部门联系,听取对有关方案的意见。

③核实中应充分考虑环保的影响。

除此以外,在现场核查中还应对沿线的村镇、已建或计划修建的建筑设施、拆迁、占地、工程地质、筑路材料、布线地形条件改建公路路线方案等情况进行调查;确保路线的具体布局。

4)其他资料调查

①了解沿线地形情况,拟定路线途径的地形分界位置。

②了解沿线涉及测量工地的地形、地貌、地物、通视、通行等情况。拟定勘测工作的困难类别。

③调查沿线生活供应、交通条件等情况。

5)资料整理

通过收集资料和现场的查实调查,应提出如下资料:

①根据已掌握的资料,概略说明沿线的地形、河流、工程地质、水文地质、气象等情况,指出采用路线方案的理由,提供沿线主要工程和主要建筑材料情况,提出勘测中应注意的事项、需要进一步解决的问题等。

②估计野外工作的困难程度和工作量,确定勘测队伍的组织及必需的仪具和其他装备,并编制野外工作计划和日程安排。

③提出主要工程(如桥涵、隧道、立交等)的工程地质勘察工作量和要求。

▶10.2.2 选线组

(1)任务

选线组也称大旗组,它是整个外业勘测的核心,其他作业组都是根据它所插定的路线位置开展测量工作的。

选线是公路定线的第一步,其主要任务是:实地确定中线位置。其主要工作就是进行路线察看,并进一步确定路线布局方案;清除中线附近的测设障碍物;确定路线交点及转角并钉桩,选定曲线半径,会同桥涵组确定大、中桥位,会同内业组进行纵坡设计等工作。在越岭线地带,还需进行放坡定线工作。

(2)分工及工作内容

1)前点放坡插点

前点一般有1~2人担任(需要放坡时两人)。其主要工作是:根据路线走向,通过调查、量距或放坡,确定路线的导向线,进一步加密小控制点,插上标旗(一般可用红白纸旗),供后面定线参考。

2)中点穿线定点

中点一般由2人担任。其主要工作是:根据技术标准,结合地形及其他条件,修正路线导向线用花杆穿直线的办法,反复插试,穿线交点,并在长直线或在相邻两互不通视的交点间设置转点,最后选定曲线半径及其有关元素。

3)后点测角钉桩

后点1人。其主要工作是用森林罗盘仪初测路线转角以供中点选择曲线半径用;钉桩插标旗;并给后面的作业组留下半径及其他有关控制条件的纸条。

▶10.2.3 导线测角组

(1)任务

导线测角组紧选线组工作。其主要任务是:标定直线与修正点位;测角及转角计算;测量交点间距;平曲线要素计算;导线磁方位角观测及复核;经纬仪视距测量;交点及转点桩固定;作分角桩;测定交点高程,设置临时水准点;协助中桩组敷设难度大的曲线等工作。

为确保测设质量和进度,定线与导线测角应紧密配合,相互协作。作为后继作业的导线测角组,要注意领会选线意图,发现问题及时予以建议并修正补充,使之完善。

(2)分工及工作内容

导线测角组一般由4人组成,其中驾驶员1人,记录计算1人,插杆跑点1人,固桩1人。其主要工作内容如下:

1)标定直线与修正点位

标定直线,主要是对长直线而言。当直线很长或直线间地形起伏较大时,为保证中桩组量距时穿杆定线的精度,导线测角组应用经纬仪在其标定若干导向桩,供中桩组穿线时临时使用。

修正点位,是指两交点互不通视时,选线组在中间加设的转点(ZD)因花杆穿线不能保证三点在一条直线上,为此,导线测角组用经纬仪进行穿线对交点位置的微小修正工作,修正点位,正倒镜的点位横向误差每 100 m 不能大于 10 mm。在限差之内,分中定点。

2)测角与计算

①测右角。路线测角一般规定为测右角(即前进方向右侧路线的夹角)。

右角用不低于 J$_6$ 级的经纬仪,以全测回(即正倒镜法)观测,两次观测差不超过 1′,最后取值精确到 1′。

右角按下式计算:

$$右角 = 后视读数 - 前视读数$$

当后视读数小于前视读数时,应将后视读数加上 360°,然后再减去前视读数。

②计算转角。

转角系数指后视导线的延长线与前视导线的水平夹角,根据右角计算,如图 10.1 所示。

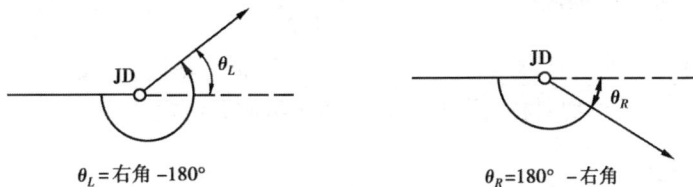

$$\theta_L = 右角 - 180° \qquad\qquad \theta_R = 180° - 右角$$

图 10.1　路线转角的计算

3)平距与高程测量

通常多用光电测距仪测定两相邻交点间的平距和高差。

测点(交点或转点)间的距离,一般不宜长于 500 m。

4)作分角桩

为便于中桩组敷设平曲线中点桩(QZ),在测角的同时需做转角的分角线方向桩。分角桩方向的水平度盘读数按下式计算:

$$分角读数 = \frac{前视读数 + 后视读数}{2} \qquad (右转角)$$

$$分角读数 = \frac{前视读数 + 后视读数}{2} + 180° \qquad (左转角)$$

5)方位角观测与校核

为避免测角时发生错误,保证测角的精度,应在测设的过程中经常进行测角检查。

检查经常是采用森林罗盘仪或带有罗盘仪的经纬仪通过观测导线边的磁方位角进行的,为保证精度,定测计算所得的磁方位角与观测磁方位角的校差不应超过 2°。

磁方位角每天至少应该观测一次(一般在出工时或收工时进行观测)。

假定路线起始边的磁方位角为 θ_0,则任意导线边的磁方位角:

$$\theta_n = \theta_0 + \sum \Delta_R - \sum \Delta_L$$

即任意导线边的磁方位角等于起始边磁方位角加上从起始边到边的路线的所有右转角再减去所有的左转角。

6)交点桩的保护和固定

在测设过程中,为避免交点桩的丢失及方便以后施工时寻找,交点桩在勘测时必须加以固定和保护。

交点桩再保护,一般采用就地灌注混凝土的办法进行。混凝土的尺寸一般深 30~40 cm,直径 15~20 cm 或 10~20 cm 见方。

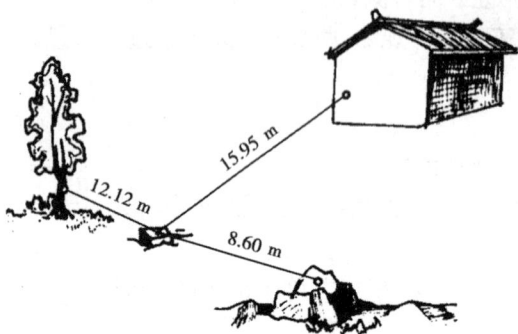

固桩则是将交点桩与周围固定物(如房角、电杆、基岩、孤石等)上某一不易破坏(损坏)的点联系起来,通过测定该点与交点桩的直线距离,将交点位置确定下来,以便今后交点桩丢失时及时恢复该交点桩。

用作交点桩固定的地物点应稳定可靠,各点位与交点桩连接之间的夹角一般不宜小于90°,固定点个数一般应在两个以上,如图10.2 所示。

固桩完毕后,应及时画出固桩草图,草图

图 10.2　固桩示意图

上应绘出路线前进方向、地物名称、距离等,以备将来编制路线固定表之用。

▶10.2.4　中桩组

(1)任务

中桩组的主要任务是:根据选线组选定的交点位置、曲线半径、缓和曲线参数(或缓和曲线长度)及导线测角组所测得的路线转角,进行量距、钉桩、敷设曲线及桩号计算。

(2)分工及工作内容

1)分工

中桩组作业内容较多,因此,人员也较多,一般由 7 人组成,其中:

前点 1 人,负责寻找前方交点,并插前点花杆;

拉链 2 人,分别为前链手和后链手,其中后链手还负责指挥前链手进行穿线工作;

卡链 1 人,负责卡定路线中桩的具体位置;

记录计算 1 人,负责进行桩号计算,并记录中桩编号,累计链距等工作;

写桩 1 人,负责中桩的具体书写工作;

背桩及打桩 1 人。

2)工作内容

①中线丈量。中线丈量是指丈量路线的里程,通常情况下我们把路线的起点作为零点,以后逐链累加计算。

量距一律采用水平距离。量距时一般采用皮卷尺进行,公路等级要求较高时,最好是采用钢尺或光电测距仪进行。量距累计的导线边边长与光电测距仪测得的边的校差不应超过边长的 1/200。否则应返工。

②中桩钉设。中桩钉设与中线丈量是同时进行的。

需要钉设的中桩包括:路线的起点点桩、公里桩、百米桩、平曲线控制(主点桩)、桥梁或隧道中轴线控制桩以及按桩距要求根据地形、地物需要设置的加桩等。

直线路段上中桩的桩距一般为20 m,在平坦地段也不超过50 m。位于曲线上的中桩间距一般为20 m,但当平曲线半径为30~60 m,缓和曲线长为30~50 m时,桩距不应大于10 m;当平曲线半径及缓和曲线长小于30 m或用回头曲线时,桩距不应大于5 m。

此外,在下列地点应设加桩:

a.路线范围内纵向与横向地形有显著变化处;

b.与水渠、管道、电讯线、电力线等交叉或干扰地段起、终点;

c.与既有公路、铁路、便道交叉处;

d.病害地段的起、终点;

e.拆迁建筑物处;

f.占用耕地及经济林的起、终点;

g.小桥涵中心及大、中桥、隧道的两端。

中桩位置丈量用花杆穿线定位,桩位允许误差:纵向$\left(\dfrac{s}{1\,000}+0.1\right)$mm(式中$s$为交点或转点至桩位的距离,m),横向10 cm。

曲线测设时,应先测设曲线控制桩,再设其他桩。当圆曲线长度大于500 m时,应用辅助切线或增设曲线控制点分段测设。曲线闭合差纵向超过$\pm\dfrac{1}{1\,000}$,横向误差应不超过±10 cm,中线闭合差不应超过下列规定:水平角闭合差$60\sqrt{n}$ ",长度相对闭合差1/1 000。

③写桩与钉桩。所有中桩应写明桩号,转点及曲线桩还应写桩名,如图10.3所示。为了便于找桩和避免漏桩,所有中桩应按每千米在背面编号。中桩的书写常用红油漆或油笔。

④断链及处理。在丈量过程中,出现桩号与实际里程不符的现象叫断链。断链的原因有很多,但主要指两种:一种是由于计算和丈量发生错误造成的;另一种则是由于局部改线、分段测量等客观原因造成的。

断链有"长链"和"短链"之分,当路线桩号长于地面实际里程时叫短链,反之则叫长链。其桩号写法举例如下:

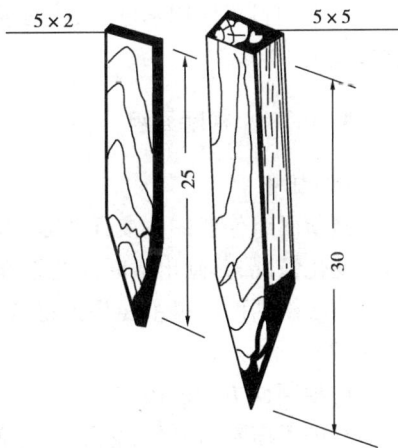

图10.3　桩志

长链:G3+110=3+105.21　　　长链4.79 m

短链:G3+157=3+207　　　短链50 m

所有断链桩号应填在"总里程及断链桩号表"上,考虑断链桩号的影响,路线的总里程应为:

$$路线总里程 = 终点桩里程 - 起点桩里程 + \sum 长链 - \sum 短链$$

▶10.2.5 水平组

(1)任务

水平组的任务是通过对路线中线各中桩高程进行测量,并沿线设置临时水准点,为路线纵断面和横断面设计和施工提供高程资料。

(2)分工及工作内容

水平组通常由6人组成,分基平和中平两个组。中平主要对各中桩进行水准测量,基平则主要是设置临时水准点并进行交点高程的测量。当导线测角采用光电测距仪时,可不设基平组,其任务由导线测角组代替。

1)水准点的设置

水准点的高程应引用国家水准点,并争取沿线联测,形成闭合导线。采用假定高程时,假定高程应尽量与实际接近,可借助于1:10 000或1:50 000军用地图进行假定。

水准点沿线布设,应有足够的数量,平原微丘区间距为1~2 km;山岭重丘间距为0.5~1.0 km。在大桥、隧道、垭口及其大型构造物所在处应增设水准点。水准点应设在测设方便、牢固可靠的地点。设置的水准点应在记录本上绘出草图,并记录位置及所对应的路线的桩号,以便编制"水准点表"。

2)基平测量

基平测量应采用不低于S3级的水准仪,采用一组往返或两组单程测量。精度要求见表10.7,符合精度要求时取平均值。水准点附合、闭合及检测限差也应满足上述精度要求。测量时的视线长度,一般不大于150 m,当跨越河谷时可增至200 m。

3)中平测量

中平测量可使用不低于S3级的水准仪采用单程进行。水准路线应起、闭于水准点,精度要求见表10.7。

▶10.2.6 横断面组

(1)任务

横断面组作业的主要任务是:在实地逐渐测量每个中桩在路线的横向(发线方向)的地表起伏变化情况,并画出横断面的地面线。

路线横断面测量主要是为路基横断面设计、土石方计算及今后的施工放样提供资料。

(2)工作内容

1)横断面方向的确定

要进行横断面测量,必须首先确定横断面的方向。在直线路段,横断面的方向与路线垂直,而在曲线段,横断面的方向与该点处曲线相垂直,即法线方向。

直线上的横断面方向,用方向架或经纬仪作垂线确定。曲线上的横断面方向,根据计算的弦偏角,用弯道求心方向架或经纬仪来确定。具体方法详见《工程测量学》教材。

2)测量方法

横断面测量以中线地面点即中桩位置为直角坐标原点,分别沿断面方向向两侧施测地面各地形变化特征点间的相对平距和高差,由此点绘出横断面的地面线。

横断面测量方法常用的有:

①抬杆法。

如图 10.4 所示利用花杆直接测得平距和高差。

此法简便、易行,所以被经常采用,它适用于横向变化较多较大的地段,但由于测站较多,测量和积累误差较大。

②手水准法。

此法原则与抬杆法相同,仅在测高差时用水平花杆测量,量距仍用皮尺,如图 10.5 所示。与抬杆法相比,此法精度较高,但不如抬杆法简便,一般多适用于横坡较缓的地段。

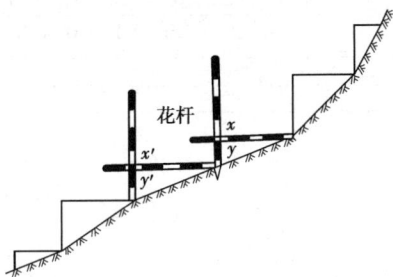

图 10.4　抬杆法

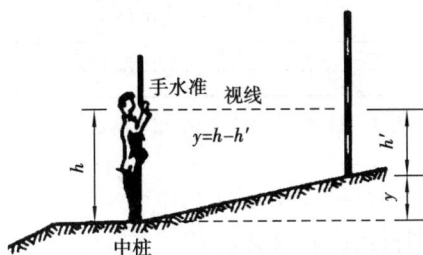

图 10.5　手水准法

③特殊断面的施测方法。

在不良地质地段需作大断面图时,可用经纬仪作视距测量和三角高程测量施测断面。对于一些陡岩地段,如图 10.6 所示,可用交会法已定 A、B 点,用经纬仪或带角手水准测出 α_A、α_B 和丈量 l,图解交会出 C 点。交会时交角不宜太小,距离 l 应有足够的长度。

对于深沟路段可用钓鱼法施测,如图 10.7 所示。

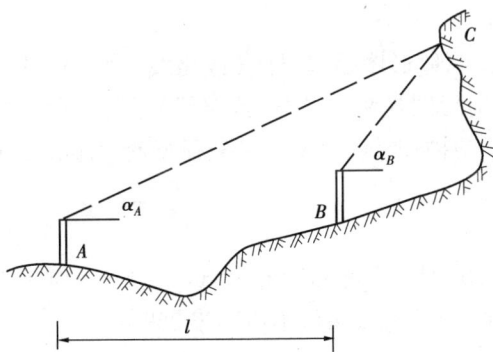

图 10.6　交会法

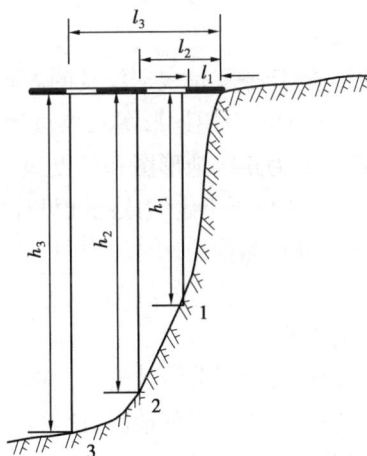

图 10.7　钓鱼法

对于高等级公路,应采用经纬仪皮尺法、经纬仪视距法、全站仪法等方法施测。

④横断面图的点绘。

横断面图的点绘,一般采用现场一边点绘的方法。其优点是:外业不作记录,点绘出的断面图能及时核对,消除差错。点绘的方法是:以中桩点为中心,分左右两侧,按测得的各侧相邻地形特征点之间的平距与高差或倾角与斜距等逐一将各特征点点绘在横断面图上,各点连线即构成横断面地面线。

当现场无绘图条件时，也可采用现场记录、室内整理绘图的方法，其记录的方式见表10.9。到上方，再从左侧到右侧的原则安排断面位置。绘图的比例一般为1∶200，对有特殊情况需要的断面可采用1∶100，每个断面的地物情况应用文字在适当位置进行简要说明，如图10.8所示。

表10.9　横断面记录格式

左　侧	桩　号	右　侧
房，$\frac{0}{4}$，$\frac{6}{7}$，$\frac{0}{3}$，$\frac{+5}{8}$，$\frac{0}{0.4}$，$\frac{-0.4}{0.4}$，$\frac{0}{2.5}$	K1+240	$\frac{0}{2.5}$，$\frac{-0.4}{0.4}$，$\frac{0}{0.4}$，$\frac{+2.0}{2.0}$，$\frac{0}{1.0}$，$\frac{-3.0}{2.0}$，$\frac{0}{5.0}$，$\frac{-6.0}{6.0}$，水
……………	K1+260	……………

注：上述记录格式为相对平距、相对高差。

⑤测量精度及测图范围。

测量精度要求见表10.7。

横断面的测量范围，应根据地形、地质、地物及设计需要确定，一般中线左右宽度不小于50 m。在回头曲线有干扰时，应连通施测。

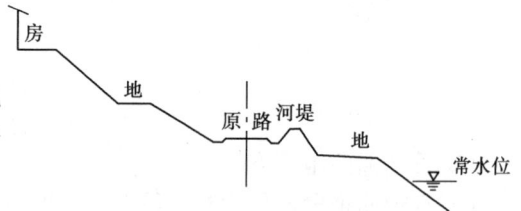

图10.8　K1+240 横断面图

▶10.2.7　地形组

地形测量的方法在"工程测量"中已讲述，本节着重介绍公路测量地形测量的任务与要求。

(1)任务

地形组的任务就是根据设计的需要，按一定比例测绘出沿线一定宽度范围内的带状地形图(或局部范围的专用地形图)，供设计和施工使用。

地形图分为路线地形图和工点地形图两种。路线地形图是以导线(或路线)为依据的带状地形图，主要供纸上定线或路线设计之用。工点地形图是利用导线(或路线)或与其取得联系的支导线进行测量的，为特殊桥桥涵和复杂排水、防护、改河、交叉口等工程布置设计的专用地形图。

(2)测设要求

①比例及范围。路线地形图比例尺采用1∶2 000；测绘宽度两侧各为100~200 m；对于地物、地貌简单、地势平坦的地区，比例可采用1∶5 000；测绘宽度每侧不应小于250 m。

②测设精度要求。

a.等高距。规定如下：

比例　1∶500　　　0.5、1.0 m

比例　1∶1 000　　1.0 m

比例　1∶2 000　　1.0、2.0 m

比例　1∶5 000　　2.0、5.0 m

b.地形点的密度。

地面横坡陡于1∶3时，图上距不宜大于15 mm；

地面横坡等于或缓于 1∶3 时,图上距离不宜大于 20 mm。

地形点在地形图上的点位中误差:

1∶500~1∶2 000 时,不应超过±1.6 mm;

1∶5 000 时,不应超过±0.8 mm。

▶10.2.8　调查组

(1)任务

调查组的工作主要是根据测设任务的要求,通过对公路所经地区的自然条件和技术经济条件进行调查,为公路选线和内业设计收集原始资料。

(2)分工及调查内容

调查的主要内容有:工程地质情况、筑路材料料场情况、桥涵情况、预算资料及杂项情况等。对于旧路改建,还应对原路路况进行调查。调查组可由 2~3 人组成综合调查组,也可分小组同时调查。

1)工程地质调查

工程地质资料是公路设计的重要资料,通过调查、观测和必要的勘探、试验,进一步掌握与评价路线通过地带的工程地质和水文地质情况,为正确选定路线位置、合理进行纵坡、路基、路面、小桥涵及其构造物的设计提供充分准确的工程地质依据。

工程地质调查的主要内容有:

①路线方面。

a.在工程地质复杂和工程艰巨地段,会同选线人员研究路线布设及所采取的工程措施。

b.调查沿线范围的地貌单元和地貌特征、地质构造、岩石、水文地质、植被、土壤种类、地面径流及不良地质现象情况,并分段进行工程地质评价。

c.分段测绘代表性工程地质横断面,标明土、石分类界限,并划分土、石等级。

d.调查气象、地震及施工、养护经验等资料。

e.编写道路地质说明书。

②路基方面。

a.调查分析自然山坡或路基边坡的稳定状况,根据地质构造、岩性及风化破碎程度以及其他影响边坡稳定的因数,提出路堑边坡或防护加固措施。

b.沿溪线应查明河流的形态、水文条件、河岸的地貌、地质特征、河岸稳定情况、受冲刷程度等,进而提出防护类型、长度及基础埋置深度等意见。

c.路基坡面及支挡构造物调查,提出路基土壤分类和水文地带类型。

③路面方面。

a.收集有关气象资料,研究地貌条件,划分路段的道路气候的区,并提出土基回弹模量建议值,供路面设计时采用。

b.调查当地常用路面结构类型和经验厚度。

④特殊不良地质地区如黄土、盐渍土、沙漠、沼泽以及滑坡、崩塌、岩溶、泥石流等的综合性地质调查与观测,为制订防治措施提供资料。

2)筑路材料料场调查

筑路材料质量、数量及运距,直接影响工程的质量和造价。进行筑路材料调查的任务就是根据适用、经济和就地取材的原则,对沿线料场的分布情况进行广泛调查,以探明数量、质量及开采条件,为施工提供符合要求的料场,主要有3方面内容:

①料场使用条件调查。主要对自采加工材料如块石、片石、料石、砾石、碎石、砂、黏土料源的质量和数量进行勘探,以必要的取样试验决定料场的开采价值。

②料场开采条件调查。主要是对矿层的产状条件、水文地质条件、开采季节、工作面大小、废土堆置场地等方面进行调查。

③运输条件调查。包括运输支线距离、修筑的难易、料场与路线的相对高差、运输方式、材料的埋藏条件(包括剥土厚度)等方面进行调查。

3)小桥涵调查

小桥涵调查的主要任务是:调查与搜集沿线小桥涵水文、地质、地形资料,配合路线总体布设,进行实地勘测,提供小桥涵及其他排水构造物的技术要求,研究决定小桥涵的位置、结构型式、孔径大小以及上下游的防护处理等。

①桥涵水文资料调查。水文资料调查的目的在于提供为确定设计流量和孔径所必需的资料。调查内容应采用水文计算的方法确定。方法有:形态调查法、径流形成法、直接类比法。当跨径在1.5 m以下时,可不进行孔径计算,可通过实地勘测用目估法确定孔径。

②小桥涵位置的选定及测量。小桥涵的位置,原则上应服从路线走向,通常情况下是由选线组根据最佳路线位置确定下来的。但是,桥涵如何布置,则由桥涵人员根据实地地形、地质及水文条件综合考虑,然后进行桥址或涵址测量。

③桥涵结构类型的确定。小桥涵类型的选择,应结合路线的等级和性质,根据适用、经济和就地取材的原则,结合其他情况综合考虑,使所选定的型式具有施工快、造价低、便于行车和利于养护的优点。

④小桥涵地质调查。小桥涵地质调查的目的在于摸清桥涵基底工程地质及水文地质情况,为正确选定桥涵及附属构造物的基础埋深及有关尺寸、类型等提供资料。调查的内容包括:基底土壤地质类型及特征、有无地质不良情况、土壤冰结深度及水文地质对基础和施工的影响等。

4)预算资料调查

施工预算是公路设计文件的重要组成部分,进行预算资料调查的目的就是要为编制施工预算提供资料。调查应按部颁《公路基本建设概算预测编制办法》的有关规定进行。调查的主要内容有:

①施工组织形式调查。主要调查施工单位的组织形式、机械化程度和生产能力以及施工企业的等级等。当施工单位不明确时,应由建设单位提供上述可能的情况及编制原则。

②工资标准。包括工人基本工资标准和工资性津贴(附加工资、粮价补贴、副食补贴)、其他地区性津贴及工人工资计算办法等的调查。

③调拨或外购材料及交通运输调查。包括材料的出厂价格、可能发生的包装费和手续费、可能供应数量、运输方式、运距、中转情况、运输能力、运杂费(包括运费、装卸费、囤存、过渡、过磅等)、水、电价格等内容。

④征用土地和拆迁补偿费。按国务院1982年5月14日公布的《国家建设征用土地条例》和当地政府有关补偿费用标准和办法。

⑤施工机构迁移和主副食运费补贴调查。

⑥气温、雨量、施工季节调查。

⑦其他可能费用资料调查。

5）杂项调查

杂项调查主要是指占地、拆迁及有关项目的情况和数量调查，为编制设计文件的杂项表格提供资料。主要内容有：

①占用土地的测绘和调查。

②拆迁建筑物、构造物（包括水井、坟墓等）调查。

③拆迁管道、电力、通信设施调查。

④排水、防护、改河以及临时工程（便道、便桥等）的调查。

▶10.2.9　内业组

定测内业工作的复核、检查、整理外业资料和图表制作、汇总等要求，同初测内业工作要求相同。

定测内业工作进程及时进行路线设计和局部方案的取舍工作，外业期间宜达到作出全部路基横断面设计，并结合沿线构物造物的布设，逐段综合检查所定路线线位的技术经济合理性，同时应进行必要的现场核对。

10.3　道路勘测新技术的应用

▶10.3.1　GPS-RTK 概述

RTK（Real-time kinematic）实时动态控制系统是一种新的常用的 GPS 测量方法，GPS 以前的静态、快速静态、动态测量都需要事后进行解算才能获得厘米级的精度，而 RTK 是能够在野外实时得到厘米级定位精度的测量方法，它采用了载波相位动态实时差分方法。在 RTK 作业模式下，基准站通过无线电数据链将其观测值和测站坐标信息一起传送给流动站。流动站不仅接收来自基准站的载波相位信息，还要接收来自 GPS 卫星的载波相位信息，将载波相位观测值实时进行差分处理，得到基站和流动站基线向量解（Ax,Ay,Az）；基线向量加上基站坐标得到流动站每个 WGS-84 坐标，通过坐标转换参数得出流动站每个点的平面坐标 X,Y 和海拔高 H，整个过程称作 RTK 定位过程。RTK 是 GPS 应用的重大里程碑，它的出现为工程放样、地形测图，各种控制测量带来了新曙光，极大地提高了外业作业效率。

一般情况下，RTK 实时提供的流动站点在指定坐标系中的定位结果，其误差是不累积的。其平面定位精度可达到 $±(1\ \text{cm}+1×10^{-6}×D)$，其中 D 为流动站到基准站的距离，以 km 为单位。根据相关研究成果，结合道路勘测的精度要求，利用 RTK 技术采集的数据，其误差精度是足够满足公路勘测规范中高速公路、一级公路标准要求的，能够直接用此进行公路勘测设计。

影响 RTK 测量的精度，除受基准站点位精度影响外还受模糊度解算误差、坐标系统转换误差、GPS 天线对中误差、站点位置，流动站与基准站间的距离等因素的影响。为了提高 RTK 在道路勘测的精度，在操作上可采取一些措施以提高测量的精度。首先是站点的选择，选择地势较高、较开阔的地方设站，同时，由于放样线路距离较长，地势复杂，考虑到实际测量过程中的电台发射信号的强度和定位精度的要求,实际求解时可将测区分成 5~10 km 的若干测段,注意测段之间控制点的测量和选取。并随时对沿线的部分已知 GPS 控制点进行比测,同时使用 GPS 接收机对沿线的控制点进行了平面检核和高程检核,与原有控制资料对比检核。

▶10.3.2 GPS-RTK 在道路勘测中的应用

道路勘测技术的进步在于设备引进和技术改造,在目前的技术条件下引入 RTK 技术应当是首选。其实,公路测量的技术潜力蕴于 RTK 技术的应用之中,RTK 技术在公路工程中的应用有着非常广阔的前景。利用 RTK 技术可以完成公路勘测中的带状地形图测绘、中桩敷设、中桩高程测量、横断面测量等测量工作。

(1)RTK 进行道路勘测作业的步骤

RTK 进行道路勘测作业的步骤为:基准站的设置、坐标系统转换和流动站的测量定位。

1)基准站的设置

在道路设计的过程中,控制测量一般是提前完成。在进行勘测设计时,应注意收集测区的控制测量资料,包括坐标系统、投影带、中央子午线等,尽可能找到线路所经过地区的控制点,并注意记录控制点的具体位置和到达线路的方式,在进行测量工作时,选择合适的已知控制点架设仪器,正确地配置参数。

2)坐标系统转换

道路工程控制网采用的坐标系与 GPS 在 WGS-84 坐标系两者之间存在着坐标转换问题,而 RTK 测量要求给出施测点坐标,这就使得坐标转换工作显得非常重要。坐标转换参数的精度和正确性是影响 RTK 测量精度的重要因素。在选择校正点时要尽量将进行定测放样的线路包含在其范围之内。首先根据静态测量时求得的 WGS-84 坐标和进行平差后的控制点坐标进行校正,求解坐标转换参数。为了提高转换参数的可靠性,最好选取沿线的多点进行,这样就有多种点的匹配方案。通过其平面或高程校正残差检验转换参数的正确性及精度。

3)流动站的测量定位

启动流动站接收机并完成流动站的配置,在进行道路勘测时,首先要进行已有控制点的检核,检核控制点是否满足 X、Y 坐标差值的限差较差$<\pm5\times2^{-0.5}$mm 的要求,其余各水准点间复测高差与初测高差的较差满足$<\pm25\times2^{-0.5}$mm 限差。然后到已有的已知控制点上进行检核,检核合格后,即可在测区根据工程需要进行相关的测量定位放样和测绘工作。如果检核不合格,则需要重新检查控制资料的正确性和基站流动站的设置情况。

(2)RTK 路线测量

道路放样是 RTK 测量的模块功能,道路放样与线放样是相同的作业逻辑。路线放样点坐标可用其他路线设计软件计算的逐桩坐标成果数据,导入 RTK 后,进而采用坐标放样定位。也可在 RTK 中输入基本路线平面参数,定义线路,进而计算放样坐标,再进行路线放样定位。

1)定义线路

调入道路数据文件分别调入路线的平断面、纵断面、横断面文件,每一个文件调入后都可以点击后面对应的显示按钮进行图形查看以检查数据是否正确调入,调入后的数据文件路径同时显示在右方,以方便进行核对。

2）敷设路线中桩、边桩并测量高程

采用 RTK 测量道路中线时，输入路线里程或里程左/右边桩距，确定后 RTK 软件自动计算这个位置的坐标作为放样点坐标进行放样。对该采样点进行放样，RTK 操作手簿道路放样图形界面将显示当前点和放样点之间的虚线连接，以及进行放样指示，可快速定位、定桩，定位后即可测量中桩高程。

3）路线横断面数据采集

道路中线上各点的法向切面称为道路的横断面，横断面地面线数据主要为横断方向地面起伏变化的特征点数据。采用 RTK 进行路线横断面数据采集时，首先调入道路数据文件（主要是路线平面数据），然后输入里程或里程增量，指定一个里程，软件自动计算该里程处的横断面位置，并能在操作手簿图形界面上准确显示一条虚线作为横断面方向参考线，省去常规横断面测量中，横断面方向的确定过程。当靠近此参考线，软件计算当前位置与该参考线的距离，若小于横断面限差设定值（设定值可以点击配置→数据→横断面限差进行设定），提示可以进行横断面点采集。

RTK 路线测量中，每个点的测量都是独立完成的，不会产生累积误差，各点放样精度趋于一致。

复习思考题

10.1　道路外业勘测一般由哪些作业组组成？简述各作业组的任务是什么？

10.2　道路勘测的目的和任务是什么？

10.3　综述道路定测选线组、导线测角组、中桩组的主要工作内容。

10.4　道路曲线测设的任务是什么？

10.5　试推导出基本型曲线计算曲线要素及桩号的公式。

10.6　已知两相邻单曲线，JD_{50} 桩号为 K9+980，$T_1 = 35.25$ m，$J_1 = 1.25$m，JD_{51} 桩号为 K10+180，$T_2 = 25.05$ m，试计算：

（1）JD_{50}—JD_{51} 交点间的距离。

（2）两曲线间的直线长度是多少？

10.7　某单圆曲线，交点桩号为 K1+350，转角 $\alpha_1 = 56°16'$，若要该曲线外距控制为5.60 m，试确定该曲线的平曲线半径，并计算曲线元素及交点桩号。

10.8　某单交点基本型曲线，已知转角 $\alpha_1 = 35°16'$，缓和曲线长 $L_S = 50$ m，主曲线半径 $R = 350$ m，试计算曲线元素。

10.9　某双交点基本型曲线，已知 $\alpha_1 = 40°30'$，$\alpha_2 = 25°12'$，基线 $AB = 121.50$ m，缓和曲线长度 $L_S = 50$ m，试按切基线条件计算该圆曲线半径。

10.10　名词解释：缓和曲线角，切线增长值，曲线内移值，方位角，虚交点。

附 录

附录 1　公路小桥涵勘测设计

▶附 1.1　概述

桥涵是道路设计的重要构筑物,涵洞是指为保证地面水流能够横穿道路而设置的小型构筑物,一般由基础、洞身、洞口组成,是道路设计中不可缺少的小型构筑物。桥梁涵洞按跨径的分类见附表 1.1。桥梁勘测设计详见"桥梁工程"课程,本附录主要讲述涵洞的勘测设计内容。

附表 1.1　桥梁涵洞按跨径分类表

桥涵分类	公路桥涵		铁路桥涵
	多孔跨径总长 L/m	单孔跨径 L_k/m	跨径 L_1/m
特大桥	$L>1\ 000$	$L_k>150$	$L_1>500$
大桥	$100 \leqslant L \leqslant 1\ 000$	$40 \leqslant L_k \leqslant 150$	$100<L_1 \leqslant 500$
中桥	$30<L<100$	$20 \leqslant L_k<40$	$20<L_1< \leqslant 100$
小桥	$8 \leqslant L \leqslant 30$	$5 \leqslant L_k<20$	$L_1 \leqslant 20$
涵洞	$L<8$	$L_k<5$	$L_1<6$ 且顶上有填土者

附 1.1.1　涵洞设计原则

①综合性原则。涵洞应与山沟排水、农灌系统综合考虑;通道涵应与地方路网相匹配,确保满足使用功能。

②水流流畅性原则。涵洞设计应保证水流流畅,涵前不潴,涵后不淤,处理好迎送水工程。

③经济性原则。合理选择涵洞型及设置位置,充分考虑工程的经济性,并便于施工和养护。

附 1.1.2　涵洞分类及适用条件

按建筑材料,涵洞分为石涵、混凝土涵、钢筋混凝土涵、钢波纹管涵等;按构造形式,涵洞分为管涵、盖板涵、拱涵、箱涵等;按填土高度,涵洞分为明涵暗涵。当涵洞洞顶填土高度小于

0.5 m时称明涵,当涵洞洞顶填土高度大于或等于0.5 m时称暗涵;按水力性质,涵洞分为无压力式、半压力式、压力式3种。

常见的涵洞适用跨径应符合附表1.2的规定。

附表1.2　各类涵洞适用跨径

构造形式	适用跨径/m	构造形式	适用跨径/m
钢筋混凝土管涵	0.75,1.00,1.25,1.50,2.00	石盖板函	0.75,1.00,1.25
钢筋混凝土盖板涵	1.50,2.00,2.50,3.00,4.00,5.00	倒虹吸管涵	0.75,1.00,1.25,1.50
拱涵	1.50,2.00,2.50,3.00,4.00,5.00	钢波纹管涵	1.50,2.00,2.50,3.00,4.00,5.00
钢筋混凝土箱涵	1.50,2.00,2.50,3.00,4.00,5.00		

▶附1.2　涵洞布设基本要求

附1.2.1　涵洞布设基本要求

①新建涵洞应采用无压力式涵洞,当涵前允许积水时,可采用压力式或半压力式涌洞;当路基顶面高程低于横穿沟渠的水面高程时,也可设置倒虹吸管涵。

②涵洞的孔径,应根据设计洪水流量,河沟断面形态、地质和进出水口沟床加固形式等条件,经水力验算确定。

③新建涵洞应采用标准跨径0.75,1.0,1.25,1.5,2.0,2.5,3.0,4.0,5.0 m,其中0.75 m的孔径只适用于无淤积地区的灌溉涵。排洪涵洞跨径不宜小于1.0 m。

④涵洞内径或净高不宜小于0.75 m;涵洞长度大于15 m但小于30 m时,其内径或净高不宜小于1.0 m;涵洞长度大于30 m且小于60 m时,其内径或净高不宜小于1.25 m;涵洞长度大于60 m时,其内径或净高不宜小于1.5 m。

⑤冰冻地区不宜采用小孔径管涵和倒虹吸管涵。当有农田排灌需要,必须采用时,须在冻期前将管内积水排除,并将两端进出口封闭。

⑥涵洞出入口处应设端墙或翼墙,其式样和尺寸应使涵洞具有相应的过水能力和保证涵洞处路堤的稳定。端墙或翼墙与洞身应设缝隔开,缝内填充不透水材料。

⑦斜坡上的涵洞涵底纵坡不宜大于5%,圆管涵的纵坡不宜大于3%。当涵底纵坡大于5%时,涵底宜采用齿状基础,或者出口设置为扶壁式。当涵底纵坡大于10%时,洞身及基础应分段做成阶梯形,前后两节涵洞盖板或拱圈的搭接高度不应小于其厚度的1/4。

⑧置于非岩石地基上的涵洞,根据涵洞的涵底纵坡及地基土情况,每隔4~6 m应设置一道沉降缝;高路堤路基边缘以下的洞身及基础每隔适当距离应设置沉降缝;旧涵洞接长时,也应在新旧接头处设置沉降缝。沉降缝应采用弹性不透水材料填塞。岩石地基上的涵洞可不设沉降缝。

⑨涵洞基础应计算工后沉降,其工后沉降量不应大于200 mm。当涵洞的工后沉降量不满足上述要求时,应进行地基处理。

附1.2.2　涵洞设计洪水频率、汽车荷载及安全等级

各级公路涵洞设计洪水频率、汽车荷载及安全等级应符合附表1.3的规定。

附表 1.3　涵洞设计洪水频率、汽车荷载及安全等级

公路等级	高速公路	一级公路	二级公路	三级公路	四级公路
设计洪水频率	1/100	1/100	1/50	1/25	不做规定
汽车荷载等级	公路-Ⅰ级	公路-Ⅰ级	公路-Ⅱ级	公路-Ⅱ级	公路-Ⅱ级
安全等级	三级				

注:①二级公路作为干线公路且重型车辆多时,其涵洞设计可采用公路-Ⅰ级汽车荷载。
　　②四级公路重型车辆少时,其涵洞设计可采用公路-Ⅱ级车辆荷载效应的 0.7 倍。

▶附 1.3　涵洞及涵式通道设计

附 1.3.1　涵位选取

野外调查的基本原则是沿线位调查,做到不跳桩、不漏桩,特别是河沟桩、人工构造物等特殊有可能设置涵洞的位置,必须到涵位处进行现场调查。

下列位置一般应设置涵洞并进行调查。

(1)一沟一涵

凡路线跨越明显的干沟、小溪,原则上均应设涵。局部呈鸡爪地形,涵洞间隔较近时,应与路基调查人员现场沟通,看能否通过相关措施进行合并,同时在记录卡上应分别都有记录,并标清主次关系。

(2)农田灌溉涵

路线经过农田,跨越灌溉用渠,为了不致因修路而影响农田灌溉,必须设置灌溉涵。坝区时应适当加密,无桥时涵洞和通道总数通常为 4~5 道/km。坝区的通道应多考虑带沟,兼顾农灌功能。对于需要抽水进行灌溉的区域,要注意不能混淆供水涵和排水涵。对于间距较近的供水渠需要现场问询,部分渠道因为所属村镇不同,抽水费用独立核算,不能进行统一归并需要分别设涵。

(3)路基边沟排水涵

山区公路的傍山线,为了排除路基内侧边沟的流水,通常每隔 200~400 m 应设置道涵洞,其具体位置可根据路线纵、横断面及实际地形情况设置。

(4)路线交叉涵

非封闭公路与公路机耕道平面交叉时,为了不使边沟流水受阻,同时不致冲坏相交路线的路基,一般应设排水涵。

(5)其他情况

路线通过积水洼地、池塘、泥沼地带时,为沟通两侧水位,应设置涵洞;路线上跨管道、电缆、通信线路等地面或埋地的人工构造物时,也应设置涵洞,且交角应尽量拟合原管线走向,避免产生管线迁改。此类涵洞也是调查中较易遗漏的,踏勘时应重点留意。

上述设计原则仅是根据现场情况的选址,后期设计中的涵洞设置需经过综合细化调整,未必与调查记录对应。

附 1.3.2　涵洞选型

涵洞选型应按照因地制宜原则:结合地形、地质、水文等因素综合确定。山区高速公路中

应采用暗涵,以提高驾乘人员的舒适感。涵洞类型的适应性和优缺点对比见附表1.4。

附表1.4 涵洞类型的适应性和优缺点对比表

涵洞类型	活应性	优 点	缺 点
圆管涵	坝区、地形平缓地区、低路堤、小跨径情形	①构造简单; ②受力情况和适应基础性能较好; ③圬工数量小、造价省; ④便于工厂预制,利用装配安装	①过水能力小; ②施工中对接缝的处理和防水层的设置不易保证其质量; ③清淤不便
盖板涵	适应性强,在山区高速公路中广泛采用	①构造较简单; ②采用工厂预制,现场安装,施工简便,利于修复; ③清淤方便	对地基的要求稍高
拱涵	跨越深沟或高路堤时设置,石料丰富地段采用	①跨径较大,承载潜力大; ②施工简便,清淤方便	①自重恒载大,对地基的要求较高; ②施工工艺较烦琐,周期长; ③近年来工匠少,很少采用
箱涵	适应于软土路基地段	①整体性强,抗震性能好; ②对地基要求低; ③清淤方便	①用钢量大,造价高; ②施工较困难
钢波纹管涵	软基路段、坝区、平缓路段	①安装方便,施工周期短; ②抗变形能力强	①抗热腐蚀能力弱; ②防水处理要求高

①钢筋混凝土管涵适用于缺少石料地区有足够填土高度的小跨径暗涵,一般采用单孔,多孔时不宜超过3孔。

②钢筋混凝土盖板涵适用于无石料地区且过水面积较大的明涵或暗涵。

③拱涵适用于跨越深沟或高路堤。

④钢筋混凝土箱涵适用于软土地基。

⑤石盖板涵适用于石料丰富且过水流量较小的小型涵洞。

⑥倒虹吸管涵适用于路重挖方高度不能满足设置渡槽的净空要求时的灌溉渠道,不适用于排洪河沟。

⑦钢波纹管涵适用于地基承载力较低,或有较大沉降与变形的路基。

附1.3.3 小桥涵水文计算

(1)水流域水文特征

小桥涵水文计算的任务,主要是计算并确定小桥涵的设计流量,设计流量则是确定小桥涵孔径、类型及建筑形式的主要依据。所谓小流域,通常是指汇水面积小于 $100\ km^2$ 的小型沟、谷由于汇水面积小,小流域汇水具有如下水文特征。

1)洪水暴涨暴落,破坏性较大

由于流域控制的面积小,河沟长度较短,河床比降较大,因而河床的调洪能力很弱,由暴雨形成的洪峰流量来势凶猛,对小桥涵等构造物破坏性较大。

2）缺乏水文观测资料

由于汇水面积小，河沟小，通常无小流域的水文观测站，因而不能用数理统计的方法根据已有的流量资料推算设计流量。流量计算只能按照无观测资料推算设计流量的方法进行水文计算。

3）流量小，洪水历时短暂

由于小流域的流量小，洪水历时又十分短暂，通常河床沟槽的洪水位痕迹不很明显，进行洪水调查，一般难度较大，根据洪水资料进行设计流量计算，有一定困难。

4）暴雨是形成洪峰流量的根本原因

由于水流域汇水面积小，暴雨范围很容易覆盖整个汇水区，因而暴雨的大小直接影响洪峰流量的形成及大小，特别是暴雨的强度和暴雨的时间分布对小流域的洪峰流量和其特征有重要的影响。

（2）水文计算方法

推算设计流量的基本方法按其推算的原理不同可有两大类型。

1）根据流量观测资料推算设计流量

当有实测的流量观测资料时，一般按水文统计的频率分析方法来确定设计流量。其基本原理和一般步骤是：

①分析整理观测的水文资料，给制经验频率曲线。

②计算水文参数流量均值（$\overline{Q}$）、变异系教（C_v）、偏基系数（C_s）的初值。

③用实线法选定水文参数，做理论频率曲线和经验频率曲线，相比较后，反复调整参数值（主要是C_s值），直到两曲线吻合为止。

④根据理论频率曲线求算设计流量。

本方法基于对已观测资料进行频率分析和水文计算，必须有稳定可靠的水文观测资料，一般要求实测年份在 20 年以上。本法适用于有水文观测站且有足够水文观测站资料的大、中河流。计算的基本公式为

$$Q_p = K_p \cdot \overline{Q} \qquad （附1.1）$$

式中　Q_p——设计流量，$\mathrm{m^3/s}$；

　　　$\overline{Q}$——洪峰流量均值（观测系列的平均值），$\mathrm{m^3/s}$；

　　　K_p——设计频率的模比系数。

小流域河流一般很少有水文站，更无法收集到观测流量，此法很少采用。

2）无流量观测资料时推算设计流量

当无流量观测资料时，可利用调查的反映或影响洪峰流量的各种因素，建立计算公式，推算设计流量，主要有以下几类方法。

①根据调查历史洪水位推算设计流量。

这一方法的基本原理是：实地调查历史上发生过的洪水位痕迹，并通过河道地形、纵横断面、洪痕高程及位置等形态资料调查，推算历史洪峰流量。其基本公式为

$$Q = \omega v_0 \qquad （附1.2）$$

式中　Q——某一洪水位的洪峰流量,m^3/s;

　　　v_0——断面平均流速,m/s;

　　　ω——洪峰流量时过水断面面积,m^2。

用这一原理推算设计流量应用于公路小桥涵的方法有形态调查法和直接类比法。

②根据暴雨成因的原理推算设计流量。

暴雨是形成小汇水区域洪峰流量的根本因素,根据暴雨的大小和影响洪峰流量的因素分析,建立流量公式计算设计流量,通常有两种方法:暴雨推理法和径流形成法。按暴雨成因推算设计流量是公路小桥涵最常用的计算方法。

附1.3.4　小桥涵水力计算

(1)任务

小桥涵水力计算主要是解决小桥涵孔径尺寸问题、通过水力计算,确定桥涵孔径大小,以确保设计流量顺利、安全地通过桥(涵)下,而不发生不利冲刷水毁以及不利的壅水。

孔径是指桥涵过水净室的大小,它是桥涵的基本尺寸。桥梁的孔径通常用孔数和单孔路径表示;涵洞孔径用孔数、单孔跨径和涵台高度表示;圆管涵则用涵管的孔数和内径表示。

小桥涵孔径应根据设计洪水流量、河床及进出口加固形式所允许的平均流速等条件确定。孔径计算的任务是:在足以宣泄设计洪水流量并保证桥涵前壅水不致过高、桥涵下流速不致冲刷河床或结构物的条件下,通过水力计算确定合理经济的桥涵孔径尺寸。

(2)内容

小桥涵水计算主要包括以下内容:

①确定小桥涵孔径和孔数。

②确定河床加固的类型和尺寸,上下游需设各种消能(力)设施的类型和尺寸。

③计算非确定壅水高度、小桥桥面最低高程或小桥涵顶上的最低路堤高程。

④确定桥(涵)跨布孔方案。

同一设计流量往往可有多种孔径和孔数的方案。另外,孔径小同时孔数少,则流速大而壅水高,相应要求有良好的地质或河床加固,并有较高的路堤等。因此,应充分考虑地形、地质、施工等条件,并根据当地农田灌溉等要求,从经济和安全的原则来确定所采取的方案。

附1.3.5　涵洞孔径确定

①根据涵洞所在位置,在详细调查的基础上,勾绘上游的汇水面积,计算过水流量,确定孔径。有泥石流冲沟地段应加大孔径或采用桥梁跨越。

②高速公路上涵洞孔径不宜小于1.5 m,立交匝道及联络线上的涵洞孔径不宜小于1.0 m。

③通道式涵洞孔径不宜小于4.0 m。

④跨越管线的涵洞孔径应考虑留有管线检查维修的空间。

▶附1.4　初步设计阶段涵洞勘测的工作内容

初测阶段勘测的目的是通过外业勘测和调查,收集和初步整理出涵洞设计所需的外业资料,包括涵洞所在区城的排水体系、地形、地质、水文、农田排灌等自然条件,结合路基排水系统合理拟定涵洞的位置结构类型、孔径、高度、洞口布置及附属工程等。

附 1.4.1　基本资料的收集

①沿线地形图,以能获得汇水区流域面积、主河沟纵横坡度等资料为原则。

②地质特征资料和区城地质图及土壤资料。

③多年平均降雨量,与设计洪水频率相对应的 24 h 降雨量及雨力等。

④涵位附近上、下游坝、闸、渠等水利设施的修建情况和水文资料。

⑤地区性洪水计算方法、历史洪水资料、各河沟已有洪水计算成果。

⑥现有排灌系统及规划方案图,各排灌过的设计断面、流量、水位等。

⑦对于改建工程,还需收集有关原涵洞测设、施工及竣工资料,了解涵洞的使用、养护、水毁等情况。

附 1.4.2　初步设计阶段的主要工作内容

①一般的涵洞经现场粗略勘测调查确定位置,但复杂的涵洞、改沟工程、人工排灌渠道等应进行高程与断面测量。

②当涵洞处于村庄附近时,应调查历史洪水位常水位、沟床冲淤及漂浮物等情况。

③调查涎流冰、泥石流及既有涵洞现状、结构类型、基础埋深、冲淤变化、运用情况等。

④征求当地群众和有关部门对拟建涵洞的意见。现场初步选定涵洞类型、洞口形式及防护工程类型。

⑤勾绘涵址汇水面积,进行必要的水文、水力计算。

⑥采用调查挖探、钻探相结合的方法了解地基承载力、地质构造和地下水情况及其对构造物的稳定性影响等。在涵洞轴线上勘探点不少于 1 个,其深度应达到持力层,遇软弱地基应穿过软弱夹层。提供涵洞轴线地质断面图与勘探点柱状图。对地质条件复杂的场地,应增勘涵洞中线及左、右边线的地质断面图。

⑦对于改建工程,还应查明原涵洞的位置、结构形式、荷载标准、跨径、高度、长度、基础形式及埋置深度、修建年代、损毁修复等情况及利用的程度。

▶附 1.5　施工图设计阶段涵洞勘测的工作内容

定测阶段涵洞勘测的目的是根据批准的初步设计文件所确定的原则和方案,在初测资料的基础上,进行详细的调查、勘测、核实、补充或修正,确定涵洞的位置、交角、结构类型、孔径、涵底高程、地基土壤类别、基础形式、洞口布置及附属工程等,满足施工图设计需要。施工图设计阶段的主要工作内容。

(1)涵址平面示意图和(工点)地形图测量

一般的涵洞可绘制涵址平面示意图。应示出路线、沟渠、建筑物的相对位置、涵址桩号、历史洪水位和泛滥范围、原地面(含沟底)主要特征点高程等。复杂的涵洞,应绘制涵址地形图。其范围为上游 2 倍沟宽、下游 1 倍沟宽,并超过铺砌加固长度,顺路线方向为最高历史洪水位以上 0.5 m。除平面示意图要求外,还应增绘地面等高线,设计频率洪水泛滥线,涵洞及调治构造物位置、改沟位置、改建工程原有墩台、进出口及铺砌的位置和高程等。

(2)涵址横断面测量

应沿路线方向测量涵址中线沟渠断面;当沟渠与路线正交时,该断面即为沟渠的横断面。

比例尺可根据沟槽宽度采用1∶50~1∶200，测绘范围一般在调查历史洪水位以上0.5 m，或洪水泛洪线10 m以外，沟渠有堤坝时应测到堤外。应示出涵址桩号，路基设计高程、历史洪水位、设计水位、地貌情况、地质挖探等。若沟形复杂，洞口不易布置时，可选择上下游洞口附近补测断面。当路幅较宽、斜交角度较大时，尚需增测必要的垂直沟渠的横断面。

（3）沟渠纵断面测量

沟槽纵断面一般应沿沟底施测，施测长度为上、下游洞口外不应小于20 m。比例尺采用1∶100~1∶200。应示出沟渠纵坡、冲淤情况、涵址桩号、路基设计高程、历史洪水位和设计水位的水面线。对于改建工程，尚须增加原涵洞、进出口铺砌加固等构造物的位置和高程等。

（4）沟渠洪水纵坡测量

当洪水位比降不易测到时，可用常水位、低水位比降或沟底平均坡度代替，其施测长度；在平原区，宜沿沟渠上游测量200 m，下游测量100 m；在山区，宜沿沟渠上游测量100 m，下游测量50 m；如有陡坡跌水时，其施测长度还应将陡坡跌水包含在内。

（5）地质调查及勘探

对存在不良地质的涵洞或移位、新增涵洞，其地基的地层岩性、地质构造及岩土承载力应补充地质勘探。所需提供的资料与初测阶段相同。

▶附1.6 涵洞洞身布设

一、一般要求

①涵洞设计时，应按水力性质选择其计算图式。新建涵洞应采用无压力式涵洞；当涵前允许壅水时，可采用压力式或半压力式涵洞。

②无压力式圆管涵应根据地基土的密实程度，设置砂垫层、灰土垫层、砌石基础或混凝土基础；建于砂砾地基上的圆管涵，可不设基础，但应对接缝处和进出水口处的地基予以处理，以避免管节间发生不均匀沉降和接缝漏水。压力式和半压力式涵洞应设置基础，接缝应严密。

③涵洞内径或净高不宜小于0.75 m；涵洞长度大于15 m但小于30 m时，其内径或净高不宜小于1.0 m；涵洞长度大于30 m且小于60 m时，其内径或净高不宜小于1.25 m；涵洞长度大于60 m时，其内径或净高不宜小于1.5 m。

④涵洞进、出洞口及洞外排水工程的形式与尺寸，应使水流能顺利通过，并满足两侧附近路堤的稳定要求，且不应对附近环境造成不利影响。

⑤当有农田排灌需要，且路基填方较低时，可设置倒虹吸管。

二、涵洞洞身总体布置

1.平面布设

一条路线的涵洞平面布设应结合沟谷情况、环境条件等综合考虑，使全线桥涵形成顺畅的排灌系统和交通网络。对一座涵洞而言，其平面布置主要应解决好涵位以及涵洞轴线与路线的交角问题。下面主要讲述涵洞洞身平面布置问题。

1)正沟正涵

涵洞应尽量布置成与路线正交。正交涵洞具有长度短、工程数量小、施工简便等优点,平面布置如附图 1.1 所示。

若天然河道与路线斜交,但地形变化不大,且水流较小,则可经过人工改河,仍设置正交涵洞。

2)斜沟斜涵

路线方向如果与天然河道斜交,经过技术经济比较,不宜改河,则采用斜交涵洞。此处,若正交涵洞出口出现水流直冲农田、房舍、道路等情况,亦应改用斜交涵洞,以免造成水害,平面布置如附图 1.2 所示。

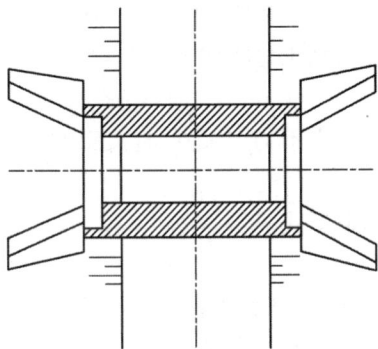

附图 1.1　正沟正涵　　　　　　　　附图 1.2　斜沟斜涵

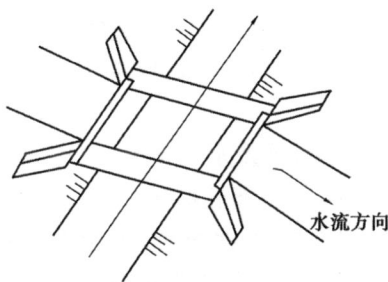

为确保涵洞内和上、下游水流顺畅,山区涵洞宜顺沟设置斜交涵位,不宜强求正交,下述条件宜布置斜交涵。

①在流速或流量较大的前提下,当河沟水流方向与路线不垂直时,为了使水流畅通,避免形成较严重的涡流现象,减轻对农田、路堤和小桥涵洞口及基础的冲刷,宜斜交布置。

②当河沟水流方向与路线不垂直,需设多孔涵洞时,为了避免因采用正交涵洞水流方向不顺,孔(洞)内水流分布不均匀,泥沙沉积,淤塞部分孔(洞)口和孔(洞)身,可采用斜交布置。

③当深窄河沟两岸横向坡度较大,河沟水流与路线不垂直时,为了避免采用正交涵引起改沟土石防护工程量过大,此时宜将涵洞斜交布置。

④当实地水流方向与路线夹角 α 小于 45°很多时,一般不宜采用小于 45°的斜交涵。可在河沟上、下游分别采取改沟、加设导流和调整构造物等方法,增大水流方向与路线相交的夹角。夹角 α 常用 75°,60°,45° 3 种,均有标准图选用。

3)斜沟正涵

当路线与河沟斜交而设计成斜涵不易时,可将涵洞设置成正涵,但进出口设成斜向或流线型以调整水流状态,如附图 1.3 所示。这种涵洞主体工程的设计和施工比较容易,因此也是常用的形式。

4)曲线涵洞

当路线与沟谷交叉处于河沟弯曲处,涵身又很长,且不易改沟设涵时,可将涵洞洞身设为曲线形,以确保涵洞水流顺畅,节省工程数量,如附图 1.4 所示。在这种情况下,若强行改沟设置直线涵洞,将存在如下问题:

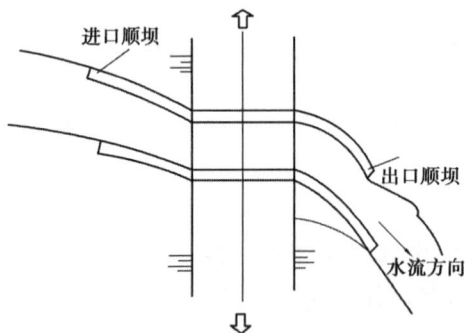

附图 1.3　斜沟正涵

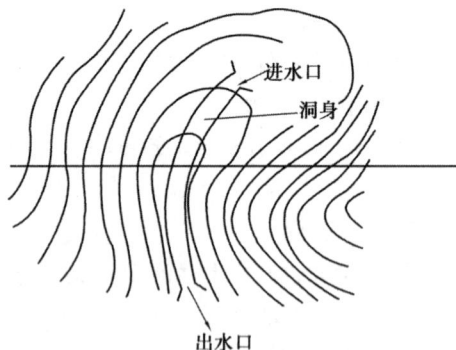

附图 1.4　顺沟设曲线涵洞

①进出口位置不合适,影响正常水流出入,改沟及引水工程将增大。

②基坑挖方工程最大,施工进度慢,造价相对提高。

③沟谷强行改直后,涵洞基底地质不均匀,洞身易产生不均匀沉降,直接影响工程质量。

2.立面布设

根据地形、地质及水文等条件,洞身立面布置有如下形式。

(1)平坦沟床的布置形式

如附图 1.5 所示,此种形式在天然沟床纵坡较小且涵长较短时采用。布置时,洞底高程及坡度原则上应与天然沟床的高程及坡度一致。当天然沟床坡度较大时,可按下游洞口沟床高程控制,按水流临界坡度(一般为 1%~5%)设置,并在进口进行适当的开挖。

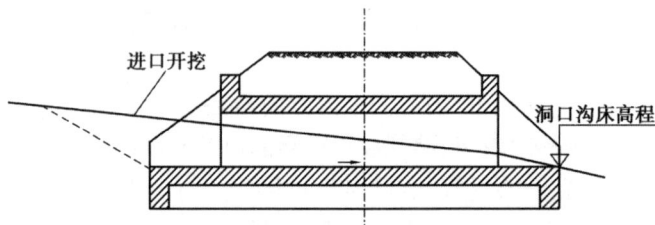

附图 1.5　平坦沟床洞身立

(2)斜坡布置形式

当天然沟床纵坡大于 5%~10%时,为使涵洞洞身与沟底天然坡度一致,并减少挖基土石方数量和缩短涵洞长度,常采用斜坡布置形式。常见布置形式如下。

①洞身不变仍作一般布置形式,而在进水口做跌水井或急流槽,使涵底与沟底顺接如附图 1.6 所示。

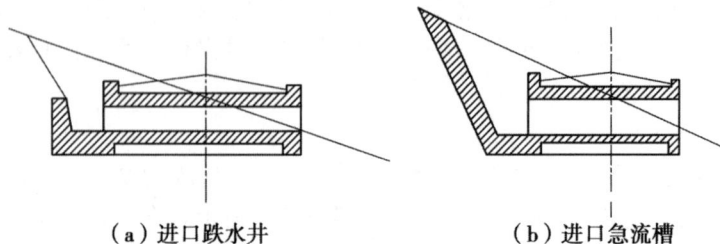

(a)进口跌水井　　　　　　　　　　(b)进口急流槽

附图 1.6　陡坡沟床洞身立面布置

②设置填方涵洞。当附近有大量石方可供利用时，为减少涵洞工程数量，可将涵基置于砌石（或填石）基底上，做填方涵洞，如附图1.7所示。通常拱涵基底用砌石，盖板涵基底可用填石。出水口斜坡表面应用大块石码砌，以防水流冲刷，斜坡坡度一般为 $1:0.75 \sim 1:1.5$。

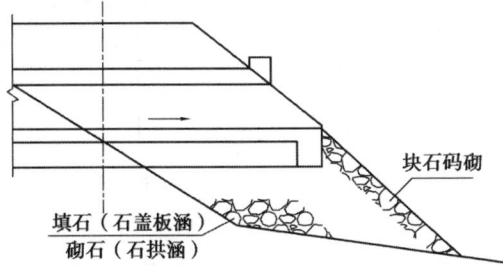

附图1.7　填方涵洞

在填石基底上做涵洞，一般要求设在地基良好的地面上，如遇山体破碎、地下水较多、渗水性较强的地基则不宜采用。设置填方涵洞，要注意保证基底强度均匀性，不能置于软硬不同的地基上。填方涵洞填方高度一般不宜大于 5 m。

当水流较大时，出口砌石边坡可用条石做成多级台阶跌水形式，台阶高度多为 30 cm，前后搭接 30 cm 宽，如附图1.8所示。

台阶尺寸

$1:m$	1:5	1:4	1:3	1:2	1:1.5	1:1.33	1:1	1:0.75
a	150	120	90	60	45	40	30	25
C	180	150	120	90	75	70	60	55

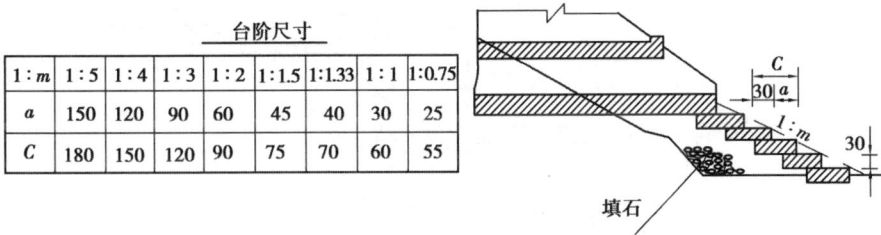

附图1.8　应力分布图

③当非岩石河沟纵坡在10%以下，岩石河沟纵坡在30%以下时，可采用斜置式斜坡涵，如附图1.9所示。并可结合地形、地质情况采用齿状基础、扶壁式基础及台阶形基础等形式。

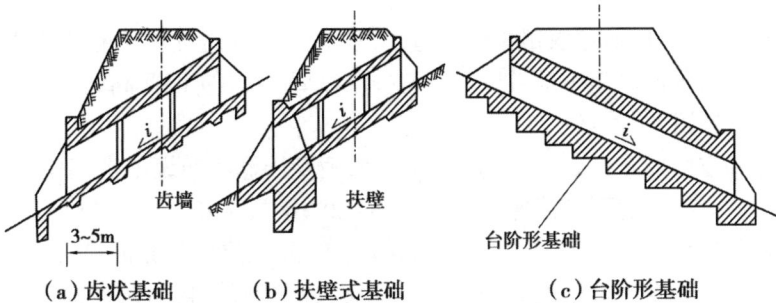

（a）齿状基础　　　**（b）扶壁式基础**　　　**（c）台阶形基础**

附图1.9　斜置式斜坡涵

④当非岩石河沟纵坡大于10%，岩石河沟纵坡大于30%时，可采用平置式斜坡涵（又叫阶梯式），如附图1.10所示。布置阶梯式涵洞时应注意以下几点：

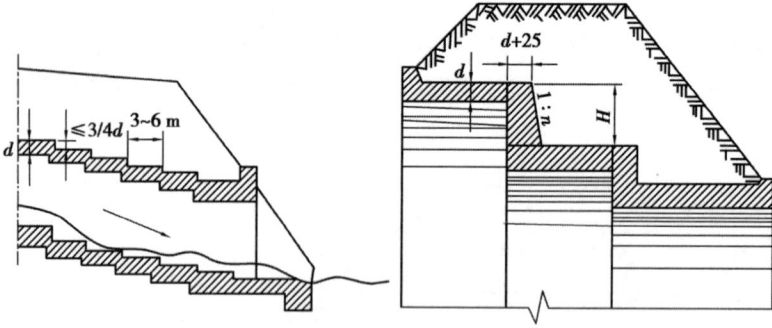

附图 1.10 平置式斜坡涵

a.阶梯分节长度一般不宜小于 2 m,相邻两段的最大高差一般不超过上部构造的 3/4 倍,并不应大于 0.7 m 或涵洞的 1/3 倍净高,当高差大于此限时应在涵顶加砌矮挡墙,如附图 1.10 所示。

b.当沟床天然纵坡变化较大,可适应地形做成不等长、不等高差的台阶形式,如附图 1.11 所示。

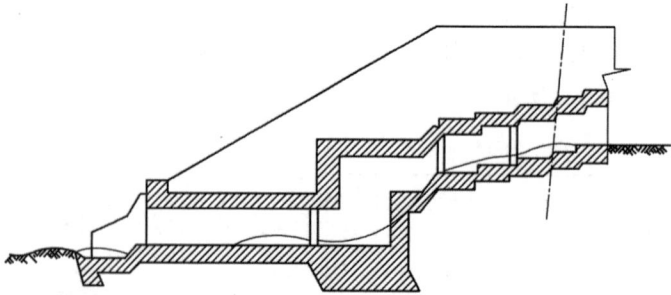

附图 1.11 不等长平置式斜坡涵

c.阶梯涵的沉降缝宜设在台阶落差断面,并结合地质及基础变化情况设置,以防止不均匀沉陷而产生裂缝。

三、涵洞平面布设原则及要求

①应根据沿线地形、地质、水文等条件,结合路线排水系统,适应农田排灌,经济合理地布设涵洞。

②在跨越排水沟槽处、通过农田排灌渠道处、平原区路线通过较长的低洼或泥沼地带、傍山或沿溪路线暴雨时径流易集中地带以及边沟排水需要时,均应设置涵洞。当地形条件许可,经过技术、经济比较,可并沟设涵。

③涵洞位置和方向的布设,宜与水流方向一致,避免因涵洞布设不当,引起上游水位壅高,淹没农田、村庄和路基,引起下游流速过大,加剧冲蚀沟岸及路基。

④涵洞的设置应综合考虑施工、养护、维修的要求,降低建设和养护费用。

⑤沿线涵洞布设密度应根据地形、地貌、水文及农田排灌等自然条件确定,但考虑路基施工压实方便,其涵洞间距不宜小于 50 m。

(1)山区涵洞布设

①山岭地区一般应布设涵洞。在降雨量大或者暴雨集中且山坡植被很稀疏的地区,河沟均不宜合并设涵。在汇水区很小,两河沟相距很近,具备沟通的条件下,通过技术经济比较,可

合并设涵,但应注意修建必要的防护工程。

②涵洞的设置应尽量符合水流方向,不宜为减短涵长强行正交。当流速或流量较大,或窄深河沟两岸横向坡度较大、河沟水流方向与路线不垂直时,宜将涵洞斜交布设,其斜度不宜大于45°。

③在截水沟排水出口处应布设涵洞,以免水顺边沟流经距离过长而冲刷路面和路基。

④路线的转角大于90°,曲线半径较小,弯道前的纵坡大于4%,且坡长在200 m内又无其他涵洞时,在弯道地点附近应布设涵洞。

⑤路线由陡坡(≥5%)段过渡到缓坡(≤3%)段,在此200 m内又无其他涵洞时,在变坡点附近应布设涵洞。

⑥沿溪线涵洞的布设,应考虑上游洞口水流方向,下游洞口应不危及农田和村镇。

(2)山前区(丘陵地带)涵洞布设

①流量较大、水流集中的丘陵河沟,可集中设置涵洞;流量较小、水流分散时,可采用分散与集中相结合的方法布设沿线涵洞。

②丘陵区宽谷槽田地带,可将涵洞布设在地质条件较好的山坡坡脚或溪沟边岸附近。

③在无显著沟槽的漫流地带,可采取分片泄洪的原则,结合水流出路选择低洼处布设涵洞,但不应过分集中布设。

④在出口冲积扇地区,应分散布设涵洞,不应强行改沟引至低洼处。两冲积扇间洼地,也应布设涵洞。

⑤路线跨越弯曲的河沟时,在地形条件许可的情况下,可进行裁弯取直,改移河沟,使水流畅通,并尽量与路线正交。当路线跨越弯曲的沟谷处为坚硬的岩石,且涵身很长时,不易改沟设涵,可将涵身设为曲线形,确保水流畅通,节省工程量。

⑥在农灌区应与农田排灌系统相配合。当需局部改变原有排灌系统时,不应降低原有排泄功能。

(3)平原区涵洞布设

①应根据农业灌溉所需的天然河沟和人工渠道位置,按天然排灌系统布设涵洞,避免因改沟合并而占用农田和破坏既有的耕作和排灌系统。

②对于人工排灌渠道,应与当地有关部门协商涵址及孔径,避免调查不彻底,造成施工期间或竣工后增补涵洞。

③在路线通过较长的低洼、泥沼地段时,应向当地居民、有关部门详细了解水流趋向,在适当的位置设置涵洞。

④路线靠近村庄时,涵洞布设应能排除村内积水,且涵洞的出水口设置应不危及农田和房屋。

⑤在有长期积水的低洼地段,应设置涵洞,以降低路基两侧水位差。

⑥当河沟严重弯曲、分岔时,可改沟取直或合并设正交涵。移位后的涵洞,上游应有1.5倍河槽宽的直沟段长度,下游以占地面积及工程量最小为原则;宜设置上下游防护工程,以防止引起上游水位壅高,造成淹没农田、村庄,或流速增大加剧下游沟岸与耕地的冲蚀。

(4)不良地质地段及特殊条件下的涵洞布设

①涵洞应尽量避免布设在泥石流地区,无法绕避时,可设在流通区的最窄处,且孔径应适当增大,净高应比流动泥石流的平衡高度高出1.0 m以上。

②在软土泥沼地段,涵洞应选择在泥沼覆盖层较浅或软土厚度较薄的地带布设,以便于地基基础的处理。

③在水库回水区段,涵洞应布设在水库正常蓄水位以上。地形地质条件允许时,可将涵洞移建于岸坡上。

④在填挖交界地段,涵洞应布设在原状地基上,或将挖方路基进行开挖,然后填筑涵洞地基,以避免不均匀沉降。

⑤路基高填地段,河沟边坡稳定、土壤密实时,可将涵址从沟底移至岸坡上。

四、涵洞立面布设原则及要求

(1)涵洞立面布设原则

①应根据实际地形、地质及水文等条件进行涵洞立面布设,确保涵洞基础稳定,涵底不冲不淤。

②山岭重丘地区河沟纵坡较陡,水流流速较大,涵洞立面布设应结合具体地形地质情况,设置缓坡涵或陡坡涵。

③平原微丘地区河沟纵坡较平级,水流流速较小,设在天然河床上的涵洞,其铺砌顶面高程及坡度应与天然沟底高程及沟底纵坡基本一致。

(2)平原微丘区涵洞立面布设

①当河沟纵坡小于或等于3%,且涵长小于或等于15 m时,涵洞基底可水平设置,涵底铺砌纵坡可采用1%~3%。

②当河沟纵坡大于3%,但小于或等于6%时,涵底铺砌可采用与天然河沟相同的纵坡。涵洞基础底面,当河沟纵坡较小时,可设置为平置式;河沟纵坡较大时,可设置为斜置式。当路线以路线形式通过灌溉槽且不满足建设沟槽的净空要求时,可采用竖井式倒虹吸管涵,其立面布设应使出水口铺砌顶面高程低于进水口高程,涵身底部顺水流向纵坡可采用1%~3%。构造中应注意采取防漏和防淤措施。

(3)山岭重丘区涵洞立面布设

1)缓坡涵洞布设

①当河沟中纵坡较小且涵长较短时,可按下游洞口沟床高程,以3%左右的缓坡向上延伸设置涵底铺砌。上游的铺砌,应选择合适的坡度与原沟底面连接。涵底基础设置方法与平原微丘地区相同。

②当河沟纵坡较大,但小于15%,地质条件良好,基底有足够的强度且纵、横向均匀一致时,若附近有大量石方可利用,可将涵洞基础以缓坡形式设置在紧密砌石基底上。上游砌石与原沟底面平顺衔接,下游洞口坡度较陡、流速较大时,应采取适当的消能措施。

2)陡坡涵洞布设

①对于纵坡小于10%的土质地基河沟,或纵坡小于30%的轻度风化岩石地基河沟,可采用斜置式陡坡涵。涵底铺砌纵坡和原河沟纵坡基本一致,涵洞基底可设置为齿状基础或台阶形基础,或者将出口设置为扶壁式。

②对于纵坡大于或等于10%的土质地基河沟,或纵坡大于或等于30%的轻度风化岩石地基河沟,可采用台阶平置式陡坡涵,又称阶梯涵。阶梯分节长度一般宜大于或等于2 m,相邻

两节的最大高差小于或等于 $0.75d$ (d 为上部构造厚度）；也可使相邻两节的高差大于 d，在两节接头处加砌挡墙，但应满足两节高差 $H \leqslant 0.7$ m 或 $H \leqslant h_d/3$ (h_d 为涵洞净高）。当河沟天然纵坡变化较大时，可适应地形做成不等长、不等高的台阶形式。

③当河沟底天然纵坡变化较大时，可适应地形条件布设成缓坡及陡坡并用的平置式坡涵。其涵内跌水的跃水长度应大于跌水的射程长度，且不小于涵洞孔径。

▶附 1.7　涵洞结构设计

附 1.7.1　涵洞基础

在小桥涵设计中，无论是涵洞洞身和洞口均应设置相应基础。基础的坚固与耐久性是一切建筑物坚固耐久的必然条件。

（1）按构造形式划分

1）实体基础

一般是采用圬工或钢筋混凝土矩形基础，能承受较大荷载，其尺寸通常是由上部结构的大小而定。

2）整体基础（满堂基础）

在地基土质不均匀处，为了防止不均衡沉降和局部破坏，在涵洞跨径较小时，因其基础相距很近，为了施工的便利，往往在涵墙下不分别砌筑基础而采用联合基础，称为整体基础。

（2）按建筑材料划分

基础对材料强度方向的要求不高，几乎所有建筑材料都用到，涵洞基础常用的建筑材料主要有以下几种。

1）石砌基础

一般是用水泥砂浆砌片石，在地下水位以上也用可掺石灰的混合砂浆砌筑。石料强度，不应小于 30 号。

2）砖基础

在缺乏砂石料的地区，也常用砖砌基础。砖的标号应在 M10 以上，但其强度和耐久件均较差。

3）混凝土基础

混凝土的整体性较好，便于采用机械施工。涵洞基础的混凝土可采用 C10，为节约水泥，可掺加圬工体积 15%～20% 毛的石块，其强度不得低于混凝土的强度。同时也可根据不同的受力要求在同一基础内采用不同强度等级的混凝土。有时为了全面展开施工，还可采用各种形状的混凝土预制块砌筑。

（3）按荷载下工作条件划分

1）刚性基础

由于一般基础材料抗拉强度低，在传递荷载时不考虑其弯曲，因而常做成刚性基础的形式，如前述的砖、石及混凝土基础。

2）柔性基础

在荷载作用下，可考虑其变形。除前述之钢筋混凝土基础外，有时将涵管置于天然土层或砂砾石垫层上(即无基涵管),也属柔性基础。

▶ 附1.7.2　洞身结构

涵洞结构计算的任务,是对涵洞在各种外荷载作用下的内力进行计算,然后根据强度和稳定条件的要求,确定涵洞断面尺寸、结构以及钢筋配筋的数量。

涵洞结构设计主要内容包括选择构件(含素混凝土、钢筋混凝土、预应力混凝土及圬工结构等)的截面尺寸及其联结方式,并根据承受荷载的情况验算构件的强度稳定性、刚度和裂缝等问题。

涵洞除承受填土自重外,还要承受经路堤传送下来的车辆荷载。当路堤填土高度在0.5 m以上时,填土减弱了车辆荷载对涵洞的动力影响,故一般不计冲击力。因此,涵洞受到外荷载,一般由涵洞洞身和周围的土体共同作用(明涵除外),其承载力一般都有所提高。对于明涵,其受力条件和计算方法与桥梁相同。

当前公路桥涵结构计算采用极限状态设计法。该方法以公路桥梁可靠度研究为基础,把影响结构可靠性的各主要因素均视为不确定的随机变量的统计特性,确定了适合于当前我国公路桥涵设计总体水平的失效概率。从这个总体失效概率出发,通过优化分析或直接从各基本变量的概率分布中求得设计所需的各相关参数。极限状态设计法建立在调查统计分析和结构可靠度分析基础上,使得结构设计更具有科学性和合理性。

极限状态分为两类情况,即承载能力极限状态和正常使用极限状态。

公路桥涵根据不同种类的作用(或荷载)及其对桥涵的影响、桥涵所处的环境条件,考虑3种设计状况,并对其进行相应的极限状态设计。持久状态:桥涵建成后承受自重、汽车荷载等转续时间很长的状况,需进行承载能力极限状态和正常使用极限状态设计。短暂状况:桥梁施工过程承受临时性作用的状况,仅进行承载能力极限状态设计,必要时才作正常使用极限状态设计。偶然状况:在桥涵使用过程中偶然出现的状况(如罕遇的地震等状况),仅作承载能力极限状态设计。

(1)承载能力极限状态

承载能力极限状态是指桥涵结构或其构件达到最大承载能力或出现不适应于继续承载的变形或变位的状态。

承载能力极限状态计算是以塑性理论为基础,以构造的破坏工作阶段为计算依据的。表达式如下。

1)截面强度计算

$$\text{作用在构件截面中引起的效应} \leqslant \text{截面的承载力设计值} \qquad (\text{附}1.3)$$

2)稳定验算

$$\text{作用在结构或构件上产生的效应} \leqslant \text{结构的承载力设计值} \qquad (\text{附}1.4)$$

3)抗倾覆验算

$$\text{作用引起的倾覆力矩或滑动力} \leqslant \text{结构的倾覆力矩或滑动力} \qquad (\text{附}1.5)$$

$$r_{s0} \cdot S \leqslant R \qquad (\text{附}1.6)$$

$$R = R(f_d, a_d) \qquad (\text{附}1.7)$$

式中　r_{s0}——桥梁结构的重要性系数,按公路桥涵的设计安全等级,一级、二级、三级分别取用

1.1、1.0、0.9,小桥一般采用三级;

S——作用效应的组合设计值;

R——构件承载力设计值;

$R(f_d,a_d)$——构件承载力函数;

f_d——材料强度设计值;

a_d——几何参数设计值,可采用几何参数标准值a_k,即设计文件规定值。

(2)正常使用极限状态

正常使用极限状态是指桥涵结构或其构件达到正常使用或耐久性的某项限值的状态。应根据构件的机体使用要求对抗裂性、裂缝宽度及挠度进行计算,以控制构件在使用期间能正常工作。

1)抗裂验算

作用在构件的特定部位所产生的拉应力≤作为适用和耐久性极限状态的应力控制值。

2)裂缝宽度验算

作用在裂缝引起的宽度≤作为适用性和耐久性极限状态的裂缝宽度允许值。

3)挠度验算

构件在作用下产生的变形≤作为适用性极限状态的变形允许值。

▶附 1.8 涵洞洞口的形式与构造

常用涵洞洞口形式如下:

(1)八字墙洞口

八字墙洞口常用于涵洞与路线正交的放坡路堤。八字墙洞口为重力式墙式结构,特点是:构造简单,建筑结构比较美观。常用于河沟平坦顺直,尤明显河槽,且沟底与涵底高差变化不大的情况。

八字翼墙墙身与路中线垂线方向的夹角叫八字墙张角,常用β表示,洞身边线(水流方向)与八字墙身墙面投影线之间的夹角,称水流扩散角,常用β_0表示。

(2)端墙式(一字墙)洞口

在涵台两端修一垂直于台身,与台身同高的矮墙叫端墙。在端墙外侧,可用砌石的椭圆锥坡、天然土坡、砌石护坡或挡土墙于天然沟槽和路基相连,即构成各种形式的端墙式洞口。

端墙配锥形护坡洞口,是最常用的一种洞口。由于锥坡的表面坡度可以随路基边坡坡度变化,因而能适应各种不同路基边坡的情况,灵活性比八字墙较强。

当涵洞与路线斜交时,锥坡洞口一般多用斜交正做洞口。

(3)跌水井洞口

当天然河沟纵坡度大于50%或路基纵断面设计不能满足涵洞建筑高度要求,涵洞进口开挖大以及天然沟槽与涵洞高差较大时,为使沟槽或路基边沟与涵洞进口连接。常采用跌水井洞口形式。其形式可有边沟跌水井洞口与一字墙跌水井洞口两种,前者主要适用于内侧有挖方边沟涵洞的进水口;后者用于一般陡坡沟槽跌水。

复习思考题

附 1.1　小桥涵位置选择应遵循哪些原则？

附 1.2　涵洞由哪些部分组成？各组成部分的作用是什么？

附 1.3　简述涵洞洞身结构计算有哪些基本要求。

附 1.4　试比较小桥与涵洞设计要求有何异同。

附 1.5　简述涵洞的分类。

附 1.6　盖板涵的适用条件是什么？

附录2　公路建设项目设计文件编制

工程设计文件是安排建设项目、控制投资、编制招标文件、组织施工和竣工验收的重要依据。必须贯彻国家有关方针政策，按照基本建设程序和有关标准、规范、规程，精心设计，做到客观、公正、准确。设计必须贯彻"安全、耐久、节约、和谐"的设计理念。设计应遵循因地制宜、就地取材的原则；并结合国家当前经济、技术条件，吸取国内外先进经验，积极采用新技术、新材料、新设备、新工艺；节约用地，重视环境保护，注意与其他建设工程相协调，使设计的工程建设项目取得较高的经济、社会和环境等综合效益。设计必须充分进行方案比选。对难以取舍及投资有较大影响的方案，应进行同等深度的技术、经济等方面的比选，以确定合理的设计方案。为避免项目建设对区域交通的严重影响，高速公路、一级公路改（扩）建工程应进行施工期间交通组织设计方案的论证比选，确定合理的项目施工期间的交通组织。公路基本建设项目进行分期修建时，还应做好总体设计、一次设计、分期实施，处理好前、后期工程的相互衔接，避免工程被废弃。一个建设项目由两个或两个以上单位设计时，应由一个设计单位负责总体设计，统一设计原则，编写说明书，绘制总体设计图，编制主要工程数量表和汇编总概预算，协调统一文件的编制，工程定额的采用和概预算编制，应根据设计阶段的不同要求，按照交通运输部现行的《公路工程概算定额》《公路工程预算定额》和《公路基本建设工程概、预算编制办法》的规定编制。斜拉桥、悬索桥等特殊结构桥梁设计文件按有关办法要求编制。

公路建设项目设计文件的编制，必须由具有相应资质、资格的设计单位、个人完成，并对设计质量负责。

▶附2.1　公路建设项目设计文件编制的目的与要求

依据中华人民共和国交通运输部《公路工程基本建设项目设计文件编制办法》（交公路发〔2007〕358号）规定，公路项目初步设计及施工图设计的设计文件编制目的、组成、要求、具体内容见附表2.1。

附表2.1　公路建设项目初步设计—施工图设计文件编制对比表

设计阶段		初步设计	施工图设计
目的与要求	目的	初设计阶段的目的是基本确定设计方案。必须根据批复的可行性研究报告、测设合同的要求，拟定修建原则，选定设计方案、拟订施工方案，计算工程数量及主要材料数量，编制设计概算，提供文字说明及图表资料	两阶段（或三阶段）施工图设计阶段应根据初步设计（或技术设计）批复意见、测设合同，进一步对所审定的修建原则、设计方案、技术决定加以具体和深化，最终确定各项工程数量，提出文字说明和适应施工需要的图表资料以及施工组织计划，并编制施工图预算

续表

设计阶段		初步设计	施工图设计
目的与要求	要求	初步设计在选定方案时,应对路线的走向、控制点和方案进行现场核查,征求沿线地方政府、建设单位及规划、土地、环保等相关部门的意见,基本落实路线布设方案。对建设条件复杂地段的路线、路基、路面、特大桥、大桥、特长及长隧道、互通式立体交叉、服务设施,一般应选择两个或两个以上的方案进行同深度、同精度的测设工作和方案比选,提出推荐方案	一阶段施工图设计应根据可行性研究报告批复意见、测设合同的要求,拟定修建原则,确定设计方案和工程数量,提出文字说明和图表资料以及施工组织计划,编制施工图预算,满足审批的要求,适应施工的需要
	应做到	①选定路线设计方案,基本确定路线位置; ②基本查明沿线地质、水文、气候、地震、矿产、文物等情况; ③基本查明沿线筑路材料的质量、储量、供应量及运输条件,并进行原材料、混合料的试验; ④基本确定路基标准横断面和高填深挖路基、特殊路基的设计方案及沿线路基取土、弃土方案; ⑤基本确定排水系统与支挡、防护工程的方案、位置、长度、结构形式和尺寸; ⑥基本确定路面设计方案、路面结构类型及主要尺寸; ⑦基本确定特大、大、中桥桥位、设计方案、结构类型及主要尺寸; ⑧基本确定小桥、涵洞等的位置、结构类型及主要尺寸; ⑨基本确定隧道位置、设计方案、结构类型及主要尺寸; ⑩基本确定路线交叉的位置、形式、结构类型及主要尺寸; ⑪基本确定交通工程及沿线设施各项工程的位置、形式、类型及主要尺寸; ⑫基本确定改(扩)建工程施工期间的交通组织方案; ⑬基本确定环境保护措施与景观设计方案; ⑭基本确定改路改渠等其他工程的位置、结构形式及主要尺寸; ⑮基本确定占用土地、拆迁建筑物及管线等设施的数量;	①确定路线具体位置; ②确定路基标准横断面和高填深挖路基、特殊路基横断面,绘制路基超高、加宽设计图;计算土石方数量并进行调配;确定路基取土、弃土的位置,绘制取土坑、弃土场设计图; ③确定路基路面排水系统和支挡、防护工程的结构类型及尺寸,绘制相应布置图和结构设计图; ④确定高填深挖、陡坡路堤及特殊路基设计的结构形式及尺寸,并绘制设计图; ⑤确定各路段的路面结构类型、路面混合料类型,并绘制路面结构图; ⑥确定特大、大、中桥的位置、孔数及孔径、结构类型及各部尺寸,绘制结构设计图; ⑦确定小桥、涵洞、漫水桥及过水路面等的位置、孔数及孔径、结构类型及各部尺寸,绘制布置图。特殊设计的,应绘制特殊设计详图; ⑧确定隧道及其附属设施的形式及尺寸,绘制布置图和设计详图; ⑨确定路线交叉形式、结构类型及各部尺寸,绘制布置图和设计详图; ⑩确定交通工程及沿线设施的各项工程的位置、类型及各部尺寸,绘制布置图和设计详图; ⑪确定改(扩)建工程施工期间的交通组织设计详图; ⑫确定环境保护与景观工程的位置、类型及数量,绘制布置图和设计详图;

设计阶段		初步设计	施工图设计
目的与要求	应做到	⑯提出需要试验、研究的项目； ⑰初步拟订施工方案及工期安排； ⑱论证确定分期修建的工程实施方案； ⑲计算各项工程数量； ⑳计算人工及主要材料、机具、设备的数量； ㉑编制设计概算。	⑬确定改路、改渠(河)等其他工程的位置、结构形式及尺寸，绘制相应的布置图和设计详图； ⑭落实沿线筑路材料的质量、储藏量、供应量及运距，绘制筑路材料运输示意图； ⑮确定征用土地、拆迁建筑物及电力、电信等的数量； ⑯计算各项工程数量； ⑰提出施工组织计划； ⑱提出人工数量及主要材料、机具、设备的规格及数量； ⑲编制施工图预算
组成与内容	组成	第一篇　总体设计 第二篇　路线 第三篇　路基、路面 第四篇　桥梁、涵洞 第五篇　隧道 第六篇　路线交叉 第七篇　交通工程及沿线设施 第八篇　环境保护与景观设计 第九篇　其他工程 第十篇　筑路材料 第十一篇　施工方案 第十二篇　设计概算 附　件　基础资料	第一篇　总体设计 第二篇　路线 第三篇　路基、路面 第四篇　桥梁、涵洞 第五篇　隧道 第六篇　路线交叉 第七篇　交通工程及沿线设施 第八篇　环境保护与景观设计 第九篇　其他工程 第十篇　筑路材料 第十一篇　施工组织计划 第十二篇　施工图预算 附　件　基础资料

▶附 2.2　组成与内容

组成与内容

▶附 2.3　设计成果的提交

设计成果的提交

复习思考题

附 2.1　公路建设项目设计文件主要内容有哪些?

附 2.2　简述公路建设项目设计文件编制的目的。

附 2.3　公路路线平面图与公路平面总体设计图的差异是什么?

附 2.4　路基标准横断面图与一般路基设计图编制差异是什么?

附 2.5　路基防护工程包含哪些内容?

附 2.6　环境保护与景观设计篇包含哪些内容?

参考文献

［1］中华人民共和国交通运输部. 公路工程技术标准：JTG B01—2014［S］. 北京：人民交通出版社，2014.

［2］中华人民共和国交通运输部. 公路路线设计规范：JTG D20—2017［S］. 北京：人民交通出版社，2017.

［3］中华人民共和国交通运输部. 公路路基设计规范：JTG D30—2015［S］. 北京：人民交通出版社，2015.

［4］中华人民共和国交通运输部. 公路排水设计规范：JTG D33—2012［S］. 北京：人民交通出版社，2012.

［5］中华人民共和国交通运输部. 公路项目安全性评价规范：JTG B05—2015［S］. 北京：人民交通出版社，2015.

［6］中华人民共和国交通运输部. 公路立体交叉设计细则：JTG/T D21—2014［S］. 北京：人民交通出版社，2014.

［7］中华人民共和国交通运输部. 公路涵洞设计规范：JTG/T 3365-02—2020［S］. 北京：人民交通出版社，2020.

［8］中华人民共和国交通运输部. 公路桥涵设计通用规范：JTG D60—2015［S］. 北京：人民交通出版社，2015.

［9］中华人民共和国交通运输部. 公路隧道设计规范 第一册 土建工程：JTG D70—2004［S］. 北京：人民交通出版社，2014.

［10］中华人民共和国交通运输部. 小交通量农村公路工程技术标准：JTG 2111—2019［S］. 北京：人民交通出版社，2019.

［11］中华人民共和国交通运输部. 公路勘测规范：JTG C10—2007［S］. 北京：人民交通出版社，2007.

［12］中华人民共和国住房和城乡建设部. 城市道路路线设计规范：CJJ 193—2012［S］. 北京：中国建筑工业出版社，2012.

［13］中华人民共和国住房和城乡建设部. 城市道路路基设计规范：CJJ 194—2013［S］. 北京：中国建筑工业出版社，2013.

［14］中华人民共和国住房和城乡建设部. 城市道路交叉口规划规范：GB 50647—2011［S］. 北京：中国计划出版社，2011.

［15］中华人民共和国住房和城乡建设部. 城市综合交通体系规划标准：GB/T 51328—2018

[S].北京：中国建筑工业出版社，2018.

[16] 中华人民共和国住房和城乡建设部.工程测量标准：GB 50026—2020[S].北京：中国计划出版社，2020.

[17] 中华人民共和国住房和城乡建设部.工程测量通用规范：GB 55018—2021[S].北京：中国建筑工业出版社，2021.

[18] 孙家驷.道路勘测设计[M].4版.北京：人民交通出版社，2018.

[19] 许金良.道路勘测设计[M].5版.北京：人民交通出版社，2019.

[20] 胡伍生，潘庆林.土木工程测量[M].5版.南京：东南大学出版社，2016.

[21] 王棋.关于RTK在道路勘测设计中的应用探究[J].测绘与空间地理信息，2012，35（1）：180-182.

[22] 王立军，吴学伟.公路勘测设计中的RTK数据误差分析[J].东边林业大学学报，2008，36(10)：46-48.

[23] 云南省交通规划设计研究院.山区高速公路勘察设计技术[M].北京：人民交通出版社，2016.

[24] 孙家驷.公路小桥涵勘测设计[M].5版.北京：人民交通出版社，2017.